신토익 출제경향 100% 반영한
새 토익에 맞는 NEW 공부법

키新토익
LC
DAILY TRAINING BOOK

교육 R&D에 앞서가는
Key 키출판사

언제나 답은 영어다

토익 전면 개정 소식에 많은 사람이 불안해하고 있습니다.
그 이유는 첫째, 시험이 더 어려워질 것이라는 예상과,
둘째, 그동안 공부해왔던 교재에 없는 새로운 문제 유형 탓에
토익 공부를 처음부터 새로 해야 하는 것은 아닌가 하는
걱정 때문일 것입니다.

하지만 新토익은 문제 유형이 변수가 되는 시험이 아니라,
기초부터 탄탄히 다져진 영어 실력이 관건이 되는 또 하나의
'영어 시험'입니다. **토익이 바뀌어도 변하지 않는 핵심은
'영어를 공부하는 방법'입니다.**

EFL(English as a Foreign Language) 환경에서의 영어학습을
위한 효율적인 방법을 오랫동안 연구해 온 키출판사는 그간의
노하우를 바탕으로 가장 효과적인 '영어 학습법'에 초점을 맞춘
교재를 기획했습니다. 이 교재는 회화 문장을 직접 구성해보고
정확히 듣고 받아쓰는(dictation) 연습을 통해 영어회화의 기본기를
다지는 동시에 LC 실전 문제에 적응력을 기를 수 있도록 합니다.

新토익을 준비하는 정답은, 결국 영어입니다.
키출판사 키 영어학습방법연구소만의 영어 학습법으로
이제 토익이라는 허들을 뛰어넘으십시오. 생각했던 것보다
쉽게 뛰어넘을 수 있게 된 것을 깨닫고 깜짝 놀랄 것입니다.

교재의 특징과 활용법

대표 예제, 핵심 표현 미리 보기

미리 보기 단계에서는 주제별·유형별 대표 예제와 핵심 표현을 접할 수 있습니다. 본격적으로 학습을 시작하기 전에 대표 예제와 핵심 표현을 살펴보는 것은 한층 더 토익에 친숙해지도록 도와줍니다.

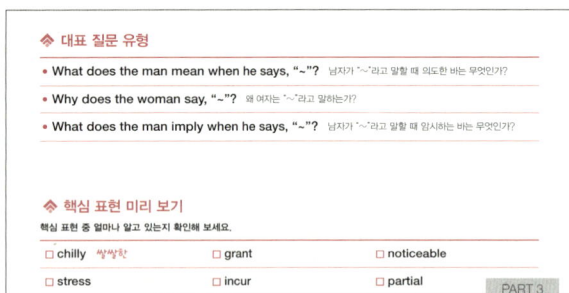
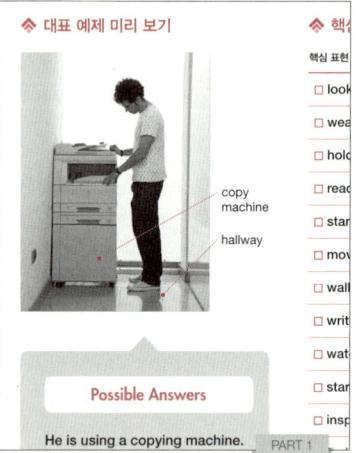

핵심 표현 배우기 Step 1

Step 1은 주요 어휘와 구문을 학습하는 단계입니다. 주제별·유형별 핵심 표현을 확실하게 익힌다면, 지문을 쉽게 듣고 이해할 수 있습니다.

단계별 학습으로 기본기 쌓기

Step 2 연습하기

Step 2는 실전 문제를 접하기 전에 체계적으로 영어를 연습하는 단계입니다. 토익 문제 풀이 능력뿐 아니라 실생활에서도 활용할 수 있는 영어 의사소통 실력을 기를 수 있도록 구성되었습니다. Step 2의 각 코너를 따라 학습하다 보면, 각 파트별 지문 및 문제 특성에 자연스럽게 적응하게 됩니다.

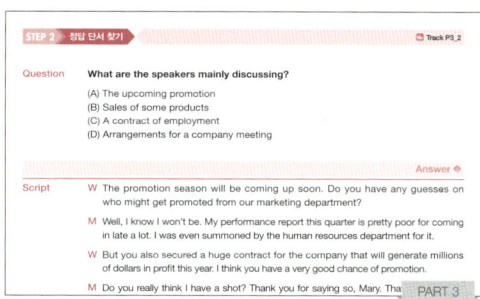

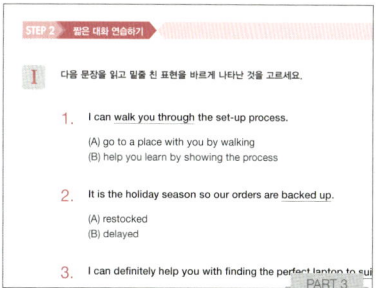

Step 3 문제 풀기

Step 3는 토익 실전 문제를 접할 수 있는 단계입니다. 이전 단계들에서 학습한 내용을 적용하여 어려웠던 토익 문제들을 수월하게 풀 수 있습니다. 실제로 출제되는 형식의 토익 문제를 풀어봄으로써 토익에 대한 자신감이 생길 뿐만 아니라 실전에 효율적으로 대비할 수 있게 됩니다.

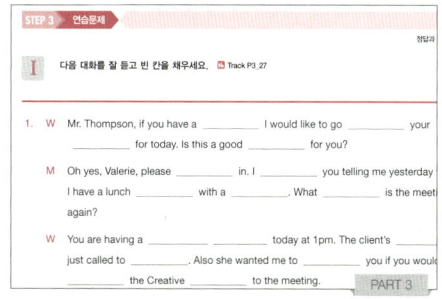

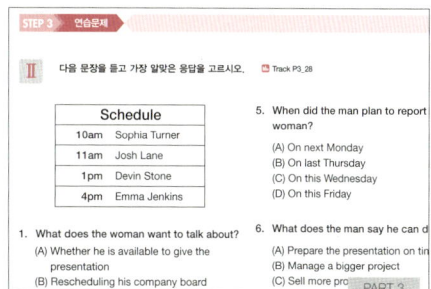

Listening Comprehension 목차

PART 1

UNIT 1 인물/풍경/사물 사진
- **KEY 01** 인물사진 — 26
- **KEY 02** 풍경 및 사물 사진 — 32

UNIT 2 상황별 사진
- **KEY 03** 실내·외 업무 — 40
- **KEY 04** 상점 및 여가 — 46
- **KEY 05** 가정 — 52
- **KEY 06** 도로 및 교통 — 58

PART 2

UNIT 1 의문사 의문문
- **KEY 01** who(whose)/when 의문문 — 66
- **KEY 02** what/which 의문문 — 72
- **KEY 03** why/where/how 의문문 — 78

UNIT 2 be 동사, 조동사 의문문
- **KEY 04** be 동사 의문문 — 86
- **KEY 05** do 동사 의문문 — 92
- **KEY 06** 기타 조동사 의문문 — 98

UNIT 3 기타 의문문 및 평서문
- **KEY 07** 부정 의문문 — 106
- **KEY 08** 선택/부가 의문문 — 112
- **KEY 09** 평서문 — 118

PART 3

UNIT 1   문제 유형별 연습

- **KEY 01** 주제/목적 문제   126
- **KEY 02** 직업/장소 문제   130
- **KEY 03** 세부사항 문제   134
- **KEY 04** 추후 상황 예측 문제   138
- **KEY 05** 발화 의도 및 암시 문제 新 TOEIC 유형   142
- **KEY 06** 시각 자료 활용 문제 新 TOEIC 유형   146

UNIT 2   지문 상황별 연습

- **KEY 07** 인사   152
- **KEY 08** 사내 업무   162
- **KEY 09** 고객 응대   172
- **KEY 10** 여가   182
- **KEY 11** 일상생활   192

PART 4

UNIT 1   문제 유형별 연습

- **KEY 01** 주제/목적 문제   204
- **KEY 02** 직업/장소 문제   208
- **KEY 03** 세부사항 문제   212
- **KEY 04** 추후 상황 예측 문제   216
- **KEY 05** 발화 의도 및 암시 문제 新 TOEIC 유형   220
- **KEY 06** 시각 자료 활용 문제 新 TOEIC 유형   224

UNIT 2   지문 유형별 연습

- **KEY 07** 음성 메시지   230
- **KEY 08** 광고 및 방송   240
- **KEY 09** 공지   250
- **KEY 10** 인물 소개 및 강연   260
- **KEY 11** 설명 및 안내   270

ACTUAL TEST

281

新토익이란?

TOEIC은 Test Of English for International Communication (국제 의사소통을 위한 영어 시험)의 약자로, 영어가 모국어가 아닌 학습자를 대상으로 일상생활 또는 비즈니스 상황에서 필요한 실용영어 능력을 평가하는 시험으로 2016년 5월 29일 정기시험부터 일부 문항이 업데이트되어 시행됩니다.

1. 新TOEIC 시험 구성

토익은 총 200문제로 구성되어 있으며, Listening Comprehension 100문제, Reading Comprehension 100문제로 구성되어 있습니다.

영역	파트	문제 유형	문항수	시간	점수
Listening Comprehension	Part 1	사진 묘사	6	100	45분	495점
	Part 2	질문-대답	25			
	Part 3	짧은 대화	39			
	Part 4	설명문	30			
Reading Comprehension	Part 5	단문 공란 채우기	30	100	75분	495점
	Part 6	장문 공란 채우기	16			
	Part 7	단일 지문	29			
		복수 지문	25			
Total			200문제	120분	990점

총 문항 수와 문제 풀이 시간, 점수는 이전 토익과 그대로이지만 파트별 구성이 변경되었습니다.

2. 출제 범위 및 주제

구분	상세
전문적인 비즈니스	계약, 협상, 마케팅, 세일즈, 비즈니스 계획, 회의
제조	공장 관리, 조립라인, 품질관리
금융과 예산	은행, 투자, 세금, 회계, 청구
개발	연구, 제품개발
사무실	임원회의, 위원회의, 편지, 메모, 전화, 팩스, E-mail, 사무 장비와 가구
인사	구인, 채용, 퇴직, 급여, 승진, 취업 지원과 자기소개
주택 / 기업 부동산	건축, 설계서, 구입과 임대, 전기와 가스 서비스
여행	기차, 비행기, 택시, 버스, 배, 유람선, 티켓, 일정, 역과 공항 안내, 자동차 렌트, 호텔, 예약, 연기와 취소

新토익, 가장 큰 변화는?

3. 新TOEIC L/C 분석

2016년 5월 29일 처음 시행하는 新TOEIC의 개정 이유는 시대에 발맞춰 다양한 환경에서 효율적으로 의사소통 할 수 있는 능력을 평가하기 위함입니다.

각 파트 별 변화는 다음과 같습니다.

(1) Part 1 & Part 2

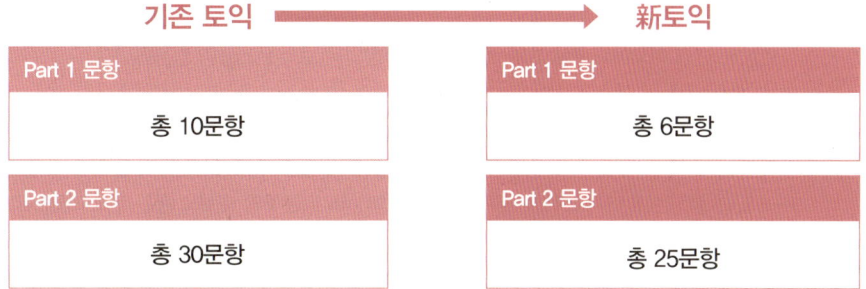

- **문항 수 변경**

  Part 1은 2006년 뉴토익 개정에 이미 비중이 축소되었던 파트인데, 이번 개정에서도 재차 비중이 축소되었습니다. 수험생들이 가장 쉽게 여기던 Part 1 문항 비중을 축소함으로써 점차 높아지던 토익 평균 점수를 조절하고자 했다는 것을 알 수 있습니다. Part 2의 변경 사항은 Part 1과 마찬가지로 문항 수 변화에 그쳤습니다. 문제 유형은 그대로이기 때문에 특별한 대처가 필요하지는 않습니다.

(2) Part 3

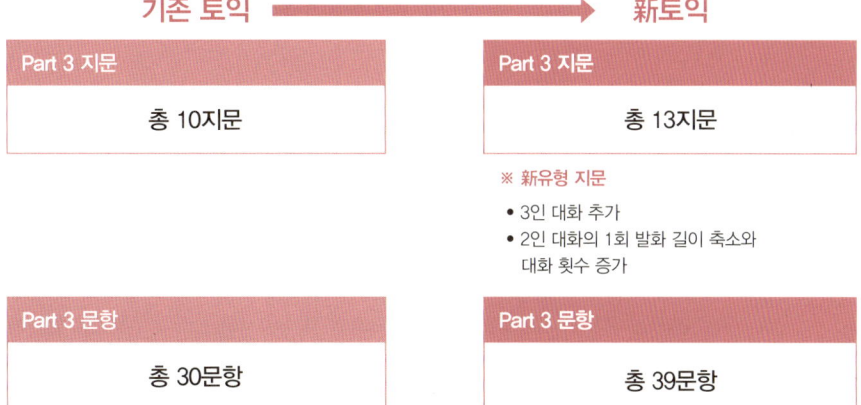

 新토익이란?

- **문항 수 변경**
  이번 개정 중 L/C 부분의 핵심은 바로 Part 3입니다. Part 3은 전체 L/C 파트 중 일상적으로 접할 수 있는 영어 커뮤니케이션과 가장 유사한 형태의 지문이 등장하는 파트입니다. 그러므로 Part 3 문제 비중 증가는 실제 담화 상황 속에서의 커뮤니케이션 능력을 측정하겠다는 출제 기관의 의도가 적극적으로 반영된 것이라고 볼 수 있습니다. 또한 Part 3의 분량이 증가함에 따라 문제지에 인쇄된 질문과 보기를 독해하는 부담이 증가하였습니다. 이에 대비하기 위해 듣기에서도 어휘 능력을 더 비중 있게 공부해야 합니다.

- **신유형 지문**
  문항 수 변경 이외에도 Part 3에서는 새로운 유형의 지문과 문제들이 출제됩니다.

- **3인 대화**
  가장 눈에 띄는 새로운 유형은 3인 대화 지문입니다. 기존 2인 대화 지문과 길이가 비슷하기 때문에 발화 길이는 짧아지고 대화 횟수는 증가했습니다. 기존 2인 대화 지문은 목소리만으로도 쉽게 화자의 구분이 가능했습니다. 그러나 3인 대화 지문은 같은 성별의 화자가 두 명 등장하므로, 같은 성별 화자의 억양에 주의를 기울여 화자를 구분해야 합니다. 3인 대화 지문에서 출제될 수 있는 특징적인 문제로는 성별이 같은 두 화자의 공통적인 의견이나 계획 등에 대한 질문을 꼽을 수 있습니다. 이 같은 경우에는 문제지에 the women/the men이라는 단어가 인쇄되므로, 미리 문제지를 읽으면 해당 담화의 화자가 1인 남성+2인 여성인지, 2인 남성+1인 여성인지 알 수 있습니다.

- **2인 대화**
  또 하나의 변화는 2인 대화 지문의 변경입니다. 기존 2인 대화 지문이 A-B-A, A-B-A-B 형식으로 3~4차례 대화를 주고받는 데 그쳤다면, 이번 新토익에서는 대화를 주고받는 횟수가 늘어났습니다. 대화 수가 증가했지만 전체 지문의 길이는 같기 때문에 개정에 따른 큰 부담을 가질 필요는 없습니다.

(3) Part 3 & Part 4

新유형 문제
• 도표 및 그래프 연계 문제　　• 발화 의도 및 암시 문제

- **신유형 문제 - 발화 의도 추론**
  Part 4는 문항 수나 지문의 변화가 없습니다. 하지만 두 가지 새로운 유형의 문제가 Part 3과 Part 4에 추가로 출제됩니다. 하나는 화자의 발화 의도와 화자가 암시하는 바가 무엇인지 묻는 문제입니다. 이는 영어 문장의 표면적인 의미뿐만 아니라 문맥에 맞는 의미 파악을 할 수 있는지 평가하기 위해 출제됩니다. 발화 의도 및 암시 문제에는 질문에 유심히 들어야 할 표현이 인쇄되어 나오기 때문에 미리 문제지를 읽어두면 해당 표현이 나오는 순간 더 집중할 수 있습니다.

- **신유형 문제 - 시각 자료 연계**

    다른 하나는 시각자료와 연계된 문제입니다. 표/그래프를 활용하여 푸는 문제들이 출제되는데, 시각자료가 등장한다고 해당 지문의 길이가 줄어들지는 않습니다. 그렇기 때문에 문제와 보기 뿐만 아니라 시각자료까지 읽을 시간을 확보해야 한다는 것을 염두에 두어야 합니다.

(4) 기존 TOEIC을 공부하시던 수험자들께

새로운 유형의 TOEIC을 어떻게 공부하고, 어떤 방식으로 접근할지 고민이 많으실 겁니다. 사실 TOEIC 시험 자체가 개정된 것이 아니기 때문에 완전히 새로운 방법을 찾을 필요는 없습니다. 기존에 해오던 TOEIC 공부를 그대로 유지하면서 새로운 유형을 따로 분석하고, 그에 따라 정답을 찾는 전략이 중요합니다. 하지만 무엇보다 중요한 것은 기본적인 듣기 실력입니다. TOEIC을 치르기 위한 영어가 아니라 영어를 배우기 위해 TOEIC을 공부한다는 마음가짐으로 기초부터 탄탄히 실력을 쌓아 올려야 합니다. 그것이 가능하다면, 어떠한 유형의 문제에도 흔들림 없이 적응해 나갈 수 있을 것입니다.

4. TOEIC 시험 준비 사항

- **시험 준비물:** 규정 신분증(주민등록증, 운전면허증, 기간 만료 전의 여권, 공무원증), 연필, 지우개, 손목시계(아날로그)
- **입실 시간:** 9:20am까지 입실(오전시간일 경우 / 9:50am 이후 절대 입실 불가)
- **성적 확인:** 시험일로부터 약 19일 후 온라인과 ARS로 성적 확인이 가능합니다.

PART 1·2·3·4 자세히 뜯어보기

1. PART 1 – 사진 묘사

Part 1은 제시된 사진을 가장 잘 묘사한 문장을 고르는 문제입니다. 1번부터 6번까지 6문제가 출제됩니다. 문제지에는 사진만 인쇄되어 있고, 네 개의 보기를 들려줍니다.

시작 부분에 Part 1을 설명하는 디렉션과 예제 문제를 들려주는데, 이 시간을 활용하여 미리 사진 속 상황을 파악해 두시면 도움이 됩니다. 사진 자료에서 힌트를 얻을 수 있고 비교적 짧은 문장들이 보기로 출제되기 때문에 L/C Part들 중 가장 난이도가 쉬운 부분입니다.

듣자마자 오답을 걸러내고, 정답을 OMR에 표기하면 시간을 절약할 수 있습니다. 오답을 쉽게 걸러낼 수 있는 전형적인 유형은 세 가지가 있습니다. 첫째, 사람이 없는 사진에서 진행형의 시제가 등장하는 것입니다. 둘째, 사진 속 등장하는 단어를 그대로 이용하여 표현한 문장입니다. 세 번째는 사진 속 등장하는 어떤 것과 발음이 유사한 단어를 사용한 오답입니다. 이러한 오답 유형들을 숙지해두시면 실제 시험장에서 빠르게 지나가는 보기 중 정답을 찾아내는데 좀 더 자신감이 생길 것입니다.

Part 1

Directions: For each question in this part, you will hear four statements about a picture in your test book. When you hear the statements, you must select the one statement that best describes what you see in the picture. Then find the number of the question on your answer sheet and mark your answer. The statements will not be printed in your test book and will be spoken only one time.

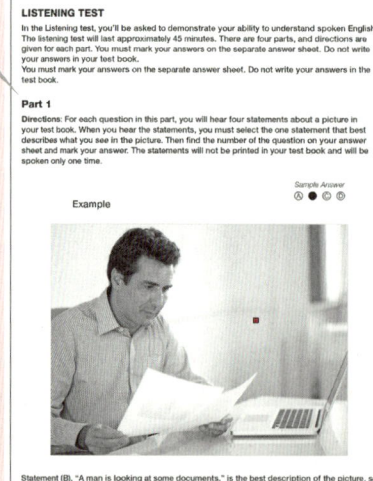

2. PART 2 – 질의 응답

Part 2는 주어진 문장(의문문 혹은 평서문)을 듣고 이어서 나오는 세 개의 보기 중 주어진 문장에 가장 적절한 응답을 고르는 문제입니다. 7번에서 31번까지 25개 문제로 구성되어 있습니다.

Part 2는 문제나 그림을 주지 않은 상태에서 온전히 녹음 내용만을 기반으로 하여 문제를 푸는 순수한 듣기 능력 자체 평가에 중점을 둔 파트입니다. 문제와 보기의 길이 짧기 때문에 한 부분만 놓쳐도 문제 전체를 놓치게 될 수 있습니다. 좋은 성적을 거두기 위해서는 집중력과 순발력이 특히 요구됩니다.

Part 2에 대해 대비하기 위해서는 의문문에 대해 공부를 미리 해두시는 것이 좋습니다. 예를 들어 의문사가 있는 의문문의 경우 Yes나 No로 대답할 수가 없습니다. 만일 Yes 혹은 No로 대답한 경우 이는 전형적인 오답입니다. 그 후 3가지 보기 중 전형적인 오답을 가려내는 연습을 하시면 정답을 찾는데 더욱 도움이 될 것입니다. 주로 Part 2에서도 비슷한 발음을 가진 단어를 이용한 오답유형들이 출제됩니다. 뿐만 아니라 질문에서 쓰였던 단어를 다시 보기에서 그대로 언급한다면, 오답일 가능성이 있습니다. 문제를 듣다가 놓치면 보기 중 잘 모르겠다는 표현이나 되물어보는 보기, 혹은 누군가에게 물어보겠다는 표현이 있는 경우 정답일 확률이 높습니다. 이를 참고하셔서 오답은 미리 걸러내며, 질문을 놓쳐도 당황하지 않고 정답에 가까워질 수 있습니다.

Part 2

Directions: You will hear a question or statement and three responses spoken in English. They will not be printed in your test book and will be spoken only one time. Select the best response to the question or statement and mark the letter (A), (B), or (C) on your answer sheet.

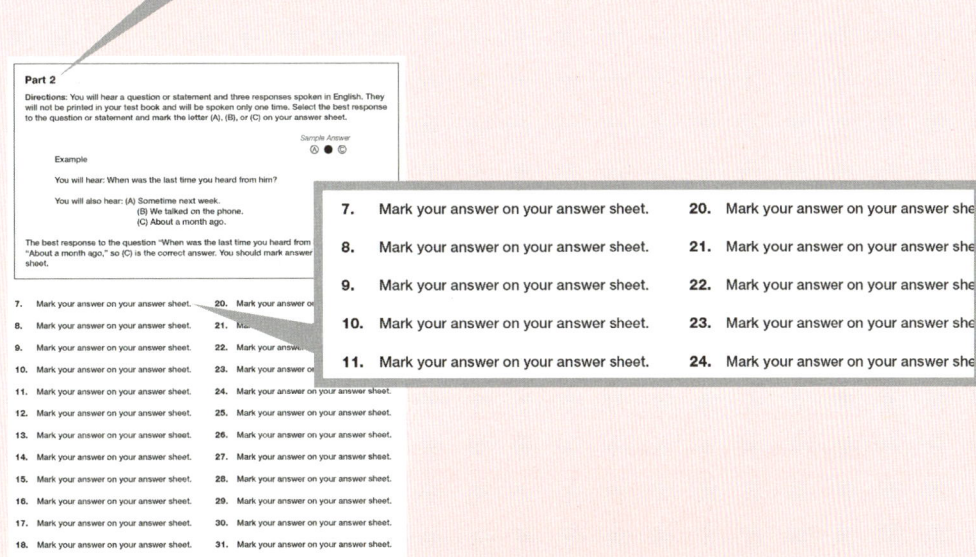

3. PART 3 – 대화문

Part 3는 짧은 대화를 듣고 그에 관련된 문제 3개를 푸는 유형입니다. 32번에서 70번까지 총 13개 지문, 39문제가 출제됩니다.

문제는 3개지만 대화는 한 번만 들을 수 있으므로 문제 상황에 대한 키워드를 파악하는 것이 중요합니다. 키워드의 경우, 미리 특정 상황별로 단어를 숙지해두시면 문제지에 인쇄된 문제와 보기를 통해 지문을 듣기 전 미리 힌트를 찾아낼 수도 있습니다. 그러므로 파트 설명 디렉션을 들려주는 동안 시험지에 인쇄된 내용을 빠르게 살펴보는 것이 중요합니다. 2016년 5월 29일부터 개정되는 新토익에서는 시각 자료와 연계된 문제들이 출제되기 때문에 시각 자료 연계 문제일 경우 시각 자료까지 미리 파악해 두어야 합니다.

문제는 주로 전반적인 사항과 세부적인 부분에 대한 질문으로 나누어집니다. 세부적인 질문은 남자에 대한 질문인지, 여자에 대한 질문인지 먼저 확인한 후 남자는 주로 남자의 말에서, 여자는 여자의 말에서 대답이 나오는 경우가 많으므로 그 부분을 집중해서 듣습니다. 예를 들어 이유를 말하는 접속사, 역접 접속사 혹은 자신의 의견을 나타내는 표현에 주의를 기울여서 들으면 됩니다.

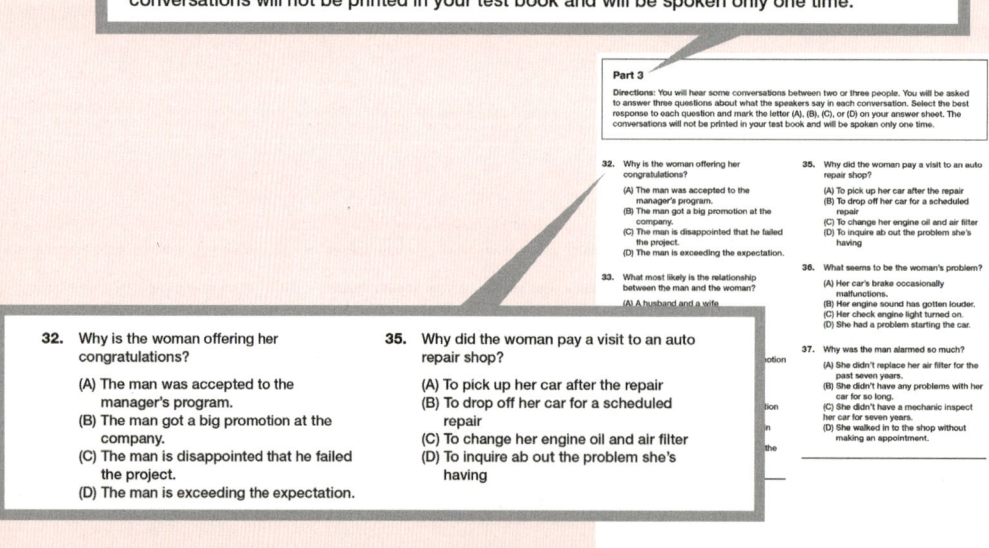

4. PART 4 – 담화문

Part 4는 독백을 듣고 그에 관련된 문제 3개를 푸는 유형입니다. 71번에서 100번까지 총 10개 지문, 30문제가 출제됩니다.

Part 4는 3와 마찬가지로 상황에 대한 키워드를 파악해야 하므로 상황별 어휘 숙지가 되어 있어야 합니다. 질문과 보기를 많이 읽으실수록 정답을 찾는 데 유리하기 때문에 파트 설명 디렉션을 들려주는 동안 시험지에 인쇄된 내용을 빠르게 살펴보는 것이 중요합니다. 2016년 5월 29일부터 개정되는 新토익에서는 시각 자료와 연계된 문제들이 출제되기 때문에 시각 자료 연계 문제일 경우 시각 자료까지 미리 파악해 두어야 합니다.

문제 3개를 모두 읽을 시간이 부족하면 세부적인 사항을 묻는 2번, 3번 질문부터 읽어두는 것이 도움이 됩니다. Part 3와 4는 방송이 나오기 전에 질문과 보기까지 읽어야 하므로 마킹은 R/C시작 전이나 R/C 후 한꺼번에 하는 것이 좋습니다.

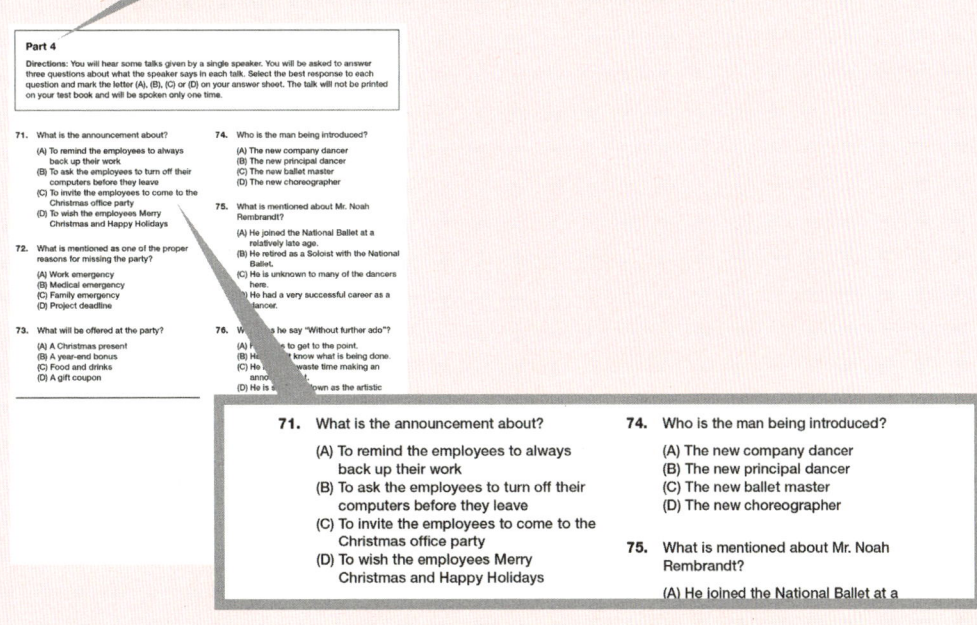

PART별 공략하기

PART 1

1. 보기 네 개 중 정답을 찾으면 바로 OMR에 마킹한다.
2. 사진 속 장면을 객관적으로 묘사한 것만 찾는다. 주관적인 생각은 금물!
3. 사진 속에 등장하는 단어를 이용한 오답 문장을 조심한다.
4. 사진 속 등장하는 단어와 유사한 발음의 단어를 이용한 오답 문장을 조심한다.
5. 사진 중 사람이 등장하지 않는 사진에 진행형 시제(현재 진행 능동태/현재 진행 수동태)가 쓰였다면, 오답이므로 주의한다.

PART 2

1. Part 2가 약하다면 의문문에 관한 기본적인 문법 공부를 미리 한다.
2. 문제가 한 문장으로 빨리 지나가므로 보기 세 개 중 정답을 찾으면 바로 OMR에 마킹한다.
3. 의문사가 있는 의문문에 Yes나 No로 대답하는 등 의문사에 주의하여 적절하지 않은 오답을 골라낸다.
4. 질문에서 사용된 단어를 그대로 보기에서 언급하는 경우 오답일 확률이 높다.
5. 빈출 질문에 해당하는 빈출 대답을 유형별로 정리해서 공부해 둔다.
6. 만일 질문을 놓쳤다면, 당황하지 말고 '잘 모르겠다', '누구에게 물어보겠다', '되묻기' 등과 같은 표현이 담긴 보기를 고르면 정답일 확률이 높다.

PART 3

① Part 3가 어렵다면, 기본적인 리스닝 스킬을 기르기 위해 조금씩 끊어서 듣는다.

② 방송이 나오기 전 질문과 보기를 충분히 숙지해둔다.

③ 시간이 없다면 전반적인 사항을 물어보는 첫 번째 질문보다 구체적인 것을 묻는 두 번째, 세 번째 질문을 먼저 읽는다.

④ 시험을 치기 전, Part 3에서 잘 나오는 상황별로 자주 등장하는 단어들을 미리 외워둔다.

⑤ 듣기 도중 OMR에 옮기는 것보다 문제를 풀고 다음 문제의 방송이 나오기 전 보기를 미리 읽는 데 집중한다. OMR은 나중에 한꺼번에 마킹한다.

PART 4

① 방송이 나오기 전 질문과 보기를 충분히 숙지해둔다.

② Part 3와 마찬가지로 시간이 없다면 두 번째, 세 번째 질문과 보기를 먼저 읽는다.

③ OMR 마킹도 마지막에 한꺼번에 하고, 문제 푸는 동안에는 질문과 보기를 파악하는 데 집중한다.

④ Part 4는 주로 등장하는 상황별로 단어를 미리 숙지해둔다.

⑤ 세 번째 질문에서 미래에 하는 어떤 일을 묻는다면 화자의 마지막 부분에 집중해서 듣는다.

L/C 빈출 상황

인사

인사(personnel)와 관련하여 회사는 주로 채용(recruitment), 승진(promotion), 퇴직(retirement), 이직(transfer), 급여(payment), 직원복지(employment benefits) 등을 담당합니다. 채용과 관련한 상황에서는 구직자(applicant/candidate)가 이력서(resume)를 보내거나, 필수 요건(qualification requirements)에 대해 인사과(human resources)에 문의, 면접(interview)시간에 관한 조정을 하는 상황이 등장합니다. 승진은 회사 내부에서 적합한 자격과 경험이 있는(experienced employee)직원을 선발하여 결정하며, 주로 승진을 축하(celebration)하는 상황으로 연결됩니다. 퇴직 또한 축하를 위한 파티가 마련되어 참석 여부를 묻는 표현들이 등장합니다.

전문적인 비즈니스

회사가 하는 사업(business)은 다양합니다. 사업을 위해서는 계획(planning)을 철저히 세워야 하며, 수많은 회의(meeting)를 거쳐야 합니다. 어떤 사업을 시행하겠다는 발표(announce)와 회의를 위한 장소나 시간을 정하는(arrange) 상황들이 등장하게 됩니다. 구체적으로는 다른 회사와 계약(contract)을 맺는 내용이 등장하기도 합니다. 특정 분기(quarter)의 사업 결과에 대한 피드백을 진행하며 영업(sales)의 이익(profit)을 보고하고 손실(loss)을 줄이려는 방안을 구상하기도 합니다. 그러한 방안의 하나로서 회사를 효과적으로 홍보(promotion)하기 위해 마케팅(marketing) 전략(strategy)을 수립하고자 하며, 그에 따른 보고(report)와 발표(presentation), 조사(research)를 요구하는 상황이 등장합니다.

제조

제조 공장(manufacturing factory)은 대화의 세부사항에서 혹은 대화가 이루어지는 배경으로 나타나는 경우가 많습니다. Part 3에서는 상품(goods)을 사기 위해 재고(stock)를 문의하는 경우에 종종 등장합니다. 이처럼 공장에서는 제품(product)의 생산(produce/manufacture)을 담당하며, 생산과 관련하여 조립설비(assembly line), 품질관리(quality management)와 같은 어휘도 함께 알아두면 좋습니다. Part 4에서도 공장의 낡은 시설(facility)을 보수(repair)하거나 유지(maintenance)하기 위한 알림, 에너지를 절약 기술(energy saving technology)도입을 통한 친환경적(eco-friendly)이면서도 비용을 절감(cost reduction)할 수 있는 방침(policy)을 시행한다는 내용을 방송하기도 합니다.

사무실

사무실 내에서 동료(coworker)나 상사(boss)와의 대화는 Part 3에서 자주 등장하는 상황 중의 하나입니다. 그뿐만 아니라 대화 속 화자들이 속한 부서(department)를 묻는 문제에 답하기 위해서는 부서 이름을 영어로 기억해 두셔야 합니다. 각 부서에 맞는 업무가 전반적인 대화 주제로 등장하면서 대화의 끝에 e-mail, FAX 전송(send), 메모 남기기(leave a message), 다시 전화 해주기(call back) 등의 상황들을 제시함으로써 화자의 다음 행동을 예측하는 문제가 출제될 수 있습니다. 이외에도 임원회의(the board)나 위원회의(committee)를 주재하는 직원들의 대화가 제시되기도 합니다. 이때 회의 장소를 예약하거나 회의의 취소(cancel), 연기(postpone)에 대한 문제 상황들이 등장합니다. 업무에 필요한 사무용품(office supplies)이나 장비(equipment)도 빠질 수 없는 주제 중 하나입니다.

TOEIC에서 만나게 될 주제와 상황

시장(market)에서 뒤처지지 않기 위해선 연구개발(research and development, R&D)이 필수입니다. 신제품에 대한 연구개발을 위해서는 소비자들(consumer)들의 욕구(needs)를 먼저 파악하여야 하고, 그에 따라 경쟁력 있는(competitive) 제품을 선보여야 합니다. 주로 마케팅 부서(marketing department)에서 수행하는(conduct) 소비자 선호 조사(consumer preference survey) 등이 세부사항으로 등장하며, 개발된 제품을 시장에 내놓기 전에 시연(demonstration)을 계획하는 것 또한 종종 출제됩니다. 결함(malfunction/defect/problem)이 발견된 것들은 다시 수정, 보완하여 완제품으로 출시(launch)하는 상황들과 관련된 단어들도 익혀두시기 바랍니다.

개발

주로 주택을 구하는 상황에서는 부동산 중개업자(real estate agent) 혹은 주인(landlord)이나 정보를 아는 지인과의 대화가 출제됩니다. 집을 선택하는 조건으로는 방의 개수, 조망(view), 통근시간(commute time), 임대료(rental fee), 편의시설(convenience), 가구가 비치되었는지(furnished) 등을 고려합니다. 사무용을 위한 부동산 거래(transaction)도 마찬가지로 위의 조건 등을 고려하며, 임대(lease)시 계약금(deposit), 임차인(tenant), 등기(registration), 계약 기간의 연장(extend), 만기(expire)의 어휘도 익혀두시기 바랍니다. 공장(factory)이나 새로운 사무실을 건설(construction)하는 주제의 대화도 있으므로, 관련한 어휘인 설계도(blueprint), 인테리어(interior), 완공(completion)등과 함께 공사기간이 연장(behind schedule)된 상황 또한 익혀두시기 바랍니다.

부동산

기업을 운영하기 위해서는 자본(capital)이 중요하며 필요한 자본을 모으기 위해 투자(investment)를 받거나, 직접 하기도 합니다. 건전한 자본 운용을 위해 예산(budget)안을 기획하고, 재무상태(financial state), 지급능력 등의 다양한 재무보고(financial report)와 관련하여 서류를 작성하는 회계사(accountant)를 고용하기도 합니다. 은행과 관련한 업무 또한 빠질 수 없는 부분이므로 관련 어휘들을 숙지하는 것은 중요합니다. 계좌 생성(open an account), 예금(make a deposit)과 인출(withdraw), 할부(installment), 대출(loan) 등의 표현이 등장할 수 있습니다.

금융과 예산

여행은 먼저 목적에 따라 분류할 수 있습니다. 업무를 위한 출장(business trip)과 휴가(vacation), 신혼여행(honeymoon) 등이 있습니다. 이러한 목적에 맞는 운송수단(transportation) 또한 문제에 포함 될 수 있는 중요한 키워드입니다. 주로 비행기(flight)와 함께 기차(train), 버스(bus), 유람선(cruise ship) 등이 등장하며 직접 티켓(ticket)을 예매(make a reservation) 하거나, 비서를 통해서 혹은 여행사(tour agency)를 통한 예매가 이루어집니다. 또한 Part 3의 대화상황에서는 수화물(luggage), 소지품(belongings)의 분실이나 티켓의 취소, 시간의 변경과 관련해서 출제될 수 있습니다. Part 4에서는 주로 안내 방송 유형으로 출제 됩니다. 승객(passenger)에게 알려주는 주의사항의 키워드에 집중하여야 합니다. 목적지(destination)에 도착해서 묵을 숙박시설(accommodation)도 중요한 대화 주제입니다.

여행

Daily Training Plan 세우기

자가 진단 테스트

🎵 Track Pretest

- 다음 문장을 듣고 유사 발음을 구별해 보세요.

  1. Did you pour _____ over the original or the _____?

  2. She is _____ a chair.
     She is _____ a chair.

- 다음 지문을 듣고 알맞은 답을 고르세요.

  3. 지문에서 광고하는 업체는?
     (A) A supermarket
     (B) A library

  4. 지문의 주제는 무엇인가?
     (A) 회사 회의
     (B) 신입사원 교육 일정

- 다음 단어에 알맞은 뜻을 쓰세요.

  5. vacation:
  6. employee:
  7. contract:
  8. maintenance:
  9. accountant:
  10. launch:

- 밑줄 친 표현에 유의하여 다음 구문에 알맞은 뜻을 쓰세요.

  11. Our orders are backed up.
      →

  12. Are you available this evening?
      →

  13. Thank you for the heads up.
      →

  14. You should take it easy.
      →

  15. I need an extra hand.
      →

  16. I'm still held at work.
      →

  17. The highway is completely packed.
      →

  18. The shops are closed for business.
      →

  19. He'll step down as the CEO.
      →

  20. The movie is about to start.
      →

맞은 개수 _____ 개

자가 진단 테스트 정답
1. coffee / copy 2. holding / folding 3. (A) 4.(A) 5. 휴가, 방학 6. 직원 7. 계약 8. 유지 관리 9. 회계사 10. 출시하다 11. 우리 주문들이 밀렸습니다. 12. 오늘 저녁에 시간 있으세요? 13. 미리 알려줘서 고맙습니다. 14. 당신은 진정해야 해요. 15. 저는 도움이 필요합니다. 16. 저는 아직도 직장에 있습니다. 17. 고속도로가 완전히 정체되었습니다. 18. 그 상점들은 폐업했습니다. 19. 그는 CEO직에서 물러날 것입니다. 20. 영화가 곧 시작하려고 합니다.

자가 진단 테스트 결과

맞은 개수 15개 이상	어휘, 문법, 기초 청취능력을 갖춘 학습자 실전 감각을 기르기 위해 세부 사항을 정확히 파악하고 국가별 억양에 익숙해지는 연습이 필요합니다.	**4주 Daily Training Plan**을 따라 공부하면서, 집중적으로 듣기 실력을 향상시켜 보세요.
맞은 개수 8~14개	기초 어휘는 알지만 듣기 연습이 부족한 학습자 이 단계에서는 어휘와 더불어 최대한 많은 구문과 문장을 들어보는 것이 중요합니다.	**6주 Daily Training Plan**을 따라 공부하면서, 어휘와 구문을 다지면서 문장단위 듣기 연습을 집중적으로 합니다.
맞은 개수 0~7개	기초 어휘 및 영어 발음에 친숙해져야 할 학습자 단어를 단순 암기하는 것이 아니라 어떻게 들리는지 들어보고 스스로 다시 말해 보는 연습이 필요합니다. 이 책의 모든 어휘, 구문을 듣고 이해할 수 있다는 목표를 가지고 학습하세요.	**8주 Daily Training Plan**을 따라 공부하면서, 어휘 실력과 함께 듣기 실력도 탄탄하게 쌓도록 합니다.

KEY 新토익 Daily Training Book

4주 Daily Training Plan

	1일째	2일째	3일째	4일째	5일째	6일째	7일째
Week 1	☐ Key 01-02	☐ 복습	☐ Key 03-04	☐ Key 05-06	☐ 복습	☐ Key 01-03	☐ 복습
			Part 1			Part 2	
Week 2	☐ Key 04-06	☐ 복습	☐ Key 07-09	☐ 복습	☐ Key 01-02	☐ Key 03-04	☐ Key 05-06
			Part 2			Part 3	
Week 3	☐ 복습	☐ Key 07-09	☐ Key 10-11	☐ 복습	☐ Key 01-02	☐ Key 03-04	☐ Key 05-06
			Part 3			Part 4	
Week 4	☐ 복습	☐ Key 07	☐ Key 08-09	☐ Key 10-11	☐ 복습	☐ Actual Test	☐ 전체 복습
			Part 4				

- 하루에 공부 해야 할 Key양이 많으므로 복습을 철저히 합니다.
- 실력을 단단히 다져나간다는 생각으로 각 Key의 Step에 따라 차근차근 학습합니다.
- 복습 시 Step 3의 연습 문제를 모아 실전처럼 풀어보고, 틀린 것은 다시 받아쓰기와 따라 읽기를 해봅니다.
- Actual Test 후 부족한 파트의 Unit으로 돌아가 다시 복습합니다.
- 각 Unit이 끝날 때마다 파트별 자신만의 전략을 세워 봅니다.
- 듣기는 매일 일정한 양을 꾸준히 연습하는 것이 가장 좋은 방법이라는 것을 명심하세요.

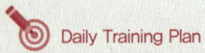
Daily Training Plan

Key 新토익 Daily Training Book
6주 Daily Training Plan

	1일째	2일째	3일째	4일째	5일째	6일째	7일째
Week 1	☐ Key 01-02	☐ Key 01-02 복습	☐ Key 03-04	☐ Key 03-04 복습	☐ Key 05-06	☐ Key 05-06 복습	☐ Key 01-03
	Part 1						Part 2
Week 2	☐ Key 01-03 복습	☐ Key 04-06	☐ Key 04-06 복습	☐ Key 07-09	☐ Key 07-09 복습	☐ Key 01-02	☐ Key 01-02 복습
	Part 2					Part 3	
Week 3	☐ Key 03-04	☐ Key 03-04 복습	☐ Key 05-06	☐ Key 05-06 복습	☐ Key 07	☐ Key 07 복습	☐ Key 08
	Part 3						
Week 4	☐ Key 08 복습	☐ Key 09	☐ Key 09 복습	☐ Key 10-11	☐ Key 10-11 복습	☐ Key 01-02	☐ Key 01-02 복습
	Part 3					Part 4	
Week 5	☐ Key 03-04	☐ Key 03-04 복습	☐ Key 05-06	☐ Key 07	☐ Key 05-07 복습	☐ Key 08	☐ Key 08 복습
	Part 4						
Week 6	☐ Key 09	☐ Key 09 복습	☐ Key 10	☐ Key 10 복습	☐ Key 11	☐ Key 11 복습	☐ Actual Test
	Part 4						

● 복습 위주의 6주 플랜입니다. 어휘량을 늘리면서 토익과 친해지는 데 도움이 됩니다.

● 복습 시에는 핵심 표현을 다시 듣고, 따라 읽어 봅니다. 단어를 듣는 데 익숙해지면 좀 더 긴 문장으로 듣기 연습을 합니다.

● 반복해서 듣는 횟수를 줄여나가면서 받아쓰기를 해봅니다.

● Actual Test의 결과가 좋지 않다면 한 번 더 2회독 합니다.

KEY 新토익 Daily Training Book
8주 Daily Training Plan

	1일째	2일째	3일째	4일째	5일째	6일째	7일째
Week 1	☐ Key 01	☐ Key 02	☐ Key 01-02 복습	☐ Key 01	☐ Key 02	☐ Key 03	☐ Key 01-03 복습
	Part 1			Part 2			
Week 2	☐ Key 01	☐ Key 02	☐ Key 01-02 복습	☐ Key 03	☐ Key 04	☐ Key 03-04 복습	☐ Key 01
	Part 3						Part 4
Week 3	☐ Key 02	☐ Key 01-02 복습	☐ Key 03	☐ Key 04	☐ Key 03-04 복습	☐ Key 03	☐ Key 04
	Part 4					Part 1	
Week 4	☐ Key 05	☐ Key 03-05 복습	☐ Key 04	☐ Key 05	☐ Key 06	☐ Key 04-06 복습	☐ Key 05
	Part 1		Part 2				Part 3
Week 5	☐ Key 06	☐ Key 05-06 복습	☐ Key 05	☐ Key 06	☐ Key 05-06 복습	☐ Key 06	☐ Key 06 복습
	Part 3			Part 4		Part 1	
Week 6	☐ Part1 복습	☐ Key 07	☐ Key 08	☐ Key 09	☐ Key 07-09 복습	☐ Key 07	☐ Key 08
	Part 1		Part 2			Part 3	
Week 7	☐ Key 09	☐ Key 07-09 복습	☐ Key 07	☐ Key 08	☐ Key 09	☐ Key 07-09 복습	☐ Key 10
	Part 3			Part 4			Part 3
Week 8	☐ Key 11	☐ Key 10-11 복습	☐ Key 10	☐ Key 11	☐ Key 10-11 복습	☐ Actual Test	☐ 전체 복습
	Part 3			Part 4			

● 전 PART 골고루 진도를 나가는 방식입니다. 차례대로 할 때보다 책이 끝날 때까지 앞 파트에 대한 기억이 잘 유지 될 수 있다는 장점이 있습니다. 이렇게 하면서 조금 더 빨리 토익과 친해지도록 합니다.

● 복습을 하는 날에는 배운 어휘를 제대로 기억하고 있는지 확인을 하고, 받아쓰기와 따라 읽기를 다시 해봅니다. 단어를 듣는 데 익숙해지면 좀 더 긴 문장으로 연습합니다.

● 반복해서 듣는 횟수를 줄여 나가면서 받아쓰기를 해봅니다.

● Part2를 시작하기 전에 의문문과 관련한 문법을 미리 예습한다면 좀 더 수월하게 Unit을 마칠 수 있습니다.

PART 1

UNIT 1
인물/풍경/사물 사진

KEY 01 인물사진
KEY 02 풍경 및 사물 사진

KEY 01 인물사진

인물사진 문제에서는 인물이 취하고 있는 동작이나 자세를 묘사하는 표현들, 장소 및 배경 사물에 대한 묘사가 이루어집니다. 사진의 핵심 상황, 인물의 시선이나 손동작, 의복을 세심하게 파악해야 합니다. 2인 이상 인물이 등장하는 경우, 인물들의 공통적인 상황, 상호 동작, 개별 인물의 상황에 대한 묘사를 들려줍니다.

◈ 대표 예제 미리 보기

copy machine
hallway

Possible Answers

He is using a copying machine.
그는 복사기를 사용하고 있다.

He is standing in the hallway.
그는 복도에 서 있다.

He is making a copy of a document.
그는 서류를 복사하고 있다.

◈ 핵심 표현 미리 보기

핵심 표현 중 얼마나 알고 있는지 확인해 보세요.

- ☐ look 　　보다
- ☐ wear
- ☐ hold
- ☐ reach
- ☐ stand
- ☐ move
- ☐ walk
- ☐ write
- ☐ watch
- ☐ stare
- ☐ inspect
- ☐ facility
- ☐ shake hands
- ☐ sit
- ☐ presentation
- ☐ point
- ☐ show
- ☐ put on
- ☐ sidewalk

STEP 1-1 핵심 표현 배우기 | 핵심 표현 암기하기 | Track P1_1

look	동 보다	looking at some documents 서류를 보고 있다
wear	동 입다, 쓰다(상태)	wearing a shirt 셔츠를 착용한 상태이다
hold	동 쥐다	holding papers 종이를 쥐고 있다
reach	동 뻗다	reaching for a cup 컵을 향해 손을 뻗고 있다
stand	동 서다	standing in front of a bookcase 책장 앞에 서 있다
move	동 옮기다	moving a box 박스를 옮기고 있다
walk	동 걷다	walking up the stairs 계단을 걸어 올라가고 있다
write	동 쓰다	writing something down 무엇인가를 쓰고 있다
watch	동 보다	watching a panel 계기판을 보고 있다
stare	동 응시하다	staring at a monitor 모니터를 응시하고 있다
inspect	동 조사하다	inspecting a facility 시설을 점검하고 있다
facility	명 시설	a research facility 연구 시설
shake hands	악수하다	shaking hands with the director 이사와 악수하고 있다
sit	동 앉다	sitting around the table 테이블 주위에 앉아있다
presentation	명 발표	giving a presentation 발표하고 있다
point	동 가리키다	pointing to a graph 그래프를 가리키고 있다
show	동 보여주다	showing a graph 그래프를 보여주고 있다
put on	입다, 쓰다(동작)	putting on a sweater 스웨터를 착용하는 중이다
sidewalk	명 보도	walking on the sidewalk 보도를 걷는 중이다

STEP 1-2　핵심 표현 확인하기

A man is looking at some documents.
남자가 서류를 보고 있다.

A man is _____ a shirt.
남자가 셔츠를 입은 상태이다.

A man is _____ papers in his hands.
남자가 양손에 종이를 쥐고 있다.

She is _____ for a book.
그녀는 책을 향해 손을 뻗고 있다.

She is _____ in front of a bookshelf.
그녀는 책장 앞에 서 있다.

She is _____ a box.
그녀는 박스를 옮기고 있다.

She is _____ up the stairs.
그녀는 계단을 걸어 올라가고 있다.

A technician is _____ something down.
기술자가 무언가를 적고 있다.

He is _____ panels.
그는 계기판을 보고 있다.

He is _____ facilities.
그는 시설을 점검하고 있다.

Two men are _____ _____ .
두 남자가 악수하고 있다.

They are _____ around the table.
그들은 테이블 주위에 앉아있다.

A woman is giving a _____ .
여자가 발표하고 있다.

A woman is _____ to a graph.
여자가 그래프를 가리키고 있다.

A woman is _____ a graph.
여자가 그래프를 보여주고 있다.

STEP 2 사진묘사 연습하기

1. 위 사진을 보고 주어진 어휘를 활용하여 다음 질문에 대답하세요.

   (1) What is the woman in the picture doing?
   she / reaching / book / for / a / is 그녀는 책을 향해 손을 뻗고 있다.

   ⋯▸ _____

   (2) Where is the woman?
   she / in / is / library / the 그녀는 도서관에 있다.

   ⋯▸ _____

   (3) What is she wearing?
   glasses / wearing / she / is 그녀는 안경을 쓴 상태이다.

   ⋯▸ _____

2. 다음 문장을 읽고 옳은 것은 T, 틀린 것은 F로 표시하세요.

   (1) She is standing in front of a copying machine.

   (2) She is putting on glasses.

   (3) She is reading a book.

3. 다음 보기를 듣고 사진을 가장 바르게 묘사한 것을 고르세요. 🔊 Track P1_2

   (A)　　　(B)　　　(C)　　　(D)

STEP 3 연습문제

정답과 해설 p. 2

I   다음 문장을 잘 듣고 빈칸을 채우세요. 🔊 Track P1_3

1. (A) A man is _____ a notebook.
   (B) A man is _____ at some _____.
   (C) A man is _____ on the _____.
   (D) A man is _____ _____.

2. (A) They are _____ around the table.
   (B) A woman is _____ her hand.
   (C) The men are _____ some papers.
   (D) They are _____ the desk.

3. (A) She is _____ a box.
   (B) She is _____ _____ the stairs.
   (C) She is _____ products.
   (D) She is _____ _____ _____ _____.

4. (A) He is _____ something in the machine.
   (B) He is _____ something _____.
   (C) He is _____ a computer.
   (D) He is _____ _____ _____ _____.

STEP 3 연습문제

정답과 해설 p. 2

II 다음 보기를 듣고 사진을 가장 바르게 묘사한 것을 고르세요. Track P1_4

1.

(A)　　(B)　　(C)　　(D)

2.

(A)　　(B)　　(C)　　(D)

3.

(A)　　(B)　　(C)　　(D)

4.

(A)　　(B)　　(C)　　(D)

KEY 02 풍경 및 사물 사진

실내에 비치된 가구나 책상 위에 놓여있는 물품, 강, 바다, 공원 등의 풍경을 묘사하는 표현들이 자주 등장합니다. 오답으로 사진에 나와있지 않은 사물이나 사람을 언급하는 문장이 자주 등장하니 주의하여야 하며, 장소 관련 전치사, 상태 관련 어휘들을 익혀두어야 합니다.

PART 1

대표 예제 미리 보기

tree   path   be shaded

Possible Answers

There is a path through trees.
나무들 사이로 길이 있다.

The path is shaded by trees.
길은 나무들로 그늘져 있다.

The trees are planted along the path.
나무들은 길을 따라 심어져 있다.

핵심 표현 미리 보기

핵심 표현 중 얼마나 알고 있는지 확인해 보세요.

- ☐ overlook   내려다보다
- ☐ along
- ☐ coast
- ☐ flower pot
- ☐ arrange
- ☐ attach
- ☐ path
- ☐ be shaded
- ☐ table
- ☐ be placed on
- ☐ above
- ☐ cabinet
- ☐ hang
- ☐ vehicle
- ☐ drive
- ☐ traffic light
- ☐ sail
- ☐ background
- ☐ gate

STEP 1-1 핵심 표현 배우기 — 핵심 표현 암기하기　　Track P1_5

overlook	동 내려다보다	overlooking the ocean	바다를 내려다보고 있다
along	전 ~을 따라	along the street	거리를 따라
coast	명 해안	along the coast	해안가를 따라
flower pot	화분	under the flower pot	화분 아래에
arrange	동 배열하다	arranged in rows	줄지어 배치되어 있다
attach	동 붙이다	attached to the wall	벽에 부착되어 있다
path	명 길	on the path	길 위에
be shaded	그늘지다	be shaded by trees	나무들로 그늘지다
table	명 탁자	around the table	탁자 주위에
be placed on	~에 놓여 있다	be placed on the sofa	소파 위에 놓여 있다
above	전 ~위쪽에	above the sofa	소파 위쪽에
cabinet	명 캐비넷, 보관함	file cabinet	서류 보관함
hang	동 걸다	hanging on the wall	벽에 걸려있다
vehicle	명 차량	repairing a vehicle	차량을 수리하고 있다
drive	동 운전하다	driving a vehicle	차량을 운전하고 있다
traffic light	신호등	waiting for the traffic light to change	신호등이 바뀌기를 기다리고 있다
sail	동 항해하다	sailing on the ocean	바다에서 항해하고 있다
background	명 배경	in the background	배경 속에
gate	명 정문	close the gate	문을 닫다

STEP 1-2 핵심 표현 확인하기

The buildings are overlooking the ocean.
건물들이 바다를 내려다보고 있다.
There are buildings _____ the _____.
해안가를 따라 건물들이 있다.

_____ _____ are _____ in rows.
화분들이 줄지어 배열되어 있다.
A lamp is _____ to the wall.
전등이 벽에 부착되어 있다.

There is a _____ through trees.
나무들 사이로 길이 있다.
The path is _____ by trees.
길은 나무들로 그늘져 있다.
The trees are planted _____ the path.
나무들은 길을 따라 심어져 있다.

A _____ is in front of the sofa.
소파 앞에 탁자가 있다.
Some cushions are _____ on the sofa.
몇몇 쿠션들이 소파 위에 놓여 있다.
The frames are _____ the sofa.
액자들이 소파 위쪽에 있다.

The file _____ is behind the desk.
책상 뒤에 서류 보관함이 있다.
A clock is _____ on the wall.
시계가 벽에 걸려있다.

There are _____ driving on the road.
도로에서 주행 중인 차량들이 있다.
Some cars are waiting for the _____ _____ to change.
몇몇 차들은 신호등이 바뀌기를 기다리고 있다.

STEP 2 사진묘사 연습하기

정답과 해설 p. 3

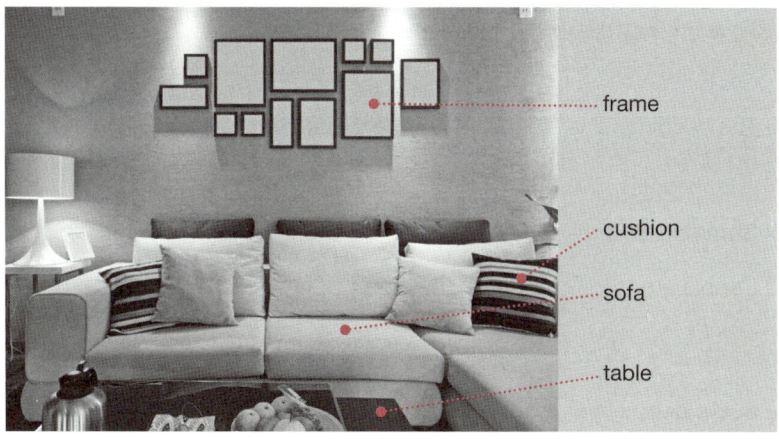

1. 위 사진을 보고 주어진 어휘를 활용하여 다음 질문에 대답하세요.

   (1) Where is the table?
       the table / the sofa / is / in front of 탁자는 소파 앞에 있다.
       ⋯▶ _____

   (2) What is on the sofa?
       placed / some / are / cushions / on / the sofa
       몇몇 쿠션들이 소파 위에 놓여 있다.
       ⋯▶ _____

   (3) Where are the frames?
       the frames / above / are / the sofa 액자들이 소파 위쪽에 있다.
       ⋯▶ _____

2. 다음 문장을 읽고 옳은 것은 T, 틀린 것은 F로 표시하세요.

   (1) There are flowers next to the table.

   (2) Someone is sitting on the sofa.

   (3) Some lights are turned on.

3. 다음 보기를 듣고 사진을 가장 바르게 묘사한 것을 고르세요.   Track P1_6

   (A)   (B)   (C)   (D)

STEP 3 연습문제

정답과 해설 p. 3

I 다음 문장을 잘 듣고 빈칸을 채우세요. 🎧 Track P1_7

1. (A) The buildings are _____ the ocean.
   (B) The beach is _____ with people.
   (C) Some boats are _____ on the ocean.
   (D) People are _____ in the water.

2. (A) Some people are _____ the house.
   (B) There are _____ in the _____.
   (C) A lamp is _____ to the wall.
   (D) Neighbors are greeting _____ _____.

3. (A) A picture is _____ on the wall.
   (B) A file cabinet is _____ the desk.
   (C) There are some _____ on the _____.
   (D) The _____ is turned _____.

4. (A) There are _____ driving on the _____.
   (B) Some cars are parked _____ the street.
   (C) The road is under _____.
   (D) The road is _____ with heavy traffic.

STEP 3　연습문제

정답과 해설 p. 3

II　다음 보기를 듣고 사진을 가장 바르게 묘사한 것을 고르세요.　🎵 Track P1_8

1.

(A)　(B)　(C)　(D)

2.

(A)　(B)　(C)　(D)

3.

(A)　(B)　(C)　(D)

4.

(A)　(B)　(C)　(D)

PART 1

UNIT 2
상황별 사진

KEY 03 실내·외 업무
KEY 04 상점 및 여가
KEY 05 가정
KEY 06 도로 및 교통

KEY 03 실내·외 업무

사무실, 회의실, 실험실, 병원 등을 배경으로 하는 사진에서는 사무기기를 다루는 모습, 컴퓨터로 작업하는 모습, 필기하는 장면, 회의하는 장면들이 주로 제시됩니다. 공사장, 건물 외부, 작업장 등 실외를 배경으로 하는 사진에서는 등장 인물들이 착용하고 있는 장비, 사용하는 도구, 작업 모습 등을 유의 깊게 살펴야 합니다. 작업 상황 외에 건물 외부 상태, 자재들이 놓여있는 상황에 관련된 표현도 출제됩니다.

◆ 대표 예제 미리 보기

supervisor   headset   staff

Possible Answers

Some people are working with computers.
몇몇 사람들이 컴퓨터로 작업하고 있다.

Some people are wearing headsets.
몇몇 사람들이 헤드셋을 착용한 상태이다.

A supervisor is helping his staff.
관리자가 직원을 도와주고 있다.

◆ 핵심 표현 미리 보기

핵심 표현 중 얼마나 알고 있는지 확인해 보세요.

- ☐ audience   청중
- ☐ address
- ☐ speech
- ☐ office worker
- ☐ discussion
- ☐ explain
- ☐ colleague
- ☐ attend
- ☐ meeting
- ☐ hammer
- ☐ construction site
- ☐ paint
- ☐ ladder
- ☐ lab coat
- ☐ microscope
- ☐ brick
- ☐ cart
- ☐ squat
- ☐ safety gear

STEP 1-1 핵심 표현 배우기 | 핵심 표현 암기하기 | Track P1_9

단어	품사/뜻	표현	뜻
audience	명 청중	in front of the audience	청중 앞에서
address	동 연설하다	addressing an audience	청중에게 연설하고 있다
speech	명 연설	giving a speech	연설하고 있다
office worker	회사원	typical office worker	전형적인 회사원
discussion	명 토론	having a discussion	토론하고 있다
explain	동 설명하다	explain to them	그들에게 설명하다
colleague	명 동료	the best colleague	가장 좋은 동료
attend	동 참석하다	attending a meeting	회의에 참석하고 있다
meeting	명 회의	having a meeting	회의하고 있다
hammer	동 망치질하다	hammering a nail	망치로 못을 박고 있다
construction site	공사장	at the construction site	공사장에
paint	동 페인트칠을 하다	painting a house	집에 페인트칠을 하고 있다
ladder	명 사다리	on the ladder	사다리 위에
lab coat	실험실 가운	wearing a lab coat	실험실 가운을 착용한 상태이다
microscope	명 현미경	looking into a microscope	현미경을 들여다보고 있다
brick	명 벽돌	brick wall	벽돌담
cart	명 손수레	loading the cart	손수레에 짐을 싣고 있다
squat	동 쪼그리고 앉다	squat on the ground	땅바닥에 쪼그리고 앉다
safety gear	안전장비	wearing safety gear	안전장비를 착용한 상태이다

STEP 1-2　핵심 표현 확인하기

The audience is listening to the speaker.
청중들은 발표자의 말을 듣고 있다.
The speaker is _____ an audience.
발표자는 청중들에게 연설하고 있다.
A man is giving a _____.
한 남자가 연설하고 있다.

Some office workers are having a _____.
몇몇 회사원들이 토론하고 있다.
A woman is _____ something to her colleagues.
한 여자가 동료들에게 무언가를 설명하고 있다.
They are _____ a meeting.
그들은 회의에 참석하고 있다.

A man is _____ a nail.
남자는 망치로 못을 박고 있다.
A man is at the _____ _____.
남자는 공사장에 있다.

He is _____ a house.
그는 집에 페인트칠을 하고 있다.
He is standing on the _____.
그는 사다리 위에 서 있다.

A woman is wearing a _____ _____.
여자가 실험실 가운을 착용한 상태이다.
A woman is looking into a _____.
여자가 현미경을 들여다보고 있다.

Workers are building a _____ wall.
인부들이 벽돌담을 짓고 있다.
There is a _____ in the background.
배경에 손수레 하나가 있다.
They are _____ on the ground.
그들은 땅바닥에 쪼그리고 앉아있다.

STEP 2 사진묘사 연습하기

1. 위 사진을 보고 주어진 어휘를 활용하여 다음 질문에 대답하세요.

   (1) Where are they?

   in / they / a conference room / are 그들은 회의실에 있다.

   ⋯▸ _____

   (2) What's happening in the picture?

   a woman / to / explaining / something / colleagues / her / is
   여자가 동료들에게 무언가를 설명하고 있다.

   ⋯▸ _____

   a discussion / some / having / are / office workers
   회사원 몇 명이 토론하고 있다.

   ⋯▸ _____

2. 다음 문장을 읽고 옳은 것은 T, 틀린 것은 F로 표시하세요.

   (1) A woman is handing out some documents.

   (2) There are cups and a water bottle on the table.

   (3) They are seated around the table.

3. 다음 보기를 듣고 사진을 가장 바르게 묘사한 것을 고르세요. Track P1_10

   (A)   (B)   (C)   (D)

STEP 3 연습문제

정답과 해설 p. 4

I 다음 문장을 잘 듣고 빈칸을 채우세요. Track P1_11

1. (A) The _____ is listening to the _____.
   (B) Some people are _____ the room.
   (C) The speaker is _____ to the audience.
   (D) The _____ room is _____.

2. (A) A man is _____ the ladder.
   (B) The _____ is standing _____ the wall.
   (C) The _____ on the ladder is painting the _____.
   (D) He is _____ the wall.

3. (A) A man is _____ into a _____.
   (B) A man and women are _____ each other.
   (C) The men are _____ on _____ coats.
   (D) A woman is _____ a lab coat.

4. (A) A group of _____ are building a _____ wall.
   (B) The house is _____ of _____.
   (C) A woman is _____ a cart.
   (D) They are _____ on the brick wall.

STEP 3 연습문제

정답과 해설 p. 4

II 다음 보기를 듣고 사진을 가장 바르게 묘사한 것을 고르세요. Track P1_12

1.

(A)　　(B)　　(C)　　(D)

2.

(A)　　(B)　　(C)　　(D)

3.

(A)　　(B)　　(C)　　(D)

4.

(A)　　(B)　　(C)　　(D)

KEY 04 상점 및 여가

상점과 식당 배경에서는 상점 진열장 안이나 위에 놓여있는 물건을 바라보는 행위, 계산대에서 이루어지는 동작, 식사와 주문 관련 표현들이 가장 자주 출제됩니다. 여가활동과 관련해서는 실내·외를 배경으로 다양한 여가활동을 하거나 휴식을 취하고 있는 사람들의 모습이 등장합니다. 공연, 스포츠, 미술 감상 등에 관련된 표현들이 지문에 출제되며 활동 배경에도 주의를 기울여야 합니다.

◈ 대표 예제 미리 보기

handing a credit card   counter   supermarket

Possible Answers

They are shopping at the supermarket.
그들은 슈퍼마켓에서 물건을 사고 있다.

They are standing at the counter.
그들은 카운터에 서 있다.

A woman is handing a clerk her credit card.
여자가 점원에게 신용카드를 건네주고 있다.

◈ 핵심 표현 미리 보기

핵심 표현 중 얼마나 알고 있는지 확인해 보세요.

- ☐ salesperson 판매원
- ☐ customer
- ☐ merchandise
- ☐ display
- ☐ shopper
- ☐ pose
- ☐ take a picture
- ☐ lean
- ☐ waiter / waitress
- ☐ order
- ☐ menu
- ☐ dancer
- ☐ stage
- ☐ perform
- ☐ exercise
- ☐ instructor
- ☐ equipment
- ☐ uniform
- ☐ eat a meal

STEP 1-1 핵심 표현 배우기 — 핵심 표현 암기하기 — Track P1_13

단어	품사/뜻	예시
salesperson	명 판매원	a capable salesperson 유능한 판매원
customer	명 고객	customer service 고객 서비스
merchandise	명 상품	looking at the merchandise 상품을 살펴보고 있다
display	명 진열 / 동 진열하다	displayed in the shop window 쇼윈도 내에 전시되다
shopper	명 쇼핑객	a couple of shoppers 두 명의 쇼핑객
pose	동 포즈를 취하다	posing for a picture 사진 찍기 위해 포즈를 취하고 있다
take a picture	사진 찍다	taking a picture of a building 건물 사진을 찍고 있다
lean	동 기대다	leaning on the rail 난간에 기대어 있다
waiter/waitress	명 (남/녀)종업원	a kind waitress 친절한 여종업원
order	명 주문	taking orders 주문받고 있다
menu	명 메뉴판	study the menu 메뉴판을 살펴보다
dancer	명 무용수	a ballet dancer 발레 무용수
stage	명 무대	leaving the stage 무대를 떠나고 있다
perform	동 공연하다	performing on the stage 무대 위에서 공연하고 있다
exercise	명 운동 / 동 운동하다	regular exercise 규칙적인 운동
instructor	명 강사	fitness instructor 운동 강사
equipment	명 장비	exercise equipment 운동 장비
uniform	명 유니폼, 교복	in uniform 유니폼을 입은
eat a meal	식사하다	eating a meal in a restaurant 식당에서 식사하고 있다

PART 1

STEP 1-2 핵심 표현 확인하기

A _____ is helping a customer.
판매원은 고객을 도와주고 있다.

A woman is looking at the _____.
여자는 상품을 살펴보고 있다.

Some clothes are _____ at the shop window.
몇몇 옷들이 쇼윈도에 진열되어 있다.

A couple of _____ are pointing at the merchandise.
두 명의 쇼핑객들이 상품을 가리키고 있다.

A man is _____ for a picture.
남자는 사진을 찍기 위해 포즈를 취하고 있다.

A woman is _____ _____ _____ of a man.
여자가 남자의 사진을 찍고 있다.

A man is _____ on the rail.
남자가 난간에 기대고 있다.

The customers are talking to the _____.
손님들은 여종업원에게 말하고 있다.

The waitress is taking _____.
여종업원이 주문을 받고 있다.

The customers have the _____ in their hands.
손님들은 손에 메뉴판을 들고 있다.

The dancers are on the _____.
무용수들이 무대 위에 있다.

The dancers are _____ in front of an audience.
무용수들이 관중들 앞에서 공연하고 있다.

A woman is taking an _____ class.
여자는 운동 강습을 받고 있다.

A woman is exercising with an _____.
여자는 강사와 함께 운동하고 있다.

Some exercise _____ is in the background.
몇몇 운동기구가 배경에 있다.

STEP 2 사진묘사 연습하기

1. 위 사진을 보고 주어진 어휘를 활용하여 다음 질문에 대답하세요.

   (1) What are the couple in the picture doing?
   pointing / are / the shop window / the merchandise / in / they / at   그들은 쇼윈도 안의 상품을 가리키고 있다.

   ⋯▸ _____

   stopped / to / at / look / they / some items
   그들은 몇몇 아이템을 살펴보기 위해 멈췄다.

   ⋯▸ _____

   (2) Where are they?
   they / the shop window / are / in front of
   그들은 쇼윈도 앞에 있다.

   ⋯▸ _____

2. 다음 문장을 읽고 옳은 것은 T, 틀린 것은 F로 표시하세요.

   (1) Items are displayed outside a store.

   (2) Some clothes are arranged on the table.

   (3) A man has put his arm around a woman.

3. 다음 보기를 듣고 사진을 가장 바르게 묘사한 것을 고르세요.   Track P1_14

   (A)   (B)   (C)   (D)

STEP 3 연습문제

정답과 해설 p. 5

I. 다음 문장을 잘 듣고 빈칸을 채우세요. Track P1_15

1. (A) A _____ is showing _____ to a customer.
   (B) A woman is _____ a uniform.
   (C) A woman is _____ with _____.
   (D) A customer is _____ on a hat.

2. (A) A woman is _____ into the _____.
   (B) The audience is _____ under the tree.
   (C) The dancers are on the _____.
   (D) A man on the stage is _____ a _____.

3. (A) A man is _____ the menu.
   (B) Some people are _____ food.
   (C) A waitress is _____ _____ at a table.
   (D) A woman is _____ dishes.

4. (A) A woman is _____ with an _____.
   (B) Two women are _____ in the park.
   (C) They are _____ at the mall.
   (D) A woman is applying _____ in front of the _____.

| STEP 3 | 연습문제 |

정답과 해설 p. 5

II 다음 보기를 듣고 사진을 가장 바르게 묘사한 것을 고르세요. Track P1_16

1.

(A)　(B)　(C)　(D)

2.

(A)　(B)　(C)　(D)

3.

(A)　(B)　(C)　(D)

4.

(A)　(B)　(C)　(D)

KEY 05 가정

음식을 준비하는 모습, 잔디를 깎거나 정원을 돌보는 모습, 청소 등 가사 일과 관련된 동작들이 침실, 현관, 주방, 거실, 정원 등을 배경으로 등장합니다.

대표 예제 미리 보기

yard   bush   lawn

Possible Answers

The windows of the house are closed.
집의 창문들이 닫혀 있다.

A man is mowing the lawn.
남자가 잔디를 깎고 있다.

Bushes are growing in the yard.
마당에 관목들이 자라고 있다.

핵심 표현 미리 보기

핵심 표현 중 얼마나 알고 있는지 확인해 보세요.

- ☐ yard   마당
- ☐ mow
- ☐ lawn
- ☐ bush
- ☐ shovel
- ☐ remove
- ☐ branch
- ☐ chop
- ☐ prepare
- ☐ vacuum cleaner
- ☐ living room
- ☐ wipe
- ☐ cupboard
- ☐ stack
- ☐ make a bed
- ☐ carpet
- ☐ pillow
- ☐ pot
- ☐ stir

STEP 1-1　핵심 표현 배우기　　핵심 표현 암기하기　　Track P1_17

단어	품사	뜻	예시 표현	해석
yard	명	마당	working in the yard	마당에서 일하고 있다
mow	동	깎다	mowing the lawn	잔디를 깎고 있다
lawn	명	잔디	sitting on the lawn	잔디밭 위에 앉아 있다
bush	명	관목	trim a bush	관목을 다듬다
shovel	명	삽	buy a shovel	삽을 사다
remove	동	제거하다	removing snow	눈을 제거하고 있다
branch	명	(나무)가지	bare branches	앙상한 가지들
chop	동	자르다	chopping vegetables	야채를 자르고 있다
prepare	동	준비하다	preparing food	음식을 준비하고 있다
vacuum cleaner		진공청소기	powerful vacuum cleaner	강력한 진공청소기
living room		거실	cleaning the living room	거실을 청소하고 있다
wipe	동	닦다	wiping the TV screen	텔레비전 화면을 닦고 있다
cupboard	명	찬장	kitchen cupboard	부엌 찬장
stack	동	쌓다	stacked in the cupboard	찬장 안에 쌓여 있다
make a bed		침대를 정리하다	make a bed in the morning	아침에 침대를 정리하다
carpet	명	카펫	on the carpet	카펫 위에
pillow	명	베개	a pillow case	베갯잇
pot	명	냄비	a smoked pot	그을린 냄비
stir	동	젓다	stirring a pot	냄비를 젓고 있다

A man is working in the _____.
남자가 마당에서 일하고 있다.

A man is _____ the lawn.
남자가 잔디를 깎고 있다.

Some _____ are growing in the yard.
관목들이 마당에서 자라고 있다.

She has a _____ in her hand.
그녀는 손에 삽을 가지고 있다.

She is _____ snow in front of the house.
그녀는 집 앞의 눈을 삽으로 제거하고 있다.

There are trees with bare _____ in the background.
앙상한 가지의 나무들이 배경에 있다.

A woman is _____ vegetables.
여자는 야채를 썰고 있다.

They are _____ food in the kitchen.
그들은 부엌에서 음식을 준비하고 있다.

A man is cleaning with a _____ _____.
남자가 진공청소기로 청소하고 있다.

They are cleaning the _____ _____.
그들은 거실을 청소하고 있다.

She is _____ the TV screen.
그녀는 TV 화면을 닦고 있다.

She is putting a cup into a _____.
그녀는 찬장에 컵을 넣고 있다.

Dishes and cups are _____ in the cupboard.
접시와 컵들이 찬장 안에 쌓여 있다.

A girl is _____ a bed.
소녀가 침대를 정리하고 있다.

She is standing on the _____.
그녀는 카펫 위에 서 있다.

A _____ is placed on the bed.
베개가 침대 위에 놓여 있다.

54

STEP 2 사진묘사 연습하기

정답과 해설 p. 6

1. 위 사진을 보고 주어진 어휘를 활용하여 다음 질문에 대답하세요.

   (1) What are the people in the picture doing?

   a woman / vegetables / chopping / is / the cutting board / on
   여자는 도마 위에 야채를 썰고 있다.

   ⋯▸ _____

   a man / food / preparing / a woman / the kitchen / in / and / are
   여자와 남자가 부엌에서 음식을 준비하고 있다.

   ⋯▸ _____

   putting / a pot / into / is / a man / something
   남자가 무언가를 냄비에 넣고 있다.

   ⋯▸ _____

2. 다음 문장을 읽고 옳은 것은 T, 틀린 것은 F로 표시하세요.

   (1) There are some vegetables on the kitchen counter.

   (2) The cupboard door is left open.

   (3) A man is washing dishes.

3. 다음 보기를 듣고 사진을 가장 바르게 묘사한 것을 고르세요.   Track P1_18

   (A)   (B)   (C)   (D)

STEP 3 연습문제

I 다음 문장을 잘 듣고 빈칸을 채우세요. Track P1_19

1. (A) A woman is _____ snow with a _____.
   (B) A man is _____ on the street.
   (C) The children are _____ a snowball _____.
   (D) It's _____ a lot in the garden.

2. (A) They are _____ the living room.
   (B) They are moving the _____.
   (C) A man is sitting on the couch _____ TV.
   (D) The TV is _____ on the _____.

3. (A) She is _____ a cup of _____.
   (B) She is _____ food in the kitchen.
   (C) She is _____ a cup into the _____.
   (D) She is _____ the dish.

4. (A) She is _____ in the bed.
   (B) She is _____ a bed.
   (C) She is _____ the window.
   (D) She is _____ a _____.

STEP 3 연습문제

정답과 해설 p. 6

II 다음 보기를 듣고 사진을 가장 바르게 묘사한 것을 고르세요. Track P1_20

1.

(A)　　(B)　　(C)　　(D)

2.

(A)　　(B)　　(C)　　(D)

3.

(A)　　(B)　　(C)　　(D)

4.

(A)　　(B)　　(C)　　(D)

KEY 06 — 도로 및 교통

교통과 관련하여 출퇴근, 출장, 여행 등의 상황에서 만날 수 있는 장면들이 제시됩니다. 지하철, 버스, 공항 등 대중교통 시설을 승객들이 이용하는 모습, 운전 중인 모습, 도심을 이동하는 모습, 교통수단이 주차되어 있는 모습과 관련된 표현을 잘 알고 있어야 합니다.

◆ 대표 예제 미리 보기

baggage claim · suitcase · conveyer belt

Possible Answers

Some people are at the baggage claim.
몇몇 사람들이 수화물 찾는 곳에 있다.

Some people are picking up their bags.
몇몇 사람들이 그들의 짐을 찾고 있다.

There are suitcases on the conveyer belt.
컨베이어 벨트 위에 여행가방이 있다.

◆ 핵심 표현 미리 보기

핵심 표현 중 얼마나 알고 있는지 확인해 보세요.

- ☐ security 보안
- ☐ passenger
- ☐ go through
- ☐ airport
- ☐ pedestrian
- ☐ cross
- ☐ crosswalk
- ☐ traffic light
- ☐ locate
- ☐ parking meter
- ☐ park
- ☐ platform
- ☐ subway
- ☐ arrive
- ☐ station
- ☐ baggage claim
- ☐ suitcase
- ☐ fuel
- ☐ gas station

STEP 1-1 핵심 표현 배우기 | 핵심 표현 암기하기 | Track P1_21

security	명 보안	security officer	보안 요원
passenger	명 승객	passenger seat	승객용 좌석
go through	통과하다	going through airport security	공항 보안 검색을 통과하고 있다
airport	명 공항	international airport	국제 공항
pedestrian	명 보행자	pedestrian safety	보행자 안전
cross	동 건너다	crossing at the crosswalk	횡단보도를 건너고 있다
crosswalk	명 횡단보도	in the middle of the crosswalk	횡단보도 한가운데
traffic light	신호등	ignore the traffic light	신호등을 무시하다
locate	동 두다	located in Seoul	서울에 위치해 있다
parking meter	주차료 징수기	plenty of parking meters	충분한 주차료 징수기
park	동 주차하다	parking the car	차를 주차하고 있다
platform	명 승강장	departing from platform	승강장에서 출발하고 있다
subway	명 지하철	waiting for the subway	지하철을 기다리고 있다
arrive	동 도착하다	arriving at the station	역에 도착하고 있다
station	명 역	subway station	지하철 역
baggage claim	수화물 찾는 곳	waiting at the baggage claim	수화물 찾는 곳에서 기다리고 있다
suitcase	명 여행가방	pulling a suitcase	여행가방을 끌고 있다
fuel	명 연료	fuel consumption	연료 소모
gas station	주유소	find a gas station	주유소를 찾다

PART 1

STEP 1-2 핵심 표현 확인하기

A _____ officer is checking passengers' bags.
보안 요원이 승객들의 짐을 검사하고 있다.

A _____ is going through airport security.
한 승객이 공항 보안 검색을 통과하고 있다.

Some _____ are crossing at a crosswalk.
몇몇 보행자들은 횡단보도를 건너고 있다.

The cars are waiting for the _____ _____ to change.
차들은 신호등이 바뀌기 기다리고 있다.

Buildings are _____ along the street.
건물들이 도로를 따라 위치해있다.

A woman is paying at the _____ _____.
여자는 주차료 징수기에서 지불하고 있다.

Vehicles are _____ on the street.
차량들이 길 위에 주차되어 있다.

Passengers are standing on the _____.
승객들이 승강장에 서 있다.

People are waiting for a _____.
사람들은 지하철을 기다리고 있다.

The subway is _____ at the station.
지하철이 역에 도착하고 있다.

People are waiting at the _____ _____.
사람들이 짐 찾는 곳에서 기다리고 있다.

Some _____ are on the conveyer belt.
몇몇 여행가방들이 컨베이어 벨트 위에 있다.

She is putting _____ in the car.
여자가 차에 연료를 넣고 있다.

The car is at the _____ _____.
차가 주유소에 있다.

STEP 2 사진묘사 연습하기

정답과 해설 p. 7

1. 위 사진을 보고 주어진 어휘를 활용하여 다음 질문에 대답하세요.

    (1) Describe what you see in the picture above.

    the station / is / a subway / at / arriving

    지하철이 역에 도착하고 있다.

    ⋯▸ _____

    a subway / for / are / passengers / waiting

    승객들이 지하철을 기다리고 있다.

    ⋯▸ _____

    people / standing / the platform / on / are

    사람들이 승강장 위에 서 있다.

    ⋯▸ _____

2. 다음 문장을 읽고 옳은 것은 T, 틀린 것은 F로 표시하세요.

    (1) A man is buying a subway ticket.

    (2) A subway is off the track.

    (3) Some people are waiting to get on the train.

3. 다음 보기를 듣고 사진을 가장 바르게 묘사한 것을 고르세요.　🎧 Track P1_22

    (A)　　　(B)　　　(C)　　　(D)

STEP 3 연습문제

정답과 해설 p. 7

I. 다음 문장을 잘 듣고 빈칸을 채우세요. Track P1_23

1. (A) A man is _____ through a boarding _____.
   (B) A _____ is going through airport _____.
   (C) A woman is _____ a plane _____.
   (D) Some people are waiting at the _____ _____.

2. (A) Some _____ are crossing at a crosswalk.
   (B) A man is _____ the car too fast.
   (C) A _____ of people are _____ off the _____.
   (D) A woman is _____ across the bridge.

3. (A) She is _____ a car.
   (B) The park is _____ with people.
   (C) She is paying at the _____ _____.
   (D) A car has stopped at the _____ light.

4. (A) She is putting _____ in the car.
   (B) She is looking _____ a gas _____.
   (C) The car is in the _____ lot.
   (D) The _____ is _____ with cars.

STEP 3 연습문제

정답과 해설 p. 7

II 다음 보기를 듣고 사진을 가장 바르게 묘사한 것을 고르세요. Track P1_24

1.

(A)　(B)　(C)　(D)

2.

(A)　(B)　(C)　(D)

3.

(A)　(B)　(C)　(D)

4.

(A)　(B)　(C)　(D)

PART 2

UNIT 1
의문사 의문문

KEY 01 who(whose)/when 의문문
KEY 02 what/which 의문문
KEY 03 why/where/how 의문문

KEY 01   who(whose)/when 의문문

의문사 who를 사용한 의문문에는 사람 이름(Mr. Brown, Jason), 직책(team leader, manager), 부정대명사(somebody, nobody), 인칭대명사(I, she, we), 회사명(Dewitt) 등을 사용한 응답이 적절합니다.

의문사 when을 사용한 의문문은 시점을 묻는 의문문입니다. 시간(by three o'clock), 날짜(next weekend), 요일(on Sunday), 그리고 전치사 및 부사(after the meeting, soon)를 활용한 시점 관련한 표현들로 대답할 수 있습니다.

❖ 대표 예제 미리 보기

Question
Who are those people in the meeting room?
회의실에 있는 사람들은 누구인가요?

Possible Answers
The director is holding a meeting. 이사님이 회의를 개최하고 있습니다.

I have no idea. 저도 잘 모르겠어요.

Probably, Mr. Brown and Jason. 아마 Mr. Brown과 Jason일 거예요.

❖ 핵심 표현 미리 보기

핵심 표현 중 얼마나 알고 있는지 확인해 보세요.

☐ director 이사, 부장	☐ responsible	☐ lead
☐ hold a meeting	☐ consultant	☐ join
☐ probably	☐ revise	☐ new hire
☐ handle	☐ finance	☐ strategy
☐ client	☐ opening	☐ human resources
☐ take over	☐ apply	☐ customer service
☐ office supplies		

STEP 1 핵심 표현 배우기 — 핵심 표현 암기하기 — Track P2_1

단어	품사/뜻	예시
director	명 이사, 부장	board of directors 이사회
hold a meeting	회의를 개최하다	hold a monthly meeting 월례 회의를 개최하다
probably	부 아마	That's probably right 아마 그게 맞을 거야.
handle	동 관리하다	handle clients 고객들을 관리하다
client	명 고객	meet with a client 고객과 만나다
take over	인계받다	take over her work 그녀의 업무를 이어받다
office supplies	사무용품	order office supplies 사무용품을 주문하다
responsible	형 책임이 있는	responsible for ordering office supplies 사무용품 주문 책임자이다
consultant	명 자문가	hire a consultant 자문가를 고용하다
revise	동 수정하다	revise the system 시스템을 수정하다
finance	명 재정, 재무	expert in finance 재정 전문가
opening	명 공석	openings in the marketing department 마케팅부의 공석
apply	동 지원하다	apply for a job 일자리에 지원하다
lead	동 주도하다	lead the workshop 워크샵을 주도하다
join	동 참여하다	join the meeting 회의에 참여하다
new hire	신입사원	train new hires 신입사원들을 교육하다
strategy	명 전략	marketing strategy 마케팅 전략
human resources	인적 자원	develop human resources 인적 자원을 개발하다
customer service	고객 서비스	customer service department 고객 서비스부

STEP 2 응답 유형 연습하기

I 다음 의문문을 읽고 주어진 어휘를 참고하여 보기와 같이 적절한 답변을 작성해보세요.

> 보기
>
> Question **Who handles Mr. Lee's clients?** 누가 Mr. Lee의 고객들을 관리하나요?
>
> Answer **Mr. Kim took it over.** Mr. Kim이 넘겨받았어요.

Question A
Who should I talk to about ordering office supplies?
사무용품 주문에 관해서는 누구에게 말하면 되나요?

Answer 1 **Jenny / care / takes / it / of** Jenny가 관리합니다.
→ _____

Answer 2 **Mr. Park / for / is / responsible / ordering / office supplies**
Mr. Park가 사무용품 주문 책임자예요.
→ _____

Answer 3 **not / sure / am / I** 잘 모르겠어요.
→ _____

Question B
When did you call the consultant?
당신은 언제 자문가에게 전화했나요?

Answer 1 **about / ago / two / hours** 약 두 시간 전에요.
→ _____

Answer 2 **yet / called / I / him / actually / haven't** 사실, 아직 그에게 전화 못했어요.
→ _____

Answer 3 **report / right / finance / after / the / revised / I**
제가 재정 보고서를 수정한 직후예요.
→ _____

II 다음 보기에서 질문에 어울리는 답변을 고르세요.

> 보기
> (A) I'm going to review the applications again.
> (B) Whenever there's an opening.
> (C) I heard Mr. Thomson from the sales department is a strong candidate.

1. When do you plan to apply for the job?
2. Who will be the new project manager?
3. Who are you hiring for the secretary position?

III 다음 문장을 듣고 가장 적절한 응답을 고르세요. Track P2_2

1. (A) I'm sure you can make it.
   (B) The line at the bank is really long.
   (C) The end of the next month.

2. (A) I will talk with her later.
   (B) It hasn't been decided yet.
   (C) She's going to take a history class.

3. When do you expect the new office to be ready?

   (A)   (B)   (C)

4. Who is working with Mrs. Davis in the conference room?

   (A)   (B)   (C)

STEP 3 연습문제

I 다음 문장을 듣고 빈칸을 채우세요. Track P2_3

1. _____ is going to _____ us in the meeting?

    (A) I'm going to do it _____ away.

    (B) Why _____ you join us?

    (C) Let me _____.

2. When was the _____ time you _____ from him?

    (A) Sometime _____ week.

    (B) We _____ on the phone.

    (C) _____ a month ago.

3. When can we _____ together to discuss the decline in sales?

    (A) How about next _____?

    (B) The _____ department is on the _____ floor.

    (C) Fred _____ _____ you.

4. _____ responsibility is it to _____ the new hires?

    (A) I don't _____ so.

    (B) Professor Santiago will _____ you the _____.

    (C) Mr. Crowe, _____ _____ _____ I know.

정답과 해설 p. 9

II 다음 문장을 듣고 가장 적절한 응답을 고르세요. 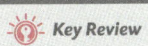 Track P2_4

1. (A) (B) (C)
2. (A) (B) (C)
3. (A) (B) (C)
4. (A) (B) (C)

Key Review

who·when 의문문 기타 빈출 표현

Q. Who is going to join us in the meeting?
누가 우리와 함께 회의에 참여하나요?

A1. The customer service manager.
고객 서비스 부장이요.

A2. I am not sure.
잘 모르겠어요.

Q. When can I expect him to be back?
그는 언제 돌아올 예정입니까?

A1. He said he'd be back in an hour.
그는 한 시간 내에 돌아오겠다고 했어요.

A2. Not until next week.
다음 주 이후에요.

KEY 02 — what/which 의문문

의문사 what은 특징(what color~?), 시간(what time~?), 의견(what do you think~?), 비용(what is the price~?) 등과 관련된 정보를 묻기 위해 사용할 수 있습니다. 다른 의문사 의문문과 비교해보았을 때 더 다양한 질문과 답변이 출제될 수 있습니다.

which 의문문은 기본적으로 상대방의 선택을 요구하는 의문문입니다. which 다음에 오는 명사에 가장 집중해서 들어야 합니다. 부정대명사 the one으로 질문의 명사를 받는 정답도 있고 neither, either, none 등을 활용하여 구체적인 선택을 하지 않는 정답 유형도 있습니다.

❖ 대표 예제 미리 보기

Question
What do you think of the new security system?
새로운 보안 시스템에 대해 어떻게 생각하나요?

Possible Answers
I haven't had a chance to look into it. 아직 그것을 살펴볼 기회가 없었어요.
I think it's very innovative. 저는 그것이 아주 혁신적이라고 생각해요.
It seems very useful. 그것은 상당히 유용해 보여요.

❖ 핵심 표현 미리 보기

핵심 표현 중 얼마나 알고 있는지 확인해 보세요.

☐ chance 기회	☐ incentive	☐ train
☐ innovative	☐ achievement	☐ accept
☐ useful	☐ introduce	☐ remodel
☐ banquet	☐ evaluation	☐ request
☐ decorate	☐ select	☐ occupation
☐ enhance	☐ consider	☐ complain
☐ employee		

STEP 1 핵심 표현 배우기 — 핵심 표현 암기하기 — Track P2_5

chance	명 기회	chance to look into it 그것을 살펴볼 기회
innovative	형 혁신적인	an innovative solution 혁신적인 해결책
useful	형 유용한	useful information 유용한 정보
banquet	명 연회	prepare a banquet 연회를 준비하다
decorate	동 장식하다	decorate the table 탁자를 장식하다
enhance	동 향상시키다	enhance employees' performance 직원들의 업무 성과를 향상시키다
employee	명 직원	a new employee 신입사원
incentive	명 장려금	offer incentives 장려금을 제공하다
achievement	명 성과	based on achievement 성과에 기반한
introduce	동 도입하다	introduce a new evaluation system 새로운 평가시스템을 도입하다
evaluation	명 평가	evaluation criteria 평가 기준
select	동 선택하다	select a candidate 후보자를 선택하다
consider	동 고려하다	consider all options 모든 선택을 고려하다
train	동 훈련하다	train a new employee 신입사원을 훈련하다
accept	동 받아들이다	accept a deal 거래를 받아들이다
remodel	동 개조하다	remodel an office 사무실을 개조하다
request	동 요청하다	request the information 정보를 요청하다
occupation	명 직업	out of occupation 실직 중인
complain	동 불평하다	complain about poor service 형편없는 서비스에 대해 불평하다

STEP 2 응답 유형 연습하기

I 다음 의문문을 읽고 주어진 어휘를 참고하여 보기와 같이 적절한 답변을 작성해보세요.

보기

Question **What do you need for the banquet?** 당신은 연회 준비에 무엇이 필요한가요?

Answer **I need flowers to decorate the tables.** 탁자를 장식할 꽃이 필요해요.

Question A

What can we do to enhance employees' performance?
직원들의 업무성과를 향상시키기 위해 무엇을 할 수 있을까요?

Answer 1   can / based on / offer / achievements / we / their / incentives
우리는 성과에 기반한 장려금을 제공할 수 있습니다.

……………………………………………………………………………………………………

Answer 2   don't / a / new / system / why / introduce / evaluation / we
새로운 평가시스템을 도입해보면 어떨까요?

……………………………………………………………………………………………………

Answer 3   maybe / a good idea / the HR department / has
아마 인적 자원부가 좋은 생각을 갖고 있을지도 몰라요.

……………………………………………………………………………………………………

Question B

Which design would you select?
어느 디자인을 선택할건가요?

Answer 1   I / the best / Mr. Tanaka's idea / think / is
Mr. Tanaka의 의견이 가장 좋다고 생각해요.

……………………………………………………………………………………………………

Answer 2   vivid / the one / with / colors   색상이 생생한 것이요.

……………………………………………………………………………………………………

Answer 3   still / considering / I'm   아직 고려 중이에요.

……………………………………………………………………………………………………

II. 다음 보기에서 질문에 어울리는 답변을 고르세요.

> 보기
> (A) The one with blue stripes.
> (B) It starts at 4:30pm.
> (C) It's supposed to snow.

1. What's the weather going to be like tomorrow?
2. What time does the movie begin?
3. Which shirt looks good on me?

III. 다음 문장을 듣고 가장 적절한 응답을 고르세요. Track P2_6

1. (A) Why don't we introduce a new evaluation system?
   (B) She's training a new employee.
   (C) I don't have time for it.

2. (A) Watch out for cars.
   (B) Anything but a horror movie.
   (C) The theater opens at 10am.

3. Which proposal was accepted by the committee?

   (A)   (B)   (C)

4. What class are you taking this semester?

   (A)   (B)   (C)

STEP 3 연습문제

I 다음 문장을 듣고 빈칸을 채우세요. Track P2_7

1. What are _____ going to _____ this afternoon?

   (A) It'll _____ this afternoon.

   (B) I'll go to a _____.

   (C) I have _____ plans.

2. What's your _____ about remodeling the office?

   (A) I _____ my _____ at the office.

   (B) I think it's _____.

   (C) We were _____ for the _____.

3. Which of _____ requested the information?

   (A) _____ Helen and Pam.

   (B) I don't _____ any information about it.

   (C) That one is _____.

4. Which is the _____ to the conference room?

   (A) The _____ you're _____.

   (B) You're _____ for the conference.

   (C) The _____ is over.

정답과 해설 p. 10

II 다음 문장을 듣고 가장 적절한 응답을 고르세요. 🔊 Track P2_8

1. (A)　(B)　(C)
2. (A)　(B)　(C)
3. (A)　(B)　(C)
4. (A)　(B)　(C)

PART 2

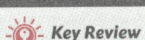 Key Review

what·which 의문문 기타 빈출 표현

Q. **What time did you leave the bar last night?**
어젯밤 바에서 몇 시에 떠났어요?

A1. **Around 10pm.** 밤 10시 정도예요.

A2. **I don't remember at all.**
전혀 기억이 나지 않아요.

Q. **Which branch should be shut down?**
어느 지점을 폐쇄해야 할까요?

A1. **The one has the lowest total sales.**
총 매출이 가장 낮은 곳이요.

A2. **It's really hard to decide.**
정말 결정하기 어렵네요.

KEY 03 — why/where/how 의문문

why 의문문은 기본적으로 이유 및 원인을 질문하는 의문문입니다. 'why don't you~?'는 why가 쓰였지만 권유 및 제안 표현입니다.

where 의문문은 위치나 장소에 관련된 정보를 요구합니다. 정답으로는 특정 장소나 방향을 나타내는 전치사구가 나오는 것이 일반적입니다.

의문사 how는 '어떻게', '얼마나'라는 두 가지 뜻을 갖습니다. 그렇기 때문에 how 의문문은 방법, 의견, 수량, 가격 등 다양한 사항들을 물어볼 수 있습니다.

◈ 대표 예제 미리 보기

Question
Why didn't you return my call?
왜 제 전화에 회답하지 않았어요?

Possible Answers
I was too busy. 저는 너무 바빴어요.

Because I lost my cell phone. 제가 핸드폰을 잃어버렸기 때문입니다.

To talk to you in person. 당신에게 직접 이야기하려고요.

◈ 핵심 표현 미리 보기

핵심 표현 중 얼마나 알고 있는지 확인해 보세요.

☐ bill 청구서	☐ further	☐ afford
☐ congestion	☐ facilitate	☐ consent
☐ exhausted	☐ reliable	☐ position
☐ reduce	☐ survey	☐ thoroughly
☐ eliminate	☐ fund	☐ refer
☐ effectively	☐ switch off	☐ launch
☐ prove		

STEP 1 핵심 표현 배우기 — 핵심 표현 암기하기   Track P2_9

단어	품사/뜻	예시
bill	명 청구서	send a bill 청구서를 보내다
congestion	명 혼잡	traffic congestion 교통 혼잡
exhausted	형 기진맥진한, 지친	I was exhausted. 나는 지쳤었다.
reduce	동 줄이다	reduce the expense 비용을 절감하다
eliminate	동 제거하다	eliminate unnecessary jobs 불필요한 일자리를 제거하다
effectively	부 효율적으로	more effectively 더 효율적으로
prove	동 증명하다	proved accurate 정확한 것으로 증명되다
further	형 더, 추가의	further consideration 추가적인 고려
facilitate	동 용이하게 하다	facilitate the process 절차를 용이하게 하다
reliable	형 신뢰할 수 있는	reliable results 신뢰할 수 있는 결과
survey	명 조사	survey result 조사 결과
fund	명 자금	fund-raising event 자금 모금 행사
switch off	끄다	switch off the phone 전화기를 끄다
afford	동 ~할 여유가 있다 (형편이 되다)	afford to buy a house 집을 살 형편이 되다
consent	명 동의	a consent form 동의서
position	명 직책	take the position 직책을 맡다
thoroughly	부 철저하게	research thoroughly 철저하게 조사하다
refer	동 언급하다, 참조하다	refer the issue 문제를 언급하다
launch	명 출시	product launch 제품 출시

PART 2

79

STEP 2 응답 유형 연습하기

I 다음 의문문을 읽고 주어진 어휘를 참고하여 보기와 같이 적절한 답변을 작성해보세요.

보기

Question **Where should I send the bill?** 청구서를 어디로 보내야 하나요?

Answer **To my office.** 제 사무실로 보내주세요.

Question A
Why are you leaving so early?
왜 이렇게 일찍 떠나세요?

Answer 1   **to / traffic / congestion / avoid**   교통 혼잡을 피하기 위해서요.

Answer 2   **exhausted / I / because / am**   너무 피곤해서요.

Answer 3   **for / seminar / a / leadership**   리더십 세미나 때문에요.

Question B
How can we reduce expense?
어떻게 경비를 절감할 수 있을까요?

Answer 1   **eliminating / jobs / unnecessary / what about**
불필요한 일자리를 제거하는 건 어때요?

Answer 2   **manage / should / more effectively / we / our costs**
우리는 비용을 더 효율적으로 관리해야 합니다.

Answer 3   **Elodie / a good idea / I / about it / think / would have**
제 생각엔 Elodie가 그것에 대해 좋은 의견을 갖고 있을 것 같아요.

II. 다음 보기에서 질문에 어울리는 답변을 고르세요.

> 보기
> (A) I will give it further consideration.
> (B) At the Park Hyatt Hotel in Seoul.
> (C) They've been proved quite accurate.

1. Why don't you facilitate the communication process?
2. How reliable are the survey results?
3. Where is the fund-raising event being held?

III. 다음 문장을 듣고 가장 적절한 응답을 고르세요. Track P2_10

1. (A) Would you like to leave a message?
   (B) I'll phone you later.
   (C) I was in the meeting.

2. (A) Because he needs more time.
   (B) I have a plan for next year.
   (C) It's too late to change the plan.

3. How do you like your new apartment?

   (A)   (B)   (C)

4. Where can I get the consent form?

   (A)   (B)   (C)

STEP 3 연습문제

I 다음 문장을 듣고 빈칸을 채우세요. Track P2_11

1. Why _____ you come to the _____?

   (A) Let's _____ to a park.

   (B) I'm _____ to hear that.

   (C) I was too _____.

2. Why didn't she take the _____?

   (A) I'm going to _____ her _____.

   (B) I can't even _____.

   (C) You _____ to take her _____.

3. Where did you _____ your wallet?

   (A) In the _____, I guess.

   (B) I lost my wallet _____.

   (C) That's my _____!

4. How _____ did he research that subject?

   (A) The _____ is very difficult.

   (B) He put all his _____ and time into it.

   (C) I've been _____ for it.

정답과 해설 p. 12

II 다음 문장을 듣고 가장 적절한 응답을 고르세요. 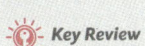 Track P2_12

1. (A) (B) (C)
2. (A) (B) (C)
3. (A) (B) (C)
4. (A) (B) (C)

Key Review
why・how 의문문 기타 빈출 표현

Q. Why has the product launch been delayed? 왜 제품 출시가 지연되었나요?

A1. Because they want to revise the design.
그들이 디자인을 수정하기 원하기 때문입니다.

A2. To reflect the latest trends.
최신 경향을 반영하기 위해서요.

Q. How come didn't he renew the lease? 어째서 그는 임대를 갱신하지 않았나요?

A1. Because the landlord wanted to raise the rent.
건물주가 임대료를 인상하길 원했기 때문에요.

A2. He didn't need the office space anymore.
그에게는 사무실 공간이 더 이상 필요하지 않았어요.

PART 2

UNIT 2
be 동사, 조동사 의문문

KEY 04 be 동사 의문문
KEY 05 do 동사 의문문
KEY 06 기타 조동사 의문문

KEY 04 — be 동사 의문문

be 동사 의문문 문제에서는 시제와 주어를 정확하게 듣는 것이 중요합니다. is(are/am) going to에서 be 동사의 문법적 시제가 현재일지라도, 구문이 의미하는 시제는 미래입니다.

❖ 대표 예제 미리 보기

Question
Are you going to finish the report today?
오늘 그 보고서를 완료할 계획인가요?

Possible Answers
When do you need it done by? 언제까지 해드려야 하는 건가요?

Yes, of course. 네, 물론이죠.

No, I have more urgent things to do. 아니요, 더 급한 일들이 있거든요.

❖ 핵심 표현 미리 보기

핵심 표현 중 얼마나 알고 있는지 확인해 보세요.

☐ involve 포함하다	☐ enter	☐ be concerned about
☐ invite	☐ awesome	☐ whole
☐ improved	☐ prior	☐ extra
☐ budget	☐ permission	☐ refund
☐ hire	☐ medication	☐ serious
☐ associate	☐ meditate	☐ aware
☐ prohibit		

STEP 1 핵심 표현 배우기 — 핵심 표현 암기하기 — Track P2_13

involve	동 포함하다, 연관시키다	involve risk 위험을 수반하다
invite	동 초대하다	invite to dinner 저녁 식사에 초대하다
improved	형 향상된, 개선된	improved version 향상된 버전
budget	명 자금	enough in the budget 예산이 충분한
hire	동 고용하다	hire more employees 더 많은 직원들을 고용하다
associate	명 동료	our new associate 우리의 새로운 동료
prohibit	동 금지하다	strictly prohibit 엄격하게 금지하다
enter	동 들어가다, 입력하다	enter the password 비밀번호를 입력하시오
awesome	형 굉장한	awesome place 굉장한 장소
prior	형 사전의	prior permission 사전 승인
permission	명 승인	permission to go 가도 된다는 허가
medication	명 약물	take medication 약을 복용하다
meditate	동 명상하다	meditate in a forest 숲에서 명상하다
be concerned about	~을 걱정하다	be concerned about tomorrow 내일을 걱정하다
whole	형 전체의	the whole time 내내
extra	형 추가의	extra charge 추가 요금
refund	명 환불	get a refund 환불받다
serious	형 진지한, 심각한	serious problem 심각한 문제
aware	형 알고 있는	aware of the problem 문제를 잘 알고 있는

STEP 2 응답 유형 연습하기

I 다음 의문문을 읽고 주어진 어휘를 참고하여 보기와 같이 적절한 답변을 작성해보세요.

> **보기**
>
> Question **Is there a drugstore nearby?** 이 근방에 약국이 있나요?
>
> Answer **Yes, it's around the corner.** 네, 저 모퉁이에 있어요.

Question A

Are you excited about going to Paris?
파리에 가게 되어 흥분되나요?

Answer 1   there / I / wait / can't / to get   어서 빨리 가고 싶어요.

　→ _____

Answer 2   actually / London / I / am going to   사실 제가 가는 곳은 런던이에요.

　→ _____

Answer 3   a little bit / yes / I'm / scared / but / too   네, 그런데 조금 무섭기도 해요.

　→ _____

Question B

Is he involved in this project?
그도 이 프로젝트에 연관되어 있나요?

Answer 1   think / so / I   그런 것 같아요.

　→ _____

Answer 2   works with / he / no / Ms. Brenner   아니오, 그는 Ms. Brenner와 함께 일해요.

　→ _____

Answer 3   even / don't / I / you / know / speak of / the man
저는 당신이 말하는 그 사람이 누군지도 모르는데요.

　→ _____

II. 다음 보기에서 질문에 어울리는 답변을 고르세요.

> 보기
> (A) That's what I was told.
> (B) Yes, Jane asked me to come.
> (C) Nothing at all.

1. Are you invited to the dinner?
2. Is it the improved version of the website?
3. Were there any packages for me?

III. 다음 문장을 듣고 가장 적절한 응답을 고르세요. Track P2_14

1. (A) I hope so.
   (B) I heard it, too.
   (C) Jenna is our new associate.

2. (A) Enter your password.
   (B) That's awesome.
   (C) Yes, you need to get prior permission.

3. Are you taking any medication?

   (A)   (B)   (C)

4. Are you concerned about tomorrow's presentation?

   (A)   (B)   (C)

STEP 3　연습문제

I. 다음 문장을 듣고 빈칸을 채우세요. Track P2_15

1. _____ Jonathan at the _____ the whole time?

   (A) It starts at 7am.

   (B) He had other things _____.

   (C) That _____ nice.

2. Is there any _____ _____ for _____?

   (A) I am _____ _____ of marketing.

   (B) _____ if you _____ over 40 dollars.

   (C) You can get a _____ _____.

3. Is Cathy _____ to _____ this?

   (A) No, it's not that _____.

   (B) Can you _____ me a _____?

   (C) Yes, she's _____ good with _____.

4. _____ you _____ that he had some _____?

   (A) I had _____ no _____.

   (B) We can't be _____ about it.

   (C) He's _____ for you.

정답과 해설 p. 13

II 다음 문장을 듣고 가장 적절한 응답을 고르세요. 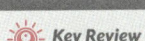 Track P2_16

1. (A) (B) (C)
2. (A) (B) (C)
3. (A) (B) (C)
4. (A) (B) (C)

Key Review

be 동사 의문문 기타 빈출 표현

Q. Are you in the fashion business?
패션계에 종사하고 계시나요?

A1. No, but I've always been interested in fashion.
아뇨, 하지만 전 늘 패션에 관심이 있었어요.

A2. Yes, I've been working as a model for 3 years.
네, 저는 3년간 모델로 일해오고 있어요.

Q. Is your apartment available?
당신의 아파트에 입주 가능한가요?

A1. Yes, would you like to look around sometime?
네, 언제 한 번 둘러보러 오시겠어요?

A2. I'm still looking for a new tenant.
저는 아직 세입자를 찾고 있어요.

KEY 05 · do 동사 의문문

do(does, did) 동사 의문문에서는 주어와 시제에 주의를 기울여야 합니다. yes/no를 이용한 답변, yes/no가 생략된 답변, 기타 유형 답변이 모두 가능합니다. 단순히 답변에 yes/no가 포함되었는지가 아니라 질문과 답변이 논리적으로 이어지는지 생각해봐야 합니다. 단순 일반 의문문뿐만 아니라 의문사가 포함된 문장(Do you know how to~?) 형태도 충분히 익혀 둡니다.

❖ 대표 예제 미리 보기

Question

Do you think I should take the offer?
당신은 제가 그 제안을 받아들여야 한다고 생각하나요?

Possible Answers

I really don't know what to say. 뭐라고 말해야 할지 정말 모르겠네요.

I would if I were you. 제가 당신이라면 받아들였을 거예요.

Yes, it's a great chance. 네, 그것은 굉장한 기회에요.

❖ 핵심 표현 미리 보기

핵심 표현 중 얼마나 알고 있는지 확인해 보세요.

☐ offer 제안	☐ layout	☐ limit
☐ convention	☐ inconvenient	☐ postpone
☐ capable	☐ allow	☐ mention
☐ inventory	☐ work from home	☐ persuade
☐ undecided	☐ enroll	☐ deem
☐ subscription	☐ sign up	☐ solid
☐ reserve		

STEP 1 핵심 표현 배우기 — 핵심 표현 암기하기 — Track P2_17

offer	명 제안	take the offer 제안을 받아들이다
convention	명 총회	medical convention 의학 총회
capable	형 유능한	capable employee 유능한 직원
inventory	명 재고	do inventory 재고를 조사하다
undecided	형 정해지지 않은	remain undecided 정해지지 않은 상태로 있다
subscription	명 구독	renew the subscription 구독을 갱신하다
reserve	동 예약하다	reserve a conference room 회의실을 예약하다
layout	명 레이아웃, 배치	the office layout 사무실 배치(도)
inconvenient	형 불편한	inconvenient layout 불편한 배치(구조)
allow	동 허용하다	allow more time 더 많은 시간을 허용하다
work from home	재택근무하다	allow you to work from home 네가 재택근무하는 것을 허용하다
enroll	동 등록하다	enroll in the workshop 워크샵에 등록하다
sign up	등록하다	sign up for the workshop 워크샵에 등록하다
limit	동 제한하다	Seating is limited. 좌석 수가 제한되어 있다.
postpone	동 연기하다	postpone a trip 여행을 연기하다
mention	동 언급하다	mention the issue 그 사안을 언급하다
persuade	동 설득하다	try to persuade him 그를 설득하려고 노력하다
deem	동 여기다	deem important 중요하게 여기다
solid	형 견고한	solid plan 견고한 계획

STEP 2 응답 유형 연습하기

I 다음 의문문을 읽고 주어진 어휘를 참고하여 보기와 같이 적절한 답변을 작성해보세요.

> **보기**
>
> **Question** Did you ask for the nutritional information? 당신이 영양학적 정보를 요청하셨나요?
>
> **Answer** Yes, I need it to prepare the medical convention.
> 네, 의학 총회 준비를 위해 그것이 필요해요.

Question A
Does she have a lot of work experience?
그녀는 근무 경력이 많은가요?

Answer 1 capable / no / though / she / seems / but
아니요, 하지만 그녀는 역량을 갖춘 것 같아 보여요.

⋯▸ _____

Answer 2 some / but / a lot / not   많진 않지만 조금 있어요.

⋯▸ _____

Answer 3 resume / let me / her / check / again   그녀의 이력서를 다시 한 번 확인해 볼게요.

⋯▸ _____

Question B
Does he do inventory on a weekly basis?
그가 재고조사를 일주일 단위로 하나요?

Answer 1 every / no / he / it / does / month   아니요, 한 달마다 합니다.

⋯▸ _____

Answer 2 I / as far as / know / yes   네, 제가 알기로는요.

⋯▸ _____

Answer 3 don't / I / anything / know / about / it   저는 그것에 관해서는 전혀 몰라요.

⋯▸ _____

II. 다음 보기에서 질문에 어울리는 답변을 고르세요.

> 보기
> (A) She's still thinking about it.
> (B) No, the date is still undecided.
> (C) I think it's about the extinct animals.

1. Do you know what the main topic of the conference is?
2. Did she renew the subscription?
3. Do I have to reserve a conference room now?

III. 다음 문장을 듣고 가장 적절한 응답을 고르세요. Track P2_18

1. (A) Yes, would you like to see it?
   (B) No, I'm going to his office.
   (C) The office has an inconvenient layout.

2. (A) He's away on vacation.
   (B) I came home from work.
   (C) He said that he will think on it.

3. Did you enroll in an upcoming workshop?

   (A)   (B)   (C)

4. Did the guests stay for the whole weekend?

   (A)   (B)   (C)

STEP 3 연습문제

I 다음 문장을 듣고 빈칸을 채우세요. Track P2_19

1. Do _____ want to _____ it?

    (A) I _____ to, but I _____.

    (B) The post _____ is over _____.

    (C) She _____ it.

2. _____ they try to _____ you not to _____?

    (A) I _____ be very _____.

    (B) Yes, but I _____ _____.

    (C) I _____ everything I could.

3. Do you _____ if I _____ here?

    (A) _____ is _____.

    (B) Sorry, this _____ is _____.

    (C) _____ of the seats were _____.

4. Do they _____ the business _____ _____?

    (A) They have a pretty _____ _____ about it.

    (B) Let's do it _____ to the _____.

    (C) I am _____ the plan.

정답과 해설 p. 15

II 다음 문장을 듣고 가장 적절한 응답을 고르세요. 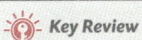 Track P2_20

1. (A) (B) (C)
2. (A) (B) (C)
3. (A) (B) (C)
4. (A) (B) (C)

🔑 Key Review

do 동사 의문문 기타 빈출 표현

Q. Do you have any plan to retain existing customers?
기존 고객들을 유지할 수 있는 계획이 있나요?

A1. No, but I'll think up something.
아니요, 하지만 무언가 생각해낼게요.

A2. I would like to suggest a new membership program.
새로운 멤버십 프로그램을 제안하고 싶군요.

Q. Did you hear the news about Hamilton?
Hamilton에 관한 소식 들었어요?

A1. Why? What happened?
왜요? 무슨 일 있어요?

A2. Yes, It's quite shocking, isn't it?
네, 정말 충격적이지 않아요?

KEY 06 기타 조동사 의문문

can(could), will(would), have(has, had), should와 같은 조동사들을 활용하여 문의(will you~?), 상황 확인 (have you checked~?), 권유 및 제안(should we~?) 등 다양한 표현을 할 수 있습니다. do 동사 의문문과 마찬가지로 의문사가 포함된 의문문 형태로도 자주 출제됩니다.

대표 예제 미리 보기

Question

Can we talk about that later?
그 일에 대해 나중에 얘기할 수 있을까요?

Possible Answers

I kind of need you to decide it now. 당신이 지금 결정해주면 좋겠어요.

When are you available? 언제 시간이 나세요?

Sure, it can wait. 그럼요, 나중에 해도 돼요.

핵심 표현 미리 보기

핵심 표현 중 얼마나 알고 있는지 확인해 보세요.

☐ decide 결정하다	☐ concentrate	☐ fix
☐ task	☐ keynote	☐ post
☐ leave	☐ send out	☐ exhibition
☐ two weeks notice	☐ bill	☐ directly
☐ promise	☐ brochure	☐ fill out
☐ overseas	☐ update	☐ expense
☐ domestic		

STEP 1 핵심 표현 배우기 | 핵심 표현 암기하기 | Track P2_21

단어	품사/뜻	예시	해석
decide	동 결정하다	decide to go	가기로 결정하다
task	명 업무	finish the task	업무를 완료하다
leave	동 떠나다	leave his job	그의 직장을 떠나다(사퇴하다)
two weeks notice	(2주 전에 제출하는) 사퇴 통지서	give two weeks notice	사퇴 통지서를 제출하다
promise	동 약속하다	promise a lot of things	많은 것을 약속하다
overseas	형 해외의	overseas market	해외 시장
domestic	형 국내의	domestic market	국내 시장
concentrate	동 집중하다	concentrate on the overseas market	해외 시장에 집중하다
keynote	명 기조	keynote speaker	기조 연설자
send out	보내다	send out invitations	초대장을 보내다
bill	명 청구서	send out the bills	청구서를 보내다
brochure	명 브로슈어	hand out brochures	브로슈어를 나누어 주다
update	동 업데이트하다	update the website	웹사이트를 업데이트하다
fix	동 고정하다	fix the date	날짜를 고정하다
post	동 게시하다	post on the website	웹사이트에 게시하다
exhibition	명 전시	art exhibition	예술 전시
directly	부 직접	talk to her directly	그녀에게 직접 이야기하다
fill out	작성하다	fill out the form	서류를 작성하다
expense	명 비용, 지출	expense report	지출 보고서

PART 2

99

STEP 2 응답 유형 연습하기

 다음 의문문을 읽고 주어진 어휘를 참고하여 보기와 같이 적절한 답변을 작성해보세요.

보기

Question **Have you finished the task?** 당신은 그 과제를 마쳤나요?

Answer **I did it last Friday.** 저번 주 금요일에 했어요.

Question A
Will Mr. Morton leave his job?
Mr. Morton이 직장을 그만둘까요?

Answer 1   gave / already / two weeks notice / he   그는 이미 사퇴 통지서를 제출했어요.
⋯▶

Answer 2   if / him / I would / I were   제가 그라면 그렇게 하겠어요.
⋯▶

Answer 3   good chance / of / a / there's / that   그럴 가능성이 높죠.
⋯▶

Question B
Will there be anything else?
그 밖에 또 무언가 있나요?

Answer 1   if / let / I'll / you / know / there is   필요한 게 생기면 알려줄게요.
⋯▶

Answer 2   for / that's / now / all   지금은 그게 다예요.
⋯▶

Answer 3   everything / no / that's   아니요. 이것으로 되었습니다.
⋯▶

II. 다음 보기에서 질문에 어울리는 답변을 고르세요.

> **보기**
> (A) I promise I will.
> (B) I think we have more chance in overseas market.
> (C) Yes, but he rejected.

1. Will you at least consider my proposal?
2. Should we concentrate on the domestic market?
3. Has she invited Cameron to dinner?

III. 다음 문장을 듣고 가장 적절한 응답을 고르세요. Track P2_22

1. (A) Sorry, but we decided to go with Frank.
   (B) The speech was very touching.
   (C) The microphone is turned off.

2. (A) You're a good fund manager.
   (B) May I ask you the reason why?
   (C) He said that he will think on it.

3. Has Mark sent out the bills?

   (A)　　(B)　　(C)

4. Would you help me to hand out brochures?

   (A)　　(B)　　(C)

STEP 3 연습문제

I. 다음 문장을 듣고 빈칸을 채우세요. Track P2_23

1. _____ the _____ be _____ within the next month?

   (A) I _____ so.

   (B) Let's _____ the _____.

   (C) It is _____ on the website.

2. Would _____ have to _____ the art _____ on hold?

   (A) _____ up the _____ on the wall.

   (B) We definitely _____ more _____.

   (C) We're in the _____ _____.

3. _____ I _____ your office on Monday?

   (A) It's an _____ _____.

   (B) Yes, in the _____ hall.

   (C) I'd prefer _____.

4. _____ I _____ a message if she's not _____?

   (A) It's _____ to talk with her _____.

   (B) I _____ your _____.

   (C) He's at the _____.

| II | 다음 문장을 듣고 가장 적절한 응답을 고르세요. 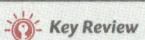 Track P2_24 |

1. (A) (B) (C)
2. (A) (B) (C)
3. (A) (B) (C)
4. (A) (B) (C)

Key Review
기타 조동사 의문문 기타 빈출 표현

Q. Have you filled out the expense report?
지출 보고서 다 작성하셨나요?

A1. What expense report?
무슨 지출 보고서요?

A2. I submitted it to Hans.
Hans에게 제출했어요.

Q. Can I have a moment with you?
잠시 시간 내주실 수 있으세요?

A1. Is something wrong?
무언가 잘못되었나요?

A2. Now is not a good time.
지금은 좋은 때가 아니에요.

PART 2

UNIT 3
기타 의문문 및 평서문

KEY 07 부정 의문문
KEY 08 선택/부가 의문문
KEY 09 평서문

KEY 07 · 부정 의문문

부정 의문문은 not을 포함한 조동사(shouldn't, don't, couldn't) 또는 be 동사(isn't, aren't)로 시작하는 의문문입니다. 부정 의문문의 목적은 사실 확인입니다. not을 포함한 조동사의 의미에 집중하기보다 일반 의문문과 마찬가지로 질문에 동의하면 yes 아니면 no로 대답한다는 원칙을 기억하고 있으면 적절한 응답을 고를 수 있습니다.

◆ 대표 예제 미리 보기

Question
Haven't you made a reservation for dinner?
저녁 식사 예약을 해놓지 않았나요?

Possible Answers
I completely forgot to do it. 예약하는 것을 완전히 잊었어요.
Yes, of course. 물론 해두었지요.
No, the restaurant was fully booked. 아니요, 식당 예약이 이미 꽉 찼어요.

◆ 핵심 표현 미리 보기

핵심 표현 중 얼마나 알고 있는지 확인해 보세요.

☐ forget 잊다	☐ collaborate	☐ extensive
☐ book	☐ withdraw	☐ eventually
☐ visit	☐ engage	☐ executive
☐ branch	☐ negotiation	☐ admire
☐ reasonable	☐ encourage	☐ analysis
☐ drop by	☐ participate	☐ situation
☐ connection		

STEP 1 핵심 표현 배우기 — 핵심 표현 암기하기 — Track P2_25

forget	동 잊다	forget the task	업무를 잊다
book	동 예약하다	fully booked	예약이 꽉 차다
visit	동 방문하다	visit the branch office	지사를 방문하다
branch	명 분점, 가지	moved to branch office	지사로 옮겼다
reasonable	형 합리적인	reasonable opinion	합리적인 의견
drop by	들르다	drop by his house	그의 집에 들르다
connection	명 연결	Internet connection	인터넷 연결
collaborate	동 협력하다	collaborate with colleagues	동료들과 협력하다
withdraw	동 철회하다	withdraw the proposal	제안을 철회하다
engage	동 참여하다, 약혼하다	engage in negotiation	협상에 참여하다
negotiation	명 협상	room for negotiation	협상의 여지
encourage	동 격려하다	encourage to participate	참여하도록 격려하다
participate	동 참여하다	participate in a debate	토론에 참여하다
extensive	형 광범위한	extensive experience	폭넓은 경험
eventually	부 마침내	eventually persuade her	마침내 그녀를 설득하다
executive	명 경영진	female executive	여성 경영진
admire	동 존경하다, 감탄하다	admire his work	그의 업적을 존경하다
analysis	명 분석	data analysis	자료 분석
situation	명 상황	market situation	시장 상황

STEP 2　응답 유형 연습하기

I 다음 의문문을 읽고 주어진 어휘를 참고하여 보기와 같이 적절한 답변을 작성해보세요.

> **보기**
> Question **Isn't Ellie supposed to visit the branch office?** Ellie가 지점을 방문해야 하지 않나요?
> Answer **She canceled the visit yesterday.** 그녀는 어제 그 방문을 취소했어요.

Question A
Shouldn't we hold interviews on May 5th?
우리가 인터뷰를 5월 5일에 잡아야 하지 않나요?

Answer 1 **reasonable / sounds / that** 합리적인 의견이군요.

⇢ _____

Answer 2 **May 2nd / I / prefer** 저는 5월 2일이 더 좋습니다.

⇢ _____

Answer 3 **a little / on / I'm / busy / that day**
저는 그날엔 좀 바빠요.

⇢ _____

Question B
Won't he come directly from the airport?
그가 공항에서 곧바로 오지 않을까요?

Answer 1 **drop by / he'll / home / his / first** 그는 먼저 집에 들를 거예요.

⇢ _____

Answer 2 **so / I / believe** 그럴 거라 생각해요.

⇢ _____

Answer 3 **yes / so / told / he / me** 네, 그가 저에게 그렇게 말했어요.

⇢ _____

II. 다음 보기에서 질문에 어울리는 답변을 고르세요.

> 보기
>
> (A) No, his colleagues complain about him a lot.
> (B) The maintenance guy is coming right away.
> (C) Yes, but how?

1. Isn't the Internet connection restored yet?
2. Doesn't he collaborate with the colleagues well?
3. Shouldn't we persuade him to withdraw?

III. 다음 문장을 듣고 가장 적절한 응답을 고르세요. Track P2_26

1. (A) Yes, I'm engaged to be married.
   (B) Yes, we need to negotiate the better price.
   (C) No, he doesn't want to.

2. (A) I'll do what I can.
   (B) You didn't participate in the class.
   (C) Yes, on the weekend.

3. Hasn't Aubrey declined the proposal?

   (A)   (B)   (C)

4. Wouldn't it be nice to add more female executives?

   (A)   (B)   (C)

STEP 3 연습문제

I 다음 문장을 듣고 빈칸을 채우세요. Track P2_27

1. **Didn't _____ work as Natalie's _____?**
   (A) I'll _____ his office.
   (B) You must _____ him _____ with Josh.
   (C) She's _____ at the _____.

2. **_____ you _____ the analysis work today?**
   (A) Right, I'm almost _____.
   (B) I'm _____ the market _____.
   (C) I _____ you can _____ it on time.

3. **Aren't _____ happy with the _____?**
   (A) Yes, I'm _____ for the result.
   (B) You're an _____ _____.
   (C) Yes, we already _____ last year's performance.

4. **Won't _____ be here _____?**
   (A) It's a short _____.
   (B) I've _____ her for a long time.
   (C) She got _____ in _____ on the way here.

정답과 해설 p. 18

II 다음 문장을 듣고 가장 적절한 응답을 고르세요.  Track P2_28

1. (A)　(B)　(C)
2. (A)　(B)　(C)
3. (A)　(B)　(C)
4. (A)　(B)　(C)

Key Review
부정 의문문 기타 빈출 표현

Q. Didn't she do a really good job?
그녀는 정말 일을 잘 하지 않았나요?

A1. Yes, it's a well-deserved promotion.
네, 이건 자격이 충분한 승진이에요.

A2. Yes, her colleagues speak highly of her, too.
네, 동료들도 그녀를 높이 평가해요.

Q. Can't I have a few more days?
제게 시간을 며칠만 더 주실 수 없나요?

A1. How long do you need?
시간이 얼마나 필요하신가요?

A2. I need those data until tomorrow afternoon.
전 그 자료가 내일 오후까지는 필요합니다.

KEY 08　선택/부가 의문문

선택 의문문은 A or B 중 하나를 택하는 답변을 요구합니다. 명사 or 명사, 동사구 or 동사구 등 다양한 형태의 선택지가 등장할 수 있습니다. 선택 의문문도 경우에 따라 yes/no로 답변할 수 있다는 것을 기억해야 합니다.
부가 의문문은 진술 문장의 내용을 확인하거나 동의를 구하기 위해 부가 어구를 끝에 붙인 의문문입니다. 긍정 부가 의문문, 부정 부가 의문문 형태 모두 출제됩니다. 부정 부가 의문문이더라도 문장에서 언급된 내용에 대한 긍정이면 yes, 부정이면 no를 사용합니다.

대표 예제 미리 보기

Question

You promised to call me back, didn't you?
다시 전화하시겠다고 하셨죠, 그렇지 않나요?

Possible Answers

I didn't have time for that. 그럴 시간이 없었어요.

I was about to call you. 막 전화하려던 참이었어요.

I thought you were going to call me again. 전 당신이 다시 전화 주실 거로 생각했어요.

핵심 표현 미리 보기

핵심 표현 중 얼마나 알고 있는지 확인해 보세요.

□ draft　초안	□ set up	□ outline
□ feedback	□ view	□ compile
□ product	□ catalog	□ plan
□ be about to	□ put off	□ guest
□ expert	□ cancel	□ decision
□ economic	□ delay	□ register
□ political		

STEP 1 핵심 표현 배우기 — 핵심 표현 암기하기 — Track P2_29

draft	명 초안	draft of the contract	계약서 초안
feedback	명 피드백, 평가	feedback on the product	제품에 대한 피드백
product	명 상품	high quality product	고품질 상품
be about to	~하려던 참이다	be about to call	전화하려던 참이다
expert	명 전문가	political expert	정치 전문가
economic	형 경제적인	economic expert	경제 전문가
political	형 정치적인	political debate	정치적인 논쟁
set up	마련하다	set up interviews	인터뷰를 잡다
view	명 전망	ocean view	바다 전망
catalog	명 카탈로그	product catalog	제품 카탈로그
put off	연기하다	put off the meeting	회의를 연기하다
cancel	동 취소하다	cancel the reservation	예약을 취소하다
delay	동 연기하다	delay the schedule	일정을 연기하다
outline	동 개요를 잡다, 윤곽을 그리다	outline a plan	계획의 윤곽을 그리다
compile	동 정리하다, 엮다	compile the guest list	손님 명단을 정리하다
plan	동 계획하다 / 명 계획	plan an event	행사를 계획하다
guest	명 손님	the guest list	손님 명단
decision	명 결정	make a decision	결정을 내리다
register	동 등록하다	register for the course	과정에 등록하다

STEP 2　응답 유형 연습하기

I　다음 의문문을 읽고 주어진 어휘를 참고하여 보기와 같이 적절한 답변을 작성해보세요.

> **보기**
>
> **Question** **Do you want the draft now or later?**
> 초안을 지금 원하시나요, 아니면 나중에 원하시나요?
>
> **Answer** **I need it immediately.** 저는 그것이 즉시 필요해요.

Question A

You got my feedback on the product, didn't you?
상품에 대한 제 피드백 받으셨죠, 그렇지 않나요?

Answer 1　no / email / me / you / did　아니요, 이메일로 보내셨어요?

⋯▶ _____

Answer 2　your / yes / you / thank / work / for　네, 수고해줘서 고마워요.

⋯▶ _____

Answer 3　about / was about to / talk / you / to / I / it
당신에게 그 문제로 말씀드리려던 참이었어요.

⋯▶ _____

Question B

Do you want me to interview an economic expert or political one?
제가 경제 전문가를 인터뷰하기를 바라세요, 아니면 정치 전문가를 인터뷰하기를 바라세요?

Answer 1　an economics professor / a political expert / Harrison / so / is interviewing
Harrison이 경제학 교수를 인터뷰하고 있으니, 당신은 정치 전문가를 인터뷰하세요.

⋯▶ _____

Answer 2　want / whomever / you　당신이 원하는 사람 아무나요.

⋯▶ _____

Answer 3　would / an economic expert / it / be best / to set up / with / interviews
경제 전문가와 인터뷰를 잡는 것이 좋겠어요.

⋯▶ _____

II 다음 보기에서 질문에 어울리는 답변을 고르세요.

보기
(A) Actually, I paid for a mountain view.
(B) I said I would take care of the product catalog.
(C) Let's put it off just a few days.

1. Did you book an ocean view or a lake view?
2. Should we cancel the meeting or delay it?
3. You said you would outline a plan, didn't you?

III 다음 문장을 듣고 가장 적절한 응답을 고르세요. Track P2_30

1. (A) Your name is not on the guest list.
   (B) I am planning to do it tomorrow.
   (C) I guess there's nothing more to do.

2. (A) It is, unless something comes up.
   (B) You didn't participate in the class.
   (C) Yes, on the weekend.

3. Do you want to register for the computer course or the business one?

   (A)　　　(B)　　　(C)

4. Is it possible to renew my driver's license on the Internet or do I have to visit the office?

   (A)　　　(B)　　　(C)

STEP 3 연습문제

I 다음 문장을 듣고 빈칸을 채우세요. Track P2_31

1. **We are going to _____ our _____ base, _____ we?**
   (A) Yes, _____ one of our most _____ _____.
   (B) I'm not _____ with the _____ service.
   (C) I think it would be _____ to _____ on _____ customers.

2. **_____ do you _____ with this afternoon, Yasin or Leonora?**
   (A) They were my _____ _____.
   (B) I'll have to _____ with my _____.
   (C) I can't have _____ with _____ today.

3. **Mr. Boris is on a _____ trip, isn't he?**
   (A) He _____ tomorrow morning.
   (B) I'm too _____ to take a _____.
   (C) No, he's a very _____ _____.

4. **Would you like to _____ a _____ now or later?**
   (A) You _____ like you _____ a vacation.
   (B) You're _____.
   (C) I need to _____ for a minute _____.

정답과 해설 p. 20

II 다음 문장을 듣고 가장 적절한 응답을 고르세요. 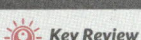 Track P2_32

1. (A) (B) (C)
2. (A) (B) (C)
3. (A) (B) (C)
4. (A) (B) (C)

💡 **Key Review**

선택/부가 의문문 기타 빈출 표현

Q. This insurance covers the car accident, isn't it?
이 보험은 자동차 사고도 보장하지요, 그렇지 않나요?

A1. Yes, it covers all cases.
네, 이건 모든 상황을 보장합니다.

A2. Yes, the claims must be submitted within a month.
네, 보험금 신청은 한 달 이내로 하셔야 합니다.

Q. Would you like to visit a museum or go to movie?
박물관을 방문하고 싶어요, 영화관에 가고 싶어요?

A1. Either is fine with me.
전 둘 다 좋아요.

A2. I'm not in the mood for a museum.
지금 박물관 갈 기분은 아니에요.

KEY 09 평서문

평서문은 답변 유형이 정형화되어 있지 않기 때문에 가장 주의해서 들어야 하는 문장입니다. 문장 전체를 듣고 발화 의도와 어조까지 파악해야 올바른 답을 고를 수 있어서 난이도가 높습니다. 답변 형식에 얽매이지 않고 논리적으로 가장 적합한 답변을 선택하면 됩니다. 평소에 영어회화 대본을 많이 보는 것도 도움이 됩니다.

◈ 대표 예제 미리 보기

Question
I have trouble hiring a new assistant.
새로운 보조원을 채용하는데 어려움을 겪고 있어요.

Possible Answers
It's hard to find a qualified candidate. 적임자를 찾기 힘들지요.
I know a right person for the position. 그 자리에 적합한 사람을 알고 있어요.
I have the same problem, too. 저도 같은 문제를 갖고 있어요.

◈ 핵심 표현 미리 보기

핵심 표현 중 얼마나 알고 있는지 확인해 보세요.

☐ boring 지루한	☐ certainly	☐ discount
☐ critic	☐ admission	☐ no longer
☐ praise	☐ deliver	☐ cover
☐ totally	☐ publication	☐ warranty
☐ recommend	☐ editor	☐ defective
☐ inform	☐ magazine	☐ property
☐ crowded		

STEP 1　핵심 표현 배우기 — 핵심 표현 암기하기　Track P2_33

단어	품사/뜻	예시
boring	형 지루한	boring play 지루한 연극
critic	명 비평가	music critic 음악 비평가
praise	동 찬양하다, 극찬하다	praised the play 연극을 극찬했다
totally	부 완전히	totally agree 완전히 동의하다
recommend	동 권유하다	recommend to see a doctor 병원에 갈 것을 권유하다
inform	동 알려주다	inform her of the upcoming event 그녀에게 다가오는 행사에 대해 알려주다
crowded	형 붐비는	crowded place 붐비는 장소
certainly	부 틀림없이	certainly different 틀림없이 다른
admission	명 입장	admission fee 입장료
deliver	동 배송하다	deliver the chairs 의자들을 배송하다
publication	명 출판	accepted for publication 출판을 허가받다
editor	명 편집자	editor at a publishing company 출판사 편집자
magazine	명 잡지	fashion magazine 패션 잡지
discount	명 할인	offer a discount 할인을 제공하다
no longer	더 이상 ~않다	no longer effective 더 이상 효력이 없다
cover	동 다루다, 보장하다	cover car accidents 자동차 사고를 보장하다
warranty	명 보증서	covered by the warranty 보증서에 의해 보장되다
defective	형 결함 있는	defective machine 결함 있는 기계
property	명 부동산	look at the property 부동산을 살펴보다

STEP 2　응답 유형 연습하기

I 다음 의문문을 읽고 주어진 어휘를 참고하여 보기와 같이 적절한 답변을 작성해보세요.

> **보기**
> Question　**I need an interior designer.**　저는 인테리어 디자이너 한 명이 필요해요.
> Answer　**Do you want to redecorate your office?**　사무실을 다시 장식하려고요?

Question A

I don't know why the front door is closed.
왜 정문이 닫혀있는지 모르겠네요.

Answer 1　**repair / it's / under**　그것은 보수 중이에요.

Answer 2　**Ms. Lien / knows / it / probably / about**　Ms. Lien이 아마 그것에 대해 알 거예요.

Answer 3　**don't / I / either / know**　저도 잘 모르겠네요.

Question B

I found the play a little boring.
저는 그 연극이 좀 지루했어요.

Answer 1　**I / it / enjoyed / really**　저는 정말 재미있게 보았어요.

Answer 2　**heard / praised / I / many critics / it**　많은 비평가들이 그것을 극찬했다고 해요.

Answer 3　**totally / I / with you / agree**　전적으로 당신 의견에 찬성해요.

II 다음 보기에서 질문에 어울리는 답변을 고르세요.

보기

(A) I'll take care of it right away.
(B) Liam told me the food there is fantastic.
(C) No need, I'll be okay after some rest.

1. I recommend you to see a doctor.
2. I had a great dinner at the Chinese restaurant on the corner.
3. Please inform Ms. Caroline of the upcoming event.

III 다음 문장을 듣고 가장 적절한 응답을 고르세요. Track P2_34

1. (A) Yes, it certainly is.
   (B) It looks so peaceful.
   (C) It was nice to meet you.

2. (A) The museum raised the admission fee.
   (B) It was built in 1984.
   (C) It will reopen next month.

3. I want the chairs delivered today.
   (A)   (B)   (C)

4. Your article is accepted for publication.
   (A)   (B)   (C)

STEP 3 연습문제

I. 다음 문장을 듣고 빈칸을 채우세요. Track P2_35

1. He _____ he's not _____ with our _____.

   (A) This new _____ is _____.

   (B) The _____ at the hotel is _____.

   (C) _____ did he _____ about?

2. They _____ a 30% _____ until Friday.

   (A) I went _____ for _____.

   (B) That's _____ news.

   (C) _____, I _____.

3. Your printer is no _____ _____ by the _____.

   (A) The cartridges _____ to be _____.

   (B) Then, how _____ will it _____ to _____?

   (C) She _____ it online.

4. You can _____ to look at the _____ by _____ an e-mail.

   (A) Okay, thanks for the _____.

   (B) You have an amazing _____.

   (C) I live in a _____.

정답과 해설 p. 21

II 다음 문장을 듣고 가장 적절한 응답을 고르세요. 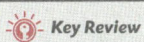 Track P2_36

1. (A) (B) (C)
2. (A) (B) (C)
3. (A) (B) (C)
4. (A) (B) (C)

Key Review

평서문 기타 빈출 표현

Q. **I won't be there on time.**
저는 제 시간에 도착하지 못할 것 같아요.

A1. **Don't worry, I'll wait.**
걱정하지 마세요, 기다리겠습니다.

A2. **You should have left earlier.**
더 일찍 출발하셨어야지요.

Q. **I've just completed the application form.**
이제 막 지원서를 완성했어요.

A1. **Well, you filled the wrong form.**
잘못된 양식을 기재하셨네요.

A2. **You can put it over there.**
저쪽에 두시면 됩니다.

PART 3

UNIT 1
문제 유형별 연습

KEY 01 주제/목적 문제
KEY 02 직업/장소 문제
KEY 03 세부사항 문제
KEY 04 추후 상황 예측 문제
KEY 05 발화 의도 및 암시 문제 新 TOEIC 유형
KEY 06 시각 자료 활용 문제 新 TOEIC 유형

KEY 01　주제/목적 문제

대화의 주제와 목적을 묻는 문제는 전체 대화 맥락을 파악했는지 평가하기 위해 출제됩니다. 대화를 듣기 전에 미리 문제와 보기를 읽어두어야 합니다. 주제/목적 문제는 대화의 초반을 잘 들으면 어렵지 않게 고를 수 있는 비교적 쉬운 유형의 문제입니다.

◈ 대표 질문 유형

- **Why is the woman calling?** 여자가 전화를 건 이유는 무엇인가?
- **What are the speakers talking about?** 화자들은 무엇에 대해 이야기하고 있는가?
- **What is the conversation mainly about?** 이 대화는 주로 무엇에 관한 것인가?
- **Why does the man call the woman?** 남자는 왜 여자에게 전화하는가?
- **What is the purpose of the woman's call to the man?** 여자가 남자에게 전화를 건 목적은 무엇인가?
- **What are they mainly discussing?** 그들은 주로 무엇에 대해 논의하는가?
- **What is the woman calling about?** 여자는 무엇에 관해 전화하고 있는가?
- **What problem are the speakers discussing?** 화자들은 어떤 문제에 관해 논의하고 있는가?
- **What is being discussed?** 무엇이 논의되고 있는가?

◈ 핵심 표현 미리 보기

핵심 표현 중 얼마나 알고 있는지 확인해 보세요.

□ season 기간, 계절	□ region	□ modify
□ summon	□ receive	□ reliable
□ secure	□ continue	□ terminate
□ profit	□ condition	□ initial
□ jetlagged	□ conflict	□ verify
□ recover	□ finalize	□ assure
□ draw up		

STEP 1 핵심 표현 배우기 — 핵심 표현 암기하기　　Track P3_1

season	명 기간, 계절	promotion season 승진 기간
summon	동 소환하다	summon an employee 직원을 소환하다
secure	동 확보하다	secure a contract 계약을 따내다
profit	명 이익	make a profit 이익을 내다
jetlagged	형 시차로 인해 피곤한	still jetlagged 아직 시차로 인해 피곤한
recover	동 회복하다	recover from jetlag 시차 피로에서 회복하다
draw up	작성하다	draw up proposals 제안서를 작성하다
region	명 지역	Atlantic region 대서양 지역
receive	동 받다	receive a phone call 전화를 받다
continue	동 계속하다	continue the subscription 구독을 계속하다
condition	명 조건, 상태	the terms and conditions (계약) 조건
conflict	명 갈등, 충돌	a conflict of interest 이해관계의 충돌
finalize	동 마무리하다	finalize the contract 계약을 마무리하다
modify	동 수정하다	modify the terms and conditions 계약 조건을 변경하다
reliable	형 믿을 수 있는	reliable person 믿을 수 있는 사람
terminate	동 끝내다	terminate the contract 계약을 끝내다
initial	형 초기의	initial plan 초기 계획
verify	동 확인하다	verify the fact 사실을 확인하다
assure	동 장담하다	assure you that it won't happen again 다시는 그런 일이 발생하지 않을 거라고 너에게 장담하다

| STEP 2 | 정답 단서 찾기 | Track P3_2 |

Question **What are the speakers mainly discussing?**

(A) The upcoming promotion
(B) Sales of some products
(C) A contract of employment
(D) Arrangements for a company meeting

Answer

Script W The promotion season will be coming up soon. Do you have any guesses on who might get promoted from our marketing department?

M Well, I know I won't be. My performance report this quarter is pretty poor for coming in late a lot. I was even summoned by the human resources department for it.

W But you also secured a huge contract for the company that will generate millions of dollars in profit this year. I think you have a very good chance of promotion.

M Do you really think I have a shot? Thank you for saying so, Mary. That's very kind of you.

정답과 해설

문제 화자들이 주로 무엇에 대해 논의하는가?

(A) 다가오는 승진
(B) 몇몇 제품의 판매
(C) 고용 계약
(D) 회사 회의 준비

지문 W 승진 기간이 곧 다가와요. 우리 마케팅 부서에서 누가 승진하게 될 지 짐작가세요?

M 음, 전 아닐 거예요. 제가 지각을 많이 해서 저의 이번 분기 성과 보고서는 매우 안 좋거든요. 심지어 그것 때문에 인사부에 불려 갔었어요.

W 하지만 당신은 올해 수백만 달러의 이익을 낼 대형 계약을 성공시켰잖아요. 전 당신이 승진할 수 있는 가능성이 높다고 생각해요.

M 정말 저도 가능성이 있다고 생각하세요? 그렇게 말해줘서 고마워요 Mary. 참 친절하시군요.

지문 분석 대화 초반부에 정답을 고를 수 있는 단서들이 중점적으로 나오고 있습니다. 여자의 첫 번째 대사 중 'promotion season 승진기간', 'get promoted 승진되다' 등의 표현이 등장하였으므로 다가올 승진에 관한 의견을 나눌 것임을 알 수 있습니다. 대화는 계속해서 남자의 승진 가능성에 대해 이어지고 있습니다. 따라서 대화 초반부를 놓치더라도, 대화의 주제는 'The upcoming promotion 다가오는 승진'임을 고를 수 있습니다.

STEP 3 연습문제   다음 대화를 듣고 문제를 푼 후, 다시 한 번 들으며 받아 써 보세요.   Track P3_3

정답과 해설 p. 23

1. **What does the woman want to talk about?**

   (A) The summer vacation
   (B) How to get over jetlag
   (C) Getting a business visa
   (D) The business trip to Germany

   W Boss, do you have a _____? I'd like to _____ to you about the _____ in Germany I _____ last week.

   M Of course. It's good to _____ you _____. You must be _____. When did you get _____ from your _____ trip?

   W I'm fine. I got back on Friday so I had the _____ to _____ from the trip. I drew up some _____ based on the _____ I _____ during the conference.

   M Wow, Marjorie. This looks _____. I'll be sure to take a _____ at it and get _____ to you by the _____ of the day. Thank you.

2. **Why is the woman calling?**

   (A) To cancel her subscription
   (B) To get a refund
   (C) To advertise in the newspaper
   (D) To ask a question about an article

   M Thank you for _____ *The Sunday Morning* _____. This is Matt from the subscription _____. How may I help you?

   W Hello. I am calling to _____ my paper _____. I am moving _____ of _____ so I think it would be _____ to _____ subscribing to *The Sunday Morning Herald*.

   M I see. Well, I'm _____ to hear that. You know, we _____ to most of the mid-Atlantic _____, so if you're _____ to one of our subscription _____, you can still _____ our papers.

   W I am _____ of that and I did _____ reading your _____ very much. But I will be moving _____ California so I don't _____ that I can _____ the subscription.

PART 3

129

KEY 02　　직업/장소 문제

대화가 이루어지고 있는 장소나 화자의 직업은 간접적인 방식으로 드러나는 경우가 많습니다. 정답을 고르기 위해서는 대화에 등장하는 장소나 신분 관련 키워드들을 유심히 들어야 합니다. 특정 장소나 특정 직업에 관련된 어휘들을 많이 익혀둔다면 정답 고르기가 수월해집니다.

◈ 대표 질문 유형

- **Where does the conversation most likely take place?**　이 대화가 이루어질만한 곳은 어디인가?
- **Where does the conversation probably occur?**　이 대화가 발생할 만한 곳은 어디인가?
- **Where do the speakers most likely work?**　화자들이 어디에서 일할 것 같은가?
- **Who is most likely the man?**　남자는 누구일 것 같은가?
- **Where does the man work?**　남자는 어디에서 일하는가?
- **Where are the speakers?**　화자들은 어디에 있는가?
- **Who is the woman most likely talking to?**　여자는 누구에게 말하는 것 같은가?
- **What type of business does the man work for?**　남자는 어떤 업종에 종사하는가?

◈ 핵심 표현 미리 보기

핵심 표현 중 얼마나 알고 있는지 확인해 보세요.

☐ receipt 영수증	☐ boarding	☐ compromise
☐ cashier	☐ announcement	☐ survey
☐ misplace	☐ mechanical	☐ target
☐ comfortable	☐ unclear	☐ emphasis
☐ stay	☐ expire	☐ intention
☐ enjoy	☐ suspend	☐ adopt
☐ continental		

STEP 1 핵심 표현 배우기 — 핵심 표현 암기하기 — Track P3_4

receipt	명 영수증	keep the receipt 영수증을 보관하다
cashier	명 계산원	supermarket cashier 슈퍼마켓 계산원
misplace	동 잘못 두다	misplace the order 주문을 잘못 처리하다
comfortable	형 편안한	comfortable bed 편안한 침대
stay	명 방문, 머무름	comfortable stay 편안한 방문
enjoy	동 즐거워하다	Enjoy your stay. 머무시는 동안 즐겁게 보내세요.
continental	형 유럽 대륙의, 대륙의	continental breakfast 유럽식 아침식사
boarding	명 탑승	boarding gate 탑승구
announcement	명 발표, 공지	make an announcement 공지하다
mechanical	형 기계의	mechanical problem 기계적 결함
unclear	형 불확실한	still unclear 여전히 불확실한
expire	동 만료되다	expire at the end of the year 연말에 만료되다
suspend	동 중단하다	suspend the license 자격을 정지하다
compromise	동 타협하다 / 명 타협	reach a compromise 타협에 이르다
survey	명 조사	conduct a survey 조사를 시행하다
target	명 목표	target customer 대상 고객
emphasis	명 강조	place an emphasis 강조하다
intention	명 의도	misinterpret his intention 그의 의도를 잘못 이해하다
adopt	동 채택하다	adopt the resolution 결의안을 채택하다

STEP 2 정답 단서 찾기

Track P3_5

Question — **Where is the conversation taking place?**

(A) In a cafe
(B) In a supermarket
(C) In an office
(D) At a parking lot

Answer

Script

M Excuse me. I ordered a latte half an hour ago and I still haven't received it. Can you check to see what's holding up the order?

W Oh, I'm so sorry, sir. Do you have the receipt? I'll check on it right now. It seems like our cashier misplaced your order. We'll make your latte right away.

M I've been waiting for half an hour for a cup of coffee. I checked with a cashier ten minutes ago and she told me to wait for a few more minutes!

W We're so sorry. It is her first day today. If you wish to get a refund instead, we can do that. And please, let us get you a latte on the house.

정답과 해설

문제 이 대화는 어디에서 이루어지고 있는가?

(A) 카페
(B) 슈퍼마켓
(C) 사무실
(D) 주차장

지문

M 실례합니다. 제가 라떼를 30분 전에 주문했는데 아직 못 받았어요. 왜 이렇게 주문이 오래 걸리는지 확인해주실래요?

W 정말 죄송합니다. 영수증 갖고 계신가요? 제가 바로 확인해 보겠습니다. 저희 계산원이 주문을 잘못 받은 것 같아요. 지금 바로 라떼를 만들어드릴게요.

M 지금 커피 한 잔을 30분째 기다리고 있어요. 10분 전에 계산원에게 확인해봤는데 그때도 계산원은 몇 분만 더 기다리라고 했어요.

W 정말 죄송합니다. 오늘이 그 계산원의 근무 첫날이에요. 환불을 원하시면 그렇게 해드리겠습니다. 그리고 라떼는 저희 매장에서 무료로 제공해드리겠습니다.

지문 분석 카페라는 직접적인 언급은 이루어지지 않았지만 'order latte 라떼를 주문하다', 'make latte 라떼를 만들다', 'waiting for a cup of coffee 커피를 기다리고 있다', 'a latte on the house 무료로 제공되는 라떼' 등의 표현이 반복적으로 나옵니다. 또한 대화의 전체적인 내용은 주문한 커피가 지체되자 항의하는 고객과 주문 지연에 사과하며 커피값을 환불해주고 커피를 무료로 제공하겠다는 점원의 대응으로 구성되어 있습니다. 그러므로 이와 같은 단서들을 통해 대화는 카페를 배경으로 한다는 것을 알 수 있습니다.

STEP 3 연습문제 — 다음 대화를 듣고 문제를 푼 후, 다시 한 번 들으며 받아 써 보세요.

Track P3_6

정답과 해설 p. 23

1. Who is the man most likely talking to?

(A) A flight attendant
(B) A hotel employee
(C) A waitress
(D) A party planner

W   Good _____, Mr. Jackson, can I _____ you with _____?
    Did you find everything you _____ last _____?

M   Yes. Thank you for _____. I had a very _____ stay. Your _____ made everything _____ and pleasurable.

W   Thank you, sir. We're so happy to hear that you _____ your _____ with _____. Is there anything else I _____ do for you? A _____, maybe? We have both the _____ and the English menus today.

M   That sounds too _____ to pass up but no, thank you. I am running _____ to a meeting now. I wanna _____-out, please.

2. Where most likely are the speakers?

(A) In a tourist office
(B) In a bus station
(C) At an airport
(D) At a convention center

M   Excuse me. Why haven't you _____ the _____ process for New York?

W1 My _____ is supposed to _____ in ten minutes.

W2 I'm so sorry. We've been making _____ about that. The New York _____ has been _____ due to _____ problems.

M   I have a very important _____ meeting tomorrow morning.

W1 How _____ do we have to wait?

W2 I wish I knew, but it's _____ now.

M   I can't _____ it. If it's going to be a long _____, I _____ that you _____ us a _____ flight out of here, please.

133

KEY 03 세부사항 문제

화자가 요청, 제안, 언급한 내용, 특정 시기, 이유, 방법 등 대화에 등장하는 구체적인 세부사항을 놓치지 않고 잘 들었는지 확인하는 문제입니다. 대화를 듣기 전 질문을 먼저 읽고 키워드를 파악하면, 키워드를 중심으로 대화를 들을 수 있기 때문에 내용파악이 수월해집니다. 시기나 수치를 묻는 경우 대화 중 여러 숫자 표현이 등장할 수도 있다는 것에 유의합니다.

❖ 대표 질문 유형

- What does the man ask about? 남자는 무엇에 관해 묻는가?
- What does the woman want to buy? 여자가 구매하고자 하는 것은 무엇인가?
- How long is the duration of training program? 훈련 프로그램의 기간은 얼마 동안인가?
- How does the man help the woman? 남자는 어떻게 여자를 도와주는가?
- What does the woman plan to do? 여자는 무엇을 하려고 계획하는가?
- What does the man request? 남자는 무엇을 요청하는가?
- Why does the man decline the offer? 남자는 왜 제안을 거절하는가?
- What does the woman provide? 여자는 무엇을 제공하는가?
- What does the man say about his previous job? 남자는 그의 이전 직업에 대해 무엇이라고 하는가?

❖ 핵심 표현 미리 보기

핵심 표현 중 얼마나 알고 있는지 확인해 보세요.

☐ analyst 분석가	☐ basement	☐ solution
☐ qualification	☐ underutilized	☐ unanimous
☐ emergency	☐ playroom	☐ briefly
☐ horrible	☐ specialist	☐ clarify
☐ ahead	☐ defer	☐ speculate
☐ sensitive	☐ opposite	☐ shareholder
☐ interior		

STEP 1 핵심 표현 배우기 — 핵심 표현 암기하기 — Track P3_7

analyst	명 분석가	financial analyst 재정 분석가
qualification	명 자격	qualification requirements 자격 요건
emergency	명 비상	have an emergency 비상 상황이 발생하다
horrible	형 끔찍한	The traffic was horrible. 교통 상황이 끔찍했다.
ahead	부 앞선	plan ahead 미리 계획하다
sensitive	형 예민한	sensitive about people coming in late 사람들이 늦게 오는 것에 예민하다
interior	명 인테리어, 실내 장식	interior design 인테리어 디자인
basement	명 지하실	a large basement 큰 지하실
underutilized	형 잘 활용되지 않는	underutilized basement 잘 활용되지 않는 지하실
playroom	명 놀이방	children's playroom 아이들의 놀이방
specialist	명 전문가	a manufacturing specialist 제조 전문가
defer	동 연기하다, 미루다	defer payment 지불을 연기하다
opposite	형 정반대의	opposite site 정반대의 위치
solution	명 해결책	a solution to this problem 이 문제에 대한 해결책
unanimous	형 만장일치의	unanimous verdict 만장일치의 평결
briefly	부 잠시	mention the issue briefly 그 사안을 잠시 언급하다
clarify	동 명확하게 하다	clarify a situation 상황을 명확하게 하다
speculate	동 추측하다	speculate about the reason 이유에 대해 추측하다
shareholder	명 주주	shareholder's meeting 주주 모임

STEP 2　정답 단서 찾기　　　Track P3_8

Question　**What position in Kim's electronics is the man interested in?**

(A) Financial analyst
(B) Human resources consultant
(C) Sales assistant
(D) Engineer

Answer

Script

W　Thank you for calling Kim's electronics. This is Anne-Marie, how can I be of assistance today?

M　Oh hello. Good morning. I'd like to inquire about the engineer job position you posted on the company's website. Is it still available? I also have some questions about the qualification requirements.

W　All employment inquiries are handled by our human resources manager. Hang on, please. I will transfer you to the human resources department.

정답과 해설

문제　Kim's electronics에서 남자가 관심 있는 직무는 무엇인가?

(A) 재정 분석가
(B) 인사 자문 위원
(C) 판매원
(D) 엔지니어

지문

W　Kim's electronics에 전화 주셔서 감사합니다. Anne-Marie입니다, 무엇을 도와드릴까요?

M　안녕하세요. 좋은 아침입니다. 저는 회사 홈페이지에 게시되어 있는 엔지니어 자리에 대해 문의하려고 합니다. 아직 지원 가능한가요? 또한 자격 요건에 대해 질문이 있습니다.

W　모든 채용과 관련된 사항들은 회사의 인사 관리자가 담당하고 있습니다. 잠시만 기다려 주세요. 인사 부서로 연결해드리겠습니다.

지문 분석　남자가 관심 있는 직무를 묻는 문제이므로, 직책, 지위 등 직업 관련된 표현들이 등장하는 부분을 주의 깊게 듣습니다. 'inquire about the engineer job position 엔지니어 자리에 대해 문의하다'라는 표현을 통해 남자가 엔지니어 부분에 지원하고자 함을 알 수 있습니다. 그 후에 'human resources manager 인사 관리자'라는 직업 관련 표현이 나오지만, 이는 남자의 질문 사항에 답변할 수 있는 인사부로 전화를 연결해주겠다는 맥락에서 나왔으므로 단편적인 단어만 듣고 오답을 고르지 않도록 주의합니다.

STEP 3 연습문제

다음 대화를 듣고 문제를 푼 후, 다시 한 번 들으며 받아 써 보세요.

Track P3_9

정답과 해설 p. 24

1. **Why was the man late for the meeting?**

   (A) He was caught in a traffic jam.
   (B) He had a family emergency.
   (C) He had a car accident.
   (D) He was with other clients.

   W Mike, I received a _____ from one of our long-term _____ about the _____ you had with him last week.

   M Oh, I think I _____ what you are going to _____. I'm so sorry. I was _____ an hour _____ for the meeting because the _____ was _____.

   W That is _____ you need to _____ ahead to arrive _____.

   M You're right. I'll make _____ this will not _____ again.

   W Okay. This is one of our _____ clients and he is very _____ about people _____ in late for a meeting.

   M I _____ you I'll make _____ that things like this won't _____ _____.

2. **What does the woman mention about her basement?**

   (A) She has been using it as an office.
   (B) She wants to convert it into a children's playroom.
   (C) It is being remodeled by her husband.
   (D) Her children are afraid to go down there.

   M Hello. Thank you for _____ Atwood Designs. Are you thinking of _____ the _____ of your house?

   W Yes I am. We have a _____ space that is completely _____ at the _____ and I want to _____ the _____ so that we can _____ that space into our children's _____.

   M That is a _____ idea. Let me show you our _____ so that you can get an _____ about the kind of _____ we do for your _____.

   W Oh, that would be _____. Thank you. Also, may I see the _____ that you've _____ for _____ playrooms?

PART 3

137

KEY 04 추후 상황 예측 문제

들은 대화를 토대로 앞으로 화자들이 어떤 행동을 할지, 어떤 일이 벌어질지에 대해 묻는 문제입니다. 정답 단서는 주로 대화 후반부에서 찾을 수 있습니다.

⇞ 대표 질문 유형

- What will the man probably do next? 남자는 이후에 무엇을 할 것 같은가?
- What does the man say he will do? 남자는 그가 무엇을 할 것이라고 말하는가?
- What will happen next Friday? 다음 금요일에 어떤 일이 일어날 것 같은가?
- What does the woman plan to do this weekend? 이번 주말에 여자는 무엇을 할 계획인가?
- What does the woman plan to do? 여자는 무엇을 하려고 계획하는가?
- What most likely will the woman do next? 여자는 이후에 무엇을 할 것 같은가?
- What will likely happen next? 이후에 어떤 일이 일어날 것 같은가?
- What will the woman do for the man? 여자는 남자를 위해 무엇을 할 것인가?
- What does the man offer to do? 남자는 무엇을 해주겠다고 제안하는가?
- What does the woman recommend the man to do? 여자는 남자에게 무엇을 하라고 권하는가?

⇞ 핵심 표현 미리 보기

핵심 표현 중 얼마나 알고 있는지 확인해 보세요.

☐ pleasant 즐거운	☐ graduate	☐ react
☐ venue	☐ helpful	☐ reveal
☐ among	☐ critical	☐ easily
☐ satisfaction	☐ courteous	☐ suitable
☐ retreat	☐ interrupt	☐ consumption
☐ delightful	☐ sufficient	☐ priority
☐ maternity leave		

STEP 1 핵심 표현 배우기 — 핵심 표현 암기하기 — Track P3_10

pleasant	형 즐거운, 쾌적한	pleasant trip 즐거운 여행
venue	명 장소	a change of venue 장소 변경
among	전 ~사이에	among our employees 우리 직원들 사이에
satisfaction	명 만족	satisfaction rate 만족도
retreat	명 후퇴, 휴양, 은둔	company retreat 회사 단합 대회
delightful	형 즐거운, 쾌적한	delightful place 쾌적한 장소
maternity leave	출산 휴가	be on maternity leave 출산 휴가 중이다
graduate	명 졸업자	graduate school 대학원
helpful	형 도움이 되는	helpful advice 도움이 되는 조언
critical	형 중요한, 결정적인	critical moment 결정적인 순간
courteous	형 정중한	courteous service 정중한 서비스
interrupt	동 방해하다	sorry to interrupt 방해해서 죄송한
sufficient	형 충분한	sufficient space 충분한 공간
react	동 반응하다	react unfavorably 호의적이지 않게 반응하다
reveal	동 드러내다	reveal the secret 비밀을 드러내다
easily	부 쉽게	easily accessible 쉽게 접근할 수 있는
suitable	형 적절한	suitable for business 사업에 적합한
consumption	명 소비	consumption of alcohol 알콜 소비량
priority	명 우선 사항	his first priority 그의 최우선 사항

| STEP 2 | 정답 단서 찾기 | Track P3_11 |

Question **What will the man do right after the conversation?**

(A) Check in at the hotel
(B) Pack a suitcase
(C) Look around the conference facility
(D) Make an announcement at the conference

Answer ◆

Script
W Welcome to the Bay Hotel and Convention Center. I am the head of the conference sales, Jenna Whyte. I hope you had a pleasant trip here.

M Yes, it took me 30 minutes to get here. I'm sure the venue will be a big hit among our employees.

W I think so. We have a satisfaction rating of over 90% among our previous customers who have used the venue for their company retreats.

M Wow. You must be doing something right. The place sure looks delightful.

W Thank you, sir. Let me take you to the conference room you'll be using during the retreat.

M I can't wait to see it.

정답과 해설 ◆

문제 대화가 끝난 후에 남자는 무엇을 할 것인가?

(A) 호텔에 체크인하기
(B) 여행가방에 짐 싸기
(C) 회의시설 둘러보기
(D) 회의에서 공지하기

지문
W Bay Hotel and Convention Center에 오신 것을 환영합니다. 행사시설 영업 부장 Jenna Whyte입니다. 여기까지 오시는 여정이 즐거우셨기를 바랍니다.

M 네, 이곳까지 30분 가량 소요되었습니다. 이 장소는 우리 직원들 사이에서 아주 인기 있을 것 같네요.

W 저도 그렇게 생각해요. 저희 시설을 회사 단합 대회 장소로 이용했던 이전 고객들 90%가 만족했습니다.

M 와, 일을 정말 제대로 하시나 보네요. 확실히 이곳은 쾌적해 보입니다.

W 감사합니다. 행사 때 이용하실 회의실로 안내해드리겠습니다.

M 어서 보고 싶네요.

지문 분석 대화가 끝난 후 남자가 다음에 할 행동을 묻는 문제입니다. 대화 마지막 부분에 여자가 'Let me take you to the conference room 회의실로 안내해드리겠습니다'라고 하자 남자가 'I can't wait to see it 어서 보고 싶네요'라고 답변합니다. 이를 통해 이후에 남자가 회의실을 둘러볼 것임을 추측할 수 있습니다. 따라서 정답은 (C)입니다.

STEP 3 연습문제 다음 대화를 듣고 문제를 푼 후, 다시 한 번 들으며 받아 써 보세요. Track P3_12

정답과 해설 p. 25

1. **What will the man do for the woman?**

   (A) He'll pay for the flight.
   (B) He'll pick up the woman at the airport.
   (C) He'll take her to the airport.
   (D) He'll take care of the children.

   M   Hi honey. What time is your _____ again? I want to _____ sure that I come _____ on _____ to give you a _____ to the _____.

   W   It _____ at 7:35pm. But if you have _____ to do, don't _____ about it. I can take a _____ to the airport. It's no big _____.

   M   It _____ to me. I won't be _____ to see you for a _____! I cannot let you _____ a _____ to the airport. I will be _____ by 4pm so that we have _____ of time.

   W   Thank you, sweetie. You are the world's greatest _____.

2. **What does the woman plan to do?**

   (A) Do postgraduate studies
   (B) Request maternity leave
   (C) Ask for a promotion
   (D) Work under the man

   W   Excuse me, Mr. Lee, do you have a _____? I'd like to _____ to you _____ submitting my _____ letter.

   M   A resignation letter? What's the _____, Caroline? You've been _____ such a _____ job. Is there _____ you're not _____ with here?

   W   No, of course _____. I very much _____ my time working _____ with you. But I decided to go to _____ school this fall so I _____ think I can work _____.

   M   Oh I see. Well, in that _____, I understand. I hope you could stay with us _____ but I _____ your _____.

KEY 05   발화 의도 및 암시 문제

新 TOEIC 유형

2016년 5월 29일부터 시행되는 개정된 토익에서는 화자의 발화 의도를 묻는 문제가 출제됩니다. 이는 대화 내용을 단순 직역할 수 있는지가 아니라 내포된 의미를 잡아낼 수 있는지를 확인하겠다는 뜻입니다. 이를 위해서는 전체 대화의 맥락 및 뉘앙스를 이해해야 합니다.

또한 이 같은 유형의 문제 출제를 위해서 지문 내에 관용적 표현의 사용 빈도가 이전에 비해 증가합니다. 문제 풀이 방식에만 치중하지 않고 실생활 영어를 많이 접하기 위해 노력한 수험생들에게 유리한 문제입니다.

대표 질문 유형

- What does the man mean when he says, "~"? 남자가 "~"라고 말할 때 의도한 바는 무엇인가?
- Why does the woman say, "~"? 왜 여자는 "~"라고 말하는가?
- What does the man imply when he says, "~"? 남자가 "~"라고 말할 때 암시하는 바는 무엇인가?

핵심 표현 미리 보기

핵심 표현 중 얼마나 알고 있는지 확인해 보세요.

☐ chilly 쌀쌀한	☐ grant	☐ noticeable
☐ stress	☐ incur	☐ partial
☐ violation	☐ revenue	☐ exceed
☐ legal	☐ expenditure	☐ estimate
☐ loan	☐ gradually	☐ division
☐ scholarship	☐ steady	☐ evident
☐ merit		

STEP 1 핵심 표현 배우기 — 핵심 표현 암기하기 — Track P3_13

단어	품사/뜻	예시	해석
chilly	형 쌀쌀한	chilly in the morning	아침에는 쌀쌀하다
stress	명 스트레스 / 동 스트레스를 주다(받다)	under a lot of stress	많은 스트레스를 받다
violation	명 위반	violation of the law	법률 위반
legal	형 법적인	legal system	사법 체계
loan	명 대출	student loans	학자금 대출
scholarship	명 장학금	win a scholarship	장학금을 받다
merit	명 가치, 성적	merit-based scholarship	성적 우수 장학금
grant	명 장학금, 보조금 / 동 수여하다	apply for a grant	보조금을 신청하다
incur	동 초래하다	incur losses	손실을 초래하다
revenue	명 수입	source of revenue	수입의 원천
expenditure	명 비용	marketing expenditures	마케팅 비용
gradually	부 점차	increase gradually	점차 증가하다
steady	형 꾸준한	steady economic growth	꾸준한 경제 성장
noticeable	형 눈에 띄는	noticeable change	눈에 띄는 변화
partial	형 부분적인	partial knowledge	부분적인 지식
exceed	동 초과하다	exceed estimate	견적을 초과하다
estimate	명 견적 / 동 추정하다	estimate the profits	수익을 추정하다
division	명 부서	a research division	연구부서
evident	형 명백한	evident truth	명백한 진실

PART 3

STEP 2 정답 단서 찾기

Track P3_14

Question **What does the woman mean when she says, "Right behind you"?**

(A) The man should turn around and look.
(B) She decides to take a back seat.
(C) She'll catch up with the man soon.
(D) She left her coat at the restaurant.

Answer

Script
M Are you ready? It's pretty chilly outside. You should probably get a coat.

W Where are we going? I thought we're checking out the new Thai restaurant just across the street.

M We were, but I thought we should go somewhere special tonight since we both got off work early today. We can check out that lobster place you love.

W Yay, I'm in! You're right. It is not every day that we get off from work before 7pm!

M My point exactly. So grab your coat and let's go. I'll get the car started.

W Right behind you. Meet you in the car in five minutes.

정답과 해설

문제 여자가 "Right behind you"라고 했을 때 의도한 바는 무엇인가?

(A) 남자는 뒤돌아 보아야 한다.
(B) 그녀는 뒤로 물러나 있기로 결정한다.
(C) 그녀는 곧 남자를 뒤따라 갈 것이다.
(D) 그녀는 식당에 코트를 두고 왔다.

지문
M 준비했어요? 밖이 꽤 춥네요. 코트를 챙기는 것이 좋겠어요.

W 우리 어디로 가는 거에요? 전 우리가 바로 길 건너에 새로 생긴 태국 음식점에 갈 거라고 생각했어요.

M 그럴 예정이었지만 우리 둘 다 일찍 퇴근했으니까 특별한 곳에 가야겠다고 생각했어요. 당신이 좋아하는 바닷가재 음식점에 가봐요.

W 와, 좋아요! 당신 말이 맞아요. 우리가 7시 이전에 퇴근하는 일이 늘 있는 일은 아니잖아요.

M 제 말이 바로 그거에요. 그러니까 어서 코트 챙겨서 가요. 차 시동을 걸어놓을게요.

W 바로 뒤따라 갈게요. 5분 후에 차에서 봐요.

지문 분석 right behind you의 가장 기본적인 의미로는 어떤 사람이나 사물의 물리적인 위치를 알려주는 것이 있습니다(Look, the chair is right behind you! 보세요, 의자가 당신 바로 뒤에 있어요!). 그 외에도 다른 누군가를 지지할 때(Don't worry. I'm right behind you. 걱정하지 마세요. 제가 지지하고 있어요.), 바로 뒤따라 간다고 말할 때(I'll go right behind you. 바로 뒤따라 갈게요.) 등 상황에 따라 조금씩 다른 의미를 표현할 수 있습니다. 앞선 남자의 말 'I'll get the car started 차 시동을 걸어놓을게요'와 뒤이은 여자의 대사 'Meet you in the car in five minutes 5분 후에 차에서 봐요'를 통해 이 상황에서는 뒤따라 가겠다는 의미로 사용되었음을 알 수 있습니다.

STEP 3 연습문제 다음 대화를 듣고 문제를 푼 후, 다시 한 번 들으며 받아 써 보세요. Track P3_15

정답과 해설 p. 26

1. Why does the man say, "How is the new job working out for you"?

   (A) He asks the woman to exercise together.
   (B) He worries if everything is okay with her new job.
   (C) He has a difficult problem to solve.
   (D) He persuades the woman to work with him.

   M   Jenna, are you _____? You look really _____ out. How is the _____ job _____ out _____ you?

   W   Not too _____. I am so stressed _____ going to _____ these days. I worked all day and _____ and they're _____ me to be in the _____ on _____ as well.

   M   What? Isn't that in _____ of the _____ law or something? They _____ do that to you. It's not _____ legal.

   W   I know, but everybody's _____ really _____ and I _____ be the _____ one to go home when I'm the _____ employee at the _____.

2. What does the woman mean when she says, "what are we waiting for"?

   (A) The man can ask his questions right away.
   (B) She wonders whether more people will join them.
   (C) She doesn't understand the man's intention.
   (D) She doesn't have much time.

   W   Hello. Welcome to our _____! Are you _____ in _____ to our school?

   M   Yes, I am. I am _____ to start my _____ studies at your university this _____. And I have a few _____ I wanted to _____ you.

   W   We're so _____ that you're _____ our school for your master's _____. Well, what are we _____ for? Please _____ a seat.

   M   Thank you. So _____ of all, I am still paying _____ my student _____ for my college. So a _____ is one of the biggest _____ in _____ which school to _____. What kind of merit-_____ scholarships do you offer?

145

KEY 06 — 시각 자료 활용 문제

新 TOEIC 유형

2016년 5월 29일부터 시행되는 개정된 토익에서는 도표와 같은 시각 자료를 참고하여 정답을 고르는 문제가 출제됩니다. 지문을 듣기 전에 질문과 보기, 그리고 시각 자료 내용까지 대략적으로 파악해야 당황하지 않고 정답을 골라낼 수 있습니다.

대표 질문 유형

- **Look at the graphic. What would be the package the man recommends to the woman?**
  도표를 보시오. 남자가 여자에게 추천하는 패키지 상품은 무엇일 것 같은가?

- **Look at the graphic. What time would be the woman's reservation?**
  도표를 보시오. 여자의 예약시간은 언제일 것 같은가?

- **Look at the graphic. Which business will the woman visit tomorrow?**
  도표를 보시오. 내일 여자가 방문할 사업체는 어디인가?

- **Look at the graphic. Which product will the man probably choose?**
  도표를 보시오. 남자는 어느 제품을 고를 것 같은가?

핵심 표현 미리 보기

핵심 표현 중 얼마나 알고 있는지 확인해 보세요.

☐ discrepancy 차이	☐ asset	☐ dramatic
☐ elaborate	☐ authority	☐ ongoing
☐ durability	☐ recession	☐ cooperate
☐ value	☐ predict	☐ stagnant
☐ minimize	☐ notable	☐ severely
☐ combined	☐ nearly	☐ complicated
☐ promising		

STEP 1 핵심 표현 배우기 — 핵심 표현 암기하기　Track P3_16

단어	품사	뜻	예시	해석
discrepancy	명	차이, 불균형	discrepancy on the price	가격 차이
elaborate	동	정교하게 하다, 자세히 말하다	elaborate on this plan	이 계획에 대해 자세히 말하다
durability	명	내구성, 지속성	durability of the product	제품의 내구성
value	명	가치	brand value	상표 가치
minimize	동	최소화하다	minimize the costs	비용을 최소화하다
combined	형	결합된	combined result	결합된 결과
promising	형	장래성 있는	a promising industry	유망 산업
asset	명	자산, 재산	a valuable asset	귀중한 자산
authority	명	권한, 허가	out of my authority	내 권한 밖의
recession	명	불황, 후퇴	during the recession	불경기 동안
predict	동	예측하다	predict monthly sales	월 매출을 예측하다
notable	형	주목할만한	notable changes	주목할만한 변화들
nearly	부	거의	nearly 10 percent	거의 10퍼센트
dramatic	형	극적인	a dramatic increase	극적인 증가
ongoing	형	진행 중인	an ongoing case	진행 중인 사건
cooperate	동	협력하다	cooperate with you	당신과 협력하다
stagnant	형	침체된, 불경기의	stagnant economy	침체된 경제
severely	부	심하게	severely damaged	심하게 손상된
complicated	형	복잡한	a complicated situation	복잡한 상황

PART 3

STEP 2 정답 단서 찾기

Track P3_17

Question

Brand	Summit Pipe	Ray's Pipe	Sunrise Pipe	Mountain Pipe
Unit Price	$1200	$1150	$980	$750
Durability	4 years	8 years	3.5 years	2 years

Look at the graphic. Which pipe does the woman recommend?

(A) Summit Pipe
(B) Ray's Pipe
(C) Sunrise Pipe
(D) Mountain Pipe

Answer

Script

W Here is the pricing for the different pipes we can use for the construction.

M Hmm. There is quite a discrepancy on the price. Can you elaborate on the differences?

W Absolutely. The differences are mostly in the durability of the pipes. Of course the brand value plays some role as well.

M What would be a good choice in our case? We obviously wish to minimize the cost but by no means do we want to cut corners.

W I suggest this one. It's our second most expensive option but it lasts twice as long as any other available pipes.

정답과 해설

문제

도표를 보시오. 여자는 어떤 파이프를 추천하는가?

(A) Summit Pipe
(B) Ray's Pipe
(C) Sunrise Pipe
(D) Mountain Pipe

지문

W 여기 우리가 건축에 사용할 수 있는 여러 파이프들의 가격이 나와있어요.

M 제품마다 가격차이가 좀 있네요. 차이점에 대해 더 자세히 말씀해 주실 수 있어요?

W 물론이죠. 대부분의 차이점은 파이프의 내구성에 있어요. 물론 상표 가치도 어느 정도 역할을 하구요.

M 우리 경우에는 어떤 것을 고르는 것이 좋을까요? 당연히 우린 비용을 최소화하고 싶어요, 그렇다고 엉성하게 하고 싶단 뜻은 아니에요.

W 그렇다면 이 제품을 추천드려요. 두 번째로 비싼 제품이지만 다른 파이프들보다 두 배로 오래가요.

지문 분석

여러 파이프 제품들을 비교하는 대화입니다. 주어진 도표에 가격과 내구성 항목이 나와있으므로, 가격과 내구성을 기준으로 제품을 고르고 추천할 것임을 알 수 있습니다. 대화의 마지막 부분에 여자가 'second most expensive 두 번째로 가장 비싼', 'lasts twice 두 배로 지속되는' 제품을 추천합니다. 도표를 참고하면 이에 일치하는 제품은 Ray's Pipe임을 알 수 있습니다.

STEP 3 연습문제 　다음 대화를 듣고 문제를 푼 후, 다시 한 번 들으며 받아 써 보세요.　　Track P3_18

정답과 해설 p. 27

Activities	Duration
Kayak Tour 1	5h
Kayak Tour 2	2h30
Cross country cycling + kayak	5h30
Brewery + kayak	3h30

1. **Look at the graphic. Which of the adventure trip packages do the speakers likely choose?**

   (A) Kayak Tour 1
   (B) Kayak Tour 2
   (C) Cross country cycling + kayak
   (D) Brewery + kayak

W　Come on, Will, _____ let me make the _____ by _____. I don't want you _____ about it _____.

M　Okay. When _____ I complained _____? I'm always _____ with your _____. But let's see. We can _____ among these four _____, right?

W　Yes, this is the _____ list the _____ agent sent me.

M　Well, Kayak Tour 1 is a 21km kayak _____, but I'm _____ that we'll be too _____.

W　Right, and we can't _____ more than 5 _____, and I love to _____ but other _____ look exciting, too.

M　Then, we can choose one of the _____ activities. This one looks _____ for us!

PART 3

UNIT 2
지문 상황별 연습

KEY 07 인사
KEY 08 사내 업무
KEY 09 고객 응대
KEY 10 여가
KEY 11 일상생활

KEY 07 인사

구인, 구직, 승진, 부서 이동 등 사내 인사와 관련된 내용의 지문입니다. 주제와 관련된 어휘에 친숙해지면 대화 흐름을 잘 따라갈 수 있습니다. 대화자들의 직책(manager, executive), 상황(apply, promote, interview)에 관련된 표현들을 놓치지 않아야 합니다.

대표 예제 미리 보기

Conversation

M Ms. Garbanza, your resume is quite impressive. According to it, you have several years of office experience.

W Yes. I've had over ten years' experience.

M I see. Now I'd like to ask you a few questions. Why do you want to join our firm?

W Your company is one of the most innovative companies in the industry. And I am looking for an opportunity to challenge myself.

Question

What does the woman want to do?

Possible Answers

Get a new job
새로운 직장을 얻는 것

Move to another company
다른 직장으로 옮기는 것

Leave the current job
현 직장을 그만두는 것

핵심 표현 미리 보기

핵심 표현 중 얼마나 알고 있는지 확인해 보세요.

☐ impressive 인상적인	☐ overtime	☐ deserve
☐ experience	☐ understaffed	☐ spot
☐ promotion	☐ position	☐ performance
☐ submit	☐ candidate	☐ in charge of
☐ resignation	☐ interview	☐ potential
☐ retirement	☐ exception	☐ qualified
☐ transfer		

STEP 1 핵심 표현 배우기 — 핵심 표현 암기하기 — Track P3_19

단어	품사/뜻	예시
impressive	형 인상적인	impressive performance 인상적인 업무실적
experience	명 경험, 경력	experience in team management 팀 관리 경험
promotion	명 승진	get a promotion 승진하다
submit	동 제출하다	submit a resignation letter 사직서를 제출하다
resignation	명 사직	resignation letter 사직서
retirement	명 은퇴	early retirement 조기 퇴직
transfer	동 옮기다 / 명 이동	department transfer 부서 이동
overtime	명 초과근무	do overtime 초과근무를 하다
understaffed	형 인원이 부족한	We are understaffed. 우리는 인원이 부족하다.
position	명 일자리, 직위	get a higher position 더 높은 지위를 얻다
candidate	명 후보자	candidate list 후보자 명단
interview	명 면접, 면담	interview time 면접 시간
exception	명 예외	make an exception 예외를 허락하다
deserve	동 ~할 자격이 있다	You deserve it. 너는 그럴 자격이 있다.
spot	명 자리, 위치	spot left to fill 충원할 자리
performance	명 업무실적	performance review 업무실적 평가
in charge of	~을 담당하다	in charge of five team members 팀원 다섯 명을 담당하다
potential	명 잠재력	see your potential 당신의 잠재력을 보다
qualified	형 자격을 갖춘	well-qualified candidate 충분한 자격을 갖춘 후보

STEP 2 짧은 대화 연습하기

I 다음 문장을 읽고 밑줄 친 표현을 바르게 나타낸 것을 고르세요.

1. You're <u>getting promoted</u> to be the company's new marketing director.

   (A) getting a higher position
   (B) applying for a job

2. I hope I'm not <u>in over my head</u>.

   (A) having a terrible headache
   (B) beyond my capacity

3. I <u>submit my resignation letter</u>.

   (A) take a vacation
   (B) leave the company

4. I would like to <u>transfer to another department</u>.

   (A) move to another department
   (B) be available for overtime

5. I want to thank <u>each and every one</u> of you.

   (A) all the members of the group
   (B) some members of the group

6. We're extremely <u>understaffed</u>.

   (A) having too many workers
   (B) not having enough workers

7. Is there something wrong with my presentation materials I <u>emailed</u> you last night?

   (A) received an email
   (B) sent an email

8. I'd like to inquire about the engineer job position you posted on the company's website. Is it <u>still available</u>?

   (A) still possible to read the post online
   (B) still able to apply for a job

II 다음 문장을 듣고 문장의 의미로 알맞은 것을 고르세요. ▶ Track P3_20

1. (A) 축하합니다.
   (B) 유감이군요.

2. (A) 정말 신나시겠어요.
   (B) 얼마나 상심하셨겠어요.

3. (A) 당신을 다른 부서로 이동시킬 예정입니다.
   (B) 당신이 현재 근무하는 부서에서 불만족스러우신지 몰랐습니다.

4. (A) 당신의 상황에 대해 더 자세히 말씀해 주시겠어요?
   (B) 제 상황에 대해 더 자세히 말씀드릴 수 있을까요?

5. (A) 저는 마케팅 부서에서 근무해보고 싶습니다.
   (B) 제가 기획 부서에서 근무하는 것이 불만족스러운 것은 아닙니다.

6. (A) 이제 두 명으로 후보가 좁혀졌네요.
   (B) 이번엔 두 명의 직원을 채용할 예정입니다.

7. (A) 저는 그가 좋은 상사가 될 거라고 생각합니다.
   (B) 저는 그를 승진 대상자로 추천하지 않습니다.

8. (A) 제 면접 결과에 대해 문의할 수 있을까요?
   (B) 제 면접 시간을 변경할 수 있을까요?

9. (A) 어느 누구에게도 예외를 적용할 수는 없습니다.
   (B) 당신에게 예외를 적용해 주겠습니다.

10. (A) 당신이 은퇴한다는 것을 믿을 수가 없어요.
    (B) 내일 은퇴 기념식에 참석하겠습니다.

STEP 2　짧은 대화 연습하기

정답과 해설 p. 28

III　다음 대화를 듣고 문제를 풀어보세요.　Track P3_21

1. Why does the woman congratulate the man?

   (A) The project is successful.
   (B) He got promoted.

2. Why does the woman ask for transfer?

   (A) She has trouble with her colleagues.
   (B) She's been in the same department for a long time.

3. What is the conversation mainly about?

   (A) Plans for next year
   (B) Candidate list for the promotion

4. What does the woman request?

   (A) To reschedule the interview
   (B) To notify of the result of her interview

5. What does the woman mention about the man?

   (A) He coached her during her first year at the firm.
   (B) He's her friend from the college.

6. What does the woman suggest the man do?

   (A) Quit the company
   (B) Hire more employees

STEP 3 연습문제

정답과 해설 p. 28

 I 다음 대화를 잘 들고 빈칸을 채우세요. ▶ Track P3_22

---

1. **W** Michael, I guess _____ are in order! How do you feel, Mr. Big New Marketing _____? You must be pretty _____ about it.

   M Oh, did you hear the news already? I guess the good news _____ fast. I _____ the decision only yesterday!

   W I sure did! I think you'll _____ a _____ marketing director! Good job! You _____ it.

   M Thank you so much, Arlene. You are very _____. Yes, I am really _____ about that. I hope I'm not in _____ my head.

---

2. **M** Anna, I _____ your email about the _____ departmental _____. I didn't know you weren't happy with your _____ department.

   W Well, it's not that I am _____ in the _____ department. But I've been working in the same department for the _____ three years.

   M I see. Are you _____ in a specific department? We actually have an _____ in both the sales and _____ departments at the moment. I can talk to the departmental _____ about your situation.

   W That would be wonderful. I don't have any _____ in finance but I think I would be great in the _____ department.

157

STEP 3 연습문제

新 TOEIC 유형 +

3. **W1** So we're _____ to the last two _____.

   M We only have one more _____ left to fill. Who is it going to be?

   W1 _____ candidates have been with us for a long time and their _____ have been nothing but _____. But if we must choose one, I _____ for James. I think he will make an _____ supervisor.

   W2 I agree. Although Mark is _____ capable when it comes to project _____, James is more _____ to take on the supervising _____.

   M It's _____ then. To make it _____, let's put it to a vote.

   W2 Please raise your hands if you wish to _____ James to be the _____.

---

4. **W** Excuse me, Mr. Hoyt. I am _____ to interview with you on Wednesday at 9am. But I have a _____ _____ on that day at 10am. Is it possible to _____ my interview time?

   M Well, we usually can't _____ every interviewee's _____ but I think I can make an _____ for you since it is _____ _____.

   W Thank you so much, Mr. Hoyt. I can _____ my _____ to yours as long as it's after 2pm on Wednesday. The exam I have at 10am on Wednesday is my last one.

   M I see. Then, I will _____ my last interview _____ for you. Can you _____ _____ at 3pm on _____? You would be my last _____.

정답과 해설 p. 28

新 TOEIC 유형 +

5. **M** And lastly, I want to _____ each and every one of you for being the _____ _____, mentors, and _____. Thank you for the last _____ years.

   W1 Will, I cannot believe you're _____. You _____ me during my first year here and everything you said _____ with me.

   M Thank you for saying so, Jill.

   W1 Thank you, Will. _____ you have a great _____. You've been an amazing _____.

   W2 Yes, Will. You are truly _____. Whenever I train my new _____, I talk about a great lawyer and my _____ model which is you.

   M Thank you for always being so _____ and _____ with me.

新 TOEIC 유형 +

6. **W** Neil, you look very _____. Is everything okay?

   M Not really. We have _____ after project _____ into our department and we're extremely _____.

   W Why don't you _____ some new _____? I heard your department is _____ rapidly. I'm sure you can _____ to hire some new people.

   M That was the _____. We posted the _____ announcement everywhere but the _____ we interviewed so far _____ the language _____ necessary to do the job.

   W Well, I know a friend of mine who works for a _____ _____. Maybe she knows someone well _____ for the job. Do you want me to talk to her about it?

   M Could you? That would be great. We _____ someone who can do the job _____ _____.

STEP 3 연습문제

II 다음 문장을 듣고 가장 알맞은 응답을 고르시오. Track P3_23

1. What is the main topic of the conversation?

   (A) Ordering the new marketing brochures
   (B) Inquiring about an exciting adventure
   (C) Congratulating the coworker's promotion
   (D) Thanking the marketing director for his service

2. What does the woman say about the man?

   (A) He didn't earn his new position.
   (B) He isn't ready yet.
   (C) He should be worried.
   (D) He is well-qualified.

3. What will be the man's main responsibility?

   (A) Developing marketing strategies
   (B) Giving performance reviews
   (C) Purchasing office supplies
   (D) Supervising accounting department

4. What does the woman request?

   (A) Departmental transfer
   (B) Pay raise
   (C) Promotion
   (D) Contract renewal

5. Why isn't the woman satisfied with the current situation?

   (A) She's having too much work to do.
   (B) She doesn't get paid enough.
   (C) Her commute is too long.
   (D) She's doing the same work for too long.

6. What will the man most likely do next?

   (A) Start a new project
   (B) See if there is any opening in planning department
   (C) Discuss with the sales department head
   (D) Apologize for his mistake

7. What are the speakers discussing?

   (A) HR policies
   (B) Candidates for the promotion
   (C) Budget for the coming year
   (D) Early retirement

8. What do the women say about the candidates?

   (A) They are lack of problem-solving skills.
   (B) They should train other employees.
   (C) They are both very competent.
   (D) They are under a lot of pressure.

9. What was the reason that the managers have in choosing James over Mark for the promotion?

   (A) James's longer tenure with the company
   (B) James's maturity in supervising others
   (C) James's superb project management skills
   (D) James's experience in team management

Interview Scheduler	
Sarah	9am
Jacob	10am
Jenna	1pm
Anette	2pm

160

10. What is the problem?

    (A) A scheduling conflict
    (B) A weekly meeting
    (C) A payment due date
    (D) A different list

11. What has the man agreed to do?

    (A) Hire the woman's friend
    (B) Return the woman's call
    (C) Reschedule the interview
    (D) Speak to her supervisor

12. Look at the graphic. Who is calling Mr. Hoyt?

    (A) Sarah
    (B) Jacob
    (C) Jenna
    (D) Anette

13. What is the context in which this conversation is taking place?

    (A) In congratulating the man's retirement after 20 years of work
    (B) In thanking the man's continued service as their mentor
    (C) In presenting the Best Lawyer of the Year Award to the man
    (D) In introducing the man to the new associates as the mentor

14. Where do the speakers most likely work?

    (A) In a trading company
    (B) In a law firm
    (C) At a factory
    (D) At a department store

15. What does the woman mean when she says, "stayed with me"?

    (A) She kept in mind the man's advice.
    (B) She lived with the man.
    (C) She wanted to be where he was.
    (D) She was offered a good retirement package.

16. What does the woman mean when she says, "afford to hire some new people"?

    (A) The department should hurry to hire additional staff.
    (B) The department doesn't want to hire more people.
    (C) The job posting has been canceled.
    (D) The department has enough budget to hire new employees.

17. What quality is the man looking for in job candidates?

    (A) Leadership ability
    (B) Inner strength
    (C) Willingness to take risks
    (D) High proficiency in foreign languages

18. What will the woman likely do for the man?

    (A) Post the vacancy announcement on her own website
    (B) Talk to a headhunter friend about a candidate referral
    (C) Help with the document translations for the project
    (D) Talk to his boss about expanding the man's department

KEY 08 — 사내 업무

회의(meeting, conference), 업무 교육(staff training), 보고서 작성(report, proposal), 기타 업무 분담 등을 주제로 회사 내에서 일반적으로 이루어지는 상황을 다룹니다. 대화 내용은 요청(request), 제안(offer), 승인(approve)이 주를 이룹니다.

대표 예제 미리 보기

Conversation

M: May I ask you to do one more thing for me before you leave? I have to go on a business trip to Rome tomorrow. Could you arrange a flight and a hotel for me?

W: Tomorrow? I'll see what I can do. What time do you need to go?

M: The earlier the better.

W: I'll try. I'll get back to you in the next hour.

Question
What does the man need the woman to do for him?

Possible Answers

Arrange a flight and a hotel for his business trip
그의 출장 일정을 위해 비행편 및 호텔 마련하기

Book the earliest flight to Rome
로마로 가는 가장 빠른 항공편 예약하기

Help him to prepare the business trip
그가 출장 준비하는 것 돕기

핵심 표현 미리 보기

핵심 표현 중 얼마나 알고 있는지 확인해 보세요.

☐ arrange 마련하다	☐ overhead expense	☐ relief
☐ go over	☐ launch	☐ be stuck
☐ approach	☐ engineer	☐ proofread
☐ put through	☐ develop	☐ appointment
☐ milestone	☐ talk through	☐ detail
☐ come along	☐ reduce	☐ initiate
☐ business trip		

STEP 1 핵심 표현 배우기 — 핵심 표현 암기하기   Track P3_24

arrange	동 마련하다	arrange a flight	비행편을 마련하다
go over	점검하다	go over the schedule	일정을 점검하다
approach	동 다가가다(오다)	fast approaching	빠르게 다가오는
put through	(전화로) 연결해주다	put him through to the manager	그를 매니저에게 연결해주다
milestone	명 기념비, 획기적인 사건	milestone in life	삶에서의 획기적인 사건
come along	되어가다	How is the project coming along?	프로젝트는 어떻게 되어가고 있어요?
business trip	출장	get back from a business trip	출장에서 돌아오다
overhead expense	간접경비	cut the overhead expenses	간접경비를 절감하다
launch	동 출시하다	launch a product	제품을 출시하다
engineer	명 기술자	chief engineer	기술 책임자
develop	동 개발하다	develop a new program	새 프로그램을 개발하다
talk through	~을 설명하다	talk us through the program	우리에게 프로그램을 설명하다
reduce	동 줄이다	reduce the number of staff	직원 수를 줄이다
relief	명 안도, 안심	That's a relief.	안심되네요.
be stuck	꼼짝 못하다	be stuck at the airport	공항에서 꼼짝 못하다
proofread	동 교정하다	proofread the documents	서류를 교정하다
appointment	명 약속	make an appointment	약속을 정하다
detail	명 세부사항	further details	더 상세한 내용
initiate	동 시작하다	initiate the conversation	대화를 시작하다

PART 3

STEP 2 짧은 대화 연습하기

I 다음 문장을 읽고 밑줄 친 표현을 바르게 나타난 것을 고르세요.

1. I would like to go over your schedule for this afternoon.

    (A) check your schedule
    (B) move on to your schedule

2. The deadline is fast approaching.

    (A) coming around quickly
    (B) changed frequently

3. I would like to get to the first order of business.

    (A) first in a sequence
    (B) a matter that must be addressed first

4. I'll get back to you in the next hour.

    (A) come to see you later
    (B) let you know later

5. Could you put me through, please?

    (A) take to a place
    (B) make a telephone connection

6. It is a huge milestone for our company and we all have high hopes for it.

    (A) a stone that shows the distance to various places
    (B) an important event

7. Nothing is flying out of there right now.

    (A) running away
    (B) departing in an aircraft

8. After all, we only get one shot.

    (A) happening for the first time
    (B) happening only once

정답과 해설 p. 31

II 다음 문장을 듣고 문장의 의미로 알맞은 것을 고르세요. Track P3_25

1. (A) Josh에게 발표를 맡길 계획입니다.
   (B) Josh는 다른 고객에게 발표하러 갔습니다.

2. (A) 새 프로젝트는 어떻게 되어가요?
   (B) 새 프로젝트를 맡아 보시는 건 어때요?

3. (A) 우리 팀을 도와주시겠어요?
   (B) 제가 팀을 돕기 위해 할 일이 있을까요?

4. (A) 조금 걱정되던 참이었습니다.
   (B) 전혀 걱정하실 필요 없어요.

5. (A) 우리가 오늘 이야기 나누고자 한 것이 바로 그것입니다.
   (B) 오늘 그 부분에 대해서까지 이야기 나누기는 힘듭니다.

6. (A) 출장에서 언제 돌아오실 예정입니까?
   (B) 출장에서 언제 돌아오셨습니까?

7. (A) 저는 고객 면담에 가야 합니다.
   (B) 저와 함께 오늘 오후 고객 면담에 가시지요.

8. (A) 당신이 발표를 해보지 않겠어요?
   (B) 왜 발표 준비를 아직 못했나요?

9. (A) 우리는 간접경비를 절감하겠습니다.
   (B) 간접경비 절감은 필연적이다.

10. (A) 우리는 불평을 너무 많이 하고 있어요.
    (B) 최근 불만 사항이 많이 접수되고 있습니다.

PART 3

165

STEP 2   짧은 대화 연습하기

정답과 해설 p. 32

III   다음 대화를 듣고 문제를 풀어보세요.   Track P3_26

1. What does the woman want to remind the man?

    (A) The presentation topic
    (B) A lunch meeting with a client

2. Why does the man reject the woman's offer?

    (A) He doesn't think she's capable of helping him.
    (B) He can handle the work without her help.

3. What will the speakers probably talk about?

    (A) A new facility
    (B) Launching new software

4. Who is supposed to report about the next year's budget?

    (A) The CFO
    (B) A senior accountant

5. What is true about the woman?

    (A) She had a question to ask him.
    (B) She doesn't know the man's phone number.

6. What is the woman doing?

    (A) Having a lunch
    (B) Preparing for the meeting

STEP 3 연습문제

정답과 해설 p. 32

I 다음 대화를 잘 듣고 빈칸을 채우세요. Track P3_27

1. W   Mr. Thompson, if you have a _____ I would like to go _____ your _____ for today. Is this a good _____ for you?

   M   Oh yes, Valerie, please _____ in. I _____ you telling me yesterday that I have a lunch _____ with a _____. What _____ is the meeting again?

   W   You are having a _____ _____ today at 1pm. The client's _____ just called to _____. Also she wanted me to _____ you if you would be _____ the Creative _____ to the meeting.

   M   No, I _____ it's going to be _____ me. Josh is out on a _____ for a different _____.

2. W   David, how is the new _____ coming _____? The _____ is fast _____. Is there _____ I can do to _____ the _____?

   M   Thank you for the _____. That is very nice of you. But I think we're _____ it quite _____. We should be _____ on _____ for the presentation.

   W   That's _____ news. I was getting a little _____ because I didn't _____ any _____ reports from your team _____, and the presentation is next Monday.

   M   Oh I'm so sorry. I was going to _____ you the final _____ at the end of this week when we _____ the preparations.

STEP 3　연습문제

新 TOEIC 유형 +

3. **M** Good afternoon, ladies and gentlemen. Let's get _____ to _____.

   W1 We are _____ the newest version of our _____ next month. So I'm guessing we're here to _____ about that.

   M That's right. I _____ that some of you haven't _____ the chief _____ for the project. Everyone, this is Jill.

   W2 Good afternoon. My name is Jill Patterson and I've been _____ to _____ our _____ software _____.

   W1 The new _____ is _____.

   W2 The _____ team worked so _____. I'm happy to work with such a _____ team of engineers.

   M Now, Jill, could you _____ us _____ the _____?

新 TOEIC 유형 +

4. **W1** Let's get started. How _____ do we have for next year's _____?

   W2 Do we have the _____ here? I don't see him.

   M I'm _____ over here! Well, _____ on our _____, I am _____ at around 12 _____ dollars for next year.

   W2 That is 4.5 million dollars _____ than _____ year.

   W1 _____ we have to _____ the number of _____?

   M No. We'll be _____ the _____ expenses. Everything _____ will stay the _____. There will be no _____ in the _____ of staff.

   W2 That's a _____.

新 TOEIC 유형 +

5. W Oh hello, Tim. So _____ that you _____. I had a _____ to ask you.

   M Yeah? What is it?

   W No, you _____ _____ first.

   M I wanted to _____ if we could _____ our meeting. One of our buyers is _____ in Spain due to the _____ weather _____.

   W Oh no. I _____ about that. Nothing is _____ out of there right now. No _____. When would he be _____ to make it to the _____?

   M Hopefully _____ the next three days. Thank you for _____. I'll give you a call tonight with an _____. Now, what did you want to ask me?

新 TOEIC 유형 +

6. M You are _____ to the meeting today, right? Do you have _____ for the _____?

   W Yes, I'm _____ the _____ for the very last time. I wanna make _____ that everything is _____. After all, we only get one _____.

   M I'm sure it is. We went _____ it many times already. Don't _____ out too much.

   W Yeah, you're _____ right. What time are we _____ the office? I _____ some time to _____ into my suit.

   M I don't want to _____ being late so let's leave at one o'clock _____.

STEP 3 연습문제

II 다음 문장을 듣고 가장 알맞은 응답을 고르시오.   Track P3_28

Schedule	
10am	Sophia Turner
11am	Josh Lane
1pm	Devin Stone
4pm	Emma Jenkins

1. What does the woman want to talk about?

   (A) Whether he is available to give the presentation
   (B) Rescheduling his company board meeting
   (C) A change in his 1 o'clock appointment
   (D) The details of his lunch meeting with a client

2. Who most likely is the woman?

   (A) A secretary
   (B) A client
   (C) An interviewer
   (D) An accountant

3. Look at the graphic. Who is the client the man will meet at lunch?

   (A) Ms. Turner
   (B) Mr. Lane
   (C) Mr. Stone
   (D) Ms. Jenkins

4. Why does the woman initiate this conversation?

   (A) To request help for the project
   (B) To scold him for failing to manage the team
   (C) To check on the progress of the project
   (D) To ask him to leave the team

5. When did the man plan to report to the woman?

   (A) On next Monday
   (B) On last Thursday
   (C) On this Wednesday
   (D) On this Friday

6. What does the man say he can do?

   (A) Prepare the presentation on time
   (B) Manage a bigger project
   (C) Sell more product
   (D) Fix the problem

7. What type of business do the speakers do?

   (A) A real estate firm
   (B) A travel agency
   (C) A software company
   (D) A car company

8. What does the man have in mind as the first order of business?

   (A) To discuss about the new software launch
   (B) To put together a team of engineers for the project
   (C) To call for a board of directors meeting
   (D) To call off the new product launch

9. What most likely will happen next?

   (A) They discuss about merits and demerits of the proposal.
   (B) The women prepare for a meeting with clients.
   (C) The man introduces the women to each other.
   (D) The engineer explains the program.

10. What is being discussed?

    (A) Reducing the budget deficit
    (B) A budget for the coming year
    (C) Staff cutbacks
    (D) Relocating the office

11. Where does the budget reduction come from?

    (A) From the chief executive's compensation
    (B) From the staff reduction
    (C) From the overhead expense account
    (D) From the research and development

12. Why does the woman say, "That's a relief"?

    (A) They don't have to fire employees.
    (B) The profit has been increased.
    (C) The customers are satisfied with the products.
    (D) She is being ironic.

13. What is the purpose of the call?

    (A) To help the woman prepare the meeting
    (B) To discuss the scheduling problem
    (C) To complain about the weather
    (D) To report the results of the business trip

14. Why did the man want to reschedule the meeting?

    (A) An inclement weather condition is predicted in his town.
    (B) One of his buyers became unavailable.
    (C) He is feeling under the weather.
    (D) He couldn't secure a plane ticket.

15. What does the woman mean when she says, "No problem"?

    (A) They can reschedule.
    (B) They can have a conference call instead of a meeting.
    (C) They can have a meeting without one buyer.
    (D) The weather is improving quickly.

16. What do the speakers mention about the presentation?

    (A) They make the presentation in their office.
    (B) They have several opportunities to do the same presentation.
    (C) They don't know what time is the presentation.
    (D) They prepared it thoroughly.

17. What would the woman do before they leave?

    (A) Make a phone call
    (B) Change her outfit
    (C) Get some coffee
    (D) Schedule another presentation

18. What does the man want to avoid?

    (A) Getting late for the presentation
    (B) Talking to the clients directly
    (C) Wasting energy
    (D) Doing extra work

KEY 09 고객응대

주문한 물품의 배송 상황(delayed, arrived), 고객 불만 사항(complain) 상담, 제품 수리 관련 문의(warranty, fix) 등 다양한 상황에서 이루어지는 고객 상담 대화를 접하게 됩니다.

대표 예제 미리 보기

Conversation

M Thank you for calling the Key Computer Solutions. I'm Danny. How can I help you?

W Hello. I am calling about the recent software purchase I made from your company. I followed the set-up manual but I can't properly set it up.

M I see. If you are in front of a computer right now, I can walk you through the set-up process.

W I am. Please give me a second to turn on the power. Thank you so much.

Question

What is the woman's problem?

Possible Answers

She couldn't set up the program by following the set-up manual.
그녀는 설치 안내서를 따라 프로그램 설치를 할 수 없다.

She has trouble in installing the software.
그녀는 프로그램을 설치하는데 어려움을 겪고 있다.

핵심 표현 미리 보기

핵심 표현 중 얼마나 알고 있는지 확인해 보세요.

☐ manual 설명서	☐ bulk	☐ shipment
☐ process	☐ temporarily	☐ lost and found
☐ have trouble in	☐ research	☐ particular
☐ walk through	☐ surface	☐ affordable
☐ restock	☐ scratch	☐ terms
☐ suit	☐ status	☐ favorable
☐ requirement		

STEP 1 핵심 표현 배우기 — 핵심 표현 암기하기 — Track P3_29

단어	품사/뜻	예시	해석
manual	명 설명서	look in the manual	설명서를 살펴보다
process	명 절차, 과정	set-up process	설치 과정
have trouble in	~하는데 어려움을 겪다	have trouble in adjusting	조절하는데 어려움을 겪다
walk through	~을 안내하다, 설명하다	walk me through the process	나에게 과정을 설명해주다
restock	동 다시 채우다	restock the shelves	진열대에 물건을 다시 채우다
suit	동 맞다, 적합하다	suit your needs	당신의 필요에 알맞다
requirement	명 요구사항	meet your requirements	당신의 요구사항에 맞다
bulk	명 대규모	bulk buyers	대량 구매자
temporarily	부 일시적으로	temporarily out of stock	일시적으로 품절
research	명 조사	online research	인터넷 조사
surface	명 표면	a smooth surface	부드러운 표면
scratch	명 흠집, 긁힌 자국	see a scratch	긁힌 자국을 보다
status	명 상황	order status	주문 상황
shipment	명 배송	delayed shipment	지연된 배송
lost and found	분실물 보관소	check with the lost and found	분실물 보관소에 확인하다
particular	형 특정한	particular model	특정한 모델
affordable	형 가격이 알맞은	at an affordable price	알맞은 가격에
terms	조건	terms and conditions	조건
favorable	형 호의적인, 유리한	favorable terms	유리한 조건

STEP 2 짧은 대화 연습하기

I 다음 문장을 읽고 밑줄 친 표현을 바르게 나타난 것을 고르세요.

1. I can <u>walk you through</u> the set-up process.

   (A) go to a place with you by walking
   (B) help you learn by showing the process

2. It is the holiday season so our orders are <u>backed up</u>.

   (A) restocked
   (B) delayed

3. I can definitely help you with finding the perfect laptop to <u>suit your needs</u>.

   (A) fail to meet your demands
   (B) meet your requirements

4. I am only <u>handling the sale</u> of the on-air item.

   (A) managing the selling
   (B) dealing with purchasing

5. That's alright. <u>Things can happen</u>.

   (A) Bad things may happen.
   (B) No bad things will happen.

6. We have special discounts available to our <u>bulk</u> buyers.

   (A) costing a lot of money
   (B) large amounts

7. <u>What brings you here today?</u>

   (A) What do you need?
   (B) Why are you here?

8. Oh, <u>thank you for the heads up</u>.

   (A) Thanks for raising your head.
   (B) Thanks for letting me know.

정답과 해설 p. 36

II 다음 문장을 듣고 문장의 의미로 알맞은 것을 고르세요. 🎧 Track P3_30

1. (A) 아직 제품을 수령하지 못했어요.
   (B) 배송된 상품에 이상이 있습니다.

2. (A) 신문 구독을 신청하고 싶어서 전화드렸습니다.
   (B) 신문 구독을 취소하고 싶어서 전화드렸습니다.

3. (A) 현재 그 상품은 일시 품절입니다.
   (B) 현재 그 상품은 인기가 아주 좋습니다.

4. (A) 저는 인터넷 자료조사를 많이 할 거예요.
   (B) 저는 인터넷으로 제품을 구매할 거예요.

5. (A) 어떤 제품을 구매하려고 하세요?
   (B) 어떤 제품을 환불하려고 하세요?

6. (A) 여기에서 인형을 하나 구매했었어요.
   (B) 실수로 여기 인형을 두고 간 것 같아요.

7. (A) 부품이 제대로 작동하지 않아요.
   (B) 표면에 긁힌 자국이 있어요.

8. (A) 제품을 환불하고 싶어요.
   (B) 새 제품으로 교환하고 싶어요.

9. (A) 수리를 맡아주실 수 있나요?
   (B) 수리가 완료되었나요?

10. (A) 세탁기 치고는 가격이 좀 비싸요.
    (B) 아주 저렴하게 나온 세탁기예요.

STEP 2 짧은 대화 연습하기

정답과 해설 p. 36

III 다음 대화를 듣고 문제를 풀어보세요.   Track P3_31

1. What is the man's problem?

   (A) The product the man ordered hasn't been delivered yet.
   (B) The product the man ordered is defective.

2. What does the man think the woman bought?

   (A) A toy truck
   (B) Lego blocks

3. What does the woman offer to do?

   (A) Show directions to a computer store
   (B) Help the man choose a laptop

4. Why did the woman choose the man's repair shop?

   (A) She saw it advertised in the newspaper.
   (B) Her friend recommended it.

5. What is the purpose of the man's visit?

   (A) To return a blender
   (B) To get information about a blender

6. What is likely the man's occupation?

   (A) A receptionist
   (B) An engineer

STEP 3 연습문제

정답과 해설 p. 36

I 다음 대화를 잘 듣고 빈칸을 채우세요. Track P3_32

1. W You have _____ Jaime's Dancewear. My name is Jenny. How can I _____ you today?

   M Hello. I _____ a pair of _____ shoes and two leotards from your _____ for my daughter three weeks ago and I _____ haven't _____ the _____.

   W Oh, I'm _____ about that. It is the _____ season so our orders are _____ up. But I can check the _____ of your order for you. Do you have the _____ _____?

   M Yes, I do. It is KX29G100246. I _____ the _____ on November 30th. My daughter has a dance _____ next week and I'm really hoping to _____ the _____ before then.

2. W Excuse me. I don't know if you _____ me, but I was here _____ days ago with my son to buy a birthday _____ for his friend.

   M Oh yes, I remember you. You _____ me about a _____ idea for a seven-year-old boy. I think you _____ up _____ a toy car.

   W Yes, I did. I'm so _____ you remember me. Well, I think I _____ a _____ here by _____. My son takes it everywhere and I was hoping to _____ it in your lost and _____ box.

   M I think I know what you're talking about. I think we _____ have _____ it up. Come on. Let's go to our _____ and found and see if we can find your doll.

STEP 3 연습문제

新 TOEIC 유형 +

3. **W** Hello, sir, are you _____ for a _____ model?

   M No. I am here to _____ a basic _____ computer for school and I'm completely _____.

   W Would you _____ me to give you some _____?

   M Oh, yes _____, that would be extremely _____. I need something _____ and yet _____.

   W I can _____ help you with finding the perfect laptop to _____ your needs. What will you be _____ using your laptop for?

   M I'll be using it for school so I'll be _____ a lot of _____ and putting _____ presentation _____. I'd need _____ memory _____. Also, I'll be doing a lot of on-line _____.

新 TOEIC 유형 +

4. **M** Good afternoon, ma'am. This is Harvey from Harvey _____ _____. I am _____ to thank you for _____ us with your car repair last week.

   W Oh you're very welcome. I was _____ to you by a friend of mine. You have an _____ of very loyal _____, Harvey.

   M Yes, we do. We're always so _____ for our customers. Are you _____ with the _____ you received?

   W I am. Raoul was extremely _____ and meticulous. He's done an _____ job. It was _____ my expectation.

   M I am so glad to hear that. Raoul has _____ with us for over twenty years and he is one of our principal _____.

   W Yes, he was very _____.

정답과 해설 p. 36

新 TOEIC 유형 +

5. M Excuse me. I'd like to _____ this _____. It has a _____ surface.

   W1 Oh, I see it. I'm so sorry, sir. We should've _____ more closely. Alba, could you come _____ here, please? This gentleman _____ to return the product.

   W2 Hello, sir. Let me _____ you with that. Oh I see an ugly _____ right here.

   M I _____ it only this morning. I have my _____ here.

   W2 I can either _____ your money or _____ it for a new product. I'm so sorry for your _____.

   M That's alright. Things can _____. I guess I would like to _____ it for a _____ product.

   W1 As an _____ for the inconvenience, we'd like to offer you a 20% _____ on your next _____.

新 TOEIC 유형 +

6. W1 Hello, I'm _____ to see Ms. Daniel.

   M Good morning, ma'am. Can I _____ your _____, please?

   W1 Oh, _____. My _____ is Adriana Cheng.

   M Right, you're her 11 o'clock _____. Ms. Daniel _____ like to see you in her _____.

   W2 Please _____ in. I'm very happy that you are _____ to do _____-_____ business with us.

   W1 Thank you. I'm very _____ in your special _____ for bulk _____.

   W2 I'll be happy to _____ favorable _____ for both of us. It is always a pleasure to start a new _____ relationship.

   W1 For us too, it would be great to have a wholesale _____ for the items we need on a _____ basis.

PART 3

179

STEP 3 연습문제

II 다음 문장을 듣고 가장 알맞은 응답을 고르시오. Track P3_33

1. What seems to be the man's problem?

   (A) He has received the wrong items that he did not order.
   (B) His daughter doesn't like the leotards he ordered.
   (C) He couldn't cancel his orders on the website.
   (D) His order items have not been delivered.

2. What did the man order?

   (A) Ballet shoes
   (B) Concert tickets
   (C) Ballet music CDs
   (D) Packing cases

3. What seems to have caused the problem?

   (A) Increase in shipments during holidays
   (B) Bad weather condition
   (C) Inefficient delivery system
   (D) Incorrect shipping address

4. When did the woman visit the store for the first time?

   (A) A week ago
   (B) Last night
   (C) Two days ago
   (D) A month ago

5. Why did the woman come back?

   (A) To locate an item she accidentally left behind
   (B) To exchange the item she purchased
   (C) To request a refund for the toy car
   (D) To ask for a gift idea for a seven-year-old boy

6. What does the woman say about the doll?

   (A) It's a very rare item.
   (B) She inherited it from her grandmother.
   (C) She lost it, but found it in her car.
   (D) Her son carries it all the time.

7. Where does the conversation most likely take place?

   (A) At a library
   (B) At a computer store
   (C) At a concert hall
   (D) At a school cafeteria

   新 TOEIC 유형 +

8. Why does the man say, "I'm completely lost"?

   (A) He got lost his way to the computer store.
   (B) He have his wallet stolen.
   (C) He doesn't know which PC is right for him.
   (D) He completely lost his mind.

9. What would be an ideal laptop to recommend to the man?

   (A) A high-end laptop for graphic design works
   (B) A top-of-the-line laptop with a gaming console
   (C) An affordable and durable laptop with plenty of storage space
   (D) A professional laptop capable of sophisticated calculation

10. Why is the man calling?

   (A) To report a problem
   (B) To make an appointment
   (C) To change a meeting time
   (D) To see if she's satisfied with the service

11. Who is Raoul?

   (A) A mechanic
   (B) A client
   (C) An insurance agent
   (D) A car dealer

12. What made the woman so pleased with the service she received?

   (A) The repair was done promptly without delay.
   (B) The principal mechanic charged a low rate.
   (C) The mechanic was attentive and meticulous.
   (D) The CEO of the auto shop worked on the repair.

13. What are the women apologizing for?

   (A) The damaged item
   (B) The late response
   (C) The delayed shipment
   (D) Overcharging

14. What does the man request?

   (A) A full refund
   (B) An exchange
   (C) A product manual
   (D) A list of items

15. What was the man provided?

   (A) A product catalog
   (B) A gift certificate
   (C) A discount coupon
   (D) A store credit

16. What is suggested about Ms. Cheng?

   (A) She wants to find a potential client.
   (B) She has an appointment with Ms. Daniel.
   (C) She has been Ms. Daniel's customer for years.
   (D) She is late for the meeting.

17. What are the women intending to accomplish?

   (A) To form a long-term supplier – buyer relationship
   (B) To cut the price down in half for the daily items
   (C) To renegotiate the terms of the agreement
   (D) To expand the business they built together

18. What will the women do after the conversation?

   (A) Negotiate prices
   (B) Renew the contract
   (C) Discuss the merger between their companies
   (D) Review financial records

KEY 10　여가

숙소나 식당 예약(reservation), 가격 및 스케줄 문의(inquire), 예약 확인(confirm) 등의 상황에서 점원과 고객들 사이에서 이루어지는 대화들이 등장합니다. 또는 친구나 가족들끼리 주말 계획을 세우거나, 여가 활동을 제안하는 대화들이 등장하기도 합니다.

대표 예제 미리 보기

Conversation

M　Good afternoon. Thank you for calling the Seaside Hotel and Resort. How can I help you?

W　Hello. I am calling to confirm my reservation. It is for tomorrow night under the name Jill Moore.

M　Yes, Ms. Moore. It says here that you requested a two double-bed room. Is this correct?

W　That's correct.

Question

What is the purpose of the woman's call?

Possible Answers

To confirm a reservation she already made
미리 해두었던 예약을 확인하기 위해

To check her reservation
예약 상황을 확인하기 위해

핵심 표현 미리 보기

핵심 표현 중 얼마나 알고 있는지 확인해 보세요.

☐ confirm 확인하다	☐ usher	☐ location
☐ celebrate	☐ anniversary	☐ take place
☐ ceremony	☐ transportation	☐ theater
☐ come down with	☐ cost	☐ ticket window
☐ range	☐ vacation	☐ additional
☐ inquire	☐ thorough	☐ get away
☐ seat		

STEP 1 핵심 표현 배우기 — 핵심 표현 암기하기   Track P3_34

표현	품사/뜻	예시	해석
confirm	동 확인하다	confirm my reservation	나의 예약을 확인하다
celebrate	동 기념하다	celebrate the occasion	기념일을 축하하다
ceremony	명 의식	religious ceremony	종교 의식
come down with	(병이) 걸리다	come down with a cold	감기에 걸리다
range	명 범위	price range	가격 범위
inquire	동 문의하다	inquire about the flight details	비행 세부사항에 대해 문의하다
seat	명 좌석	seats available	이용 가능한 좌석
usher	명 좌석 안내원	ask the usher	좌석 안내원에게 질문하다
anniversary	명 기념일	wedding anniversary	결혼 기념일
transportation	명 운송, 교통	public transportation	대중교통
cost	명 비용 / 동 비용이 들다	transportation cost	교통비
vacation	명 휴가	go on a vacation	휴가 가다
thorough	형 철저한	thorough research	철저한 조사
location	명 장소	ask about location	위치를 묻다
take place	발생하다, 일어나다	event takes place	행사가 열리다
theater	명 극장	go to a theater	극장에 가다
ticket window	매표소	purchase at the ticket window	매표소에서 구매하다
additional	형 추가적인	additional charge	추가요금
get away	벗어나다	get away from the stress	스트레스에서 벗어나다

STEP 2 짧은 대화 연습하기

I 다음 문장을 읽고 밑줄 친 표현을 바르게 나타난 것을 고르세요.

1. I am sure we can find a perfect cruise for them <u>to celebrate the occasion</u>.

   (A) perform a religious ceremony
   (B) do something enjoyable for an occasion

2. She's <u>held up at work</u>.

   (A) work is delayed
   (B) work is offered

3. <u>It is not every day</u> that we get off from work before 7pm!

   (A) It's a usual situation.
   (B) It's a special situation.

4. <u>I wouldn't miss it for the world.</u>

   (A) I might miss it for other reason.
   (B) I will definitely be there.

5. I <u>wanna check-out</u>, please.

   (A) want to look at
   (B) want to leave a hotel

6. One of our group members <u>came down with</u> a severe cold.

   (A) became ill
   (B) moved down

7. You should <u>take it easy</u>. We have plenty of time.

   (A) be careful
   (B) calm down

8. You might need <u>an extra hand</u> to carry six hotdogs and soda.

   (A) additional help
   (B) additional amount of money

정답과 해설 p. 40

II 다음 문장을 듣고 문장의 의미로 알맞은 것을 고르세요. ▶ Track P3_35

1. (A) 부모님을 위해 크루즈 여행을 계획하고 있어요.
   (B) 부모님과 함께 멋진 크루즈 여행을 다녀왔어요.

2. (A) 이것은 당신의 예산 밖이군요.
   (B) 이것은 당신의 예산 안에 있어요.

3. (A) 전화로 호텔에 예약을 확인했어요.
   (B) 전화로 호텔에 예약을 해두었어요.

4. (A) 연휴에 무엇을 하실 계획인가요?
   (B) 연휴에 집에 오시나요?

5. (A) 연휴 기간에 아주 배부르게 먹었어요.
   (B) 연휴 기간엔 보통 예약이 꽉 찹니다.

6. (A) 산 전망 방을 예약하셨습니다, 그렇지 않나요?
   (B) 산 전망 방에는 무료 조식이 추가되죠, 그렇지 않나요?

7. (A) 제 비행편의 세부 사항에 대해 문의하려고 전화드렸습니다.
   (B) 제 비행편의 예약 시간을 변경하고 싶어서 전화드렸습니다.

8. (A) 앞 좌석으로 안내해드리겠습니다.
   (B) 앞 좌석 티켓으로 구매하고 싶습니다.

9. (A) 제가 티켓을 확인해도 될까요?
   (B) 티켓을 바로 구매하시겠습니까?

10. (A) 지역 음식에 특화된 근처 식당을 추천해주실 수 있나요?
    (B) 배달 가능한 가까운 음식점을 추천해주실 수 있나요?

STEP 2 짧은 대화 연습하기

정답과 해설 p. 41

 다음 대화를 듣고 문제를 풀어보세요. 🔊 Track P3_36

1. What does the woman ask the man to do?

   (A) Accept her reservation request
   (B) Bring her the bill

2. What seems to be the likely relationship between the woman and the man?

   (A) Wife – Husband
   (B) Usher – Audience

3. Who is the woman most likely speaking to?

   (A) A cruise travel agent
   (B) A sailor

4. What does the man need to do?

   (A) Modify the car rental reservation
   (B) Pick up a rental car

5. What are the speakers probably going to do?

   (A) Plan the vacation
   (B) Leave for the airport

6. How many people has Ms. Song made reservations for?

   (A) One
   (B) Two

STEP 3 연습문제

정답과 해설 p. 41

I 다음 대화를 잘 듣고 빈칸을 채우세요. Track P3_37

1. **M** The Steak and _____. This is Matt. How may I _____ you this evening?

   W Hello. I want to _____ a dinner _____ for a party of _____. Would that be _____?

   M It depends on the _____. It's the _____ season so our tables are usually very _____. For _____ date would you like to _____ a table?

   W On the 14th, Wednesday at _____ 8pm, if _____. If not, any time _____ 6:30pm is also okay. Could you please _____?

2. **W** Excuse me, sir. You _____ a little _____. May I help you _____ your _____ for the _____?

   M Oh, that's very kind of you. I am here with my _____. I asked her to go _____ and _____ a seat for us in the _____ row but I don't see her. And she has my _____ in her _____ so I can't _____ her.

   W Well, if you _____ her to find a seat in the front, that's _____ where she is. Come on. Let me _____ you to the front seats so that we can look _____ her _____.

   M You are so very _____. Thank you so much for _____ me.

PART 3

187

STEP 3 연습문제

新 TOEIC 유형 +

3. **M** Good morning. _____ to Three Seas Cruise _____. My name is Matt. Please have a _____. How can I help you today?

   W Yes, hi. I am _____ a cruise _____ for my _____. It's their 30-year-_____ next month.

   M Wow, _____. 30 years! I am sure we can _____ a perfect cruise for them to _____ the _____.

   W Yes, I think so. Anyways, they have always _____ of going on a Caribbean cruise. Can you _____ a package within my _____? I'm looking for something that _____ less than $1,000 per person.

   M _____. Here is our Caribbean cruise _____. This one is right in your _____ range.

新 TOEIC 유형 +

4. **W** Did you make a _____ to _____ a car for the trip?

   M I did. I just need to _____ the Road-Wheel _____. Hope we won't have to _____ long.

   W You know what? We only have a small _____ to _____ up at _____ claim. Why don't you go _____ and _____ the car first? I will _____ you at the counter.

   M Are you sure? I don't _____ you to _____ by yourself. Let's just pick _____ the suitcase _____ and then _____ our car.

   W Oh alright. Let's _____ up, then!

정답과 해설 p. 41

新 TOEIC 유형 +

5. **W1** Hey, our _____ is just around the _____!

    W2 It's only two weeks _____. We really should get _____ for it. We've _____ the hotel, right?

    W1 Yes, I _____ our reservation at the _____ on the _____.

    M I did some _____ on the _____. Look, here's what I _____.

    W1 Wow. You did very _____ research. This is a great _____. We even get a group _____.

    M Which one? Oh yeah. Should we _____ the train then?

    W2 I _____ we should. It's a lot _____ than the bus.

    W1 I'm _____ with you. Besides, train travel is always so _____.

新 TOEIC 유형 +

6. **M** Good _____, ma'am. Welcome to the Chestnut Hill _____. How can I help you today?

    W1 Oh hi. I'd like to check in, please. I made a _____ for _____ _____ the name, Marianne Song.

    M Just a _____, please. Yes, Ms. Song. Here you are. You _____ a mountain-_____ room, right?

    W2 No, we _____ for a _____ room, didn't we?

    W1 Yes, I booked a seaside _____ room on your _____. It's written on the reservation _____ e-mail, too.

    M I'm sorry, there must be an _____ on our booking _____. Since we don't have any _____ deluxe rooms _____ now, I will get you a seaside _____ room at no _____ charge.

    W2 That _____ great.

STEP 3 연습문제

II 다음 문장을 듣고 가장 알맞은 응답을 고르시오. Track P3_38

Table Availability on June 14, for 5 people	
6:00 pm	available
7:00 pm	unavailable
8:00 pm	unavailable
9:00 pm	available

1. What are the speakers talking about?

   (A) Dinner reservation
   (B) Restaurant menu
   (C) Farewell party
   (D) New furniture for home

2. What is mentioned about the restaurant?

   (A) They are very popular during the holidays.
   (B) They don't take reservation.
   (C) She can't make a reservation on the phone.
   (D) They don't open on Wednesday.

   新 TOEIC 유형 +
3. Look at the graphic. What time would the woman's reservation be?

   (A) 6:00 pm
   (B) 7:00 pm
   (C) 8:00 pm
   (D) 9:00 pm

4. Where is the conversation probably taking place?

   (A) At a ticket window
   (B) At lost and found
   (C) In a theater
   (D) In a shopping mall

5. Why can't the man talk to his wife?

   (A) She's very angry with him.
   (B) Cell reception is very poor.
   (C) He doesn't have his cell phone.
   (D) He forgot her cell number.

6. What does the woman offer to do?

   (A) Arrange a meeting with the director
   (B) Let him audition for the show
   (C) Help the man to find his wife
   (D) Lend the man her phone

Cruise Package	Price
7-night Eastern Caribbean	$814
10-night Western Caribbean	$1030
11-night Southern Caribbean	$1250
14-night Bahamas	$1543

7. What is the woman planning?

   (A) A fancy dinner party
   (B) Sending her parents on a trip
   (C) Going fishing trip during the vacation
   (D) Emigration to Central America

8. What does the woman want the man to do?

   (A) Provide information of the cruise vacation
   (B) Go on vacation with her
   (C) Give her a special discount
   (D) Arrange the wedding

9. Look at the graphic. What would be the package the man recommends to the woman?

   (A) 7-night Eastern Caribbean
   (B) 10-night Western Caribbean
   (C) 11-night Southern Caribbean
   (D) 14-night Bahamas

10. What does the man say he did?

    (A) Did research on the tourist attraction
    (B) Paid for the room with a credit card
    (C) Picked up their suitcases
    (D) Made a car reservation

11. Where can the man pick up the car?

    (A) At the hotel
    (B) At the rental car counter
    (C) At the airport
    (D) At the parking lot

12. What will the speakers probably do next?

    (A) Pick up the rental car after claiming the suitcase
    (B) Take the next shuttle bus
    (C) Go ahead and reserve the first car they see
    (D) Take the car to the auto repair shop

13. What topic is mainly being discussed?

    (A) Public transportation policy
    (B) Recent increase in train fares
    (C) Transportation for the upcoming trip
    (D) Travel expenses

14. According to the speakers, what is indicated about the train fares?

    (A) Early bird discounts are available.
    (B) It has been increased by 15%.
    (C) Three travelers can get a group discount.
    (D) It's more expensive than the bus.

15. What do the women agree to do?

    (A) Book train tickets for the trip
    (B) Go on the trip without the man
    (C) Look for a cheaper bus fare
    (D) Change the destination

16. What is the problem?

    (A) The hotel doesn't have available room at all.
    (B) The women are overcharged.
    (C) The hotel room is in very poor condition.
    (D) The booking system assigned the wrong room.

17. What does the man offer to the women?

    (A) Free room upgrade
    (B) Meal vouchers
    (C) Complimentary lounge access
    (D) Wireless Internet service

18. What do the women mention about the reservation?

    (A) They paid for the room with the credit card.
    (B) They received a confirmation email.
    (C) They booked a mountain-view room.
    (D) They put wrong name on reservation.

KEY 11   일상생활

병원(physical check-up), 우체국(send a package)에서 점원과 고객간의 대화, 아파트 관리인(building manager), 새로 이사한 이웃(new neighbor)과의 대화, 그 외에도 교통 상황(traffic jam, bus schedule) 등 일상에서 흔하게 접하는 주제들에 관한 대화입니다.

대표 예제 미리 보기

Conversation

M Excuse me, ma'am, can I get your help over here? I am picking out a birthday present for my girlfriend.

W Of course, sir. Are you looking for a dress, a shirt? A blouse, maybe?

M I was thinking of getting her a dress to wear to my cousin's wedding.

W Oh I see. You're shopping for a very special occasion. Do you know her size?

Question

What does the man want to do?

Possible Answers

Buy his girlfriend a birthday gift
여자친구에게 생일 선물을 사주기

Pick out a birthday gift for his girlfriend
그의 여자친구를 위해 생일 선물을 고르기

핵심 표현 미리 보기

핵심 표현 중 얼마나 알고 있는지 확인해 보세요.

☐ permit 허용하다	☐ patient	☐ check
☐ packed	☐ questionnaire	☐ rent
☐ run into	☐ rush hour	☐ prompt
☐ doze	☐ recital	☐ aesthetic
☐ on time	☐ package	☐ treatment
☐ due to	☐ regular	☐ ultimate
☐ insurance		

STEP 1 핵심 표현 배우기 — 핵심 표현 암기하기

Track P3_39

permit	동 허용하다	permit pets 애완동물을 허용하다
packed	형 가득 찬	The freeway is packed. 고속도로가 꽉 차다.
run into	~와 우연히 만나다	run into a colleague 동료와 우연히 만나다
doze	동 깜빡 졸다	doze off while driving 운전 중 깜빡 졸다
on time	정시에	arrive on time 정시에 도착하다
due to	~때문에	due to bad weather 나쁜 날씨 때문에
insurance	명 보험	insurance company 보험사
patient	명 환자	visit a patient 환자를 방문하다
questionnaire	명 질문지	fill out a questionnaire 질문지를 작성하다
rush hour	러시아워, 혼잡 시간대	during rush hour 혼잡 시간대 동안
recital	명 발표회	a dance recital 춤 발표회
package	명 소포, 꾸러미	send a package 소포를 보내다
regular	형 보통의	regular mail 보통 우편
check	명 수표	write a check 수표를 쓰다
rent	명 집세	pay rent 집세를 지불하다
prompt	형 즉각적인	prompt payment 신속한 지불
aesthetic	형 심미적, 미적인	aesthetic improvement 심미적 개선
treatment	명 치료	expensive treatment 값비싼 치료
ultimate	형 궁극적인	ultimate cause 궁극적인 원인

STEP 2 | 짧은 대화 연습하기

I 다음 문장을 읽고 밑줄 친 표현을 바르게 나타난 것을 고르세요.

1. You are <u>right on time</u>.

   (A) You have to wait for a while.
   (B) You are not late for the appointment.

2. My flight <u>is supposed to</u> leave in ten minutes.

   (A) is scheduled to
   (B) permitted to do something

3. The freeway is <u>packed</u>!

   (A) compressed
   (B) crowded

4. We are <u>down to</u> two choices.

   (A) ready to do
   (B) left with only

5. I cannot believe <u>I'm running into you</u> like this in the middle of a street.

   (A) meet you by chance
   (B) jog with you

6. I <u>lost track of time</u>.

   (A) I was unaware of what time it is.
   (B) I forgot to bring my watch.

7. I <u>dozed off</u> a little and hit the guardrail.

   (A) fell asleep
   (B) got drunk

8. It's <u>no big deal</u>.

   (A) It's not a serious problem.
   (B) It's not profitable.

정답과 해설 p. 44

II 다음 문장을 듣고 문장의 의미로 알맞은 것을 고르세요. Track P3_40

1. (A) 정시에 그와 만날 수 있을까요?
   (B) 몇 시에 그와 만날 수 있습니까?

2. (A) 뉴욕으로 가는 비행기는 기계결함으로 인해 출발이 지연되었습니다.
   (B) 뉴욕으로 가는 비행기는 기상악화로 인해 운항이 취소되었습니다.

3. (A) 속달 우편으로 보내면 가격이 얼마인가요?
   (B) 일반 우편으로 보내면 며칠이나 걸리나요?

4. (A) 저는 이미 결정을 내렸습니다.
   (B) 아직 결정을 내릴 수가 없네요.

5. (A) 바로 수표를 끊어드릴게요.
   (B) 신용카드로 계산하고 싶습니다.

6. (A) 저희 서비스를 이용하시고 만족하셨나요?
   (B) 전에 저희 서비스를 이용해보신 적이 있으신가요?

7. (A) 보험회사 전화번호를 알려주실 수 있으세요?
   (B) 제가 보험회사에 연락해야 할까요?

8. (A) 몇 가지 질문드릴 것이 있습니다.
   (B) 질문하실 수 있는 기회를 드리겠습니다.

9. (A) 버스 터미널은 걸어서 한 시간 거리에 있습니다.
   (B) 버스는 한 시간에 한 대만 다닙니다.

10. (A) 저는 7A호에서 이사 가기로 했어요.
    (B) 저는 어젯밤에 7A호에 이사 왔어요.

STEP 2 짧은 대화 연습하기

정답과 해설 p. 45

III 다음 대화를 듣고 문제를 풀어보세요. Track P3_41

1. Why does the woman want to see the doctor?

   (A) To have medical examination
   (B) To get some pain medication

2. Why is the woman so surprised?

   (A) The man's car is badly scratched.
   (B) She didn't expect to see the man.

3. Where does this conversation take place?

   (A) In a living room
   (B) In a car

4. What does the woman want to send?

   (A) A Christmas card
   (B) A birthday gift

5. What is the purpose of the woman's visit?

   (A) Reminding the man to pay the rent
   (B) Discussing maintenance problems

6. Why are the speakers gathered?

   (A) To talk about the exterior wall painting
   (B) To complain about the janitor

STEP 3 연습문제

정답과 해설 p. 45

I 다음 대화를 잘 듣고 빈칸을 채우세요. Track P3_42

1. **W** Excuse me. I'm here for my _____ physical _____-_____. I made an appointment _____ the phone _____ night. My name is Angela Hunt.

   M Yes, Ms. Hunt. You are right on _____, I see. You have a 10 o'clock _____ with Dr. Reynolds.

   W Yes, that's right. Will I be _____ to see him _____ time? I'm in a little _____ to get to _____.

   M No problem. You are his first _____ today. Please have a _____ and fill out this _____. He'll be right with you.

2. **W** Wow, what do we _____ here? How did you _____ to _____ it so bad?

   M _____ me about it. It's _____ by far the _____ day of the year. I _____ off a little and hit the _____.

   W Well, you know what? You are very _____ that you didn't get _____. You could have _____ into a serious _____. You cannot drive when you feel _____.

   M I know. I guess I _____ my lesson. Now, how much will it _____ me? Should I call my _____ company?

STEP 3 연습문제

新 TOEIC 유형 +

3. W: Oh no, honey, look! The _____ is _____! Are we gonna be able to _____ it on time?

   M: We _____ it was _____ hour. We should be _____. We left an hour _____.

   W: I hope so. I wouldn't want to be _____ _____ our little boy's first dance _____.

   M: Don't worry. I'm _____ we'll make it. It usually _____ about 15 minutes to get to his _____ and even with this much _____, we should be _____ in an hour.

   W: Yes, I _____ so. We still need to _____ up the _____ though.

   M: Relax, we'll get _____ on _____.

新 TOEIC 유형 +

4. M: I can _____ the next _____, please. Good afternoon, ma'am. How may I help _____ today?

   W: Good afternoon. I want to _____ this care _____ to my son in college. It is his birthday _____ up next week.

   M: He is a lucky boy. I'm sure he's looking _____ to _____ it from you. Can you _____ it on this _____ so I can _____ it? Yes, that's it.

   W: Wow. It's a lot _____ than I thought. Will it be _____?

   M: Depends. Would you like to send it _____ overnight express or _____ mail?

   W: How long does it _____ to _____ by regular mail? I want my son to _____ it before his _____.

정답과 해설 p. 45

新 TOEIC 유형 +

5. M   _____ is it?

   W   It's the building _____, Sharon.

   M   Oh hi, Sharon. _____ are you? Is there a _____?

   W   Actually, I am _____ because I didn't _____ a _____ from you for this month's _____ on your _____.

   M   What? Is today the _____? Oh, I'm so sorry. I've been _____ on this _____ project at _____ and I lost _____ of time.

   W   I understand. You are usually very _____ about it so I was _____ what happened.

   M   Can you _____ me a minute? I will _____ you the check _____ now.

新 TOEIC 유형 +

6. M   Alice, I'm _____ you could _____ us. Did you hear that they're _____ of _____ our apartment _____?

   W1 Yes I did. We're here to _____ the _____, correct?

   W2 I'm _____ really happy about this. Our apartment building _____ really _____.

   W1 _____ me about it. I mean, the building's _____ like 10 years old but with the _____ coming _____, it looks so much _____ than it _____ is.

   M   You're _____ right.

   W2 It would be a huge _____ _____ once we get the paint work _____.

   W1 The painting _____ is to be decided _____, right?

   M   Yes, we only need to _____ the colors. Now, any _____ on them?

STEP 3 연습문제

II 다음 문장을 듣고 가장 알맞은 응답을 고르시오. Track P3_43

1. What is the woman's concern?

   (A) Being late for work
   (B) Bad result of the check-up
   (C) Expensive treatment
   (D) Contagious disease

2. What does the man tell the woman to do?

   (A) Take medicine
   (B) Wait in the hallway
   (C) Bring her insurance card
   (D) Fill out a questionnaire

3. What is mentioned about Dr. Reynolds?

   (A) He's in emergency surgery.
   (B) Ms. Hunt is his last patient.
   (C) His first patient is scheduled for 10am.
   (D) He is on a sick leave.

4. What seems to be the ultimate cause of the accident?

   (A) The man lost control of his vehicle.
   (B) The man was distracted by a phone call.
   (C) The man briefly fell asleep.
   (D) The man's brake didn't work.

   新 TOEIC 유형 +
5. Why does the man say, "I learned my lesson"?

   (A) He got a good grade in the class.
   (B) He studied very hard to prepare for the test.
   (C) He realized that he shouldn't drive when he's sleepy.
   (D) He thinks that the woman is an excellent teacher.

6. What does the woman advise the man?

   (A) He shouldn't be behind the wheel when he's drowsy.
   (B) He should have his car inspected.
   (C) He should fasten his seat belt.
   (D) He should call his insurance company.

7. Where are the speakers having this conversation?

   (A) In a parking lot
   (B) In a car
   (C) At a train station
   (D) At a flower shop

8. Why is the woman so concerned about time?

   (A) She doesn't want to be late for her son's recital.
   (B) The traffic isn't moving at all due to an accident.
   (C) The man forgot to pick up the flowers for the boy.
   (D) They're already running an hour late.

9. What would they do before they get to the school?

   (A) Drop by a flower shop
   (B) Pick up their friend's son
   (C) Grab a bite to eat
   (D) Go to a shopping mall

10. What is the conversation mainly about?

   (A) A new post office
   (B) Comparing shipping companies
   (C) A college dorm room
   (D) Sending a parcel

11. Why does the man say, "I can help the next customer, please"?

   (A) To get rid of the unwanted customer
   (B) To deal with the next customer in line
   (C) To help a woman in trouble
   (D) To show off his abilities

12. What does the woman want to know?

   (A) Time and cost of delivery
   (B) Shipping address
   (C) Order number
   (D) Tracking number

13. Why is the woman paying a visit to the man?

   (A) To let him know that his neighbors filed complaints about the noise
   (B) To borrow some money to pay her rent
   (C) To receive payment from the man for the plumbing work
   (D) To get the man's overdue rent for the month

14. What does he mean when he says, "I lost track of time"?

   (A) He forgot what date it is today.
   (B) His watch was stolen.
   (C) He doesn't want to tell the woman the time.
   (D) He wants to make new time table.

15. What will the man most likely do next?

   (A) Ask the woman's account number
   (B) Pay his rent with a check
   (C) Check the tenant lists
   (D) Call the landlord

16. What are the speakers discussing?

   (A) Hiring a new janitor
   (B) Changing a plumbing contractor
   (C) Repainting the building
   (D) Rebuilding schools

17. What is mentioned about the apartment building?

   (A) It was built around 10 years ago.
   (B) It has a storage in the basement.
   (C) It has central heating.
   (D) It's almost completed.

18. What do the women think needs to be done?

   (A) Lowering maintenance fees
   (B) Getting a roommate
   (C) Renewing the contract
   (D) Aesthetic improvement

PART 4

UNIT 1
문제 유형별 연습

KEY 01 주제/목적 문제
KEY 02 직업/장소 문제
KEY 03 세부사항 문제
KEY 04 추후 상황 예측 문제
KEY 05 발화 의도 및 암시 문제 新 TOEIC 유형
KEY 06 시각 자료 활용 문제 新 TOEIC 유형

KEY 01 주제/목적 문제

담화의 주제와 목적을 묻는 문제는 전체 담화 맥락을 파악했는지 평가하기 위해 출제됩니다. 대화를 듣기 전에 미리 문제와 보기를 읽어두어야 합니다. 주제/목적 문제는 담화의 초반을 잘 들으면 어렵지 않게 고를 수 있는 비교적 쉬운 유형의 문제입니다.

◈ 대표 질문 유형

- **What is the speaker talking about?** 화자는 무엇에 대해 이야기하고 있는가?
- **What is this talk mainly about?** 이 담화는 무엇에 관한 것인가?
- **Why is the speaker calling?** 화자는 왜 전화를 거는가?
- **What is the purpose of this talk?** 이 담화의 목적은 무엇인가?
- **What is the purpose of the woman's call to the man?** 여자가 남자에게 전화를 건 목적은 무엇인가?
- **What is the speaker discussing?** 화자는 무엇에 대해 논하고 있는가?

◈ 핵심 표현 미리 보기

핵심 표현 중 얼마나 알고 있는지 확인해 보세요.

☐ apologize 사과하다	☐ afterwards	☐ plenty
☐ exclusive	☐ beverage	☐ ensure
☐ destination	☐ sponsor	☐ enclose
☐ host	☐ forecast	☐ impose
☐ appreciation	☐ component	☐ adequate
☐ operation	☐ warehouse	☐ strive
☐ reception		

STEP 1 핵심 표현 배우기 — 핵심 표현 암기하기 — Track P4_1

단어	품사/뜻	예시
apologize	동 사과하다	apologize for the delay 지연에 대해 사과하다
exclusive	형 독점적인, 배타적인	exclusive package deals (특정 집단에만 제공되는) 독점적인 패키지 상품
destination	명 목적지	a holiday destination 휴양지
host	동 주최하다	host an event 행사를 주최하다
appreciation	명 감탄, 감사	show appreciation 감사를 표하다
operation	명 작전, 운영, 수술	operations committee 운영위원회
reception	명 연회	a wedding reception 결혼 피로연
afterwards	부 나중에, 그 뒤에	afterwards we met 우리가 만난 후에
beverage	명 음료	food and beverages 음식과 음료
sponsor	동 후원하다 / 명 후원자	sponsor an event 행사를 후원하다
forecast	명 예측	the weather forecast 일기예보
component	명 부품, 요소	a central component 핵심 요소
warehouse	명 창고	be used as a warehouse 창고로 사용되다
plenty	대 충분한 양	plenty of food 충분한 음식
ensure	동 보장하다	ensure safety 안전을 보장하다
enclose	동 동봉하다	the enclosed documents 동봉된 서류
impose	동 부과하다	impose a tax 세금을 부과하다
adequate	형 적절한	an adequate supply 적절한 공급
strive	동 노력하다	strive to change 바꾸기 위해 노력하다

PART 4

STEP 2 정답 단서 찾기

Track P4_2

Question What is the main purpose of this advertisement?

(A) To promote a new menu
(B) To encourage kids to eat more vegetables
(C) To advertise their discount events
(D) To announce the closure of business

Answer

Script M It's been a decade. And it was a great one. Big Owl Stores opened its first location in Mona Valley in 2006 with just two employees. Ten years later, we have 13 locations statewide with over 500 employees working for us. We carry more items than any big chain stores in the state and we have a close working partnership with local growers who supply us with fresh produce each day. We have grown so much in the past ten years and we have you to thank for it. To show our appreciation, all items in our stores this week will be 30% off. We'll also give out a canvas bag to the first 1000 customers. We'll see you in store.

정답과 해설

문제 이 광고의 목적은 무엇인가?

(A) 신메뉴를 홍보하는 것
(B) 아이들이 더 많은 야채를 먹도록 권유하는 것
(C) 그들의 할인 행사를 광고하는 것
(D) 폐점을 알리는 것

지문 M 벌써 10년이 지났습니다. 그리고 그 기간은 아주 멋졌습니다. Big Owl Stores는 2006년 Mona Valley에 직원 단 두 명으로 첫 번째 지점을 열었습니다. 10년이 지난 후, 저희는 500명이 일하는 주 전체에 걸친 13개의 지점을 갖고 있습니다. 저희는 주 안에 있는 어떤 큰 체인 상점들보다 더 많은 제품들을 제공할 뿐만 아니라 매일 신선한 농산품을 제공해주는 지역 농부들과 긴밀한 유대관계를 맺고 있습니다. 지난 10년간 저희는 정말 많이 성장했고, 여러분들께 그것에 대해 감사드립니다. 감사를 표시하기 위해 저희 점포의 모든 제품들을 30% 할인 판매할 것입니다. 또한 선착순 1000명의 고객에게 캔버스 천 가방도 제공할 것입니다. 저희 점포에서 뵙겠습니다.

지문 분석 지역 가게를 광고하는 지문입니다. 'all items in our stores this week will be 30% off 저희 점포의 모든 제품들을 30% 할인판매 할 것입니다'라는 표현을 듣고 상점에서 할인 행사를 기획했고, 그 행사를 홍보하기 위해 광고를 제작하였음을 알 수 있습니다. 따라서 정답은 (C)입니다.

STEP 3 연습문제

다음 대화를 듣고 문제를 푼 후, 다시 한 번 들으며 받아 써 보세요.

Track P4_3

정답과 해설 p. 50

1. What type of company is being advertised?

(A) A trading company
(B) A cellphone company
(C) A travel agency
(D) An internet service provider

W   It is the _____ season. And you don't want to be the _____ one in the _____ now, do you? Is _____ in your _____ of your dream _____? No _____! We are _____ a one-time only _____ on our _____ packaged _____. We have 5-day and 11-day tour _____ to _____ in Asia, Europe and Australia. These tours _____ out _____ so log on to our _____ at www.valuetours.com and _____ your dream vacation today! You can also _____ a sample tour _____ on our website. Do not _____ out on this _____!

2. What is the main purpose of the announcement?

(A) To thank the employees for working so hard
(B) To remind the employees of the after party
(C) To ask the employees to help out the operations committee
(D) To strongly urge the employees to attend the conference

W   We will be _____ the Green Growth _____ in about 45 minutes. The Conference will _____ from 10am to 6pm with a _____-hour lunch _____ between 12:30pm and 1pm. The president _____ his _____ to all of you who worked so _____ to make this conference _____. To see the _____ of our _____ long efforts, please _____ the conference from _____ to _____ even if you're not _____ of the _____ committee. Your _____ is strongly _____. And remember to _____ for the _____ afterwards for delicious food and beverages sponsored by the Sunshine caterers.

207

KEY 02 — 직업/장소 문제

화자와 청자의 신분, 직업을 묻는 문제, 담화가 이루어지는 장소 문제입니다. 화자가 직접적으로 자기 자신이나 청자가 어떤 사람인지 언급하는 경우도 있지만, 대화 내용을 통해 유추해야 하는 경우도 많습니다. 직업, 장소에 관련된 특징적인 표현 몇 가지를 놓치지 않도록 유의합니다.

❖ 대표 질문 유형

- **Who most likely is the speaker?** 화자는 누구일 가능성이 큰가?
- **Who most likely is the listener?** 청자는 누구일 가능성이 큰가?
- **Who most likely is the speaker calling?** 화자가 전화 거는 사람은 누구일 가능성이 큰가?
- **Where is the talk taking place?** 이 담화는 어디에서 일어나고 있는가?
- **What probably is the speaker's job?** 화자의 직업은 무엇일 것 같은가?
- **For whom is the talk intended?** 이 담화는 누구를 위한 것인가?
- **Where does the speaker work?** 화자는 어디에서 일하는가?

❖ 핵심 표현 미리 보기

핵심 표현 중 얼마나 알고 있는지 확인해 보세요.

☐ gratitude 감사	☐ depart	☐ accountant
☐ step down	☐ perishable	☐ unprecedented
☐ render	☐ delicate	☐ substitute
☐ loyal	☐ distribute	☐ allocate
☐ on board	☐ track	☐ audit
☐ uninhabited	☐ unexpectedly	☐ corporate
☐ crew		

STEP 1 핵심 표현 배우기 — 핵심 표현 암기하기 — Track P4_4

gratitude	명 감사	show gratitude	감사를 표시하다
step down	물러나다	be forced to step down	물러나도록 강요받다
render	동 제출하다	render help	도움을 제공하다
loyal	형 충실한	a loyal employee	충직한 직원
on board	탑승한	go on board	탑승하다
uninhabited	형 사람이 살지 않는	an uninhabited island	무인도
crew	명 승무원	flight crew	항공 승무원
depart	동 출발하다	depart from Terminal 1	터미널 1에서 출발하다
perishable	형 부패하기 쉬운	perishable items	상하기 쉬운 물품
delicate	형 섬세한, 민감한	a delicate issue	민감한 문제
distribute	동 배포하다	distribute guidebooks	안내 책자를 배포하다
track	동 추적하다	a tracking number	추적 번호
unexpectedly	부 예상치 않게	unexpectedly cold	예상치 않게 추운
accountant	명 회계사	become an accountant	회계사가 되다
unprecedented	형 전례가 없는	an unprecedented success	전례가 없는 성공
substitute	동 대신하다 / 명 대용품	substitute for meat	고기의 대용품
allocate	동 할당하다	allocate more money	더 많은 돈을 할당하다
audit	명 (회계)감사	postpone an audit	(회계)감사를 연기하다
corporate	명 회사	a corporate lawyer	기업 변호사

STEP 2 정답 단서 찾기　　　　　　　　　　　　　　　　　　　　　🎧 Track P4_5

Question　**Who most likely is the speaker?**

(A) A commercial artist
(B) A company CEO
(C) A high school teacher
(D) A tour guide

Answer

Script　M　Thank you everyone for coming out today. Today is my last day as the Chief Executive of the company I helped to build thirty five years ago. We had many ups and downs but looking back at the last thirty five years, I have nothing but pride and gratitude for the people who worked so hard to improve our company. I want to personally thank each and every one of you for your loyal and dedicated service. I am stepping down as CEO today but I will always render help that is at my disposal. Thank you for trusting me with such a big responsibility.

정답과 해설

문제　화자는 누구일 가능성이 큰가?

(A) 상업 예술가
(B) 회사의 최고 경영자
(C) 고등학교 선생님
(D) 여행 가이드

지문　M　오늘 모여주신 여러분들에게 감사드립니다. 오늘은 제가 35년 전에 설립을 도왔던 회사의 최고 경영진으로서의 마지막 날입니다. 많은 부침을 겪었지만 지난 35년을 돌아보니 우리 회사를 발전시키기 위해 열심히 일하신 여러분들을 향한 자부심과 감사의 마음만이 남습니다. 여러분들의 충성과 헌신된 노고에 감사하며 각 한 분 한 분께 개인적으로 감사합니다. 오늘부로 CEO직에서 물러나지만 제가 도울 수 있는 일은 언제나 돕겠습니다. 저를 믿고 이런 큰 책임을 맡겨주셨던 것을 감사드립니다.

지문 분석　'my last day as the Chief Executive of the company 회사 최고 경영진으로서의 마지막 날', 'stepping down as CEO CEO직에서 물러나다'라는 표현을 통해 화자가 회사의 CEO이고, 오늘 마지막 날을 기념하여 직원들에게 작별 연설을 하고 있음을 알 수 있습니다.

STEP 3 연습문제

다음 대화를 듣고 문제를 푼 후, 다시 한 번 들으며 받아 써 보세요.

🎧 Track P4_6

정답과 해설 p. 50

---

1. What probably is the speaker's job?

(A) A tour guide
(B) A bus driver
(C) A party planner
(D) A scuba diver

M Are we all _____ _____ ? You guys are the best _____ of _____ I've had in years! Not only are you all _____ time, but you're ten minutes _____ ! Excellent! Well, that _____ we have more time to _____ you around this beautiful _____ . Today though, we have an _____ -filled day _____ for you. Our amazing _____ , Tom, will take us to the North Shore where we'll step onto a _____ that'll take us to one of the best _____ spots in the country. We'll _____ the _____ morning _____ after which we'll get _____ up by the boat and get _____ off on an _____ island for the afternoon _____ !

---

2. Where is the talk taking place?

(A) At an airport
(B) In an aircraft
(C) At a police station
(D) In a bus

M Good afternoon, ladies and gentlemen. This is the _____ speaking. On _____ of the flight _____ and my co-_____ , I welcome you on _____ . This _____ will _____ shortly from Seattle to New York. The _____ conditions at the _____ look very _____ . The total flight time is _____ to be 4 hours and 50 minutes. We are the _____ plane on stand-by. We'll _____ off _____ . Please _____ your seat belts and turn off any _____ items at this time. Flight _____ , get _____ for take-off.

KEY 03　세부사항 문제

세부사항 문제에서는 화자가 언급하는 문제점, 행사 시간이나 장소, 강연 내용, 변동 사항 및 이유, 어떤 대상에 대해 언급된 사항 등에 대해 물어볼 수 있습니다. 정답을 놓치지 않기 위해서는 문제 및 보기에 나와있는 키워드를 파악하고 지문을 들어야 합니다. 여러 시간과 장소 표현이 한꺼번에 나오는 경우 혼동하지 않도록 유의합니다.

대표 질문 유형

- What does the speaker mention about the event?　화자가 행사에 관해 언급한 것은 무엇인가?
- How can the listeners access the information?　청자들은 그 정보에 어떻게 접근할 수 있는가?
- According to the speaker, what happened last night?　화자에 따르면 어젯밤 무슨 일이 있었나?
- When did the speaker place the order?　화자가 주문한 시점은 언제인가?
- How much is a round-trip ticket?　왕복표 값은 얼마입니까?
- What can be found on the website?　웹사이트에서 찾을 수 있는 것은 무엇인가?

핵심 표현 미리 보기

핵심 표현 중 얼마나 알고 있는지 확인해 보세요.

☐ attendance 출석	☐ philanthropist	☐ brisk
☐ grade	☐ deduct	☐ amend
☐ roster	☐ retail	☐ fiscal
☐ motivation	☐ optimal	☐ in person
☐ donor	☐ constrain	☐ function
☐ foundation	☐ repeat	☐ conduct
☐ organization		

STEP 1 핵심 표현 배우기 — 핵심 표현 암기하기 Track P4_7

attendance	명 출석	take attendance 출석을 확인하다
grade	동 성적을 매기다 / 명 성적, 등급	get good grades 좋은 성적을 받다
roster	명 명부	the class roster 출석부
motivation	명 동기	proper motivation 적절한 동기
donor	명 기증자, 기부자	a list of donors 기증자 명단
foundation	명 재단	a charity foundation 자선 재단
organization	명 단체, 조직	join the organization 단체에 가입하다
philanthropist	명 자선가	a generous philanthropist 관대한 자선가
deduct	동 공제하다	be deducted from income 소득에서 공제되다
retail	명 소매	the retail store 소매점
optimal	형 최상의	the optimal place 최상의 장소
constrain	동 강요하다	constrain to proceed 진행하도록 강요하다
repeat	동 반복하다	repeat the process 과정을 반복하다
brisk	형 활발한	a brisk business 호황인 사업
amend	동 수정하다	amend the contract 계약을 수정하다
fiscal	형 회계의	the next fiscal year 다음 회계연도
in person	직접	meet in person 직접 만나다
function	명 기능, 행사	perform a function 기능을 수행하다
conduct	동 실시하다	conduct a survey 조사를 시행하다

> **STEP 2** 정답 단서 찾기　　　　　　　　　　　　　　　🔊 Track P4_8

Question　**According to the talk, what is the job of a teaching assistant?**

(A) Taking attendance
(B) Grading papers
(C) Selecting student leaders
(D) Leading a weekly lab session

Answer ◆

Script　M　Good morning, ladies and gentlemen. The class has begun. Please take your seats. Thank you. My name is Dr. Andrew Watson. I am a professor here at the geology department. This class is Introduction to Geology. From the class roster, I saw a lot of freshmen signed up. I don't know what your motivations are in taking this class, but I hope I do a good job sparking an interest in the field of geology. You will have a weekly lab session led by one of our teaching assistants. Let me start by introducing them.

정답과 해설 ◆

문제　담화에 따르면, 조교의 책무는 무엇인가?
(A) 출석 확인
(B) 보고서 채점
(C) 학생 대표 선발
(D) 주간 실험 시간 지도

지문　M　좋은 아침입니다, 여러분. 이제 수업이 시작됩니다. 자리에 앉아주세요. 고맙습니다. 제 이름은 Dr. Andrew Watson입니다. 저는 이곳 지질학과의 교수입니다. 이 수업은 지질학 개론 수업입니다. 출석부에 보니 많은 신입생들이 수강신청하였군요. 여러분들의 수강 동기가 무엇인지 모르겠지만, 제가 여러분들의 지질학 분야에 대한 관심에 불을 붙이는 역할을 잘 하길 바랍니다. 여러분들은 우리 조교들 중 한 명이 지도하게 될 매주 있는 실험 시간에 참석하게 될 겁니다. 먼저 조교들을 소개하겠습니다.

지문 분석　개강일에 교수가 학생들에게 수업 개요를 안내하는 지문입니다. 'a weekly lab session led by one of our teaching assistants 조교들 중 한 명이 지도하는 매주 실험 시간'이라는 부분에서 조교들의 책무로 주간 실험 시간 지도가 있음을 알 수 있습니다. 다른 보기들도 통상적으로 조교의 업무로 알려진 보기들이지만 지문에서 언급된 것은 (D)뿐이므로 혼동하지 않도록 주의합니다.

STEP 3 연습문제

다음 대화를 듣고 문제를 푼 후, 다시 한 번 들으며 받아 써 보세요.

Track P4_9

정답과 해설 p. 51

1. What is mentioned about Jason Jacobson?

(A) He's just started a new business.
(B) He graduated from Yale University.
(C) He married to a rich family.
(D) His foundation gives aid across the world.

M   Now, I'd like to _____ this year's title _____, Mr. Jason Jacobson, the CEO of the Jacobson _____. He is our _____ time _____ of seven years and he was the _____ sponsor for last year's Global _____ Eradication Drive as well. His foundation sponsors _____ and _____ initiatives across the _____ and we're very _____ that he has chosen us as an _____ worthy of _____. A committed _____, he is a self-made billionaire who _____ from _____ to riches. Without further _____, let's _____ Mr. Jason Jacobson, CEO of the Jacobson Foundation.

2. What does the speaker ask Rebecca to do?

(A) Invite Jason to her birthday party
(B) Pick up some pizza from Bakersfield
(C) Bring some vegetarian meal
(D) Drive her to the Bakersfield's pizza place

W   Hi Rebecca. _____ are you? You are still _____ to Jason's going _____ party, right? You have to come! You're he his _____ friend! Anyways, I know you're very _____ with your new _____ so I didn't want to _____ you but can I ask you to _____ up _____ on your way over _____? You work in the Bakersfield, right? Can you pick _____ some _____ at the B-field Pizza Slices? Jason _____ their pizzas and I _____ forgot to _____ there on the way _____ here. I _____ one _____, one cheese and one mushroom should be _____. Ok. Hope you get this _____. See you soon!

PART 4

215

KEY 04　추후 상황 예측 문제

지문에 나타난 내용을 기반으로 하여 앞으로 일어날 상황을 예측하는 문제입니다. 이러한 유형의 문제를 풀 수 있는 단서는 지문 마지막 부분에 중점적으로 주어집니다. 화자가 청자에게 제안하거나 부탁하는 내용, 이후 일정에 관해 언급하는 부분에 특히 주의를 기울여서 듣습니다.

대표 질문 유형

- **What will the listeners probably do next?** 청자들은 다음에 무엇을 할 것 같은가?
- **What most likely will take place this afternoon?** 오늘 오후에 일어날 가능성이 높은 것은 무엇인가?
- **What will happen next?** 다음에 일어날 일은 무엇인가?
- **What will the speaker do after the announcement?** 공고 이후에 화자가 할 일은 무엇인가?
- **What will happen on the weekend?** 주말에 일어날 일은 무엇인가?
- **What will be announced next Friday?** 다음 금요일에 공고될 것은 무엇인가?
- **What will the customers receive?** 고객들은 무엇을 받게 될 것인가?

핵심 표현 미리 보기

핵심 표현 중 얼마나 알고 있는지 확인해 보세요.

☐ participant 참가자	☐ overview	☐ collaboration
☐ resident	☐ balance	☐ complex
☐ entry	☐ personnel	☐ regulate
☐ souvenir	☐ advisor	☐ acquire
☐ reporter	☐ numerous	☐ outcome
☐ adverse	☐ structure	☐ previous
☐ establish		

STEP 1 핵심 표현 배우기 — 핵심 표현 암기하기 — Track P4_10

단어	품사/뜻	예시
participant	명 참가자	an active participant 활발한 참가자
resident	명 주민	a U.S. resident 미국 시민
entry	명 입장	entry fee 입장료(등록료)
souvenir	명 기념품	bring me a souvenir 나에게 기념품을 가져다주다
reporter	명 기자	a news reporter 뉴스 기자
adverse	형 부정적인, 불리한	adverse weather conditions 불리한 기상 조건
establish	동 세우다	establish a business center 비즈니스 센터를 세우다
overview	명 개요, 개관	a company overview 회사 개요
balance	동 균형을 잡다 / 명 잔액	bank balance 은행 잔고
personnel	명 직원들	personnel department 인사과
advisor	명 고문	a financial advisor 재정 고문
numerous	형 많은	numerous issues 많은 문제들
structure	명 구조	a basic structure 기본 구조
collaboration	명 협동	the collaboration of many organizations 많은 조직들의 협동
complex	형 복잡한	become more complex 더욱 복잡해지다
regulate	동 규제하다, 조절하다	regulate their body temperatures 그들의 체온을 조절하다
acquire	동 획득하다	acquire new items 새 물품을 획득하다
outcome	명 결과	the desired outcome 바라는 결과
previous	형 이전의	previous models 이전의 모델들

| STEP 2 | 정답 단서 찾기 | Track P4_11 |

Question   **What will the participants of the local event receive?**

(A) A t-shirt
(B) A meal coupon
(C) A ticket to the concert
(D) A brochure

Answer

Script   W   Good afternoon, Cornwall residents. It is going to be a beautiful spring weekend here in Cornwall and we have some exciting local events that you can be a part of. The Cornwall Marathon will take place this Sunday at 8:30am. If you haven't registered already, you can do so during the Marathon Expo taking place at Cornwall High School. The entry fee is 10 dollars and a t-shirt will be given as a souvenir. There is also a half marathon that takes off at 9am. Be sure to turn out and get some fresh air.

정답과 해설

문제   지역 행사 참여자들은 무엇을 받게 되는가?

(A) 티셔츠
(B) 식사권
(C) 콘서트 티켓
(D) 안내 책자

지문   W   좋은 오후입니다, Cornwall 주민 여러분. Cornwall에 아름다운 봄 주말이 찾아오고 있습니다. 여러분들께서 참여하실 수 있는 신나는 지역 행사들이 몇 가지 있습니다. 이번 주 일요일 오전 8시 30분 Cornwall 마라톤 대회가 개최됩니다. 아직 등록하지 못하신 분들은 Cornwall 고등학교에서 진행 중인 Marathon Expo 행사장에서 등록하실 수 있습니다. 참가비는 10달러이며, 기념품으로 무료 티셔츠를 받게 됩니다. 오전 9시에는 하프 마라톤도 시작됩니다. 꼭 참여하시고 바람도 쐬시길 바랍니다.

지문 분석   주말에 있을 지역 마라톤 행사를 안내하는 지문입니다. 지문 후반부에서 'a t-shirt will be given as a souvenir 기념품으로 티셔츠를 받게 될 것입니다'라고 참가자들이 수령할 기념품이 티셔츠임을 직접적으로 밝히고 있습니다. 따라서 정답은 (A)라는 것을 알 수 있습니다.

STEP 3 연습문제 다음 대화를 듣고 문제를 푼 후, 다시 한 번 들으며 받아 써 보세요. Track P4_12

정답과 해설 p. 52

1. **What will the listeners hear next?**

   (A) An advertisement
   (B) An interview
   (C) A talk show
   (D) A music

   W Good evening and _____ to Primetime _____. My name is Maggie Anderson and I'll be _____ in for your _____ host, Jim Calloway, as he will be on _____ leave for the next two weeks. I hope I'll be _____ to fill his _____ while he is _____ and I'll do my _____ to do so. We have an _____ line of _____ for today's program. We have Dr. Gary Fisher for our _____ and Technology Review _____ coming up _____. We have our regular _____ Kara Hunter for _____ News in _____ as well as Jonathan Kelson for the _____ News _____ up. We'll be right back after a _____ from our _____.

2. **What will probably happen in next thirty minutes?**

   (A) The seatbelt sign will be turned off.
   (B) Cancellation of the flight will be announced.
   (C) The boarding gate will be open.
   (D) The plane will take off.

   M Welcome _____ to _____ 17 to Seoul. My name is Valerie Kim and I'm the _____ of this aircraft. Due to the _____ weather _____, our flight has been _____ for another _____ an hour. According to the _____ services, we should be _____ for take-off by then. We _____ for the delay and we _____ that you _____ in your seats and be _____ during the stand-by. The _____ of the rain is said to have _____ so we should be able to take off in the next _____ minutes. Thank you for your _____ and thank you for _____ with us.

KEY 05 발화 의도 및 암시 문제

新 TOEIC 유형

2016년 5월 29일부터 시행되는 개정된 토익에서는 화자의 발화 의도를 묻는 문제가 출제됩니다. 이는 대화 내용을 단순 직역할 수 있는지가 아니라 내포된 의미를 잡아낼 수 있는지를 확인하겠다는 뜻입니다. 이를 위해서는 전체 대화의 맥락 및 뉘앙스를 이해해야 합니다.

또한 이 같은 유형의 문제 출제를 위해서 지문 내에 관용적 표현의 사용 빈도가 이전에 비해 증가합니다. 문법이나 문제풀이 방식에만 치중하지 않고 실생활 영어를 많이 접하기 위해 노력한 수험생들에게 유리한 문제입니다.

▲ 대표 질문 유형

- What does the speaker mean when he says, "~"? 화자가 "~"라고 말할 때 의도한 바는 무엇인가?
- Why does the speaker say, "~"? 왜 화자는 "~"라고 말하였는가?
- What does the speaker imply when he says, "~"? 화자가 "~"라고 말할 때 암시하는 바는 무엇인가?

▲ 핵심 표현 미리 보기

핵심 표현 중 얼마나 알고 있는지 확인해 보세요.

☐ tend ~하려는 경향이 있다	☐ evaluate	☐ subsequent
☐ ignore	☐ leak	☐ compensation
☐ memorable	☐ plumber	☐ undergo
☐ attention	☐ charge	☐ solicit
☐ authentic	☐ landlord	☐ pursue
☐ gallery	☐ certificate	☐ attire
☐ discard		

STEP 1 핵심 표현 배우기 — 핵심 표현 암기하기 — Track P4_13

단어	품사/뜻	예시
tend	동 ~하려는 경향이 있다	tend to ignore 무시하는 경향이 있다
ignore	동 무시하다	ignore the bad news 나쁜 소식을 무시하다
memorable	형 기억할만한	memorable trip 기억에 남는 여행
attention	명 주의, 주목	pay attention 주의를 기울이다
authentic	형 진품인	authentic works 진품
gallery	명 화랑	an art gallery 미술관
discard	동 버리다	discard all drink cans 모든 음료수 캔들을 버리다
evaluate	동 평가하다	evaluate the quality 품질을 평가하다
leak	동 새다	A pipe leaks. 파이프에서 물이 새다.
plumber	명 배관공	call a plumber 배관공에게 전화하다
charge	동 청구하다	charge a tax 세금을 부과하다
landlord	명 임대주	speak to the landlord 임대주에게 이야기하다
certificate	명 증명서	a safety certificate 안전 보증서
subsequent	형 차후의, 그 다음의	subsequent discussions 뒤이은 토론
compensation	명 보상	claim compensation against the company 회사에 보상을 청구하다
undergo	동 겪다, 경험하다	undergo some changes 몇몇 변화를 겪다
solicit	동 간청하다	solicit for help 도움을 간청하다
pursue	동 추구하다	pursue profits 이익을 추구하다
attire	명 복장	proper attire 적절한 복장

STEP 2 정답 단서 찾기

Track P4_14

Question What does the speaker mean when she says "I don't want to hear about anybody getting hurt"?

(A) She tends to ignore the bad news.
(B) She doesn't know what to do in an emergency.
(C) She asks the students to be careful.
(D) Several students got hurt already.

Answer

Script W Okay, seniors, listen up. We're about to board the plane. I want you guys to have a memorable senior trip. I don't want to hear about anybody getting hurt. Understood? Check to see if you have your passport and boarding pass. I won't be joining you on the trip but that doesn't mean you can do whatever you want. Our adventure trip leaders, Sarah and Devin will be your teachers for the next three days of the trip. Listen to them and don't do anything they tell you not to do. Alright then, do you have anything else to add, Sarah? Devin?

정답과 해설

문제 화자가 "누군가 다쳤다는 소식을 듣고 싶지 않아요"라고 말할 때 의도한 바는 무엇인가?

(A) 그녀는 나쁜 소식을 무시하는 경향이 있다.
(B) 그녀는 위급상황에서 무엇을 해야 할지 모른다.
(C) 그녀는 학생들에게 조심하라고 당부한다.
(D) 몇몇 학생들이 이미 다쳤다.

지문 W 자, 학생들 잘 들으세요. 우리는 이제 곧 비행기에 탑승할 거예요. 여러분들에게 기억에 남는 수학 여행이 되길 바래요. 누가 다쳤다는 소식을 듣고 싶지 않아요. 알겠죠? 여권과 탑승권 잘 챙겼는지 확인하세요. 제가 이번 여행에 동행하지는 않지만 그렇다고 여러분들 마음대로 행동해도 되는 것은 아니에요. 여행 인솔자인 Sarah와 Devin이 여행하는 3일 동안 여러분들의 선생님이 될 거예요. 이분들 말씀 잘 듣고 하지 말라는 행동은 하지 마세요. 좋습니다, Sarah, Devin, 더 하실 말씀 있으신가요?

지문 분석 담임 선생님이 학생들을 수학 여행에 보내기 전에 주의 사항을 이르는 상황입니다. 지문 전체의 맥락을 고려했을 때 "I don't want to hear about anybody getting hurt"라는 표현은 다치지 않도록 조심해서 다니라는 당부의 말임을 알 수 있습니다. 그렇기 때문에 정답은 (C)입니다.

STEP 3 연습문제 　다음 대화를 듣고 문제를 푼 후, 다시 한 번 들으며 받아 써 보세요.　　Track P4_15

정답과 해설 p. 52

1. **What does the speaker mean when she says, "It is impossible to put a price on them"?**

   (A) There is no expert who can evaluate those paintings.
   (B) They are very valuable paintings.
   (C) She wants to know the estimated price of the paintings.
   (D) She's looking for some possible buyers.

   W　_____, may I have your _____ please? You are about to _____ some of the _____ _____ of the century. Please listen carefully. These paintings are _____ works by the _____ painters. It is _____ to put a _____ on them but if I must, they are _____ _____ of dollars. Do not push each other when you _____ the _____. You don't want to _____ over and _____ the paintings. Also, here is the _____ can. _____ all uncovered drinks. Even the water _____ and tumblers must stay in your _____. There is _____ no _____ inside the gallery.

2. **What does the speaker mean when he says, "I don't think I can spend the night"?**

   (A) The leaking needs to be managed urgently.
   (B) He has to work all night.
   (C) He is suffering from insomnia.
   (D) He likes to stay up late to see a movie.

   M　Yes, hi, Matt. This is George, _____ 12B. My bathroom pipes are _____. There's water _____ out everywhere. I don't _____ what's going on but I think you _____ to call a _____ right away. All I have is a _____ and a mop and I don't think I can _____ the night. I hope you get this _____ in the next hour because if I don't _____ from you by _____, I'll have to _____ a plumber _____ and _____ the _____ later. Okay, I have to go. Bye.

KEY 06 시각 자료 활용 문제

新 TOEIC 유형

2016년 5월 29일부터 시행되는 개정된 토익에서는 도표와 같은 시각 자료를 참고하여 정답을 고르는 문제가 출제됩니다. 지문을 듣기 전에 질문과 보기, 시각 자료 내용까지 대략적으로 파악해야 당황하지 않고 정답을 골라낼 수 있습니다.

대표 질문 유형

- **Look at the graphic. What is the cost of the insurance the speaker recommends?**
  도표를 보시오. 화자가 추천하는 보험의 가격은 얼마인가?

- **Look at the graphic. What is the youth unemployment rate in 2014?**
  도표를 보시오. 2014년의 청년 실업률은 얼마인가?

- **Look at the graphic. Which product has been discontinued?**
  도표를 보시오. 단종된 제품은 어느 것인가?

- **Look at the graphic. In which country are the group traveling?**
  도표를 보시오. 이 무리가 여행하는 국가는 어디인가?

핵심 표현 미리 보기

핵심 표현 중 얼마나 알고 있는지 확인해 보세요.

☐ equip 장비를 갖추다	☐ contain	☐ restrict
☐ notice	☐ activate	☐ aid
☐ factor	☐ comply	☐ income
☐ beyond	☐ enable	☐ routine
☐ control	☐ delegate	☐ typical
☐ discreetly	☐ valid	☐ absence
☐ commission		

STEP 1 핵심 표현 배우기 — 핵심 표현 암기하기 Track P4_16

단어	품사/뜻	예시
equip	동 장비를 갖추다	be equipped with shampoo 샴푸를 갖추고 있다
notice	명 공지	on short notice 갑작스러운 통지
factor	명 요소	economic factors 경제적인 요소들
beyond	전 ~너머	beyond our control 우리 통제력을 벗어난
control	동 통제하다 / 명 통제	out of control 통제 불능인
discreetly	부 신중하게	discreetly behave 신중하게 행동하다
commission	명 수수료	work on commission 수수료를 받고 일하다
contain	동 포함하다	contain valuable information 귀중한 정보를 포함하다
activate	동 작동시키다	activate the fire alarm 화재 경보기를 작동시키다
comply	동 준수하다	comply with the new policy 새로운 정책을 준수하다
enable	동 ~을 가능하게 하다	enable her to access the system 그녀가 시스템에 접근할 수 있도록 하다
delegate	동 위임하다	delegate a task 업무를 위임하다
valid	형 유효한	valid till next month 다음 달까지 유효한
restrict	동 제한하다	restrict the investment 투자를 제한하다
aid	명 지원	financial aid 재정 지원
income	명 소득	regular income 고정 수입
routine	형 일상적인	routine check 정기 검사
typical	형 전형적인	typical story 전형적인 이야기
absence	명 부재	during his brief absence 그의 짧은 공백 기간 동안

STEP 2 정답 단서 찾기

Track P4_17

Treatment	Duration
Shoulder Massage	25 mins.
Aromatherapy Massage	45 mins.
Stress Relief Massage	60 mins.
Healing Stones Signature Massage	90 mins.

Question Look at the graphic. Which treatment Ms. Andrews did choose?

(A) Shoulder Massage
(B) Aromatherapy Massage
(C) Stress Relief Massage
(D) Healing Stones Signature Massage

Answer

Script W Good afternoon, Ms. Andrews. This is Janet from Healing Stones Massage. How are you? I am calling to confirm your 7 o'clock appointment you made on our website. You've chosen the longest treatment on our list. Since it is your first appointment with us, I wanted to make sure we answer any questions or concerns you might have. You can just show up ten minutes before your appointment. We'll give you a robe, a towel and a pair of slippers. So you don't need to bring anything. Our showers are equipped with shampoo and body wash dispensers as well. I'll see you soon.

정답과 해설

문제 도표를 보시오. Ms. Andrews가 선택한 마사지는 무엇인가?

(A) Shoulder Massage
(B) Aromatherapy M1sage
(C) Stress Relief Massage
(D) Healing Stones Signature Massage

지문 W 안녕하세요, Ms. Andrews, Healing Stones Massage의 Janet입니다. 잘 지내셨지요? 저희 웹사이트에서 하신 7시 예약을 확인하려고 전화드렸습니다. 저희가 제공하는 것 중 가장 긴 시간의 마사지를 선택하셨네요. 저희에게 하신 첫 예약이신 만큼, 고객님의 어떤 질문이나 우려에 대해 모두 답해드리고 싶습니다. 예약 시간 10분 전에 와주시면 됩니다. 저희는 가운, 수건, 슬리퍼를 제공해드립니다. 그렇기 때문에 아무것도 가져오실 필요가 없습니다. 저희 샤워시설에 샴푸와 바디 워시도 갖춰져 있습니다. 이따 뵙겠습니다.

지문 분석 도표에 나온 마사지 중 청자가 예약한 서비스를 고르는 문제입니다. 'You've chosen the longest treatment 당신은 가장 긴 시간의 마사지를 선택하셨네요'라고 하였기 때문에 도표에 나와있는 마사지 중 가장 긴 시간인 (D)가 정답입니다.

STEP 3 연습문제   다음 대화를 듣고 문제를 푼 후, 다시 한 번 들으며 받아 써 보세요.   Track P4_18

정답과 해설 p. 53

Branch	Sales
Arizona	$259,615
New York	$7,243,345
North Dakota	$9,569,785
California	$11,678,213

1. **Look at the graphic. What percentage of commission does the New York branch make?**

   (A) 3%
   (B) 5%
   (C) 7%
   (D) 8%

W   Good morning, everyone. I _____ you coming on short _____. The first thing I would like to _____ with you is the sales _____ of each _____. I'm really _____ about the Arizona. I _____ this is due mostly to economic _____ beyond our _____, but the _____ is far _____ than our _____. I want you guys to start _____ for a new _____ office for them _____. As promised, the branch with _____ over _____ million will get _____ percent _____ instead of _____.

PART 4

UNIT 2
지문 유형별 연습

KEY 07 음성 메시지
KEY 08 광고 및 방송
KEY 09 공지
KEY 10 인물 소개 및 강연
KEY 11 설명 및 안내

KEY 07 음성 메시지

전화에 녹음된 음성 메시지는 크게 발신자가 수신자와 통화가 되지 않았을 때 남긴 메시지, 자동 응답 메시지, ARS 안내 메시지가 있습니다. 음성 메시지는 일반적으로 발신자 소개, 메시지 목적, 세부사항(요청, 확인, 내용 전달 등)으로 구성됩니다.

대표 예제 미리보기

Conversation

W   Hi, honey. I hope you get this message on time. Listen. I am summoned for an urgent directors' meeting. I know it is my turn to pick up Layla from kindergarten today but it doesn't look like I'll be able to do that today. Could you please pick her up today? I hope you're not having a hectic day as well. In that case, we'll have to ask the teacher to look after her for another hour and I wouldn't want to do that to either of them. Please let me know when you get this message.

Question

Why can't the woman pick up her daughter as planned?

Possible Answers

She is called into a meeting.
그녀가 참여해야 하는 회의에 소집되었다.

She has an urgent business to attend to.
그녀는 처리해야 할 급한 일이 있다.

핵심 표현 미리 보기

핵심 표현 중 얼마나 알고 있는지 확인해 보세요.

☐ impress 깊은 인상을 주다	☐ payment	☐ revoke
☐ policy	☐ challenge	☐ privilege
☐ strength	☐ accomplish	☐ indicate
☐ internal	☐ missing	☐ progress
☐ damage	☐ adjust	☐ talent
☐ salvage	☐ overdue	☐ consent
☐ completely		

STEP 1 핵심 표현 배우기 — 핵심 표현 암기하기 Track P4_19

단어	품사	뜻	예시	해석
impress	동	깊은 인상을 주다	impress me with his passion	그의 열정으로 나에게 깊은 인상을 주다
policy	명	규정, 정책	the library policy	도서관 규정
strength	명	힘, 장점	the strengths and weaknesses	강점과 약점
internal	형	내부의	the internal structure	내부 구조
damage	명	피해, 손상	minor damage	경미한 손상
salvage	동	구조하다, 회복하다	salvage parts	부품을 복구하다
completely	부	완전히	completely replace	완전히 교체하다
payment	명	지불	make a payment	지불하다
challenge	동	도전하다	challenge himself	그 스스로에게 도전하다
accomplish	동	성취하다	hope to accomplish	성취하기를 희망하다
missing	형	결여된, 분실된	missing information	결여된 정보
adjust	동	조정하다	adjust the price	가격을 조정하다
overdue	형	기한이 지난	an overdue library book	연체된 도서관 책
revoke	동	폐지하다	revoke a privilege	특권을 폐지하다
privilege	명	특권, 특전	membership privileges	회원 특전
indicate	동	나타내다	indicate her wish	그녀의 바람을 나타내다
progress	명	진전	make progress	진전을 이루다
talent	명	재능	talent for physics	물리학에 대한 재능
consent	명	동의	a consent form	동의서

STEP 2 짧은 독백 연습하기

I 다음 문장을 읽고 밑줄 친 표현을 바르게 나타낸 것을 고르세요.

1. I'll be dropping off your package at your apartment manager's office.

   (A) make a delivery
   (B) receive delivery

2. Is it possible that we have our software updates on the following day?

   (A) later today
   (B) next day

3. I am very impressed by his understanding of physics.

   (A) He is very good at physics.
   (B) His behavior surprises his physics teacher.

4. Your car is fixed up.

   (A) Your car is ready for a pick-up.
   (B) Your car is severely wrecked.

5. It seems like you are unable to take the call this time.

   (A) answer the phone
   (B) make a phone call

6. Can you pick up some pizza at the B-field Pizza Slices?

   (A) buy
   (B) collect

7. You can come any time tomorrow before 6 o'clock to claim your bag.

   (A) state something is true
   (B) pick up

8. Could you please log in and put down your postal code and apartment number?

   (A) give us missing information
   (B) pay the delivery charge

II 다음 문장을 듣고 문장의 의미로 알맞은 것을 고르세요. Track P4_20

1. (A) 편하신 곳에서 만나 뵙고 싶습니다.
   (B) 가능한 빨리 연락 주세요.

2. (A) 당신의 금요일 주문을 접수했습니다.
   (B) 물품은 금요일에 배송되었습니다.

3. (A) 당신과의 갈등을 풀고 싶습니다.
   (B) 문제가 있다면 알려주세요.

4. (A) 당신은 우리가 면접 본 35명의 뛰어난 지원자들 중에 선발되었습니다.
   (B) 당신을 비롯해 35명의 지원자들이 면접을 볼 예정입니다.

5. (A) 제 문제점에 대해 누구한테 말씀드려야 할지 잘 모르겠습니다.
   (B) 당신의 문제가 무엇인지 이해하지 못하겠습니다.

6. (A) 저는 당신의 차를 수리한 정비공입니다.
   (B) 제 차량을 정비해주시기를 부탁합니다.

7. (A) 내일 6시에 매장을 방문하실 수 있습니다.
   (B) 저는 내일 6시까지 매장에 있을 것입니다.

8. (A) 반납일은 3일 전이었는데 아직 반납하지 않으셨습니다.
   (B) 반납일이 3일 남았으니 그 안으로 반납하여 주십시오.

9. (A) 만일 예약 가능한 좌석이 생긴다면 바로 연락드리겠습니다.
   (B) 만약 그 자리를 예약하는데 관심 있으시다면, 우리에게 연락 주십시오.

10. (A) 당신이 홈페이지에서 하신 7시 예약을 확인하려고 전화드렸습니다.
    (B) 웹사이트에서 7시에 예약하는 방법을 문의하기 위해 전화드렸습니다.

STEP 2   짧은 독백 연습하기

정답과 해설 p. 54

III 다음 지문을 듣고 문제를 풀어보세요.   Track P4_21

1. **M** Hello. This is Michael Kim from Gesture One Company, and I'm calling for Mr. Jonah Davis. I have some good news for you, Jonah. After careful consideration of your application, we have decided to offer you a position with our company. The strengths of your application as well as the enthusiasm shown by your interviewers spoke volumes in making this decision. You should be very proud of your achievements already. You are chosen out of 35 highly qualified candidates we interviewed for the position. We hope you accept it. Please call us back and let us know. Congratulations.

(1) 발신자 _____
(2) 수신자 _____
(3) 전화를 건 목적 _____
(4) 청자가 해야 할 일 _____
_____

2. **W** Good afternoon, Mr. Johnson. This is Sandra from Auto Mechanics Incorporated. I am the mechanic who worked on your car. I'm calling to let you know that your car is all fixed up and ready for pick up. The internal damage wasn't as serious as we anticipated so we were able to salvage most of the auto parts without having to replace them completely. Please drop by at your convenience to pick up your car and make the payment. If you want to ask me any questions about the repairs I've done on your car, I'll be happy to answer them. I'll be at the shop tomorrow until 6pm.

(1) 발신자 _____
(2) 전화를 건 목적 _____
_____
(3) 청자가 맡긴 차의 상태 _____
_____
(4) 수리비 지불 여부 _____

STEP 3 연습문제

정답과 해설 p. 55

I. 다음 대화를 잘 듣고 빈칸을 채우세요. Track P4_22

1. **W** Hello, Mr. and Mrs. Hendrix. This is Margaret Ling _____ from Juniper High School. I am Ben's new physics _____. As you know, Ben is _____ my Advanced Physics class this _____ which is _____ for a few top _____ students at our high school. _____ Ben is only a freshman, I am very _____ by his _____ of physics and if you're _____ for a visit, I would like to talk to you about _____ him into the State Physics Bowl _____ fall. I think it would be a great _____ for him to _____ himself and see how much he can _____. Please give me a call at your _____ convenience. Thank you. Have a good day.

2. **W** Good morning. This is Annette calling from Soccermom.com. I _____ an online _____ from you _____ Friday and we have the _____ you _____ ready for _____. But after we printed the shipping _____, we _____ that you forgot to _____ down the _____ code and the apartment _____. Could you please _____ on to your mypage and give us the _____ information? You can also call us at this number. Once we have your _____ address, we'll ship your _____ on the following _____ day. Thank you.

STEP 3 연습문제

3. M Hi, Marley. This is Jack from the marketing _____. I _____ the email you sent _____ to the _____ company about the _____ we're _____ to have the software _____. You said that we won't be _____ to use our _____ on that day and we need to _____ the date. We have a new product _____ that day so we _____ must use _____ computers. Is it _____ to have our _____ updates on the _____ day? I'd really _____ that. Please let me know if there are any _____.

4. M Yes, hi. I _____ you're not _____. Is this the _____ number for Miss Angelina Brown? I am Bob Kelly, the _____ at Wilson Creek High _____. I am calling _____ you have an _____ library book. It was _____ three days _____ and you still haven't _____ it. It is one of our _____ books and four _____ are waiting to _____ the book. Also, you will be _____ a _____ fee of 2 dollars a day so it would be in your best _____ to return the book as _____ as possible. If we don't _____ from you in the _____ two days, we'll _____ your library _____. Hope you get this _____ in time.

5. W   Good evening. My _____ is Anne Reynolds from the Castaway Spa and Resorts. I _____ your email _____ about booking a multi-day spa _____ with us for you and your _____. Unfortunately, the _____ you have _____ are no longer _____. It is one of our _____ seasons so we're _____ at full _____. But we do have a _____-day spa program available in the _____ week of February. If you make an _____ reservation now, you will _____ a nice _____ and all programs over $300 will be _____ at discounted prices. If you're _____ in reserving that _____, please don't _____ to contact us at your earliest _____. We hope to see you _____ soon.

6. W   Hello. This is Kathy Leung with Smile Insurance _____ your call. I'm so sorry I _____ it. I was in a meeting with a _____. It seems like you are _____ to _____ the call at this time, so I'll try to give you _____ call in about an _____. We have a wide _____ of insurance _____ designed to _____ various needs and _____. I've sent our _____ and price list as an email. The second most _____ product is the most _____ one, but I _____ Preferred Plus. Please feel _____ to ask us all the _____ you may have. I'm sure we'll be able to _____ you a plan that you'd be satisfied with.

STEP 3 연습문제

II 다음 문장을 듣고 가장 알맞은 응답을 고르시오. Track P4_23

1. What is the purpose of the woman's call?

    (A) To get Ben's parents' permission to enroll him in an advanced physics class
    (B) To ask to have a talk about entering Ben into the State Physics Bowl
    (C) To give a notice about the upcoming parent teacher conference
    (D) To update the parents on Ben's progress in a Physical Education class

2. What does the speaker say about Ben?

    (A) He has trouble with friends.
    (B) He has a talent for physics.
    (C) He has been offered a job as a teacher.
    (D) He wants to get more information about a job.

3. What is the listener asked to do?

    (A) Send a document
    (B) Call back as soon as possible
    (C) Arrange an interview
    (D) Accept an invitation

4. When did the listener place the order?

    (A) On Monday
    (B) On Tuesday
    (C) On Thursday
    (D) On Friday

5. What does the speaker request?

    (A) A consent form from the customer
    (B) A full address of the customer
    (C) Customer feedback
    (D) A free delivery

6. What will the listener probably do next?

    (A) Meet with the woman's supervisor
    (B) Check the man's account
    (C) Mail the woman her purchase
    (D) Log on to 'Soccermom' website

7. Why is the man calling the technical support?

    (A) To complain about the problems he's been having with the new computer program
    (B) To request a date change to the scheduled software update for his department
    (C) To ask for a software update in time for the new product launch
    (D) To ask for tech support during the new product launch event

8. What department does the speaker work in?

    (A) The personnel department
    (B) The quality assurance department
    (C) The sales department
    (D) The marketing department

9. What does the speaker say he has to do?

    (A) Use computers for the launch of new product
    (B) Contact a computer technician
    (C) Reschedule a board meeting
    (D) Make the handouts for the demonstration

10. What does the speaker ask Ms. Brown to do?

    (A) Return a book to the library
    (B) Renew a library book
    (C) Put the book back in its place
    (D) Use the rental service of a library

11. What is mentioned about library policy?

    (A) Members who break the rules might be denied their privileges.
    (B) Members who do not return the book in time should pay a late fee of 3 dollars a day.
    (C) Members can borrow up to ten books from the library at any one time.
    (D) Students can renew a library book once.

12. How much should Ms. Brown pay for a late fee?

    (A) Four dollars
    (B) Six dollars
    (C) Eight dollars
    (D) Ten dollars

13. Why wasn't the woman able to book the spa program on the dates she wanted?

    (A) The particular program doesn't run on those dates.
    (B) Something came up at her mother's place of work.
    (C) Those dates have already been filled by other people.
    (D) The price increased too much for those dates for her to afford.

14. According to the speaker, how much should people pay to get a discount?

    (A) Over 100 dollars
    (B) Over 200 dollars
    (C) Over 250 dollars
    (D) Over 300 dollars

15. What does the speaker suggest the listener do?

    (A) Choosing an alternative service on different dates
    (B) Considering a cheaper option
    (C) Making a reservation soon
    (D) Paying with a credit card

Insurance	Cost
Preferred Plus	$2,875
Preferred	$2,600
Regular Plus	$2,390
Regular	$2,150

16. Who is most likely the speaker?

    (A) An insurance planner
    (B) A local merchant
    (C) A shopping aide
    (D) A company shareholder

17. Why was the speaker unable to take the initial call?

    (A) It was her day off.
    (B) She was in a meeting.
    (C) She forgot her cellular phone.
    (D) She was away from her office.

18. Look at the graphic. What is the cost of the insurance the speaker recommends?

    (A) $2,875
    (B) $2,600
    (C) $2,390
    (D) $2,150

KEY 08 광고 및 방송

방송 메시지의 경우 크게 일기 예보, 교통 정보, 뉴스 보도 등의 유형이 있습니다. 뉴스 보도에서는 경제, 사회 등 다양한 분야를 주제로 할 수 있기 때문에 지문 난이도가 높은 편입니다. 광고 지문은 제품의 특징을 언급하고, 구매를 유도하는 내용이 주를 이룹니다.

대표 예제 미리보기

Conversation

M It's been a decade. And it was a great one. Big Owl Stores opened its first location in Mona Valley in 2006 with just two employees. Ten years later, we have 13 locations statewide with over 500 employees working for us. We have grown so much in the past ten years and we have you to thank for it. To show our appreciation, all items in our stores this week will be 30% off. We'll also give out a canvas bag to the first 1000 customers. We'll see you in the store.

Question

Which items will be 30% off?

Possible Answers

Every item in the store
매장에 있는 모든 제품들

핵심 표현 미리 보기

핵심 표현 중 얼마나 알고 있는지 확인해 보세요.

☐ impasse 교착 상태	☐ charming	☐ garbage
☐ complacency	☐ express	☐ statistic
☐ merge	☐ temperature	☐ alarming
☐ steer	☐ pollution	☐ burden
☐ alternate	☐ utility	☐ specified
☐ effort	☐ sewage	☐ overall
☐ instant		

STEP 1 핵심 표현 배우기 — 핵심 표현 암기하기 — Track P4_24

단어	뜻	예시	예시 뜻
impasse	명 교착 상태	reached an impasse	교착 상태에 빠지다
complacency	명 (현 상태에) 안주	room for complacency	안주할 여유
merge	동 합병하다	successfully merge	성공적으로 합병하다
steer	동 조종하다, 움직이다	steer clear of	~을 피하다
alternate	형 대체하는	alternate route	대체 경로
effort	명 노력	efforts to create jobs	일자리를 만들기 위한 노력
instant	형 즉각적인	instant reaction	즉각적인 반응
charming	형 매력적인	charming personality	매력적인 성격
express	동 표현하다 / 형 급행의	express train	급행 열차
temperature	명 온도	hot temperature	뜨거운 온도
pollution	명 오염	pollution particles	오염 입자들
utility	명 (수도, 전기 등) 공익사업	utility bills	공공요금
sewage	명 하수	sewage treatment	하수 처리
garbage	명 쓰레기	a garbage truck	쓰레기차
statistic	명 통계	unemployment statistics	실업 통계
alarming	형 걱정스러운	alarming situation	걱정스러운 상황
burden	명 짐, 부담	share burdens	짐을 나누다
specified	형 명시된	specified date	명시된 날짜
overall	형 전반적인	overall responsibility	전반적인 책임

PART 4

241

STEP 2 짧은 독백 연습하기

I 다음 문장을 읽고 밑줄 친 표현을 바르게 나타낸 것을 고르세요.

1. There have been two times where the deals <u>reached an impasse</u>.

   (A) made an agreement
   (B) got to a point where progress is impossible

2. But of course, complacency can <u>be fatal</u>.

   (A) cause failure
   (B) cause success

3. If you're outside, you're advised to <u>take cover</u> in a nearest building.

   (A) seek protection
   (B) lie over

4. I hope I'll be able to <u>fill his shoes</u> while he is away.

   (A) do a better job than him
   (B) take the place of his position

5. Cars are <u>bumper to bumper</u> from the Golden Bridge to the last exit.

   (A) made up of long lines of cars
   (B) warranty for repairing bumper is covered

6. Please feel free to <u>grab your friends and come out</u>.

   (A) You are invited if you bring your friends along.
   (B) You can bring your friends along.

7. We're seeing a clear blue sky <u>without a patch of clouds</u>.

   (A) with no clouds at all
   (B) with no rain

8. His latest <u>movie hit the theaters</u> last weekend.

   (A) movie is released
   (B) stopped showing the movie

정답과 해설 p. 59

II 다음 문장을 듣고 문장의 의미로 알맞은 것을 고르세요. 🔊 Track P4_25

1. (A) 오늘 Silos Industries는 Summit Enterprises와 합병 계획을 발표했습니다.
   (B) 오늘 Silos Industries는 Summit Enterprises와 성공적으로 합병했습니다.

2. (A) 아동 복지 관련 법안을 국회에서 통과시킬 예정입니다.
   (B) 우리는 어린이들을 위한 교육 기회를 부정할 수 없습니다.

3. (A) 급행열차는 1시간 30분마다 운행됩니다.
   (B) 급행열차는 30분마다 운행됩니다.

4. (A) 이 기회를 놓치지 마세요.
   (B) 당신에게만 제공되는 기회입니다.

5. (A) 이번에 주문하시면 다음 주문 시에는 무료로 드립니다.
   (B) 배달 주문을 하시면 하나 구매 시 하나를 더 증정해 드립니다.

6. (A) 오늘 프로그램을 위해 흥미로운 출연진들이 준비되어 있습니다.
   (B) 내빈들을 위한 흥미로운 만찬과 행사를 준비했습니다.

7. (A) 그 지역을 피해 우회로로 가시는 것이 좋습니다.
   (B) 그 지역은 공사로 인해 아주 혼잡합니다.

8. (A) 우리는 이번 주말에 개장하는 체육관입니다.
   (B) 이번 주말에는 특별 할인행사를 진행합니다.

9. (A) 일자리 창출 노력에도 불구하고 실업률은 더욱 상승했습니다.
   (B) 일자리 창출 노력으로 인해 실업률 증가세가 수그러들고 있습니다.

10. (A) 23일에서 26일까지는 날씨가 화창할 것으로 예상됩니다.
    (B) 오늘 기온은 23~26도 사이일 것으로 예상됩니다.

STEP 2　짧은 독백 연습하기

정답과 해설 p. 59

III　다음 지문을 듣고 문제를 풀어보세요.　🔊 Track P4_26

1. W　I'm sure a lot of our listeners are tuning into our show right now because we've been telling you so much about our next guest, Josh Hall. His latest movie hit the theaters last weekend and it's become an instant hit. We are fortunate to have the star of the movie here in the studio with us to tell us about his filming experience. Let me tell you. I'm sitting in the studio with him and he is even more charming in person. Listeners, after 10 minutes we will take any questions through our SNS. So without further ado, here is our very special guest, Josh Hall.

(1) 초대 손님 _____

(2) 방송될 내용 _____
_____

(3) 청취자 참여 방법 _____
_____

2. M　It is finally made official. Silos Industries has successfully merged with Summit Enterprises today according to the statement released by the two companies. This drawn out M&A deal has been the talk of the town for over four years. There have been two times where the deals reached an impasse but after a series of careful negotiations, the two companies are now merged as Silos-Summit Enterprises. The merger will finalize as soon as the terms of employment for both companies' employees including the executives reach an agreement.

(1) 보도 주제 _____

(2) 두 회사간 논의에 소요된 기간 _____
_____

(3) 남은절차 _____
_____

STEP 3 연습문제

정답과 해설 p. 59

I 다음 대화를 잘 듣고 빈칸을 채우세요. Track P4_27

1. **M** This just in. The city _____ have been _____ for this day for the _____ three years. The new _____ line 10 which will _____ the city _____ to the airport will _____ open _____ morning at 5:30am. The new line will _____ both the local _____ and the _____ trains. The express trains will _____ every half an _____ and it will _____ a _____ from the city center to the _____ in 35 minutes with 7 stops in _____. The _____ for this line will be lavender. Yes, we're _____ out of colors. it _____ like.

2. **W** Good _____, everyone. It is _____ a beautiful Sunday morning. The _____ this morning is 25 _____ in Seoul. We're seeing a _____ blue sky without a patch of _____. The air _____ is also _____ with very low levels of fine _____ and pollution _____. The _____ today will _____ from 23 degrees to 26 degrees. But it'll get a little _____ in the _____ for those of you planning picnics. Please, remember to bring a light _____. But after tomorrow, sunny and nice _____ weather should _____ right until the _____ of this week. This has been your _____ update. I'll be _____ in the _____ hour with more news.

STEP 3 연습문제

新 TOEIC 유형 +

3. M   Next we have an _____ from the City _____ on its lights, _____, water and electricity _____. _____ to see a minor _____ in your utilities _____ next month. After many years of rate _____, the City Utilities have increased _____ by 0.25%. Your water, sewage, lights and _____ will be that much more _____ but you won't see a _____ increase. The _____ rate will stay the _____ for _____ year. Always _____ to recycle and save energy. You can find out what utility bills will be raised by _____ our website www.CityUtilities.or.kr.

新 TOEIC 유형 +

4. M   The Valentine's Day is _____ up. Do you have someone _____ in your life? Do you _____ to say you _____ him or her? Send the _____ with Danny's _____ Shop. You can _____ your flower _____ to send a _____ message. You can _____ the color of the _____ and _____. We can also _____ a card with your _____. You can find a _____ of _____ flowers on our website. We will _____ the flowers to your Valentine on the day and time you _____. Say your _____ with flowers _____ the Danny's Flower _____.

정답과 해설 p. 59

新 TOEIC 유형 +

5. **M** This is your _____ _____ wrap. It was a big _____ for the Chasers, as they won _____ the Rangers for the _____ time in five years. Michael MacCauly _____ the first _____ despite his _____ injury. The next game will be _____ on _____ ground on the 19th. In Baseball, Don Kelly, the _____ high school protégé _____ his first major _____ game knocked it out of the _____. Kelly _____ the first _____ for his team, _____ his presence as a _____ MVP.

新 TOEIC 유형 +

6. **M** Our next _____ item doesn't make us so happy to _____. The _____ statistics came in from major _____ _____. According to the _____, the unemployment _____ went _____ even more _____ efforts to _____ jobs. What is even more _____ is the _____ unemployment rate. For those _____ the ages of 15 and 29, the unemployment _____ in 2014 is exactly _____ that of the _____ rate in the _____ year. Due to the _____ difficulty in _____ a secure job, a lot of college students are _____ graduation. At a time like this, the government asks all generations to share _____. So, most companies plan to introduce a peak salary _____ program.

PART 4

247

STEP 3 연습문제

II 다음 문장을 듣고 가장 알맞은 응답을 고르시오. Track P4_28

1. What is the purpose of this news?

   (A) To announce the opening of the new subway line
   (B) To announce development of subway station area
   (C) To announce a construction plan of a new road
   (D) To announce introduction of a new monthly season ticket for subways

2. What is NOT true about the new subway line?

   (A) It will officially open tomorrow morning at 5am.
   (B) It will connect the city center to the airport.
   (C) It will have both the local and the express trains.
   (D) It will take 35 minutes from the city center to the airport on an express train.

3. How long did the construction of the new subway line take?

   (A) 2 years
   (B) 3 years
   (C) 4 years
   (D) 5 years

4. How does the weather look today?

   (A) Nice blue sky with good air quality
   (B) Chilly in the morning and evening
   (C) A chance of rain in the afternoon
   (D) Strong winds all day long

5. When is the weather report being given?

   (A) In the morning
   (B) At noon
   (C) At 5pm
   (D) In the evening

6. What does the speaker recommend the listeners do in the afternoon?

   (A) Wear a jacket
   (B) Drive carefully
   (C) Avoid going outside
   (D) Bring an umbrella

7. According to the speaker, what will happen next month?

   (A) City Utilities will increase rates slightly.
   (B) The increase range in the electric and gas charges would be limited.
   (C) Each house will be equipped with its own water treatment system.
   (D) Electric bills at the nation's largest utility will go up by 2%.

8. Which service won't see a rate increase this time around?

   (A) Sewage
   (B) Water
   (C) Garbage
   (D) Electricity

9. What can be found on the website?

   (A) Information about public utility charges
   (B) Information about public service
   (C) Information about public transportation
   (D) Information about sewage disposal

10. What type of business does the speaker have?

    (A) A bakery
    (B) A flower shop
    (C) A restaurant
    (D) A supermarket

11. What kinds of service does the Danny's Flower Shop offer?

    (A) Customizing flower combinations
    (B) International delivery
    (C) Hiring a mariachi band
    (D) Taking a photo of flowers before delivery

12. What can be found on the website?

    (A) A flower catalog
    (B) A price list
    (C) A coupon book
    (D) A message form

13. What is the main topic of the news?

    (A) Exercise classes for children
    (B) The host of the next Olympic Games
    (C) The next Chasers game will be a home game.
    (D) The results of the sports game

14. Who is Don Kelly?

    (A) A baseball player
    (B) A basketball player
    (C) A football player
    (D) A volleyball player

15. Why does the speaker say, "knocked it out of the park"?

    (A) The player played really well.
    (B) The player wrestled with someone at the park.
    (C) The player was beaten to death.
    (D) There was a big fight between athletes and fans.

Year	Overall	Youth
2013	3.2	7.5
2014	4.5	

16. What is the report about?

    (A) Tips for job interviews
    (B) The statistics for youth crime
    (C) Efforts to create more jobs
    (D) Unemployment rate

17. According to the news, what is considered as the solution of unemployment?

    (A) Adoption of salary peak system
    (B) Abolition of Performance-based salary system
    (C) Advice to resign
    (D) Expansion of unemployment benefits

18. Look at the graphic. What is the youth unemployment rate in 2014?

    (A) 6.4
    (B) 8
    (C) 7.5
    (D) 9

KEY 09　　공지

회사 행사, 시설물 정비, 공공 장소에서 주의 사항을 알리기 위해 방송되는 공지 지문에서는 화자가 청자에게 요구하거나 당부하는 행동, 공지가 방송되는 장소 등을 묻는 문제들이 주로 출제됩니다. 지문 앞부분에 공지 목적이나 청자의 주의를 끌기 위한 표현이 사용되므로 바로 담화 유형이 공지임을 파악할 수 있습니다.

대표 예제 미리보기

Conversation

M　This is a reminder for the company meeting. In fifteen minutes, starting at 2pm, every one of the employees is requested to attend the companywide meeting in the main auditorium. Unless you have a client meeting between now and 4pm, your presence is requested at the meeting. There will be the announcement of our new year's plan and the first promotions of the year. Please find your seats at the auditorium no later than five minutes before the meeting starts. Thank you.

Question

What are the listeners asked to do?

Possible Answers

To gather in the auditorium
강당에 모이는 것

To attend a company meeting
회사 회의에 참석하는 것

핵심 표현 미리 보기

핵심 표현 중 얼마나 알고 있는지 확인해 보세요.

☐ reminder 상기시키는 것	☐ shortly	☐ wrap up
☐ auditorium	☐ aircraft	☐ excess
☐ presence	☐ eligible	☐ lavatory
☐ reward	☐ redeemable	☐ regarding
☐ permanent	☐ guideline	☐ flood
☐ probation	☐ vacate	☐ designate
☐ orderly		

STEP 1 핵심 표현 배우기 — 핵심 표현 암기하기 — Track P4_29

reminder	명 상기시키는 것, 독촉장	a constant reminder 끊임없이 상기시키는 것
auditorium	명 강당	be held in the auditorium 강당에서 개최되다
presence	명 참석	Your presence is requested. 당신의 참석이 요구된다.
reward	명 보상	deserve a reward 보상을 받아야 마땅하다
permanent	형 영구적인	a permanent record 영구적인 기록
probation	명 수습, 보호관찰	a period of probation 수습기간
orderly	형 정돈된	in an orderly fashion 질서 정연하게
shortly	부 곧	take place shortly 곧 발생하다
aircraft	명 항공기	board the aircraft 항공기에 탑승하다
eligible	형 ~할 자격이 있는	eligible for a coupon 쿠폰을 받을 자격이 있는
redeemable	형 (현금·상품과) 교환할 수 있는	redeemable for a book 책으로 교환할 수 있는
guideline	명 지침	guideline for managing 운영 지침
vacate	동 비우다	vacate the office 사무실을 비우다
wrap up	마무리하다	wrap up the conversation 대화를 마무리하다
excess	명 초과, 과도	excess of 100 dollars 100달러 초과
lavatory	명 화장실	use the lavatory 화장실을 사용하다
regarding	전 ~에 관하여	regarding the gate changes 탑승구 변경에 관하여
flood	명 홍수	cause floods 홍수를 일으키다
designate	동 지정하다	designate a spokesperson 대변인을 지정하다

STEP 2 짧은 독백 연습하기

I 다음 문장을 읽고 밑줄 친 표현을 바르게 나타낸 것을 고르세요.

1. To see through the fruit of our months long efforts, please attend the conference.

    (A) unpaid amount for months
    (B) rewards for hard work

2. The offer will be permanent after the two-month probation period.

    (A) a period of waiting after submitting a job application
    (B) a period of testing after hiring a person

3. We need to hit the ground running as soon as possible.

    (A) immediately work very hard and successfully at a new activity
    (B) run very fast

4. According to the weather services, we should be cleared for take-off by then.

    (A) become clear
    (B) given authorization to

5. It's first-come, first-served.

    (A) the person who arrive first will be served first
    (B) the person who reserve first will be served first

6. Exit from the building using the stairs in an orderly fashion.

    (A) in a quickest way
    (B) in a well-organized and controlled way

7. The water will be cut off from 8am tomorrow.

    (A) reduce the amount of
    (B) stop the supply of

8. The following stores are closed for business until the first of January.

    (A) stopped doing business permanently
    (B) stopped doing business temporarily

정답과 해설 p. 63

II 다음 문장을 듣고 문장의 의미로 알맞은 것을 고르세요. Track P4_30

1. (A) 다음 주로 예정된 워크샵에 꼭 참석해 주시기 바랍니다.
   (B) 다음 주 내로 새로운 워크샵 일정을 알려드리겠습니다.

2. (A) 새 인트라넷을 통해 휴가를 신청하실 수 있습니다.
   (B) 새 인트라넷 접속 권한을 신청하시기 바랍니다.

3. (A) 정문 리모델링 공사가 완료되었습니다.
   (B) 정문은 리모델링 공사 중입니다.

4. (A) 팀장들은 금주까지 제안서 초안을 제출해주시기 바랍니다.
   (B) 이번 회의에서는 제안서 내용에 관해 이야기하고 싶습니다.

5. (A) 이 비행기는 시애틀에서 뉴욕으로 갑니다.
   (B) 이 비행기는 시애틀을 경유해서 뉴욕으로 갑니다.

6. (A) 기내의 모든 영역은 금연구역입니다.
   (B) 흡연은 지정구역에서만 가능합니다.

7. (A) 이 10달러 상품권은 사용기한이 만료되었습니다.
   (B) 다음 구매 시 사용 가능한 10달러 상품권을 받으실 수 있습니다.

8. (A) 이 방송은 화재 대피 훈련 안내입니다.
   (B) 화재가 발생하였으니 대피하시기 바랍니다.

9. (A) 가이드를 따라 공원 보호구역을 둘러보실 수 있습니다.
   (B) 공원을 보호하기 위해 다음의 수칙을 지켜주십시오.

10. (A) 이 과정은 완료까지 최대 이틀 소요될 예정입니다.
    (B) 이틀 후에 공사가 시작될 예정임을 알려드립니다.

STEP 2 짧은 독백 연습하기

정답과 해설 p. 63

III 다음 지문을 듣고 문제를 풀어보세요. Track P4_31

1. **W** Hello, everyone. As you know, one of our founding members and the longest serving engineer at our company, Jim, will be retiring at the end of this month after 39 years of service. He is currently at the executive meeting at the New York office but he will be back tomorrow. In celebration of his successful years at the company, we are throwing him a retirement party in the second floor conference room in our main building at 5pm. Please come by if you can to say goodbye to Jim. You're welcome to bring him presents and flowers if you wish. See you all tomorrow at 5!

(1) 기념 내용 _____
(2) 준비 행사 _____
(3) 행사 예정 및 장소 _____
_____
(4) 권유 사항 _____
_____

2. **M** Good evening, ladies and gentleman. I hope you're having a wonderful experience attending the annual seminar. I'm sure you're still not ready to leave, but unfortunately it is time to say goodbye for now. We are required to vacate the room in about forty minutes. Please wrap up interesting conversations, exchange business cards, and get ready to say goodbye. If you drove here tonight, please pick up your parking coupon at the front desk so you don't have to pay for parking. Hope you had a great seminar and we'll look forward to seeing you again next year. Have a pleasant rest of the evening.

(1) 행사 종류 _____
(2) 요청 사항 _____
_____
(3) 주차권 수령 장소 _____
_____

STEP 3 연습문제

정답과 해설 p. 63

I 다음 대화를 잘 듣고 빈칸을 채우세요. Track P4_32

1. **W** Good _____ everybody. Did you have a _____ day today? It is five o'clock and I _____ a lot of you are _____ to leave the office for the _____. As you know, we _____ a company _____ scheduled to take _____ this _____. But unfortunately, the _____ for our company _____ has been _____ damaged from last night's _____. There is _____ in the room we _____ so we're going to have to _____ our workshop for another _____. We _____ for any _____ this might cause to your weekend planning. We'll let you know the _____ date for the workshop next week.

2. **M** Good morning. I just _____ been _____ by the _____ department that the new _____ is now all set up and _____. Please take a _____ to log onto your intranet _____ with your ID and _____ to _____ the new system. Your work report and _____ will now be taking place _____ the intranet. You can also _____ for a day off via the new intranet. The newest _____ of the _____ intranet is the instant _____. You can now _____ with your colleagues from other departments _____ having to pay a visit in _____.

STEP 3 연습문제

新 TOEIC 유형 +

3. W Attention all _____. Happy _____, and thank you for shopping at Maggie's _____. We have a _____ promotion _____ in time for Thanksgiving at our _____ department. All of our _____ will be marked _____ 10% starting in _____ minutes. Each customer is _____ to buy _____ to two turkeys. It's first-come, first-_____ so please _____. Also, if you make a purchase in _____ of 100 dollars today, you're _____ for a 10-dollar gift coupon _____ on your next _____. Happy shopping!

新 TOEIC 유형 +

4. M Ladies and gentlemen, the _____ has turned _____ the seat belt _____. At this time, you may _____ your _____ to use the _____. Please note that all _____ of this _____ are non-smoking areas. Please _____ your seat _____ while you're seated for your _____. We will start _____ dinner in _____ minutes. We have _____ and vegetarian _____ available for this _____. If you would like to study the _____ options in _____, refer to the menu _____ in the seat _____ in front of you. In the meantime, in-flight services are now _____ so enjoy our _____ of movies and sitcoms while you're _____. Thank you.

新 TOEIC 유형 +

5. M Thank you for _____ the Jefferson Community _____. It is now 9:25pm and the library will be _____ soon. The check-out _____ will be closing in _____ minutes. If you _____ to _____ a book today, please _____ to the check-out desk as _____ as possible. Also, the library will close in 35 minutes at 10pm. But the _____ room on the _____ floor is open all night _____. If you want to _____ in the reading room _____ the library is closed, use the _____ gate. The library _____ are from 9am to 10pm, Monday _____ Friday. On _____, the library _____ from 9am to 5pm. We're closed on Sundays. Thank you.

新 TOEIC 유형 +

6. M Good afternoon, _____. Thank you for using Seoul International _____. I have an _____ announcement to make _____ the gate _____. Due to some _____ conflicts, Blue Air flight 202 to London will _____ from Gate 20 _____ of 13. Island Airlines _____ 71 to Hawaii will leave _____ Gate 31 instead of 27. I _____. Blue Air flight 202 to London will _____ from Gate 20. Island Airlines flight 71 to Hawaii will depart from Gate 31. United _____ flight 502 from Gate 27. Jasmine Air flight 308 from gate 18. Please _____ to the _____ _____ for the changes. Thank you.

STEP 3 연습문제

II 다음 문장을 듣고 가장 알맞은 응답을 고르시오. Track P4_33

1. What was the cause of the postponement of the company outing?

   (A) Storm warnings for the weekend
   (B) A severe drop in the temperature
   (C) Workers' strike at the venue
   (D) Damage at the venue due to the storm

2. When will the company outing take place originally?

   (A) On Monday
   (B) On Tuesday
   (C) On Thursday
   (D) On Sunday

3. What is expected to happen next week?

   (A) The new date of the company outing will be announced.
   (B) The venue for the company workshop will be reserved.
   (C) The company workshop will be held.
   (D) The executives will discuss ways to prepare for floods.

4. What is the announcement mainly about?

   (A) Introduction of the new intranet
   (B) Downloading the new version
   (C) Restoring the intranet system
   (D) Using English for the intranet boards

5. What is NOT one of the functions of the new intranet system?

   (A) Suggestion Box
   (B) Vacation Request
   (C) Instant Messenger
   (D) Evaluations

6. What are the listeners asked to do?

   (A) Log on to intranet website with their ID and password
   (B) Sign up for the new system
   (C) Change a password
   (D) Fill out an application form

7. Who is the announcement for?

   (A) Customers
   (B) Students
   (C) Employees
   (D) Restaurant owners

8. How can the listeners get a discount?

   (A) By using a gift coupon
   (B) By the order of arrival
   (C) By presenting a membership card
   (D) By buying in large quantities

9. What is mentioned about the gift coupon?

   (A) It is redeemable on purchases exceeding 100 dollars.
   (B) You cannot purchase a discounted item if you don't have the coupon.
   (C) You are not eligible for it if you buy the discounted turkey.
   (D) It's worth 10 dollars and redeemable on your next purchase.

10. Who is the speaker?

    (A) A pilot
    (B) A flight attendant
    (C) An airport police
    (D) A customs officer

11. What do the listeners find in the pocket in front of them?

    (A) A catalog
    (B) A safety manual
    (C) A dinner menu
    (D) A customs declaration form

12. When will the dinner be served?

    (A) In 15 minutes
    (B) In 25 minutes
    (C) In 30 minutes
    (D) In 50 minutes

13. What does the speaker say will happen in thirty five minutes?

    (A) There will be a poetry reading in the reading room.
    (B) The book signing event will start.
    (C) The library will close.
    (D) The listeners can apply for a new library card.

14. What is stated about the reading room?

    (A) It is open 24 hours a day.
    (B) It is on the third floor.
    (C) It is for the library members only.
    (D) It has designated seats for disabled people.

15. What time does the library close on Saturdays?

    (A) 4 pm
    (B) 5 pm
    (C) 5:30 pm
    (D) 6:30 pm

GATE	FLIGHT
13	Blue Air 202
18	Jasmine Air 308
31	Island Airlines 71
27	United Airlines 502

16. Where is the announcement being made?

    (A) At an airport
    (B) At a duty free shop
    (C) At an airline company
    (D) On an airplane

17. Why did the flights have gate changes?

    (A) The airport has a security problem.
    (B) A minor error occurred in the system.
    (C) There was a problem with flight schedule.
    (D) The weather got worse.

18. Look at the graphic. Which flight's information is incorrectly listed on the departure board?

    (A) Blue Air 202
    (B) Jasmine Air 308
    (C) Island Airlines 71
    (D) United Airlines 502

KEY 10   인물 소개 및 강연

다양한 주제에 관련된 강연이나, 연사를 소개하는 지문이 나옵니다. 발화자가 강연자일 경우에는 인사말, 담화 주제 및 목적이 발화자가 사회자일 경우는 강사의 간략한 약력 소개가 주된 내용이 됩니다. 주로 출제되는 문제로는 연설 주제, 발표자의 직업, 청자, 장소 등이 있습니다.

대표 예제 미리보기

Conversation

M   And lastly, I want to introduce to all of you our newest employee who's starting her work with us today. Jennifer, could you please come to the podium please? As she makes her way over here, let me say a few things about her previous works. She is the executive responsible for the hugely successful road runner campaign. I'm sure you're all very familiar with it. She is an advertising legend and we are very exciting to have her on our team. Without further ado ladies and gentlemen, let's welcome Ms. Jennifer Murray.

Question

What does the speaker mention about Ms. Jennifer Murray?

Possible Answers

She is the new employee joining the company today.
그녀는 오늘 새로 입사하는 직원이다.

She is considered an advertising legend.
그녀는 광고계의 전설적인 인물로 여겨진다.

핵심 표현 미리 보기

핵심 표현 중 얼마나 알고 있는지 확인해 보세요.

☐ rehabilitation 재활	☐ divide	☐ on behalf of
☐ degree	☐ valuable	☐ positive
☐ elective	☐ content	☐ mandatory
☐ degenerative	☐ renowned	☐ general
☐ recuperate	☐ defend	☐ diplomat
☐ candidate	☐ equal	☐ discontinue
☐ venture		

STEP 1 핵심 표현 배우기 — 핵심 표현 암기하기 — Track P4_34

단어	품사/뜻	예시
rehabilitation	명 재활	sports rehabilitation 운동 재활
degree	명 학위	a doctoral degree 박사학위
elective	형 선택적인	elective courses 선택 강좌
degenerative	형 퇴행성의	degenerative diseases 퇴행성 질환
recuperate	동 회복하다	recuperate all our loses 우리의 모든 손실을 회복하다
candidate	명 후보자	presidential candidates 대통령 후보자들
venture	명 모험, 벤처사업	work in a small venture 작은 벤처사업체에서 일하다
divide	동 나누다	divide into seven groups 7개 집단으로 나누다
valuable	형 귀중한	valuable feedback 귀중한 의견
content	명 내용	be graded on the content 내용을 평가받다
renowned	형 유명한, 명성있는	a renowned human rights attorney 유명한 인권 변호사
defend	동 옹호하다	defend woman's right 여성의 권리를 옹호하다
equal	형 동등한	equal rights in marriage 결혼 생활 내의 동등한 권리
on behalf of	~을 대신하여	on behalf of the medical team 의료진을 대신하여
positive	형 긍정적인	create a positive experience 긍정적인 경험을 만들다
mandatory	형 의무적인	mandatory orientation 의무적인 오리엔테이션
general	형 일반적인	general guidelines 일반적인 지침
diplomat	명 외교관	send a diplomat 외교관을 보내다
discontinue	동 중단하다	discontinue the product 제품 생산을 중단하다

PART 4

STEP 2 짧은 독백 연습하기

I 다음 문장을 읽고 밑줄 친 표현을 바르게 나타낸 것을 고르세요.

1. She is currently working on her Ph.D in the sports rehabilitation.

    (A) working as a doctor
    (B) trying to get a doctoral degree

2. I am stepping down as the CEO today.

    (A) getting promoted
    (B) resigning

3. Please help yourself to snacks and beverages while you're waiting.

    (A) take what you want without asking permission
    (B) ask for permission to take what you want

4. This is one of your core classes.

    (A) elective courses
    (B) required courses

5. Just tell us about yourself in your own words.

    (A) speak without copying
    (B) speak aloud

6. Cutting too much calories can have a degenerative long-term effect.

    (A) Chopping up vegetable
    (B) Reducing calorie intake drastically

7. We have recuperated all our losses.

    (A) recovered from illness
    (B) recovered from financial loss

8. We have the presidential debate that is currently taking place.

    (A) Some presidential candidates plan to skip the debate.
    (B) The presidential candidates are having a debate.

II 다음 문장을 듣고 문장의 의미로 알맞은 것을 고르세요. Track P4_35

1. (A) 다음 연사를 소개하는 것이 저의 엄청난 영광과 특권입니다.
   (B) 유익한 강연을 해주신 것에 대해 감사의 박수를 부탁드립니다.

2. (A) Ms. Bloom은 지금까지 총 12개 대회에서 우승했습니다.
   (B) Ms. Bloom은 12살 때부터 전문 선수 생활을 시작했습니다.

3. (A) 오늘 저는 여러분들께 균형 잡힌 식단의 중요성에 대해 이야기할 것입니다.
   (B) 현대인들의 바쁜 생활 방식 때문에 균형 잡힌 식단은 더 중요해졌습니다.

4. (A) 우리에게는 후손들을 위해 환경을 보호해야 할 의무가 있습니다.
   (B) 환경 보호를 위해 여러분들이 할 수 있는 몇 가지 일들이 있습니다.

5. (A) 이런 만화들의 유해성은 여러 연구에서 지적되어 왔습니다.
   (B) 가끔은 이런 만화들이 그들에게 새로운 단어나 수학을 가르쳐줍니다.

6. (A) 저를 믿고 이런 큰 책임을 맡겨주셨던 것을 감사드립니다.
   (B) 서로 신뢰하며 화합하여 좋은 회사를 만들어봅시다.

7. (A) 저는 Mr. Cooke을 이전의 벤처기업에서부터 알았습니다.
   (B) 저는 Mr. Cooke이 성공한 벤처기업가라는데 이견이 없습니다.

8. (A) 어제부로 Gina Wilson이 다른 패션 잡지사로 자리를 옮기게 되었습니다.
   (B) 어제부로 Gina Wilson이 새로운 패션 편집자로 우리 팀에 함께하게 되었습니다.

9. (A) 중요한 공지사항이 있습니다.
   (B) 우리는 중요한 행사를 앞두고 있습니다.

10. (A) 지질학 개론 수업이 마감되었습니다.
    (B) 이것은 지질학 개론 수업입니다.

STEP 2 짧은 독백 연습하기

정답과 해설 p. 67

III 다음 지문을 듣고 문제를 풀어보세요. Track P4_36

---

1. **M** Thank you for your interest in our company. My name is Jeff Hawthorne, the Human Resources Director. Shortly, we'll divide you into seven groups of four. Each group will be interviewed together for the first round. This group interview will be a non-formal getting-to-know each other kind of conversation. After the group interview, each interviewee will be interviewed alone for approximately fifteen minutes. This individual interview will be more technical. The whole process will take about an hour including the waiting time. Please help yourself to the snacks and beverages while you're waiting.

    (1) 화자의 부서 _____
    (2) 청자 _____
    (3) 한 그룹에 들어갈 인원 _____
    (4) 소요 시간 _____
    _____

---

2. **W** Are we ready for the presentations today? We are going to start right away so that we don't run out of time. Each team will be given twenty minutes to give the presentation. Since each team consisted of five students, let's make sure that each person gets about four minutes of speaking time. When you're finished, other students will ask you questions about the presentation you just gave. Take that opportunity to get valuable feedback. You will be graded on the content as well as the presentation. Okay. Let's start with team one. Good luck.

    (1) 행사 종류 _____
    (2) 평가 기준 _____
    (3) 팀 당 주어진 시간 _____

STEP 3　연습문제

정답과 해설 p. 67

I　다음 대화를 잘 듣고 빈칸을 채우세요.　🎧 Track P4_37

1. **W**　It is my great _____ and _____ to _____ our next speaker. He is a _____ human rights _____ working with _____ all around the world. _____ he has _____ women's rights in the _____ of the world _____ women's rights are severely _____. He _____ for _____ education which includes the girls in these countries, and also equal marriage _____. Ladies and gentlemen, let's _____ a round of _____ to our _____ _____, Mr. David Park.

2. **W**　Thank you, Mr. Cooke. Good morning, everyone. It is my _____ and privilege to be _____ the _____ today. As the _____ kindly said when _____ me, my name is Sarah McIntosh, the new Chief _____ Officer. I have known Mr. Cooke _____ my _____ venture, as he has already _____. We _____ a company together ten years ago. Our _____ didn't _____ out the way we _____, so we both went our _____ ways _____ jobs with different companies. So when he _____ out to me last month with a job _____, I _____ not have been more _____.

STEP 3 연습문제

---

3. W   I _____ all of you to _____ here today _____ I have an important _____ to make. And I wanted to make sure that every one of our company's _____ is _____ when I make the announcement. Last year was the _____ year for all of us. Our profit _____ and our sales numbers were _____. I was _____ a lot of _____ to _____ off at _____ 30% of our employees. You came up with a _____. We stopped _____ with the least _____ product to _____ on the _____ products. The _____ are just _____. We have _____ all our _____ and _____ a profit.

---

4. M   Good afternoon, everyone. I'm _____ many of you already had a _____ to meet the _____ addition to our staff. But I want to _____ this _____ to officially _____ her to our company. _____ of yesterday, Gina Wilson has _____ our team as the new fashion _____. Her first _____ will be the _____ fashion week taking _____ in the next two weeks, so I'm sure she'll _____ any _____ you can give her during the _____ season. Gina, _____ you please _____ yourself to the team?

5. M Thank you for _____ out today. My name is Dr. Ron Goldberg. I am the _____ of the children's _____ here. On _____ of the _____ team, I want to thank you for your _____ in helping to create a positive experience for our child _____. This is the _____ orientation that we give to all of our _____ at the _____ of the year. You have now made a _____-_____ commitment to volunteer your time to _____ concerts, plays and other programs that can _____ smiles to our little patients. And I want to start by _____ you some _____ guidelines.

6. W Thank you. _____ you for this _____ honor. I cannot _____ how I am feeling at the _____. I had a slight _____ but never in my _____ dream, had I _____ to be winning the Best _____ Award. Wow, where do I begin? I was a child actress. I started acting _____ I was seven years old. Then, I had a long _____. I finished college and worked as a _____ for _____ five years before coming _____ to Hollywood. I was given a great _____ with a great _____. I want to start by _____ Jim, our _____ and my costar Jerome Hemway.

STEP 3 연습문제

II 다음 문장을 듣고 가장 알맞은 응답을 고르시오. Track P4_38

1. Where is this introduction most likely taking place?

   (A) A courtroom
   (B) A prison cell
   (C) A hospital
   (D) A conference room

2. Who is Mr. David Park?

   (A) A lawyer
   (B) A social worker
   (C) A diplomat
   (D) A scholar

3. What is mentioned about Mr. David Park?

   (A) He is a human rights attorney working with illegals.
   (B) He has tried to protect the women's right.
   (C) He stands up for educational excellence.
   (D) He opens a course on women's studies.

4. What position is the speaker hired to fill?

   (A) The CEO
   (B) The COO
   (C) The CFO
   (D) The Vice President

5. What does the speaker say has happened last month?

   (A) She got a job offer.
   (B) She got back from South America.
   (C) Her maternity leave ended.
   (D) Her company went bankrupt.

6. Why does the speaker say, "I could not have been more thrilled"?

   (A) She's worried about fitting in the new company.
   (B) She's excited to join the firm.
   (C) She doesn't want to work alone.
   (D) She rejected the first offer.

Product	Quarterly profit
XT-7500	$185,460
Advanced XT-7500	$1,204,308
VC-1800	$87,660
VC-2000	$460,645

7. Who most likely is the speaker?

   (A) A CEO
   (B) A government official
   (C) A headmaster
   (D) The president of the country

8. What does the speaker speak about the company?

   (A) It's deeply in debt.
   (B) It's going to fire 30% of employees.
   (C) It passed the recent crisis.
   (D) Its sales remained unchanged.

9. Look at the graphic. Which product has been discontinued?

   (A) XT-7500
   (B) Advanced XT-7500
   (C) VC-1800
   (D) VC-2000

10. What is the purpose of this announcement?

    (A) Welcoming a new associate
    (B) Conducting job interviews
    (C) Announcing a retirement
    (D) Celebrating a promotion

11. Why does the man ask the team to help out the new editor?

    (A) It is a busy season for her.
    (B) The fashion week has been cancelled.
    (C) She has no editing experience.
    (D) She came from a different country.

12. What will happen during the next two weeks?

    (A) 'Black Friday' discounts event
    (B) An art exhibition
    (C) Launching a new fashion brand
    (D) The fashion week

13. Who is this talk most likely intended for?

    (A) Doctors
    (B) Volunteers
    (C) Patients
    (D) Children

14. What is the purpose of giving the message?

    (A) To thank the volunteers
    (B) To introduce the volunteers
    (C) To match the volunteers with patients
    (D) To orient volunteers

15. How long will the listeners do volunteer work?

    (A) Three days
    (B) A month
    (C) A year
    (D) Two years

16. Who is the speaker?

    (A) An actress
    (B) A programmer
    (C) A director
    (D) A host

17. What is the purpose of the speech?

    (A) Promoting a new product
    (B) Presenting an award to the Best Actor
    (C) Expressing gratitude for recognition
    (D) Celebrating the record over 10 million viewers

18. Why does the speaker say, "I had a slight expectation but never in my wildest dream"?

    (A) She didn't have much luck in choosing a good film to act in.
    (B) She dropped off because of boring movie.
    (C) She had a terrible nightmare.
    (D) She didn't consider herself as a promising candidate.

KEY 11 　설명 및 안내

설명 및 안내 담화에서는 어떤 행사에서 앞으로의 일정에 대한 설명, 관광지나 박물관에서 가이드의 안내, 주의 사항 등의 내용을 들을 수 있습니다. 이와 같은 유형의 담화문에서는 화자에 대한 특정 정보 및 대화가 이루어지는 장소가 어디인지 묻는 문제가 자주 출제됩니다.

대표 예제 미리보기

Conversation

W　Thank you for visiting the Future Technology Incorporated. My name is Jill and I'll be guiding your visit today. You're about to experience the future city created by the Future Technology Incorporated. There will be augmented reality experience which will be very surreal. Next, we'll present our newest robotic technology. You'll be able to experience what your life can be like with the help of humanoid robots. So, are we ready for a trip into the future? Okay, follow me.

Question

Where will the listeners probably visit next?

Possible Answers

The future city created by the Future Technology Incorporated
Future Technology사에 의해 개발된 미래 도시

A company facility
회사 시설

핵심 표현 미리 보기

핵심 표현 중 얼마나 알고 있는지 확인해 보세요.

☐ native 태어난 곳의	☐ wondrous	☐ panel
☐ collection	☐ ruin	☐ conclude
☐ refrain	☐ cliff	☐ ecological
☐ fragile	☐ poisonous	☐ circumstance
☐ competitive	☐ dispose	☐ dismissal
☐ partake	☐ session	☐ hefty
☐ entrance		

STEP 1 핵심 표현 배우기 — 핵심 표현 암기하기 — Track P4_39

native	형	태어난 곳의, 토종의	native plants	토착 식물
collection	명	수집품	private collection	개인 수집품
refrain	동	그만두다, 삼가다	refrain from climbing	오르는 것을 삼가다
fragile	형	부서지기 쉬운	fragile nature	부서지기 쉬운 특성
competitive	형	경쟁적인	extremely competitive	극도로 경쟁적인
partake	동	참가하다	partake in many activities	많은 활동에 참가하다
entrance	명	입장	allow his entrance	그의 입장을 허용하다
wondrous	형	경이로운	wondrous site	경이로운 장소
ruin	명	폐허, 유적	archeological ruin	고고학적 유적
cliff	명	절벽	stand on the cliff	절벽 위에 서다
poisonous	형	독성이 있는	a poisonous insect	독성이 있는 곤충
dispose	동	배치하다, 처리하다	dispose of trash	쓰레기를 처리하다
session	명	기간	a training session	훈련 기간
panel	명	전문가 집단	panel discussion	전문가 집단 토론
conclude	동	결론을 내다, 끝나다	the conference concludes	회의가 끝나다
ecological	형	생태학적인	an ecological system	생태계
circumstance	명	상황	a particular circumstance	특정한 상황
dismissal	명	해고, 퇴출	immediate dismissal	즉각적인 퇴출
hefty	형	많은	hefty fine	많은 벌금

STEP 2 짧은 독백 연습하기

I 다음 문장을 읽고 밑줄 친 표현을 바르게 나타낸 것을 고르세요.

1. These non-native ivies are causing many of our native plants to die out.

   (A) become very sick
   (B) become extinct

2. Also, do not under any circumstances feed wildlife.

   (A) whatever happens
   (B) wherever you go

3. We have more time to show you around this beautiful country.

   (A) give you a tour of
   (B) visit again

4. It is my honor to introduce our museum's collections to aspiring historians.

   (A) wanting to be successful in life
   (B) wanting to start the career as

5. Our 7 o'clock opera is about to start.

   (A) ready to
   (B) wanting to

6. He is a self-made billionaire who rose from rags to riches.

   (A) born into a rich family
   (B) made rich and successful by one's own efforts

7. Please refrain from climbing over the architecture or breaking rocks off it.

   (A) You'll have an accident, if you're not careful.
   (B) Do not damage the architecture.

8. I don't want to hear about anybody getting hurt.

   (A) Please be careful not to get hurt.
   (B) I will be out of contact.

II. 다음 문장을 듣고 문장의 의미로 알맞은 것을 고르세요. Track P4_40

1. (A) 여러분들을 또한 중앙도서관과 학생회관으로 안내하겠습니다.
   (B) 중앙도서관에서 학생회관으로 가는 거리는 아주 가깝습니다.

2. (A) 수학여행 일정은 지금부터 시작입니다.
   (B) 여러분들이 기억에 남는 수학여행을 보내길 바랍니다.

3. (A) 제가 오늘 여러분들의 방문을 안내할 것입니다.
   (B) 제 뒤를 조심해서 잘 따라오시기 바랍니다.

4. (A) 전체 발표는 대략 35분 정도 소요됩니다.
   (B) 35분 후 첫 번째 발표를 시작하겠습니다.

5. (A) 이것들은 통상적으로 수백만 달러 선에서 거래되는 작품입니다.
   (B) 이것들에 가격을 매길 수는 없지만, 꼭 가격을 매겨야 한다면 수백만 달러 정도입니다.

6. (A) 갤러리 내에서 판매되는 음료만 마실 수 있습니다.
   (B) 갤러리 내에서는 음료를 마실 수 없습니다.

7. (A) 일반 대중에게 공개되지 않는 수집품들이 있습니다.
   (B) 일반 대중들을 위한 특별 전시회가 진행되고 있습니다.

8. (A) 여러분들이 기대하셔도 좋습니다.
   (B) 여러분들에게 거는 기대가 높습니다.

9. (A) 문이 닫힌 후에는 후문으로 입장하세요.
   (B) 문이 닫힌 후에는 입장이 허용되지 않습니다.

10. (A) 여권과 탑승권을 지참했는지 확인하세요.
    (B) 여권과 탑승권을 제출해주세요.

STEP 2 짧은 독백 연습하기

정답과 해설 p. 71

III 다음 지문을 듣고 문제를 풀어보세요. Track P4_41

---

1. W Welcome to the National History Museum. My name is Mary, the museum curator. It is always my great pleasure to lead a group tour for bright students like you who are interested in studying history. Currently, we have a special exhibition on the prehistoric period on the top floor. I won't be joining you for the special exhibition. I'll be guiding your tour in our permanent collection rooms only. Before we begin, I'd like to ask that you turn off your cellphones or at least have them on silent. Also, no photography is allowed, especially the ones with flash due to the fragile nature of our artifacts.

(1) 화자 _____

(2) 청자 _____

(3) 관람 안내 영역 _____

(4) 금지 사항 _____
_____

---

2. W Good morning, ladies and gentlemen. Congratulations on joining one of the country's finest shipbuilding companies. We are currently the largest company in the industry handling higher volume of overseas orders than the rest of shipbuilders' combined. It has become extremely competitive to win a spot at our company so I'm sure that each and every one of you is a highly accomplished individual. And so we all have very high hopes for you. Every year, we invite our new employees for a guided tour of the shipyard. It has become a tradition here and you're about to partake in that. So grab your safety hats!

(1) 청자 _____

(2) 방문 장소 _____

(3) 제조 제품 _____

(4) 착용하는 안전 장비 _____

STEP 3 연습문제

정답과 해설 p. 71

I 다음 대화를 잘 듣고 빈칸을 채우세요. Track P4_42

1. M Good evening, ladies and gentlemen. Thank you for _____ the Lincoln _____ of Opera. The _____ is now 6:45pm and our 7 o'clock opera is _____ to _____. Please _____ your seats at this time. The _____ will be _____ in _____ minutes. When the door closes, no more _____ is _____. Also in ten minutes, the _____ light will be turned _____. So I strongly _____ that you make your _____ to your _____ in the next ten minutes. If you _____ haven't _____ up the _____, please raise your _____ and one of our _____ will be _____ one for you. Thank you and _____ the _____.

2. W Okay, everybody, _____ around. As you can see, we're _____ by one of the most _____ _____ sites existing today. We have _____ at Petra. A city carved out of a _____ in the middle of the Jordanian _____. Because the _____ cliff out of which the city has been _____ has a pinkish tint, it is also called the _____ city. I am going to give you two hours of _____ time to _____ the _____. Feel free to _____ around and _____ photos. But remember, we want to _____ this amazing archaeological _____ for future _____. Please _____ from climbing over the architecture or _____ rocks off it.

STEP 3 연습문제

新 TOEIC 유형 +

3. **M** Thank you everybody for _____ your _____. We're now at our _____ site. What we _____ to do today is to _____ out the foreign ivies that have _____ this _____. These non-native ivies are sucking the _____ out of the soil causing many of our _____ plants to _____ out. They also _____ themselves to host trees and climb up very high, _____ out sunlight to the native shrubs on the ground. What you want to do is to _____ these non-native ivies. Then, use your _____ to take the roots out and put them in the bag. They are very _____. You can't be too careful. Do not take _____ your gloves, _____ gowns and hats until we _____ of them at the end of the day.

新 TOEIC 유형 +

4. **W** We will now take a 45-minute _____ _____. The conference _____ has _____ today's lunch for the attendees on the first floor _____. There is also a _____ menu _____. After lunch, the afternoon _____ will start at 1:30pm. Dr. Daniel Chung, a living _____ in the astrophysics world will start the _____ session in the _____. There will be a 15-minute _____ break after the first session followed by the _____ discussion on the topic of interstellar _____ which will _____ this year's conference. Thank you. Have a _____ lunch.

新 TOEIC 유형 +

5. **W** You're about to _____ the ecological _____ area. There are _____ number of _____ of plants and animals making their _____ in this area. Some of them are _____ species in _____ need of protection. Please _____ in the _____ viewing area and do not _____ anything that is not _____. Do not _____ your arm beyond the _____ and you should be okay. Also, do not under any _____ feed _____. Doing so will _____ in immediate _____ from the area and a hefty _____. No food or drinks will be allowed in the area as well. Please stay close to me _____ the _____. Following the tour, we'll have lunch.

新 TOEIC 유형 +

6. **W** You are now _____ in front of the _____-_____ cathedral in all of Europe. It has been _____ many times and the _____ is still _____ as a working _____. You can come _____ tomorrow to _____ the Sunday _____ if you want. There is no _____ fee since it is a cathedral _____ being used. But there are _____ boxes _____ the cathedral if you wish to make a donation. Please _____ yourselves if you have a _____. You might not be _____ in if your skirt is too _____ or if you're wearing a _____ shirt.

STEP 3 연습문제

II 다음 문장을 듣고 가장 알맞은 응답을 고르시오. Track P4_43

1. Where is the talk taking place?
   (A) At a park
   (B) At a movie theater
   (C) At a conference hall
   (D) At an opera house

2. What will happen in the next ten minutes?
   (A) The opera of the night will start.
   (B) Entrances will only be allowed through the back door.
   (C) The door will be closed.
   (D) Main light will stay turned on.

3. How can the audience get the program?
   (A) By visiting information desks
   (B) By raising their hands
   (C) By purchasing online
   (D) By showing their tickets

4. Who most likely is the speaker?
   (A) A tourist
   (B) A tour guide
   (C) A university student
   (D) A bus driver

5. What is mentioned about Petra?
   (A) It is also called the lost city.
   (B) It is located in the Jordanian desert.
   (C) It is off limits to foreigners.
   (D) The photograph is prohibited in the area.

6. What will the listeners do next?
   (A) Decide the next destination
   (B) Have a conversation with local residents
   (C) Get on the tour bus
   (D) Explore the area freely for two hours

7. Where is the talk taking place?
   (A) At a museum
   (B) In a factory
   (C) In a forest
   (D) In a community center

8. What does the speaker remind his audience?
   (A) To wear protective gears all the time
   (B) To be careful of the wild animals
   (C) To protect the foreign ivies
   (D) To take care of the personal property

   新 TOEIC 유형 +
9. What does the speaker mean when he said, "You can't be too careful"?
   (A) The audience is careless about the nature.
   (B) The work they are about to do is dangerous.
   (C) There isn't enough protective gear.
   (D) Go rock climbing.

10. What type of event is taking place?
    (A) A summit talk
    (B) A charity event
    (C) A high school reunion
    (D) An academic conference

11. What is scheduled right after the first session in the afternoon?

    (A) A coffee break
    (B) A photo session
    (C) A panel discussion
    (D) A dinner reception

12. What does the speaker mean when she said, "Dr. Daniel Chung, a living legend in the astrophysics world"?

    (A) The doctor is respected as a great scholar.
    (B) The doctor is doing research on myths and legends.
    (C) The doctor has an unusual lifestyle.
    (D) The doctor has studied the legendary heroes.

13. What is the purpose of the talk?

    (A) To explain some extra services
    (B) To advertise the ecological tours
    (C) To remind a few rules
    (D) To announce some changes

14. What does the speaker say about the area?

    (A) It is a famous tourist spot.
    (B) A wide range of rare animals live there.
    (C) It's the largest protection area in Europe.
    (D) It has designated seats for disabled people.

15. What will the listeners do after the tour?

    (A) Visit a gift shop
    (B) Have lunch
    (C) Get a brochure
    (D) Head toward the hotel

Church buildings in Europe		
Building	Built	Country
Rotunda of St. George	306	Greece
Saint Sofia Church	313	Bulgaria
Cathedral of Trier	340	Germany
Santa Sabina	422	Italy

16. What is mentioned about the cathedral?

    (A) It's under reconstruction.
    (B) Entrance is free of charge.
    (C) It is in financial difficulties.
    (D) Only local residents can attend the mass.

17. What are the listeners asked to do?

    (A) Be in a proper attire
    (B) Put valuables in a safe place
    (C) Be on time
    (D) Make a donation

18. Look at the graphic. In which country are the group traveling?

    (A) Greece
    (B) Bulgaria
    (C) Germany
    (D) Italy

新TOEIC Part 1–4
Actual Test

LISTENING TEST

In the Listening test, you'll be asked to demonstrate your ability to understand spoken English. The listening test will last approximately 45 minutes. There are four parts, and directions are given for each part. You must mark your answers on the separate answer sheet. Do not write your answers in your test book.

Part 1

Directions: For each question in this part, you will hear four statements about a picture in your test book. When you hear the statements, you must select the one statement that best describes what you see in the picture. Then find the number of the question on your answer sheet and mark your answer. The statements will not be printed in your test book and will be spoken only one time.

Sample Answer

Example

Statement (B), "A man is looking at some documents," is the best description of the picture, so you should select answer (B) and mark it on your answer sheet.

1.

2.

GO ON TO THE NEXT PAGE ➤

3.

4.

5.

6.

GO ON TO THE NEXT PAGE

Part 2

Directions: You will hear a question or statement and three responses spoken in English. They will not be printed in your test book and will be spoken only one time. Select the best response to the question or statement and mark the letter (A), (B), or (C) on your answer sheet.

7. Mark your answer on your answer sheet.
8. Mark your answer on your answer sheet.
9. Mark your answer on your answer sheet.
10. Mark your answer on your answer sheet.
11. Mark your answer on your answer sheet.
12. Mark your answer on your answer sheet.
13. Mark your answer on your answer sheet.
14. Mark your answer on your answer sheet.
15. Mark your answer on your answer sheet.
16. Mark your answer on your answer sheet.
17. Mark your answer on your answer sheet.
18. Mark your answer on your answer sheet.
19. Mark your answer on your answer sheet.
20. Mark your answer on your answer sheet.
21. Mark your answer on your answer sheet.
22. Mark your answer on your answer sheet.
23. Mark your answer on your answer sheet.
24. Mark your answer on your answer sheet.
25. Mark your answer on your answer sheet.
26. Mark your answer on your answer sheet.
27. Mark your answer on your answer sheet.
28. Mark your answer on your answer sheet.
29. Mark your answer on your answer sheet.
30. Mark your answer on your answer sheet.
31. Mark your answer on your answer sheet.

Part 3

Directions: You will hear some conversations between two or three people. You will be asked to answer three questions about what the speakers say in each conversation. Select the best response to each question and mark the letter (A), (B), (C), or (D) on your answer sheet. The conversations will not be printed in your test book and will be spoken only one time.

32. Why is the woman offering her congratulations?

    (A) The man was accepted to the manager's program.
    (B) The man got a big promotion at the company.
    (C) The man is disappointed that he failed the project.
    (D) The man is exceeding the expectation.

33. What most likely is the relationship between the man and the woman?

    (A) A husband and a wife
    (B) Childhood friends
    (C) Coworkers
    (D) A boss and a subordinate

34. Why does the woman say "Your promotion is no surprise to me"?

    (A) She thinks the man deserves the promotion.
    (B) She knew about the man's promotion in advance.
    (C) She's never been more surprised in her life.
    (D) She possesses the ability to read the future.

35. Why did the woman pay a visit to an auto repair shop?

    (A) To pick up her car after the repair
    (B) To drop off her car for a scheduled repair
    (C) To change her engine oil and air filter
    (D) To inquire about the problem she's having

36. What seems to be the woman's problem?

    (A) Her car's brake occasionally malfunctions.
    (B) Her engine sound has gotten louder.
    (C) Her check engine light turned on.
    (D) She had a problem starting the car.

37. Why was the man alarmed so much?

    (A) She didn't replace her air filter for the past seven years.
    (B) She didn't have any problems with her car for so long.
    (C) She didn't have a mechanic inspect her car for seven years.
    (D) She walked into the shop without making an appointment.

GO ON TO THE NEXT PAGE

38. Where is the man most likely to be?

    (A) In a conference room
    (B) In an elevator
    (C) At the cafeteria
    (D) At the concierge

39. What is the man's role in the convention?

    (A) The keynote speaker
    (B) A regular attendee
    (C) A student attendee
    (D) A panel speaker

40. What will the woman probably do next?

    (A) Give the man direction
    (B) Help the man register for the conference
    (C) Submit a paper to an astrophysical journal
    (D) Postpone the conference call

Flight	Destination	Departure
SA 103	Las Vegas	8:30 a.m.
SA 120	Las Vegas	1:00 p.m.
SA 025	San Francisco	8:15 a.m.
SA 016	San Francisco	1:25 p.m.

41. What is the purpose of the woman's call?

    (A) To cancel her flight to San Francisco
    (B) To change the time of her flight
    (C) To make a flight reservation
    (D) To inquire about the wedding time

42. Who is the man answering the phone call?

    (A) An airplane pilot
    (B) A wedding caterer
    (C) An airline employee
    (D) A woman's husband

43. Look at the graphic. Which flight would the woman take?

    (A) SA 103
    (B) SA 120
    (C) SA 025
    (D) SA 016

44. Where was the man when he received the woman's call?

    (A) At the office
    (B) On the freeway
    (C) Just around the corner
    (D) On the driveway

45. Why does the man apologize to the woman?

    (A) He forgot to bring home dinner.
    (B) He forgot to pick up their son.
    (C) He came home late for dinner.
    (D) He didn't remember the anniversary.

46. What would the man most likely do next?

    (A) Park his car and go inside the house
    (B) Drive back out to pick up his son
    (C) Wait in his car for the woman to come out
    (D) Park his car and walk to his son's school

47. Where does the woman work?

    (A) At a factory
    (B) At a shipping office
    (C) At an electronics store
    (D) At a repair shop

48. According to the woman, what does the man need to decide on?

    (A) Screen size
    (B) Price
    (C) Brand value
    (D) Resale value

49. Why does the man say, "I'm quite lost"?

    (A) He doesn't know the way to the electronics store.
    (B) He lost touch with the woman.
    (C) He needs help with choosing a TV.
    (D) He got the woman confused with someone else.

50. What is the woman planning?

    (A) A birthday party
    (B) A wedding ceremony
    (C) A new campaign to increase sales
    (D) A family vacation

51. According to the man, what is the problem?

    (A) The hotel doesn't provide catering.
    (B) Saturdays and Sundays are completely booked.
    (C) There is no available wedding gown for her.
    (D) The parking lots will be under construction.

52. What does the woman ask the man to do?

    (A) Let her know if there are any cancellations
    (B) Look into another hotels
    (C) Check which Wednesday is open to take
    (D) Postpone the ceremony

53. Where is this conversation taking place?

    (A) In an electronics repair shop
    (B) At a customer service center
    (C) At the movie theater
    (D) At the cash register

54. Why is the man not satisfied with his purchase?

    (A) The product he purchased was used before.
    (B) The seal on the product was broken.
    (C) The product had a cracked case.
    (D) The safety film was already removed.

55. What does the man decide to do about the defective product?

    (A) File a complaint against the salesman for negligence
    (B) Get his money back and return the product
    (C) Have the product exchanged for a new one
    (D) Keep the defective product and get a refund

56. What are the speakers mainly discussing?

    (A) A new mobile phone
    (B) Cell phone insurance
    (C) Mobile service provider
    (D) Smartphone addiction

57. What is the man's problem?

    (A) He missed a very important phone call.
    (B) He can't locate his cell phone.
    (C) He's addicted to smartphone.
    (D) His phone bill is too high.

58. What solution do the women suggest?

    (A) Considering a new mobile carrier
    (B) Changing types of cell phone
    (C) Calling a customer service center
    (D) Talking to his parents on the phone

59. What seems to be the man's job?

    (A) A mailroom worker
    (B) An admissions officer
    (C) A landlord
    (D) A cashier

60. What does the man offer to do?

    (A) Call the post office to inquire about her mail
    (B) Pray for her to have a good result
    (C) Leave a note on her door when the mail arrives
    (D) Go through the mailroom to see if he misplaced it

61. What mail is the woman waiting for?

    (A) A care package from her mother
    (B) A shipment from the shoes company
    (C) An admissions letter from a graduate school
    (D) A transcript from her college

GO ON TO THE NEXT PAGE

62. What are the speakers mainly talking about?

(A) Transportation Policies
(B) Use of alternative fuels
(C) Traffic Jam
(D) Method of travel to work

63 What do the women agree on?

(A) The subway is unreliable.
(B) The subway is too crowded.
(C) The subway is very convenient.
(D) The subway is faster than the bus.

64. What is the man considering?

(A) Moving closer to work
(B) Allowing the staff to work from home
(C) Going to work by subway
(D) Doing more exercise

65. Where do the speakers work?

(A) At an advertising company
(B) At a magazine publisher
(C) At a travel agency
(D) At a conference center

66. What do the women say about rescheduling the meeting?

(A) They would like to move it up a day.
(B) There is not enough time to prepare.
(C) They didn't know the meeting was planned.
(D) They are sick of the client.

67. What would the man say to Mr. Jeffries?

(A) They aren't able to meet his request.
(B) They are going to fire him as a client.
(C) He can request anything he wants.
(D) The new advertising campaign is ready.

Project Timeline

Task	Due date
Agency Stakeholder Interviews	May 3rd
Committee Meeting	May 7th
Project Development Scheme	May 15th
Implementation of System	June 4th

68. According to the woman, what is the reason for the change?

(A) Sudden resignation of Mr. Jang
(B) A natural disaster
(C) A delay in implementing new system
(D) Government regulations

69. What does the man mean when he says, "I didn't see it coming"?

(A) He can't see anything without his glasses.
(B) It was out of his expectation.
(C) He wanted to come first.
(D) He is very angry at the news.

70. When is the implementation of system due?

(A) May 3rd
(B) May 7th
(C) May 15th
(D) June 4th

Part 4

Directions: You will hear some talks given by a single speaker. You will be asked to answer three questions about what the speaker says in each talk. Select the best response to each question and mark the letter (A), (B), (C) or (D) on your answer sheet. The talk will not be printed on your test book and will be spoken only one time.

71. What is the announcement about?

(A) To remind the employees to always back up their work
(B) To ask the employees to turn off their computers before they leave
(C) To invite the employees to come to the Christmas office party
(D) To wish the employees Merry Christmas and Happy Holidays

72. What is mentioned as one of the proper reasons for missing the party?

(A) Work emergency
(B) Medical emergency
(C) Family emergency
(D) Project deadline

73. What will be offered at the party?

(A) A Christmas present
(B) A year-end bonus
(C) Food and drinks
(D) A gift coupon

74. Who is the man being introduced?

(A) The new company dancer
(B) The new principal dancer
(C) The new ballet master
(D) The new choreographer

75. What is mentioned about Mr. Noah Rembrandt?

(A) He joined the National Ballet at a relatively late age.
(B) He retired as a Soloist with the National Ballet.
(C) He is unknown to many of the dancers here.
(D) He had a very successful career as a dancer.

76. Why does he say "Without further ado"?

(A) He wants to get to the point.
(B) He doesn't know what is being done.
(C) He hates to waste time making an announcement.
(D) He is stepping down as the artistic director.

GO ON TO THE NEXT PAGE ▶

77. Where most likely is this speech being given?

    (A) At an award ceremony
    (B) At a writer's conference
    (C) At a wedding ceremony
    (D) At a birthday party

78. Who is Dale Kim?

    (A) A director
    (B) A writer
    (C) An actor
    (D) A producer

79. What does the speaker mean when she says, "last but not least"?

    (A) She's very tired of speaking.
    (B) She's mentioning important people.
    (C) The sequence needs to be corrected.
    (D) She wants to play a bigger role.

80. What is this meeting about?

    (A) The newest account the company signed
    (B) The end-of-the-year sales tally
    (C) Changing team members between departments
    (D) Introducing a new team member

81. Who is Anna Jenkins?

    (A) A creative director
    (B) A product manager
    (C) A VIP client
    (D) A new CEO

82. What will Anna Jenkins be doing at the company?

    (A) Handling the new hair product account
    (B) Trying to sign a new hair product account
    (C) Taking over her predecessor's account
    (D) Helping with other departments' projects

Product	Sales Volume
Olivia Arm Chair	12,480
Londa Coffee Table	10,589
Simple Leather Sofa	8,735
Hudson Wardrobe	8,462

83. What is the announcement mainly about?

    (A) To thank the loyal customers
    (B) To announce a year-end sale
    (C) To introduce the business
    (D) To give out discount coupons

84. What is true about the sale?

    (A) It is not available online.
    (B) It is only for loyal customers.
    (C) It offers 50% off on display items.
    (D) It ends when items are sold out.

85. Look at the graphic. Which item is excluded from additional discount?

    (A) Olivia Arm Chair
    (B) Londa Coffee Table
    (C) Simple Leather Sofa
    (D) Hudson Wardrobe

86. What is the speaker's job?

    (A) An archaeologist
    (B) A director
    (C) A curator
    (D) An paleontologist

87. What does the speaker mean, when she says "it's going to be a real eye-opener for you"?

    (A) A museum tour will be a fascinating experience.
    (B) The students should stay awake for a tour.
    (C) This program will provide an archaeological dig.
    (D) It gives students firsthand experience for free.

88. What will happen in the last room?

    (A) Visitors will experience prehistoric life.
    (B) A documentary will be playing.
    (C) Free T-shirts will be offered.
    (D) People will take photographs of the exhibits.

89. Who is calling?

    (A) An insurance company employee
    (B) A computer repair shop employee
    (C) A bank loan officer
    (D) A credit card company employee

90. Why does the man have to pay for the repair?

    (A) The product guarantee has run out
    (B) Expensive parts had to be replaced
    (C) His insurance has already run out
    (D) The computer got defective due to his fault

91. What does he need to bring to claim his laptop?

    (A) Cash in exact amount
    (B) Credit card issued under his name
    (C) Repair order receipt
    (D) Laptop insurance policy

92. Who is calling and leaving this message?

    (A) A CEO of the company
    (B) A human resources director
    (C) An interviewer
    (D) A career counselor

93. What was the main purpose of this message?

    (A) To inform the receiver that his application is being reviewed
    (B) To inform the receiver that his interview went very well
    (C) To inform the receiver that his interview has been moved
    (D) To inform the receiver that he was offered a job

94. Which department did Mr. Cheng apply for?

    (A) Human resources
    (B) Sales department
    (C) Marketing department
    (D) Maintenance department

95. What will be happening tomorrow?

    (A) A companywide workshop
    (B) A weekend company outing
    (C) An annual companywide cleaning
    (D) A companywide renovation

96. How long will the renovation last?

    (A) A week
    (B) 8 days
    (C) 9 days
    (D) 10 days

97. What are the employees asked to do before leaving the office today?

    (A) Submit their vacation request forms
    (B) Clean the floors and common areas
    (C) Empty their desks and drawers
    (D) Save all their work on a hard drive

Annual fire drill

Presentation on fire safety	12:00 ~ 12:35
Coffee break	12:35 ~ 12:50
Escape drill	12:55 ~ 13:25
Fire prevention	13:25 ~ 14:00

98. What is the announcement mainly about?

    (A) To announce a break time
    (B) To ask the employees to attend the fire drill
    (C) To ask the employees to vacate the building
    (D) To inform the employees about the lecture

99. What does the speaker say that employees should do before coming to the drill?

    (A) Make the call to the clients
    (B) Turn off the computers
    (C) Clean the office space
    (D) Wear a safety hat

100. What time will fire prevention start?

    (A) 12:00
    (B) 12:35
    (C) 12:55
    (D) 13:25

This is the end of the Listening test.

LC PART 1·2·3·4

MEMO

신토익 출제경향 100% 반영한 새 토익에 맞는 NEW 공부법

키 新 토익
LC

990점으로 가는 첫걸음

DAILY
TRAINING
BOOK

아는 만큼 들린다!
문장 연상과 기초회화 훈련이 LC의 힘
순서대로 따라가기만 하면 풀리는
단계별 영어학습서

교육 R&D에 앞서가는
Key 키출판사

정답과 해설

정답 해설

PART 1

UNIT 1 — 인물/풍경/사물 사진

KEY 01   인물사진

Step 1-2

wearing / holding / reaching / standing / moving / walking / writing / watching / inspecting / shaking / hands / sitting / presentation / pointing / showing

Step 2

1. (1) She is reaching for a book.
   (2) She is in the library.
   (3) She is wearing glasses.

2. (1) ⟨F⟩ 그녀는 복사기 앞에 서 있다.
   (2) ⟨F⟩ 그녀는 안경을 착용하고 있는 중이다.
   (3) ⟨F⟩ 그녀는 책을 읽고 있다.

3. (C)

   (A) She is putting on glasses.
   (B) She is reading a book.
   (C) She is reaching for a book.
   (D) She is talking to a friend.

   (A) 그녀는 안경을 착용하고 있는 중이다.
   (B) 그녀는 책을 읽고 있다.
   (C) 그녀는 책을 향해 손을 뻗고 있다.
   (D) 그녀는 친구에게 이야기하고 있다.

   해설 여자가 이미 안경을 쓴(wearing) 상태이므로 안경을 착용하고 있는 동작을 묘사한 (A)는 오답입니다. (B), (D) 사진에 등장하지 않는 장면이기 때문에 오답입니다. 사진 속 여자는 책장 앞에서 책을 꺼내기 위해 손을 뻗고 있습니다. 보기 중 이를 가장 잘 묘사한 것은 (C)입니다.
   *wear 쓰다(착용한 상태) / put on 쓰다(착용하고 있는 동작)

Step 3

I

1. using / looking / documents / standing / sidewalk / watching / TV
2. sitting / raising / copying / organizing
3. moving / walking / down / arranging / carrying / a / shopping / bag
4. putting / writing / down / holding / walking / on / the / street

II

1. (B)

   (A) A man is using a notebook.
   (B) A man is looking at some documents.
   (C) A man is standing on the sidewalk.
   (D) A man is watching TV.

   (A) 남자가 노트북을 사용하고 있다.
   (B) 남자가 몇몇 서류들을 보고 있다.
   (C) 남자가 보도 위에 서 있다.
   (D) 남자가 TV를 보고 있다.

   해설 사진 속 남자는 책상에 앉아 서류를 검토하고 있습니다. 보기 중 이를 가장 잘 묘사한 것은 (B)입니다.

2. (A)

   (A) They are sitting around the table.
   (B) A woman is raising her hand.
   (C) The men are copying some papers.
   (D) They are organizing the desk.

   (A) 그들은 테이블 주위에 앉아 있다.
   (B) 여자는 손을 들고 있다.
   (C) 남자들은 서류 몇 장을 복사하고 있다.
   (D) 그들은 책상을 정리하고 있다.

   해설 사진 속 사람들은 탁자 주위에 둘러앉아 있습니다. (A)는 이것을 바르게 묘사하였으므로 정답입니다. (B), (C), (D)는 사진에 나타나지 않은 사물과 장면을 묘사하였기 때문에 오답입니다.

3. (A)

   (A) She is moving a box.
   (B) She is walking down the stairs.
   (C) She is arranging products.
   (D) She is carrying a shopping bag.

   (A) 그녀는 상자를 옮기고 있다.
   (B) 그녀는 계단을 내려가고 있다.
   (C) 그녀는 물품을 배열하고 있다.
   (D) 그녀는 쇼핑백을 나르고 있다.

   해설 여자가 상자를 옮기고 있는 사진 속 장면을 바르게 묘사한 (A)가 정답입니다. 사진에 계단이 등장하지만, 여자가 계단을 올라가는 중이기 때문에 내려가고 있다고 말한 (B)는 오답입니다. (C)는 사진에 나타나지 않은 장면이며, (D)는 여자가 쇼핑백이 아닌 상자를 나르고 있으므로 오답입니다.

4. (B)

   (A) He is putting something in the machine.
   (B) He is writing something down.
   (C) He is holding a computer.
   (D) He is walking on the street.

   (A) 그는 기계에 무엇인가 넣고 있다.
   (B) 그는 무엇인가를 적고 있다.
   (C) 그는 컴퓨터를 들고 있다.
   (D) 그는 길을 걷고 있다.

   해설 남자가 계기판을 들여다보며 무언가를 적고 있는 장면입니다. 이를 바르게 묘사한 보기는 (B)입니다. 기계에 무엇인가 투여하는 모습, 컴퓨터를 들고 있는 모습, 길을 걷는 모습 등은 나타나있지 않으므로 (A), (C), (D)는 모두 오답입니다.

KEY 02   풍경 및 사물 사진

Step 1-2

along / coast / Flower / pots / arranged / attached / path / shaded / along / table / placed / above / cabinet / hanging / vehicles / traffic / light

Step 2

1. (1) The table is in front of the sofa.
   (2) Some cushions are placed on the sofa.
   (3) The frames are above the sofa.

2. (1) ⟨F⟩ 꽃들이 탁자 옆에 있다.
   (2) ⟨F⟩ 누군가가 소파에 앉아 있다.
   (3) ⟨T⟩ 몇몇 조명들이 켜져 있다.

3. (D)

   (A) There are flowers next to the table.
   (B) Someone is sitting on the sofa.
   (C) There are cushions on the bench.
   (D) The frames are above the sofa.

   (A) 꽃들이 탁자 옆에 있다
   (B) 누군가가 소파에 앉아 있다.
   (C) 몇몇 쿠션들이 벤치 위에 있다.
   (D) 액자들이 소파 위쪽에 있다.
   해설 집안 내부에 비치된 가구, 물건들이 있는 장면입니다. 이를 바르게 묘사한 보기는 (D)입니다. 꽃과 벤치는 사진 속에서 보이지 않으므로 (A)와 (C)는 정답이 아닙니다. (B)는 소파는 있지만, 사진 속에 인물은 등장하지 않으므로 오답입니다.

Step 3

I

1. overlooking / crowded / sailing / swimming
2. entering / mountains / background / attached / each / other
3. hanging / behind / files / cabinet / monitor / on
4. vehicles / road / along / construction / congested

II

1. (A)

   (A) The buildings are overlooking the ocean.
   (B) The beach is crowded with people.
   (C) Some boats are sailing on the ocean.
   (D) People are swimming in the water.

   (A) 건물들이 바다를 내려다보고 있다.
   (B) 해변이 사람들로 인해 북적이고 있다.
   (C) 몇몇 보트들이 바다를 항해하고 있다.
   (D) 사람들은 물에서 수영을 하고 있다.
   해설 건물들이 바다를 마주하고 있고, 해변을 따라 줄지어 있습니다. (A)는 이를 바르게 묘사하였기 때문에 정답입니다. 사진 속에 사람은 등장하지 않기 때문에 (B)와 (D)는 오답입니다. (C) 또한 해변과 어울리는 묘사이나 보트가 보이지 않으므로 오답입니다.

2. (C)

   (A) Some people are entering the house.
   (B) There are mountains in the background.
   (C) A lamp is attached to the wall.
   (D) Neighbors are greeting each other.

   (A) 몇몇 사람들은 집에 들어가고 있다.
   (B) 배경 속에는 산들이 있다.
   (C) 전등이 벽에 부착되어 있다.
   (D) 이웃들이 서로 인사를 나누고 있다.
   해설 건물들이 서로 마주보고 있으며, 사진상 오른쪽 건물의 벽에 전등이 부착되어 있으므로 정답은 (C)입니다. 사람이 없는 사진이므로 (A)와 (D)는 정답이 될 수 없습니다. (B) 또한 배경에 산이 등장하지 않으므로 오답입니다.

3. (B)

   (A) A picture is hanging on the wall.
   (B) A file cabinet is behind the desk.
   (C) There are some files on the cabinet.
   (D) The monitor is turned on.

   (A) 벽에 그림이 걸려 있다.
   (B) 책상 뒤에 서류 보관함이 있다.
   (C) 보관함 위에는 몇몇 파일들이 있다.
   (D) 화면이 켜져 있다.
   해설 실내에 책상이 있고, 뒤에 파일들이 꽂혀 있는 보관함이 놓여 있는 장면입니다. 이를 바르게 묘사한 (B)가 정답입니다. (A)의 경우 벽에 그림은 없으며, (C)는 보관함 위가 아니라 안에 파일들이 있으므로 주의하셔야 합니다. (D)의 경우도 TV는 있으나, 화면은 꺼져있으므로 오답입니다.

4. (A)

   (A) There are vehicles driving on the road.
   (B) Some cars are parked along the street.
   (C) The road is under construction.
   (D) The road is congested with heavy traffic.

   (A) 도로에 차들이 주행 중이다.
   (B) 몇몇 차들은 길을 따라 주차되어 있다.
   (C) 길은 공사 중이다.
   (D) 길은 교통 체증으로 혼잡하다.
   해설 신호를 기다리는 차와 함께 도로 위에 차들이 이동하고 있는 상황을 묘사하고 있습니다. (A)는 이를 바르게 묘사하였기 때문에 정답입니다. (B)는 주차된 상황이 아니므로 오답입니다. (C)와 (D)는 사진 속 도로에서 찾아볼 수 없는 상황을 묘사하였으므로 오답입니다.

UNIT 2   상황별 사진

KEY 03   실내·외 업무

Step 1-2

addressing / speech / discussion / explaining / attending / hammering / construction / site / painting / ladder / lab / coat / microscope / brick / cart / squatting

Step 2

1. (1) They are in a conference room.
    (2) A woman is explaining something to her colleagues.
    Some office workers are having a discussion.

2. (1) 〈F〉 여자가 몇몇 문서를 건네주고 있다.
    (2) 〈T〉 테이블 위에 컵들과 물병이 있다.
    (3) 〈T〉 그들은 탁자 주위에 앉아있다.

3. (B)

    (A) A man is giving a speech.
    (B) They are having a discussion.
    (C) They are drinking water.
    (D) A man is sitting on the table.

    (A) 남자가 연설을 하고 있다.
    (B) 그들은 토론을 하고 있다.
    (C) 그들은 물을 마시고 있다.
    (D) 남자가 탁자 위에 앉아 있다.

    해설 몇몇 사람들이 탁자에 둘러앉아 무언가를 논의하는 상황이므로 이를 가장 잘 묘사한 (B)가 정답입니다. (A)는 한 남자가 연설을 하고 있는 상황에 해당하므로 사진과 맞지 않습니다. (C) 또한 물을 마시고 있는 상황은 아니므로 오답입니다. 모든 사람이 의자에 앉아 있으므로 (D)는 오답입니다.

Step 3

I

1. audience / speaker / entering / facing / conference / empty
2. painting / ladder / against / man / house / cleaning
3. looking / microscope / facing / putting / lab / wearing
4. workers / brick / built / brick / pushing / sitting

II

1. (A)

    (A) The audience is listening to the speaker.
    (B) Some people are entering the room.
    (C) The speaker is facing to the audience.
    (D) The conference room is empty.

    (A) 청중들은 발표자의 말을 듣고 있다.
    (B) 몇몇 사람들은 방으로 들어가고 있다.
    (C) 발표자는 청중을 향해 있다.
    (D) 회의실은 비어 있다.

    해설 누군가가 발표를 하고 청중들은 앉아서 듣고 있는 상황이므로 (A)가 정답입니다. (C)의 경우 발표자는 청중을 향한 것이 아니라 청중과 같은 쪽을 바라보고 있으므로 오답입니다. (B), (D) 또한 사진 속에서 나타난 상황들과 연관된 단어가 쓰이지만, 적절하지 않은 설명이므로 오답입니다.

2. (C)

    (A) A man is painting the ladder.
    (B) The ladder is standing against the wall.
    (C) The man on the ladder is painting the house.
    (D) He is cleaning the wall.

    (A) 한 남자가 사다리에 페인트칠을 하고 있다.
    (B) 사다리는 벽에 기대어 서 있다.
    (C) 사다리 위에서 남자가 집에 페인트칠을 하고 있다.
    (D) 그는 벽을 청소하고 있다.

    해설 남자는 사다리 위에 올라가 집의 벽에 페인트칠을 하고 있습니다. (A)는 사다리가 아니라 벽이므로 오답입니다. (B)의 경우 벽에 기대어 사용하는 사다리가 아니므로 오답입니다. (D)는 청소가 아니므로 오답입니다. 모든 보기에 사진에서 보이는 상황과 어울리는 단어들이 쓰였기 때문에 전치사 하나까지 주의해서 들으셔야 합니다. 보기 중 이를 정확하게 묘사한 것은 (C)입니다.

3. (D)

    (A) A man is looking into a microscope.
    (B) A man and women are facing each other.
    (C) The men are putting on lab coats.
    (D) A woman is wearing a lab coat.

    (A) 남자가 현미경을 들여다보고 있다.
    (B) 남자와 여자들이 서로 마주 보고 있다.
    (C) 남자들이 실험실 가운을 입고 있다.
    (D) 여자는 실험실 가운을 착용한 상태이다.

    해설 한 여자가 실험실 가운을 입은 채로 현미경을 보고 있는 장면입니다. 이를 가장 잘 묘사한 것은 (D)입니다. (C)의 경우는 입고 있는 동작을 묘사하고 있으므로 오답입니다. wear과 put on은 의미상으로 '입다'이지만 전자는 입고 있는 상태를 나타내므로 주의해서 들으셔야 합니다.

4. (A)

    (A) A group of workers are building a brick wall.
    (B) The house is built of brick.
    (C) A woman is pushing a cart.
    (D) They are sitting on the brick wall.

    (A) 한 무리의 인부들이 벽돌담을 짓고 있다.
    (B) 그 집은 벽돌로 만들어졌다.
    (C) 여자가 손수레를 밀고 있다.
    (D) 그들은 벽돌담 위에 앉아 있다.

    해설 인부들이 쪼그리고 앉아 벽돌담을 짓는 작업을 하고 있습니다. 이를 바르게 묘사한 보기는 (A)입니다. (B)와 (C)의 경우 등장하지 않는 것들을 묘사하였으므로 오답입니다. (D) 또한 벽돌담 위에 앉아있는 사람은 없으므로 오답입니다.

KEY 04

상점 및 여가

Step 1-2

salesperson / merchandise / displayed / shoppers / posing / taking / a / picture / leaning / waitress / orders / menus / stage / performing / exercise / instructor / equipment

Step 2

1. (1) They are pointing at the merchandise in the shop window.
   They stopped to look at some items.
   (2) They are in front of the shop window.

2. (1) ⟨F⟩ 상품들은 가게 바깥에 진열되어 있다.
   (2) ⟨F⟩ 몇몇 옷들은 탁자 위에 나열되어 있다.
   (3) ⟨T⟩ 남자가 그의 팔을 여자 주위에 둘렀다.

3. (C)

   (A) A man is carrying a shopping bag.
   (B) A woman is cleaning the shop window.
   (C) Some clothes are being displayed.
   (D) A salesperson is standing on the street.

   (A) 남자가 쇼핑백을 들고 있다.
   (B) 여자가 가게 창문을 닦고 있다.
   (C) 몇몇 옷들이 진열되어 있다.
   (D) 판매원은 길 위에 서 있다.

   해설 남녀가 가게의 진열된 옷을 손으로 가리키는 장면입니다. 이를 가장 바르게 묘사한 (C)가 정답입니다. 쇼핑백은 남자가 아닌 여자가 들고 있으므로 (A)는 오답입니다. (B) 또한 여자가 쇼윈도 근처에 있지만 청소하고 있는 것은 아니므로 오답입니다. (D)의 경우 판매원으로 보이는 사람이 길 위에 없기 때문에 역시 오답입니다.

Step 3

I

1. salesperson / merchandise / wearing / paying / cash / trying
2. singing / microphone / sitting / stage / taking / picture
3. reading / preparing / taking / orders / washing
4. exercising / instructor / running / shopping / makeup / mirror

II

1. (A)

   (A) A salesperson is showing merchandise to a customer.
   (B) A woman is wearing a uniform.
   (C) A woman is paying with cash.
   (D) A customer is trying on a hat.

   (A) 판매원은 고객에게 상품을 보여주고 있다.
   (B) 여자는 유니폼을 입고 있는 상태이다.
   (C) 여자는 현금으로 지불하고 있다.
   (D) 한 고객이 모자를 써보고 있다.

   해설 가게 내부에서 판매원으로 보이는 남자가 상품을 들고 고객인 여자와 대화를 나누는 장면입니다. 보기 중 이를 가장 바르게 묘사한 것은 (A)입니다. (B), (C), (D)는 사진 속에서 나타나지 않는 상황들을 묘사하고 있으므로 오답입니다.

2. (C)

   (A) A woman is singing into the microphone.
   (B) The audience is sitting under the tree.
   (C) The dancers are on the stage.
   (D) A man on the stage is taking a picture.

   (A) 여자는 마이크에 대고 노래를 부르고 있다.
   (B) 청중들은 나무 아래에 앉아 있다.
   (C) 무용수들이 무대 위에 있다.
   (D) 무대 위의 남자는 사진을 찍고 있다.

   해설 무대에서 공연이 이루어지고 있고, 감상하는 청중들이 함께 사진 속에 나타나 있습니다. 이를 가장 잘 묘사한 보기는 (C)입니다. (A)와 (D)는 사진 속 발레 공연 장면과 관계없는 상황을 묘사하는 오답입니다. (B)는 청중들이 앉아있는 사진 속 장면을 묘사하였지만, 나무 아래라는 전치사구가 사진과 일치하지 않기 때문에 오답입니다. 이와 같은 오답을 고르지 않도록 끝까지 주의해서 들어야 합니다.

3. (C)

   (A) A man is reading the menu.
   (B) Some people are preparing food.
   (C) A waitress is taking orders at a table.
   (D) A woman is washing dishes.

   (A) 남자는 메뉴판을 보고 있다.
   (B) 몇몇 사람들은 음식을 준비하고 있다.
   (C) 여종업원이 테이블에서 주문을 받고 있다.
   (D) 여자는 설거지를 하고 있다.

   해설 식당에서 여자 종업원이 주문을 받고 있는 장면을 묘사하는 사진입니다. (A)의 경우 사진 속 남자는 메뉴판을 들고 있지만, 보고 있는 동작을 하고 있지 않으므로 오답입니다. (B)와 (D)의 경우 주문을 받는 상황과는 관련이 없으므로 오답입니다. 사진을 가장 바르게 묘사한 것은 (C)입니다.

4. (A)

   (A) A woman is exercising with an instructor.
   (B) Two women are running in the park.
   (C) They are shopping at the mall.
   (D) A woman is applying makeup in front of the mirror.

   (A) 여자는 강사와 함께 운동을 하고 있다.
   (B) 두 명의 여자가 공원에서 뛰고 있다.
   (C) 그들은 상점에서 쇼핑을 하고 있다.
   (D) 여자는 거울 앞에서 화장을 하고 있다.

   해설 매트 위에 운동을 하고 있는 여자와 그 뒤에 강사가 있는 장면입니다. (B)의 경우 사진 속 장소는 실내이고, (C)는 운동과 무관한 설명이므로 오답입니다. 보기 (D)는 사진 속 장면처럼 거울 앞의 상황을 묘사하지만 화장을 하는 것이 아니므로 오답입니다. 사진을 가장 잘 묘사한 것은 (A)입니다.

KEY 05 가정

Step 1-2

yard / mowing / bushes / shovel / removing / branches / chopping / preparing / vacuum / cleaner / living / room / wiping / cupboard / stacked / making / carpet / pillow

Step 2

1. (1) A woman is chopping vegetables on the cutting board.
   A woman and a man are preparing food in the kitchen.
   A man is putting something into a pot.

2. (1) ⟨T⟩ 부엌 조리대 위에 몇몇 야채들이 있다.
   (2) ⟨F⟩ 찬장 문이 열린 채로 있다.
   (3) ⟨F⟩ 남자가 설거지를 하고 있다.

3. (D)

   (A) A man is washing dishes.
   (B) The women are chopping vegetables.
   (C) They are having a meal.
   (D) Two people are preparing food.

   (A) 남자가 설거지를 하고 있다.
   (B) 여자들이 야채를 썰고 있다.
   (C) 그들이 식사를 하고 있다.
   (D) 두 사람이 음식을 준비하고 있다.

   해설 사진 속 남자와 여자는 식사를 위해 요리를 하고 있습니다. 이를 가장 잘 묘사한 것은 (D)입니다. (A)와 (C)는 사진과 맞지 않는 상황을 묘사하였으므로 오답입니다. (B)는 여자 혼자서 야채를 썰고 있으므로 오답입니다.

Step 3

I

1. removing / shovel / working / having / fight / snowing
2. cleaning / furniture / watching / hanging / wall
3. drinking / coffee / preparing / putting / cupboard / washing
4. sleeping / making / opening / holding / pillow

II

1. (A)

   (A) A woman is removing snow with a shovel.
   (B) A man is working on the street.
   (C) The children are having a snowball fight.
   (D) It's snowing a lot in the garden.

   (A) 여자가 눈을 삽으로 제거하고 있다.
   (B) 남자가 길 위에서 일하고 있다.
   (C) 어린이들이 눈싸움을 하고 있다.
   (D) 정원에 많은 눈이 내리고 있다.

   해설 한 여자가 집 앞에 쌓인 눈을 삽으로 제거하고 있는 장면이므로 보기 중 (A)가 정답입니다. 여자 혼자 등장하고 있으므로 (B)와 (C)는 오답임을 알 수 있습니다. 이처럼 사진 속에 등장하는 사람과 관련 없는 주어만으로도 오답을 쉽게 걸러낼 수 있습니다. (D)의 경우 사진은 이미 눈이 내려 쌓인 상태이지 내리고 있는 상황은 아니므로 오답입니다.

2. (A)

   (A) They are cleaning the living room.
   (B) They are moving the furniture.
   (C) A man is sitting on the couch watching TV.
   (D) The TV is hanging on the wall.

   (A) 그들은 거실을 청소하고 있다.
   (B) 그들은 가구를 옮기고 있다.
   (C) 남자는 소파에 앉아서 TV를 보고 있다.
   (D) TV는 벽에 걸려 있다.

   해설 남자와 여자가 청소를 하고 있는 장면입니다. 이를 가장 잘 묘사한 보기는 (A)입니다. (B)와 (C)는 사진 속과 다른 상황을 묘사하고 있으므로 오답입니다. (D) 또한 TV는 벽에 걸려 있지 않으므로 오답입니다.

3. (C)

   (A) She is drinking a cup of coffee.
   (B) She is preparing food in the kitchen.
   (C) She is putting a cup into the cupboard.
   (D) She is washing the dish.

   (A) 그녀는 커피를 마시고 있다.
   (B) 그녀는 부엌에서 음식을 준비하고 있다.
   (C) 그녀는 찬장 위에 컵을 넣고 있다.
   (D) 그녀는 접시를 씻고 있다.

   해설 여자가 찬장 문을 열고 컵을 넣으려는 장면을 묘사하고 있습니다. 이와 가장 어울리는 보기는 (C)입니다. (A)는 사진 속의 일과 관련하여 전후에 일어날 수 있는 상황이나, 그러한 상황을 예측해서 문제를 풀어서는 안됩니다. 사진 속에 나오는 장면만을 묘사한 보기를 찾아야 합니다. (B), (D)는 사진 속 장면과 일치하지 않는 상황들을 묘사하고 있으므로 오답입니다.

4. (B)

   (A) She is sleeping in the bed.
   (B) She is making a bed.
   (C) She is opening the window.
   (D) She is holding a pillow.

   (A) 그녀는 침대에서 잠을 자고 있다.
   (B) 그녀는 침대를 정리하고 있다.
   (C) 그녀는 창문을 열고 있다.
   (D) 그녀는 베개를 들고 있다.

   해설 침대 위의 이불을 들어 정리를 하고 있는 동작을 묘사한 사진이므로 (B)가 가장 적절한 답입니다. (A)는 사진 속 장면은 잠을 자고 일어난 후일 수 있으나, 현재 자고 있는 상태를 묘사하고 있지 않으므로 정답이 아닙니다. (C)와 (D)는 사진의 상황과 관계 없는 설명이므로 오답입니다.

KEY 06   도로 및 교통

Step 1-2

security / passenger / pedestrians / traffic / light / located / parking / meter / parked / platform / subway / arriving / baggage / claim / suitcases / fuel / gas / station

Step 2

1. (1) A subway is arriving at the station.
   Passengers are waiting for a subway.
   People are standing on the platform.

2. (1) ⟨F⟩ 남자가 지하철 표를 구입하고 있다.
   (2) ⟨F⟩ 지하철이 탈선했다.
   (3) ⟨T⟩ 몇몇 사람들이 기차에 타려고 기다리고 있다.

3. (D)

   (A) A subway is off the track.
   (B) The platform is empty.
   (C) She is looking for a subway station.
   (D) Passengers are waiting for a subway.

   (A) 지하철이 탈선했다.
   (B) 승강장이 비어 있다.
   (C) 그녀는 지하철 역을 찾고 있다.
   (D) 승객들은 지하철을 기다리고 있다.

   해설 지하철이 역으로 들어오고 있는 것을 묘사한 사진입니다. 승강장에는 몇몇 승객들이 탑승을 위해 기다리고 있으므로 (D)가 정답입니다. (A)는 지하철이 선로 위에서 잘 운행하고 있으므로 오답입니다. (B)의 설명과 달리 사진 속에는 사람들이 몇 명 보이고, (C)의 묘사도 사진과 전혀 관련이 없기 때문에 오답입니다.

Step 3

I

1. passing / gate / passenger / security / buying / ticket / baggage / claim

2. pedestrians / driving / group / getting / bus / walking

3. parking / filled / parking / meter / traffic

4. fuel / for / station / parking / road / busy

II

1. (B)

   (A) A man is passing through a boarding gate.
   (B) A passenger is going through airport security.
   (C) A woman is buying a plane ticket.
   (D) Some people are waiting at the baggage claim.

   (A) 남자가 탑승 게이트를 지나고 있다.
   (B) 한 승객이 공항 보안 검색을 통과하고 있다.
   (C) 여자가 비행기 표를 사고 있다.
   (D) 몇몇 사람들이 짐 찾는 곳에서 기다리고 있다.

   해설 공항 내 보안 요원이 한 승객의 보안 검색을 하고 있는 모습을 보여주고 있습니다. 이를 바르게 묘사한 (B)가 정답입니다. (A)는 비행기 탑승구를 묘사하므로 오답입니다. (C)의 티켓 구매와 (D)의 짐 찾는 곳은 보안 검색과 무관하므로 오답입니다.

2. (A)

   (A) Some pedestrians are crossing at a crosswalk.
   (B) A man is driving the car too fast.
   (C) A group of people are getting off the bus.
   (D) A woman is walking across the bridge.

   (A) 몇몇 보행자들은 횡단보도를 건너고 있다.
   (B) 남자는 매우 빨리 차를 몰고 있다.
   (C) 한 무리의 사람들이 버스에서 내리고 있다.
   (D) 여자가 다리를 건너가고 있다.

   해설 몇몇 사람들이 횡단보도로 길을 건너는 상황을 묘사하고 있습니다. (A)의 경우 보행자라는 의미의 단어와 그 상황을 적절히 표현하였으므로 정답입니다. 차들은 보행자를 위해 멈춰 있으므로 (B)는 오답입니다. 버스나 다리 또한 등장하지 않기 때문에 (C)와 (D)도 오답입니다.

3. (C)

   (A) She is parking a car.
   (B) The park is filled with people.
   (C) She is paying at the parking meter.
   (D) A car has stopped at the traffic light.

   (A) 그녀는 차를 주차하고 있다.
   (B) 공원은 사람들로 가득 차 있다.
   (C) 그녀는 주차료 징수기에서 지불하고 있다.
   (D) 차는 신호등에 멈춰 섰다.

   해설 한 여자가 주차료 징수기를 이용하고 있는 장면을 묘사하고 있으므로 (C)가 정답입니다. (A)의 경우 주차료를 징수하는 것과 관련이 있는 상황이지만, 직접적으로 사진을 묘사하는 것은 아니기 때문에 오답입니다. (B)와 (D)는 사진의 상황과 관련이 없는 것을 묘사하였으므로 오답입니다.

4. (A)

   (A) She is putting fuel in the car.
   (B) She is looking for a gas station.
   (C) The car is in the parking lot.
   (D) The road is busy with cars.

   (A) 그녀는 차에 연료를 넣고 있다.
   (B) 그녀는 주유소를 찾고 있다.
   (C) 차가 주차장에 있다.
   (D) 길은 차들로 붐빈다.

   해설 한 여자가 자동차에 주유를 하고 있는 장면을 가장 바르게 묘사한 (A)가 정답입니다. (B)는 이미 주유소에서 주유를 하고 있으므로 오답입니다. (C), (D)는 사진의 상황과 어울리지 않는 묘사이므로 오답입니다.

PART 2

UNIT 1 의문사 의문문

KEY 01 who(whose)/when 의문문

Step 2

I

Question A

Answer 1
Jenny takes care of it.

Answer 2
Mr. Park is responsible for ordering office supplies.

Answer 3
I am not sure.

Question B

Answer 1
About two hours ago.

Answer 2
Actually, I haven't called him yet.

Answer 3
Right after I revised the finance report.

II 1.(B) 2.(C) 3.(A)

1. 당신은 언제 그 자리에 지원하실 계획입니까?
   (B) 공석이 생기면 언제든지요.

2. 누가 새로운 프로젝트 매니저가 될까요?
   (C) 영업부의 Mr. Thomson이 유력한 후보라고 들었어요.

3. 비서 자리에 누구를 채용하실 거예요?
   (A) 다시 한 번 지원서들을 검토해 봐야겠어요.

III

1. (C)

When is the deadline for finishing the final report?

(A) I'm sure you can make it.
(B) The line at the bank is really long.
(C) The end of the next month.

최종 보고서 완성 기한이 언제입니까?
(A) 당신은 그때까지 완료할 수 있을 거예요.
(B) 은행의 대기 줄이 정말 길군요.
(C) 다음 달 말까지입니다.

해설 When으로 시작하는 의문문에 시점 표현으로 답변하는 (C)가 정답입니다. (A)는 상대방을 격려하는 표현, (B)는 전혀 다른 상황에 대한 표현이므로 오답입니다.

2. (B)

Who is scheduled to give a lecture?

(A) I will talk with her later.
(B) It hasn't been decided yet.
(C) She's going to take a history class.

누가 강의하기로 계획되어 있나요?
(A) 제가 나중에 그녀와 이야기할 겁니다.
(B) 아직 결정되지 않았어요.
(C) 그녀는 역사 강의를 들을 거예요.

해설 Who를 이용해 누가 강연자로 정해졌는지 묻는 질문입니다. 특정 인물을 언급하는 답변 외에도 (B)와 같이 아직 정해지지 않았다는 답변 역시 가능합니다. (A)는 질문과 관련이 없는 답변이며, (C)는 어떤 인물이 무엇을 하느냐는 질문에 어울리는 답변이므로 오답입니다.

3. (B)

When do you expect the new office to be ready?

(A) Please renew the deadline.
(B) It should be done by the end of October.
(C) I didn't expect your visit.

언제 새 사무실이 준비될 것으로 예상하세요?
(A) 마감기한을 연장해주시기 바랍니다.
(B) 10월 말에는 완료될 거예요.
(C) 당신의 방문을 예상하지 못했어요.

해설 예상 시점을 묻는 말에 10월 말쯤으로 예상한다는 내용의 (B)가 정답입니다. (A)는 의문사 When과 어울리는 어휘 deadline(마감기한)을 연결시킨 오답이고, (C)는 expect의 반복을 이용한 오답이므로 주의해야 합니다.

4. (A)

Who is working with Mrs. Davis in the conference room?

(A) It seems like Mrs. Davis's secretary is.
(B) I decided not to go.
(C) I am working as a teacher.

Mrs. Davis와 회의실에서 일하고 있는 사람이 누굽니까?
(A) Mrs. Davis의 비서처럼 보이네요.
(B) 저는 가지 않기로 결정했습니다.
(C) 저는 교사로 일하고 있습니다.

해설 누가 Mrs. Davis와 일하고 있는지 묻는 의문문입니다. 이 질문에는 Mrs. Davis의 비서라는 특정 인물을 언급한 (A)가 가장 적절한 응답입니다. (B)는 질문에 어울리지 않는 표현이고, (C)는 직업이 무엇이냐는 질문에 어울리는 답변입니다.

Step 3

I

1. Who / join / right / don't / check

2. last / heard / next / talked / About

3. get / Friday / sales / seventh / will / hire

4. Whose / train / think / give / book / as / far / as

II

1. (C)

> Who is going to join us in the meeting?
>
> (A) I'm going to do it right away.
> (B) Why don't you join us?
> (C) Let me check.

누가 우리와 함께 회의에 참여하나요?
(A) 제가 곧바로 하겠습니다.
(B) 우리와 함께 하지 않으시겠어요?
(C) 확인해볼게요.

해설 회의에 함께 참여할 사람이 누군지 묻는 말에 확인해보겠다는 간접적인 응답을 한 (C)가 정답입니다. (A)는 질문에 관계없는 응답입니다. (B)는 질문에 등장한 어휘 join을 반복하여 혼동을 준 오답입니다.

2. (C)

> When was the last time you heard from him?
>
> (A) Sometime next week.
> (B) We talked on the phone.
> (C) About a month ago.

그로부터 마지막 소식을 들은 것이 언제인가요?
(A) 다음 주 쯤에요.
(B) 우리는 전화로 얘기했습니다.
(C) 약 한 달 전이요.

해설 마지막 소식을 언제 들었냐는 과거의 특정 시간을 묻는 질문입니다. 그러므로 정답은 (C)입니다. 질문의 시제에 주의하지 않아 미래의 일을 나타내는 오답 (A)를 고르지 않도록 조심해야 합니다. (B) 또한 연락을 취한 방식을 언급하여 혼동을 초래하는 오답입니다.

3. (A)

> When can we get together to discuss the decline in sales?
>
> (A) How about next Friday?
> (B) The sales department is on the seventh floor.
> (C) Fred will hire you.

우리는 언제 영업 실적의 감소에 대해 의논할 수 있나요?
(A) 다음 주 금요일 어때요?
(B) 영업부는 7층에 있습니다.
(C) Fred가 당신을 고용할 것입니다.

해설 영업 실적 감소를 언제 논의할 것인지 묻는 말에 대해 특정 시간을 제안하며 다시 되물어 본 (A)가 정답입니다. 질문에서 이용된 sales라는 단어를 반복하여 혼동을 준 (B)는 오답입니다. (C)의 경우도 질문에 어울리지 않는 표현이므로 오답입니다.

4. (C)

> Whose responsibility is it to train the new hires?
>
> (A) I don't think so.
> (B) Professor Santiago will give you the book.
> (C) Mr. Crowe, as far as I know.

새로운 직원들을 교육시키는 것은 누구 담당입니까?
(A) 전 그렇게 생각하지 않습니다.
(B) Santiago 교수님이 당신에게 책을 줄 것입니다.
(C) 제가 알기론, Mr. Crowe입니다.

해설 새로운 고용인에 대한 교육을 담당한 책임자가 누구인지 묻는 말에 특정인의 이름을 대답한 (C)가 정답입니다. (A)는 강한 반대를 나타내는 표현이므로 어울리지 않는 대답입니다. (B)의 경우 특정 인물의 이름이 등장했으나, 질문과 관계없는 응답이므로 오답입니다.

KEY 02   what/which 의문문

Step 2

I

Question A

Answer 1

We can offer incentives based on their achievements.

Answer 2

Why don't we introduce a new evaluation system?

Answer 3

Maybe the HR department has a good idea.

Question B

Answer 1

I think Mr. Tanaka's idea is the best.

Answer 2

The one with vivid colors.

Answer 3

I'm still considering.

II

1.(C) 2.(B) 3.(A)

1. 내일 날씨는 어떨 것 같습니까?
   (C) 눈이 올 것 같아요.

2. 영화는 몇 시에 시작합니까?
   (B) 오후 4시 30분에 시작합니다.

3. 어느 셔츠가 나에게 잘 어울리나요?
   (A) 파란색 줄무늬가 있는 것이요.

III

1. (A)

> What can we do to enhance employees' performance?
>
> (A) Why don't we introduce a new evaluation system?
> (B) She's training a new employee.
> (C) I don't have time for it.

직원들의 성과를 높이기 위해 우리는 무엇을 할 수 있을까요?
(A) 새로운 평가 체계를 도입하는 것이 어때요?
(B) 그녀는 새로운 직원을 교육하고 있습니다.

(C) 저는 그것을 할 시간이 없습니다.

해설 직원들의 성과를 높이기 위한 방안을 묻는 말에 구체적으로 대안을 제시한 (A)가 정답입니다. (B)에서 쓰인 주어 she를 지칭하는 질문은 아니기 때문에 쉽게 오답으로 골라낼 수 있습니다. (C)의 경우 질문과 연결된 적절한 대답이 아니므로 오답입니다.

2. **(B)**

Which movie should we watch?

(A) Watch out for cars.
(B) Anything but a horror movie.
(C) The theater opens at 10am.

우리는 어떤 영화를 봐야 합니까?
(A) 차 조심해요.
(B) 공포 영화 말고는 괜찮아요.
(C) 영화관은 오전 10시에 열어요.

해설 (A)는 질문에 사용된 watch를 반복하여 사용함으로써 혼동을 초래하는 오답입니다. (C)의 경우에도 movie에서 연상되는 단어 theater를 사용하였으나 답변 내용이 질문과 어울리지 않아 오답입니다. 특정 장르를 언급한 (B)가 정답입니다.

3. **(B)**

Which proposal was accepted by the committee?

(A) He committed a crime.
(B) The one that you supported.
(C) I propose a new plan.

어느 제안서가 위원회에서 받아들여졌습니까?
(A) 그는 범죄를 저질렀습니다.
(B) 당신이 지지했던 것이요.
(C) 저는 새로운 계획을 제안합니다.

해설 (A)는 질문에 사용된 어휘 committee와 발음이 유사한 어휘 committed(저지르다)를 활용하여 헷갈리게 만드는 오답 보기입니다. (C)도 질문에 사용된 proposal(제안서)의 동사형 propose(제안하다)를 이용하여 오답으로 유도하려는 보기입니다. 어떤 제안서인지를 적절히 설명한 (B)가 정답입니다.

4. **(B)**

What class are you taking this semester?

(A) I go to school everyday.
(B) Modern English literature class.
(C) I like taking classes online.

당신은 이번 학기에 무슨 수업을 듣습니까?
(A) 저는 매일 학교에 갑니다.
(B) 현대 영문학 수업이요.
(C) 저는 온라인으로 수업 듣는 것을 좋아합니다.

해설 어떤 수업을 듣는지 묻는 질문입니다. 구체적인 과목명을 언급한 (B)가 정답입니다. (A)의 경우 수업이나 학기 등의 단어와 관련 있는 어휘 school을 언급했으나, 질문 내용에 어울리지 않는 답변입니다. (C) 또한 class라는 단어를 반복 사용했으나 적절하지 않은 응답입니다. (A), (C)와 같이 질문에 등장한 어휘와 관련된 어휘를 사용하여 오답으로 유도하려는 보기에 유의해야 합니다.

Step 3

I

1. you / do / snow / concert / holiday
2. opinion / left / wallet / unnecessary / late / party
3. you / Both / have / confidential
4. key / one / holding / late / presentation

II

1. **(B)**

What are you going to do this afternoon?

(A) It'll snow this afternoon.
(B) I'll go to a concert.
(C) I have holiday plans.

오늘 오후에 무엇을 할 것입니까?
(A) 오후에 눈이 올 것입니다.
(B) 콘서트를 보러 갈 것입니다.
(C) 저는 휴일 계획이 있습니다.

해설 오후에 무엇을 할지 묻는 일정에 관한 질문입니다. this afternoon과 미래시제를 사용하여 혼동하게 한 (A)는 질문과 관련 없는 답변으로 오답입니다. (C) 또한 계획이 휴일을 위한 것이므로 오답입니다. 가장 적절하게 미래의 계획을 언급한 (B)가 정답입니다.

2. **(B)**

What's your opinion about remodeling the office?

(A) I left my wallet at the office.
(B) I think it's unnecessary.
(C) We were late for the party.

사무실을 개조하는 것에 대해 당신의 생각은 어떻습니까?
(A) 저는 사무실에 지갑을 두고 왔습니다.
(B) 저는 그것이 불필요하다고 생각합니다.
(C) 우리는 파티에 늦었었습니다.

해설 사무실 리모델링에 대한 상대방의 의견을 묻는 질문으로 (B)가 가장 적절한 대답입니다. (A)의 경우 office라는 어휘를 반복 사용함으로써 혼동을 주는 오답입니다. (C) 또한 질문과 전혀 관련 없는 응답이므로 오답입니다.

3. **(A)**

Which of you requested the information?

(A) Both Helen and Pam.
(B) I don't have any information about it.
(C) That one is confidential.

당신들 중 누가 정보를 요청했습니까?
(A) Helen과 Pam 둘입니다.
(B) 저는 그것에 대한 정보가 전혀 없습니다.
(C) 그 정보는 기밀입니다.

해설 Which로 물었지만, 결국 누구(who)인지를 묻는 질문과 같으므로, 구체적인 사람 이름을 언급한 (A)가 정답입니다. (B)는 information이라는 어휘를 반복 사용하여 혼동을 준 오답 보기입니다. (C)의 경우 정보의 상태를 나타낼 수는 있으나 질문과 관련이 없으므로 오답입니다.

4. (A)

> Which is the key to the conference room?
>
> (A) The one you're holding.
> (B) You're late for the conference.
> (C) The presentation is over.

회의실 열쇠는 어느 것입니까?
(A) 당신이 들고 있는 것입니다.
(B) 당신은 회의에 늦었습니다.
(C) 발표가 끝났습니다.

해설 회의실 열쇠가 어느 것인지 묻는 말에 당신이 들고 있는 열쇠라고 대답한 (A)가 정답입니다. (B)의 경우 conference(회의)라는 단어를 반복 사용한 오답 보기입니다. (C)는 회의의 상황과 연상되는 presentation을 사용하여 함정으로 유도하는 오답입니다.

KEY 03 why/where/how 의문문

Step 2

I

Question A

Answer 1

To avoid traffic congestion.

Answer 2

Because I am exhausted.

Answer 3

For a leadership seminar.

Question B

Answer 1

What about eliminating unnecessary jobs?

Answer 2

We should manage our costs more effectively.

Answer 3

I think Elodie would have a good idea about it.

II   1.(A) 2.(C) 3.(B)

1. 커뮤니케이션 과정을 더 용이하게 하는 게 어떻습니까?
   (A) 좀 더 고려해 보겠습니다.
2. 조사 결과는 얼마나 신뢰할 수 있습니까?
   (C) 그것들은 꽤 정확하다고 증명되었습니다.
3. 기금 조성 행사가 개최되는 곳은 어디입니까?
   (B) 서울에 있는 Park Hyatt 호텔입니다.

III

1. (C)

> Why was your phone switched off?
>
> (A) Would you like to leave a message?
> (B) I'll phone you later.
> (C) I was in the meeting.

왜 당신의 전화가 꺼져있었습니까?
(A) 메시지를 남기시겠어요?
(B) 제가 나중에 전화하겠습니다.
(C) 회의 중이었습니다.

해설 전화기가 꺼져있었던 이유를 묻는 질문이므로 회의 중이었다고 대답한 (C)가 가장 적절한 답변입니다. (A)와 (B)는 질문에 대한 이유가 될 수 없으므로 오답입니다.

2. (A)

> Why does he change the schedule?
>
> (A) Because he needs more time.
> (B) I have a plan for next year.
> (C) It's too late to change the plan.

왜 그는 스케줄을 바꾸나요?
(A) 그는 시간이 더 필요하기 때문입니다.
(B) 저는 내년에 계획을 세웠습니다.
(C) 계획을 바꾸기에는 너무 늦었습니다.

해설 스케줄을 바꾼 이유에 대한 질문입니다. Because(~하기 때문에)는 이유를 대답하는 대표적인 접속사이므로 (A)가 가장 적절한 대답입니다. (C)는 change라는 단어를 그대로 사용하여 정답처럼 들리지만, 질문과 관련 없는 보기입니다. (B) 또한 마찬가지로 적절한 답변이 아니므로 정답이 될 수 없습니다.

3. (A)

> How do you like your new apartment?
>
> (A) I really love it.
> (B) I'm looking for a new apartment.
> (C) I can't afford to buy a house.

새로운 아파트 어때요?
(A) 정말 마음에 듭니다.
(B) 새로운 아파트를 찾고 있습니다.
(C) 집을 살 여유가 없습니다.

해설 새로운 아파트에 대한 상태/의견을 물어보는 질문입니다. 마음에 든다는 (A)가 가장 적절한 답변입니다. (B)같은 경우 new apartment라는 동일 어구를 반복함으로써 혼동을 주는 오답입니다. (C)의 경우도 apartment 단어로부터 연상 가능한 단어 house를 이용한 오답입니다.

4. (C)

> Where can I get the consent form?
>
> (A) The patient signed the consent form.
> (B) It's consensual.
> (C) You can get it from Ms. Ngan.

동의서는 어디서 얻을 수 있습니까?
(A) 환자는 동의서에 서명했습니다.
(B) 그것은 합의된 것입니다.
(C) Ms. Ngan에게 받을 수 있습니다.

해설 동의서의 출처를 묻는 질문입니다. 특정인에게 받았다는 (C)가 가장 적절한 정답이 됩니다. (A)의 경우 동일 어구의 반복을 이용한 전형적인 오답입니다. (B) 또한 질문과 보기 내용 간의 연결이 되지 않으므로 오답입니다.

Step 3

I

1. didn't / party / go / sorry / busy
2. position / ask / out / guess / need / seriously
3. lose / subway / yesterday / wallet
4. thoroughly / subject / efforts / searching

II

1. (C)

   Why didn't you come to the party?
   (A) Let's go to a park.
   (B) I'm sorry to hear that.
   (C) I was too busy.

   왜 파티에 오지 않았습니까?
   (A) 공원에 가자.
   (B) 유감입니다.
   (C) 너무 바빴어요.

   해설 (C)는 파티에 참석하지 않은 이유를 답변하였기 때문에 정답입니다. 그에 반해 (A)의 '~하자'라는 식의 청유형 문장은 위의 내용상 어울리지 않는 답변입니다. (B)의 경우에는 sorry까지만 듣고 참석하지 못해 미안하다는 표현으로 이해해서는 안됩니다.

2. (B)

   Why didn't she take the position?
   (A) I'm going to ask her out.
   (B) I can't even guess.
   (C) You need to take her seriously.

   그녀는 왜 그 직책을 받아들이지 않았습니까?
   (A) 그녀에게 데이트 신청할 거예요.
   (B) 짐작조차 못하겠어요.
   (C) 당신은 그녀를 진지하게 받아들일 필요가 있어요.

   해설 그 직책을 받아들이지 않은 이유를 묻는 why 의문문에 대한 대답으로 '모르겠다'는 식의 간접적인 표현을 한 (B)가 적절한 응답입니다. (A)는 '그녀에게 물어볼 것이다'라는 의미처럼 해석하지 않도록 주의해야 합니다. (C) 또한 내용상 연결이 어울리지 않으므로 오답입니다.

3. (A)

   Where did you lose your wallet?
   (A) In the subway, I guess.
   (B) I lost my wallet yesterday.
   (C) That's my wallet!

   어디서 지갑을 잃어버렸습니까?
   (A) 추측하기로는 지하철 안에서요.
   (B) 어제 지갑을 잃어버렸습니다.
   (C) 그것은 제 지갑이에요!

   해설 지갑을 잃어버린 장소(where)를 묻는 말에 구체적인 장소인 지하철을 언급하는 (A)가 정답입니다. wallet이라는 단어를 반복 사용하였으나 질문과 연관이 없는 (B)와 (C)는 오답입니다.

4. (B)

   How thoroughly did he research that subject?
   (A) The subject is very difficult.
   (B) He put all his efforts and time into it.
   (C) I've been searching for it.

   그는 얼마나 철저하게 그 주제에 대해 연구했습니까?
   (A) 주제가 매우 어렵습니다.
   (B) 그는 그의 모든 노력과 시간을 그곳에 쏟았습니다.
   (C) 그것을 찾고 있었습니다.

   해설 How+형용사/부사 의문문(How thoroughly~?)은 묶어서 들어야 의미를 파악할 수 있습니다. 그가 얼마나 철저히 연구했는지 묻는 말에 모든 노력과 시간을 투자했다는 (B)가 가장 적절한 정답입니다. (A)는 subject라는 동일 어휘를 반복해 오답으로 유도하는 보기입니다. (C)의 경우도 research와 search의 유사한 발음을 이용하여 혼동을 주지만, 질문과 의미상 어울리지 않는 대답이므로 오답입니다.

UNIT 2   be 동사, 조동사 의문문

KEY 04   be 동사 의문문

Step 2

I

Question A

Answer 1
I can't wait to get there.

Answer 2
Actually I am going to London.

Answer 3
Yes, but I'm a little bit scared, too.

Question B

Answer 1
I think so.

Answer 2
No, he works with Ms. Brenner.

Answer 3
I don't even know the man you speak of.

II   1.(B) 2.(A) 3.(C)

1. 당신은 저녁 식사에 초대받으셨습니까?
   (B) 네, Jane이 초대해주었습니다.

2. 그것이 향상된 버전의 웹사이트입니까?
   (A) 제가 들은 바로는 그렇습니다.

3. 저에게 온 소포가 있었나요?
   (C) 전혀 없습니다.

III

1. (A)

> Is there enough in the budget to hire more?
>
> (A) I hope so.
> (B) I heard it, too.
> (C) Jenna is our new associate.

사람을 더 고용할 예산이 충분히 있습니까?
(A) 그러기를 바래요.
(B) 저도 그것을 들었어요.
(C) Jenna는 우리의 새로운 동료입니다.

해설 고용을 늘리는데 충분한 예산이 있는지 묻는 질문과 그랬으면 좋겠다는 대답이 자연스럽게 연결되므로 (A)가 정답입니다. (B)의 경우 어색한 답변이므로 오답입니다. (C) 또한 고용(hire)과 관련된 어휘 associate을 사용했지만, 질문과 유기적으로 연결되지 않습니다.

2. (C)

> Is it prohibited to enter that area?
>
> (A) Enter your password.
> (B) That's awesome.
> (C) Yes, you need to get prior permission.

그 지역에 들어가는 것은 금지되어 있습니까?
(A) 비밀번호를 입력하세요.
(B) 그것 참 훌륭하군요.
(C) 네, 사전에 허가를 받아야 합니다.

해설 (C)는 어떤 지역에 들어가는 것이 금지되었는지 묻는 말에 적절한 답변입니다. (A)는 뜻이 여러 개인 단어(enter)를 질문과 응답 문장에 등장시켜 오답을 유도하는 보기입니다. (B)의 경우, 문제와 관계없는 응답입니다.

3. (A)

> Are you taking any medication?
>
> (A) Just aspirin.
> (B) You can meditate.
> (C) It's time to take a break.

복용 중인 약물이 있습니까?
(A) 아스피린만 먹고 있습니다.
(B) 당신은 명상을 할 수 있습니다.
(C) 휴식을 가질 시간입니다.

해설 복용 중인 약물이 있냐는 질문에 특정 약물의 이름을 사용해 대답한 (A)가 정답입니다. (B)의 meditate은 '명상하다'라는 의미로 medication과 발음이 유사함에 유의하여야 합니다. (C)의 경우 문제와 관계없는 응답입니다.

4. (A)

> Are you concerned about tomorrow's presentation?
>
> (A) Not at all.
> (B) I brought you a present.
> (C) What am I supposed to do?

내일 발표가 걱정되나요?
(A) 전혀요.
(B) 당신께 드릴 선물을 가져왔습니다.
(C) 제가 무엇을 해야 하나요?

해설 발표에 대해 걱정을 하고 있냐는 질문에 전혀 아니라는 대답인 (A)가 정답입니다. (B)는 presentation(발표)와 present(선물)의 유사한 발음을 이용해 혼동을 유도한 오답입니다. (C)는 질문에 어울리지 않는 답변입니다.

Step 3

I

1. Was / conference / scheduled / sounds
2. extra / charge / delivery / in / charge / Not / purchase / full / refund
3. able / fix / serious / give / hand / very / computers
4. Were / aware / complaints / absolutely / idea / sure / waiting

II

1. (B)

> Was Jonathan at the conference the whole time?
>
> (A) It starts at 7am.
> (B) He had other things scheduled.
> (C) That sounds nice.

Jonathan은 회의 시간 내내 있었나요?
(A) 오전 7시에 시작합니다.
(B) 그는 다른 스케줄이 있었습니다.
(C) 참 좋네요.

해설 Jonathan이 회의에 내내 있었는지 묻는 말에 다른 스케줄이 있었다는 (B)가 가장 적절한 응답입니다. (A)와 (C)는 질문과 어울리지 않으므로 오답입니다.

2. (B)

> Is there any extra charge for delivery?
>
> (A) I am in charge of marketing.
> (B) Not if you purchase over 40 dollars.
> (C) You can get a full refund.

배송료는 추가로 내야 하나요?
(A) 저는 마케팅을 담당하고 있습니다.
(B) 40달러 이상 구매하시면 없습니다.
(C) 전액 환불받을 수 있습니다.

해설 배송에 대한 추가 요금을 묻자 특정 조건을 충족시키면 내지 않아도 된다고 답하는 (B)가 정답입니다. (A)의 charge(책임)의 의미는 질문에서 쓰인 charge(요금)의 의미와 다름에도 불구하고, 발음이 같아 혼동을 유도하는 오답입니다. (C)의 경우에도 charge와 관련하여 연상되는 어휘(refund)를 이용한 오답입니다.

3. (C)

> Is Cathy able to fix this?
>
> (A) No, it's not that serious.
> (B) Can you give me a hand?
> (C) Yes, she's very good with computers.

Cathy는 이것을 고칠 수 있습니까?
(A) 아뇨, 그렇게 심각한 것은 아닙니다.
(B) 저를 좀 도와주시겠어요?
(C) 네, 그녀는 컴퓨터를 매우 잘 다룹니다.

해설 Cathy가 그것을 고칠 수 있냐는 말에 그녀가 컴퓨터를 잘 다룬다는 응답으로 의미상 두 문장이 자연스럽게 연결되는 (C)가 정답입니다. (A)는 질문의 내용과 관련 없는 오답입니다. (B) 또한 내용상 어울리지 않으므로 오답입니다.

4. (A)

Were you aware that he had some complaints?

(A) I had absolutely no idea.
(B) We can't be sure about it.
(C) He's waiting for you.

그가 다소 불만이 있었다는 것을 당신은 알고 있었습니까?
(A) 저는 전혀 몰랐습니다.
(B) 우리는 그것에 대해 확신할 수 없습니다.
(C) 그가 당신을 기다리고 있어요.

해설 그가 불만이 있는지 알고 있었냐는 질문에 '몰랐다'라는 대답인 (A)가 가장 자연스럽게 연결됩니다. (B)와 (C)는 내용상 질문과 연결 관계가 부족한 응답으로 오답입니다.

KEY 05 do 동사 의문문

Step 2

I

Question A

Answer 1

No, but she seems capable though.

Answer 2

Not a lot, but some.

Answer 3

Let me check her resume again.

Question B

Answer 1

No, he does it every month.

Answer 2

Yes, as far as I know.

Answer 3

I don't know anything about it.

II
1.(C) 2.(A) 3.(B)

1. 당신은 회의의 핵심 주제가 무엇인지 알고 있습니까?
   (C) 제 생각엔 회의는 멸종 동물에 관한 것 같아요.

2. 그녀는 구독을 갱신했습니까?
   (A) 그녀는 아직 생각하고 있는 중입니다.

3. 지금 회의실을 예약해야 하나요?
   (B) 아니요, 날짜가 아직 정해지지 않았어요.

III

1. (A)

Do you have the office layout?

(A) Yes, would you like to see it?
(B) No, I'm going to his office.
(C) The office has an inconvenient layout.

사무실 배치도를 가지고 있습니까?
(A) 네, 보여드릴까요?
(B) 아니요, 그의 사무실로 갈 것입니다.
(C) 사무실의 배치구조는 불편합니다.

해설 (A)처럼 의문문에 다시 질문으로 답하는 경우도 정답이 될 수 있습니다. 중요한 것은 보기에 yes, no가 들어갔는지 안 들어갔는지를 따지는 공식을 습득하는 것이 아니라 질문과 답변의 의미상 연관을 파악하는 것입니다. (B)와 (C)는 질문에서 사용된 단어 office를 반복해 혼동을 유도하는 오답입니다.

2. (C)

Did he allow you to work from home?

(A) He's away on vacation.
(B) I came home from work.
(C) He said that he will think on it.

그가 당신이 재택근무를 하도록 허락했습니까?
(A) 그는 휴가 중입니다.
(B) 퇴근하고 집으로 왔습니다.
(C) 그가 그것에 대해 생각해본다고 말했습니다.

해설 집에서 일을 하도록 허락받았냐는 질문에 간접적으로 답변한 (C)가 정답입니다. (A)의 경우 같은 주어로 응답했어도 내용과 연결 관계가 부족하므로 오답입니다. 주어 he인 질문에 주어 I로 대답한 (B)는 논리적이지 않으므로 오답입니다.

3. (B)

Did you enroll in an upcoming workshop?

(A) I work a lot.
(B) I signed up for it yesterday.
(C) Enrollment is limited to fifty.

다가오는 워크숍에 등록했습니까?
(A) 저는 일을 많이 합니다.
(B) 어제 등록했습니다.
(C) 등록은 50명으로 제한됩니다.

해설 곧 있을 워크숍에 등록했냐는 질문에 가장 적절한 응답은 이미 어제 등록했다는 내용의 (B)입니다. (A)의 경우 논리적으로 연관성이 부족하므로 오답입니다. (C)의 경우 단어 enroll(등록하다)를 enrollment(등록)으로 반복 사용하여 혼동을 유도한 오답입니다.

4. (A)

Did the guests stay for the whole weekend?

(A) Some did, some didn't.
(B) You can stay as long as you like.
(C) We had dinner together.

손님들은 주말 내내 머물렀습니까?
(A) 몇몇 손님들은 머물렀고, 몇몇은 그러지 않았습니다.

(B) 당신이 원하는 만큼 머무르세요.
(C) 우리는 함께 저녁을 먹었습니다.

해설 손님들이 주말 내내 머물렀냐는 질문에 (A)가 가장 적절한 정답입니다. (B)는 stay라는 단어를 반복 사용해 혼동을 유도하고 있을 뿐만 아니라 guests가 주어인 질문에 주어 you로 대답하고 있으므로 논리적이지 않습니다. 마찬가지로 (C)의 경우에도 질문과 내용상 연결이 어색합니다.

Step 3

I

1. you / postpone / want / can't / office / there / mentioned

2. Did / persuade / go / can / persuasive / went / anyway / tried

3. mind / sit / Seating / limited / seat / taken / Most / sold

4. deem / plan / solid / positive / opinion / according / plan / against

II

1. (A)

> Do you want to postpone it?
>
> (A) I want to, but I can't.
> (B) The post office is over there.
> (C) She mentioned it.

당신은 그것을 미루길 원합니까?
(A) 네, 하지만 그럴 수 없습니다.
(B) 우체국은 저쪽입니다.
(C) 그녀는 그것에 대해 언급했습니다.

해설 어떤 것을 연기하기를 원하냐는 질문에 그럴 수 없다는 대답의 (A)가 정답입니다. (B)는 postpone과 발음이 유사한 post office를 언급하였지만 질문 내용과 전혀 상관없는 오답입니다. (C) 또한 주어 you의 물음에 she로 답하고 있으므로 논리적으로 옳지 않은 답변이 됩니다.

2. (B)

> Did they try to persuade you not to go?
>
> (A) I can be very persuasive.
> (B) Yes, but I went anyway.
> (C) I tried everything I could.

그들은 당신이 가지 않도록 설득하려고 했습니까?
(A) 저는 아주 설득을 잘 할 수 있습니다.
(B) 네, 하지만 어쨌든 갔습니다.
(C) 제가 할 수 있는 모든 것을 하려고 노력했습니다.

해설 질문에 가장 적절한 응답은 (B)입니다. (A)는 persuade와 발음이 유사한 persuasive를 이용한 함정입니다. (C)의 경우, 질문에 동떨어진 답변입니다.

3. (B)

> Do you mind if I sit here?
>
> (A) Seating is limited.
> (B) Sorry, this seat is taken.
> (C) Most of the seats were sold.

제가 여기에 앉아도 되겠습니까?
(A) 좌석 수가 한정되어 있습니다.
(B) 죄송합니다, 이미 자리 있습니다.
(C) 대부분의 좌석이 팔렸습니다.

해설 mind는 '~을 꺼리다'라는 의미이므로 Yes로 대답하면 거절, No는 승낙하는 것이 됩니다. (B)는 굳이 Yes라 대답하지 않아도 미안하다(Sorry)는 표현과 함께 거절을 나타내고 있으므로 논리적으로 적절한 답이 됩니다. (A)와 (C)는 sit과 발음이 유사한 seating, seats를 이용한 함정이므로 주의하여야 합니다.

4. (A)

> Do they deem the business plan solid?
>
> (A) They have a pretty positive opinion about it.
> (B) Let's do it according to the plan.
> (C) I am against the plan.

그들은 사업 계획이 탄탄하다고 생각합니까?
(A) 그들은 그것에 대해 매우 긍정적인 견해를 가지고 있습니다.
(B) 계획에 따라 해봅시다.
(C) 저는 계획에 반대합니다.

해설 견해에 대해 묻고 있는 질문에 그들의 구체적인 반응을 알려주는 (A)가 정답입니다. (B)의 경우 plan을 이용하여 연상되는 답변일 수 있으나 견해를 물은 것에 대한 대답이 될 수 없으므로 적절하지 않습니다. (C)는 내용상 반대한다는 견해를 표현하고 있어 혼동할 수 있으나 they로 물은 질문에 주어 I로 대답한 것은 논리적이지 않으므로 오답입니다.

KEY 06   기타 조동사 의문문

Step 2

I

Question A

Answer 1

He already gave two weeks notice.

Answer 2

I would if I were him.

Answer 3

There's a good chance of that.

Question B

Answer 1

I'll let you know if there is.

Answer 2

That's all for now.

Answer 3

No, that's everything.

II

1.(A) 2.(B) 3.(C)

1. 최소한 저의 제안을 고려해주시겠습니까?
   (A) 그렇게 하도록 약속하겠습니다.

2. 국내 시장에 집중해야 하나요?
   (B) 저는 해외 시장에 더 많은 기회가 있다고 생각합니다.

3. 그녀는 Cameron을 저녁 식사에 초대했었나요?
   (C) 네, 하지만 그가 거절했습니다.

III

1. (A)

   Can I be considered for the keynote speaker?
   (A) Sorry, but we decided to go with Frank.
   (B) The speech was very touching.
   (C) The microphone is turned off.

   기조 연설자로 저를 고려해 주실 수 있습니까?
   (A) 죄송합니다만, 우리는 Frank로 결정했습니다.
   (B) 연설은 매우 감동적이었습니다.
   (C) 마이크는 꺼져습니다.

   해설 기조연설자로 본인을 고려해달라는 청유의 내용입니다. (A)는 미안하다는 표현으로 No의 표현을 대체한 정답입니다. (B)의 경우 speaker와 연상되는 speech를 사용함으로써 함정으로 유도합니다. (C) 또한 연상 단어인 microphone을 이용한 오답입니다.

2. (B)

   Can I refund this ticket?
   (A) You're a good fund manager.
   (B) May I ask you the reason why?
   (C) He said that he will think on it.

   이 표를 환불할 수 있습니까?
   (A) 당신은 훌륭한 펀드 매니저입니다.
   (B) 왜 그런지 이유를 여쭤봐도 되겠습니까?
   (C) 그는 그것을 생각해보겠다고 말했습니다.

   해설 환불이 가능한지 묻는 청유형 문장으로 확실한 대답보다는 이유를 물으며 재질문의 형태로 답을 하는 (B)가 적절한 답이 됩니다. (A)의 경우 refund와 fund의 발음 유사성을 이용한 오답입니다. (C)는 주어 I의 질문에 주어 He로 대답한 논리적이지 않은 보기입니다.

3. (B)

   Has Mark sent out the bills?
   (A) I marked it down.
   (B) He's doing it now.
   (C) Get out of the room.

   Mark가 청구서를 보냈습니까?
   (A) 그것을 기록해 뒀습니다.
   (B) 그는 지금 그것을 하고 있어요.
   (C) 방에서 나가세요.

   해설 (B)는 Mark가 지금 보내고 있다는 내용으로 질문에 가장 적절한 답입니다. (A)는 사람 이름을 나타내는 Mark와 발음이 유사한 동사 marked를 사용한 함정입니다. (C)의 경우 질문에서 등장한 out이라는 전치사를 다시 이용하여 함정으로 유도하고 있습니다.

4. (C)

   Would you help me to hand out brochures?
   (A) That's a lot of information.
   (B) There's a bookstore over there.
   (C) I've got my hands full.

   책자 나눠주는 것을 도와주실 수 있나요?
   (A) 정보가 정말 많네요.
   (B) 저쪽에 서점이 있습니다.
   (C) 너무 바쁩니다.

   해설 Would를 사용하여 도움 요청을 표현한 의문문입니다. 정답인 (C)의 경우 '바쁘다'는 표현으로 거절하는 No의 의미를 함축하고 있습니다. (A)와 (B)는 도움을 요청하는 질문의 대답으로 적절하지 않기 때문에 오답입니다.

Step 3

I

1. Will / website / updated / guess / fix / date / posted
2. we / put / exhibition / Hang / picture / need / time / exhibition / hall
3. May / visit / official / event / town / Wednesday
4. Should / leave / there / best / directly / got / message / park

II

1. (A)

   Will the website be updated within the next month?
   (A) I guess so.
   (B) Let's fix the date.
   (C) It is posted on the website.

   다음 달 내로 웹사이트가 업데이트됩니까?
   (A) 그렇다고 생각합니다.
   (B) 날짜를 정합시다.
   (C) 웹사이트에 게시되어 있습니다.

   해설 Will 의문문으로 웹사이트가 다음 달 안으로 업데이트될지를 묻는 말입니다. 아마 그럴 것 같다고 의견을 제시하는 (A)가 정답입니다. (B)는 질문의 updated와 발음이 유사한 date에 유의하셔야 합니다. (C) 또한 website만 반복 사용되었을 뿐 내용상 연관성이 부족한 답변입니다.

2. (B)

   Would we have to put the art exhibition on hold?
   (A) Hang up the picture on the wall.

(B) We definitely need more time.
(C) We're in the exhibition hall.

우리는 미술전시회를 보류해야 할까요?
(A) 벽에 그림을 거시오.
(B) 우리는 분명히 시간이 더 필요합니다.
(C) 우리는 전시회장에 있습니다.

해설 Would를 사용하여 미술전시회를 미뤄야 할지 묻고 있습니다. 미뤄야 한다는 의견을 간접적으로 표현한 (B)가 정답입니다. (A)의 경우 미술전시회와 연상되는 단어인 picture를 사용한 함정입니다. (C)의 경우도 exhibition을 반복 사용했지만, 내용상 질문과 관련이 없으므로 오답입니다.

3. (C)

May I visit your office on Monday?

(A) It's an official event.
(B) Yes, in the town hall.
(C) I'd prefer Wednesday.

당신의 사무실로 월요일에 방문해도 될까요?
(A) 그것은 공식적인 행사입니다.
(B) 네, 시청에서요.
(C) 저는 수요일이 좋습니다.

해설 월요일에 사무실로 방문해도 되냐고 허락을 구하는 의문문입니다. 다른 요일을 대안으로 제시한 간접 답변 (C)가 정답입니다. Yes/No의 대답이 가능하나, Yes 뒤의 내용과 질문 간의 논리적 관계를 따져봐야 합니다. (B)의 경우 Yes 뒤의 내용이 질문과 상응하지 않으므로 오답입니다. (A)는 office와 발음이 유사한 official을 연결해 혼란을 유도하고 있습니다.

4. (A)

Should I leave a message if she's not there?

(A) It's best to talk with her directly.
(B) I got your message.
(C) He's at the park.

그녀가 거기에 없다면 제가 메시지를 남겨야 하나요?
(A) 그녀와 직접 얘기하는 것이 가장 좋습니다.
(B) 당신의 메시지를 받았습니다.
(C) 그는 공원에 있습니다.

해설 Should를 이용하여 메시지를 남겨야 할지 묻는 일반 의문문입니다. 정답인 (A)는 직접 이야기하는 것이 가장 좋다고 말하면서, 메시지를 남기는 것에 대한 No의 의미를 함축하고 있습니다. (B)는 message를 반복 사용하였지만, 질문과 관련 없는 대답이므로 오답입니다. (C)는 'she's not there'와 연결해 혼란을 유도한 오답입니다.

UNIT 3   기타 의문문 및 평서문

KEY 07   부정 의문문

Step 2

I

Question A

Answer 1
That sounds reasonable.

Answer 2
I prefer May 2nd.

Answer 3
I'm a little busy on that day.

Question B

Answer 1
He'll drop by his home first.

Answer 2
I believe so.

Answer 3
Yes, he told me so.

II   1.(B) 2.(A) 3.(C)

1. 인터넷 연결은 아직 복구되지 않았습니까?
(B) 관리자가 지금 오고 있습니다.

2. 그는 동료들과 잘 협력하지 않나요?
(A) 네, 그의 동료들은 그에 대해 불평을 많이 합니다.

3. 우리는 그에게 철회하도록 설득해야 하지 않을까요?
(C) 네, 하지만 어떻게요?

III

1. (C)

Isn't he engaged in negotiation?

(A) Yes, I'm engaged to be married.
(B) Yes, we need to negotiate the better price.
(C) No, he doesn't want to.

그는 협상에 관여하지 않습니까?
(A) 네, 저는 약혼했습니다.
(B) 네, 우리는 더 나은 가격에 협상해야 합니다.
(C) 아니요, 그는 원하지 않습니다.

해설 부정 의문문으로 답변의 내용이 긍정이면 Yes, 부정이면 No로 대답합니다. (C)는 부정의 답변이면서, 협상에 관여하길 원하지 않는다는 뒤의 내용 또한 질문과 논리적으로 연결되므로 정답입니다. (A)는 engaged를 반복 사용하였을 뿐 질문과 관련 없는 대답이므로 오답입니다. (B) 또한 negotiation을 연상케 하는 negotiate를 사용하여 답한 오답입니다.

2. (A)

Can't you encourage Avery to participate?

(A) I'll do what I can.
(B) You didn't participate in the class.
(C) Yes, on the weekend.

당신은 Avery가 참여하도록 유도할 수 없나요?
(A) 최선을 다하겠습니다.
(B) 당신은 수업에 참여하지 않았습니다.
(C) 네, 주말에요.

해설 질문에 적절한 답은 권장해 보겠다는 (A)입니다. (B)는 participate를 반복 사용할 뿐 의미상 질문과 맞지 않아 오답입니다. (C)의 경우 Yes로 대답을 시작하지만, 뒤의 내용이 질문과 관계 없어 오답입니다.

3. (C)

> Hasn't Aubrey declined the proposal?
>
> (A) No, she has extensive experience.
> (B) I don't know how to propose.
> (C) Yes, but Addison eventually persuaded her.

Aubrey가 제안서를 거절하지 않았습니까?
(A) 아뇨, 그녀는 폭넓은 경험이 있습니다.
(B) 어떻게 제안할지 모르겠어요.
(C) 네, 하지만 Addison이 결국 그녀를 설득시켰어요.

해설 Hasn't~? 의문문과 연상시켜 has를 이용한 답변 (A)는 내용상 의미가 연결되지 않아 오답입니다. (B)의 경우도 마찬가지로 proposal과 연상되는 propose를 사용하지만, 질문과 관련 없는 내용으로 오답입니다. (C)는 거절을 긍정하는 Yes 표현과 함께 but 뒤의 내용이 질문과 자연스럽게 연결되어 정답입니다.

4. (B)

> Wouldn't it be nice to add more female executives?
>
> (A) She moved to France.
> (B) That's a good idea.
> (C) I've always admired her.

더 많은 여성 간부를 선임하는 것이 좋지 않을까요?
(A) 그녀는 프랑스로 이사했습니다.
(B) 좋은 생각이에요.
(C) 저는 항상 그녀를 존경해왔습니다.

해설 Wouldn't로 시작하는 부정 의문문으로 여성 간부를 선임하는데 긍정적인 답변인 (B)가 정답입니다. (A)와 (C)는 female과 연상되는 주어(she), 목적어(her)가 등장하지만, 질문과 관련 없는 내용이므로 오답입니다.

Step 3

I

1. he / secretary / contact / have / confused / working / library
2. Shouldn't / finish / finished / analyzing / situation / think / finish
3. you / result / waiting / enthusiastic / executive / surpassed
4. she / shortly / period / known / stuck / traffic

II

1. (B)

> Didn't he work as Natalie's secretary?
>
> (A) I'll contact his office.
> (B) You must have him confused with Josh.
> (C) She's working at the library.

그는 Natalie의 비서로 일하지 않았나요?
(A) 제가 그의 사무실에 연락해볼게요.
(B) Josh와 착각하셨나 봐요.
(C) 그녀는 도서관에서 일하고 있습니다.

해설 (A)는 secretary와 연상되는 단어 office를 이용한 오답입니다. (C)의 경우 주어 he로 묻는 질문에 she로 대답하였으므로 논리적으로 옳지 않은 보기입니다. 질문에 자연스럽게 연결되는 답은 (B)입니다.

2. (A)

> Shouldn't you finish the analysis work today?
>
> (A) Right, I'm almost finished.
> (B) I'm analyzing the market situation.
> (C) I think you can finish it on time.

당신은 오늘 분석을 끝내야 하지 않나요?
(A) 네, 거의 끝냈습니다.
(B) 저는 시장 상황을 분석하고 있습니다.
(C) 저는 당신이 제시간에 끝낼 수 있다고 생각합니다.

해설 분석 업무 일정을 묻는 말에 거의 끝나가고 있다고 답변하는 (A)가 정답입니다. (B), (C)는 질문에 나온 어휘와 관련된 단어를 사용해 오답으로 유도하는 보기입니다.

3. (C)

> Aren't you happy with the result?
>
> (A) Yes, I'm waiting for the result.
> (B) You're an enthusiastic executive.
> (C) Yes, we already surpassed last year's performance.

당신은 그 결과에 만족하지 않습니까?
(A) 네, 결과를 기다리고 있습니다.
(B) 당신은 열정적인 간부입니다.
(C) 네, 우리는 이미 지난해의 성과를 뛰어넘었습니다.

해설 Yes/No 대답이 가능하다고 해서 바로 (A)를 답으로 골라선 안됩니다. (A)의 Yes 뒤의 내용은 result를 반복 사용하여 혼동을 일으키는 오답입니다. (B)는 질문과 관련이 없으므로 오답입니다. (C)는 결과에 만족하는 긍정의 대답과 이어지는 내용이 질문과 어울리므로 정답입니다.

4. (C)

> Won't she be here shortly?
>
> (A) It's a short period.
> (B) I've known her for a long time.
> (C) She got stuck in traffic on the way here.

그녀가 여기에 곧 나타나지 않을까요?
(A) 그것은 짧은 기간입니다.
(B) 저는 그녀를 오랫동안 알아왔습니다.
(C) 그녀는 여기로 오는 길에 교통체증에 갇혔습니다.

해설 (A)는 shortly와 유사한 short를 반복 사용하여 혼동을 유도하는 오답입니다. (B)의 경우도 shortly에서 연상되는 어휘 long을 사용한 함정 보기입니다. (C)의 경우 그녀가 곧 오지 못하는 이유를 설명하고 있으므로 질문과 가장 잘 어울리는 답변입니다.

KEY 08   선택/부가 의문문

Step 2

I

Question A

Answer 1
No, did you email me?

Answer 2
Yes, thank you for your work.

Answer 3
I was about to talk to you about it.

Question B

Answer 1
Harrison is interviewing an economics professor, so a political expert.

Answer 2
Whomever you want.

Answer 3
It would be best to set up interviews with an economic expert.

II   1.(A) 2.(C) 3.(B)

1. 바다가 보이는 전망으로 예약하셨나요, 호수가 보이는 전망으로 예약하셨나요?
   (A) 사실, 산이 보이는 전망값을 지불했습니다.

2. 우리는 회의를 취소해야 할까요, 연기해야 할까요?
   (C) 단 며칠만 연기합시다.

3. 당신은 계획의 개요를 작성할 것이라고 말했죠, 그렇지 않나요?
   (B) 저는 상품 카탈로그를 맡을 것이라고 말했습니다.

III

1. (B)

   You haven't compiled the guest list, have you?
   (A) Your name is not on the guest list.
   (B) I am planning to do it tomorrow.
   (C) I guess there's nothing more to do.

   당신은 손님 명단을 만들지 않았죠, 그렇죠?
   (A) 당신의 이름은 손님 명단에 없습니다.
   (B) 저는 내일 그것을 하려고 계획 중입니다.
   (C) 더 이상 할 것이 없습니다.

   해설 손님 명단을 작성하였는지 확인하기 위한 질문으로 내일 할 계획이라는 대답의 (B)가 정답입니다. (A)는 질문에 사용된 어구 guest list를 반복하였으나, 내용상 관련이 없으므로 오답입니다. (C) 또한 관련성이 떨어지므로 오답입니다.

2. (A)

   This is a final decision, isn't it?
   (A) It is, unless something comes up.
   (B) You didn't participate in the class.
   (C) Yes, on the weekend.

   이것이 최종 결정이죠, 그렇지 않나요?
   (A) 어떤 일이 발생하지 않는 한 그렇습니다.
   (B) 당신은 수업에 참여하지 않았습니다.
   (C) 네, 주말에요.

   해설 부가 의문문으로 최종 결정이 맞는지 확인하는 문장입니다. 긍정하는 의미로 대답하는 (A)가 질문과 가장 잘 어울리므로 정답이 됩니다. (B)와 (C)는 질문과 관련이 없는 대답이므로 오답입니다.

3. (C)

   Do you want to register for the computer course or the business one?
   (A) They have a generous financial aid program.
   (B) This course will broaden your business perspective.
   (C) Neither, I will take the leadership course.

   컴퓨터 과정에 등록하실래요, 아니면 비즈니스 과정에 등록하실래요?
   (A) 그들은 넉넉한 재정 지원 프로그램이 있습니다.
   (B) 이 과정은 당신의 사업적 안목을 넓혀줄 것입니다.
   (C) 둘 다 말고, 리더십 과정에 등록할 것입니다.

   해설 질문에서 제시한 컴퓨터, 비즈니스 과정 둘 다 선택하지 않을 수 있으므로 주의하여야 합니다. 즉, Neither라는 표현으로 둘 다 선택하지 않고, 리더십 코스라는 제3의 선택을 한 (C)가 정답입니다. (A)는 business course에서 연상되는 financial, program 등의 단어로 이루어진 오답입니다. (B) 또한 business라는 단어를 반복 사용하였지만, 의미가 연결되지 않는 오답입니다.

4. (B)

   Is it possible to renew my driver's license on the Internet or do I have to visit the office?
   (A) The office is on the fifth floor.
   (B) You have to come with your renewal notice.
   (C) I have my driver's license.

   운전면허를 인터넷으로 갱신해도 되나요, 아니면 직접 사무실로 방문해야 하나요?
   (A) 사무실은 5층입니다.
   (B) 갱신 통지서를 가지고 방문하셔야 합니다.
   (C) 운전면허증을 갖고 있습니다.

   해설 운전면허 갱신을 어떻게 해야 하는지 묻는 선택 의문문으로 (B)의 경우 통지서를 들고 와야만 한다는 표현을 함으로써 후자를 선택한 정답입니다. (A)의 경우 office라는 표현을 반복 사용하였지만, 의미가 연결되지 않는 오답입니다. (C) 또한 driver's license를 사용하여 혼동을 유도하는 보기입니다.

Step 3

I

1. expand / customer / aren't / he's / important / clients / happy / customer / better / focus / existing

2. Who / meet / college / professors / check / secretary / lunch / you

3. business / leaves / busy / vacation / diligent / businessman

4. take / break / sound / need / welcome / rest / now

II

1. (C)

> We are going to expand our customer base, aren't we?
> (A) Yes, he's one of our most important clients.
> (B) I'm not happy with the customer service.
> (C) I think it would be better to focus on existing customers.

우리는 우리의 고객층을 확대할 것입니다, 그렇지 않나요?
(A) 네, 그는 우리의 가장 중요한 고객 중 한 명입니다.
(B) 고객 서비스가 만족스럽지 않습니다.
(C) 저는 기존의 고객들에게 초점을 맞추는 것이 더 낫다고 생각합니다.

해설 고객층을 확대할 것인지 확인하는 부가 의문문으로 확대보다는 기존 고객에게 초점을 맞추는 것이 낫다는 견해를 표현한 (C)가 정답입니다. (A)는 질문의 customer와 연상되는 어휘 client를 사용함으로써 혼동을 유도하는 오답입니다. (B) 또한 customer를 반복 사용하였으나 질문과 의미상 연결이 되지 않는 오답입니다.

2. (B)

> Who do you meet with this afternoon, Yasin or Leonora?
> (A) They were my college professors.
> (B) I'll have to check with my secretary.
> (C) I can't have lunch with you today.

Yasin과 Leonora 중 당신은 오늘 오후에 누구를 만날 것입니까?
(A) 그들은 제 대학 교수님이었습니다.
(B) 제 비서에게 확인해 봐야 합니다.
(C) 오늘 당신과 함께 점심식사를 먹을 수 없습니다.

해설 오후에 만날 사람이 누구인지 선택하는 의문문에 비서에게 확인해보겠다는 간접적인 응답을 한 (B)가 정답입니다. (A)는 질문과 의미상 관련이 없으므로 오답입니다. (C) 또한 연상되는 어휘를 이용한 오답입니다.

3. (A)

> Mr. Boris is on a business trip, isn't he?
> (A) He leaves tomorrow morning.
> (B) I'm too busy to take a vacation.
> (C) No, he's a very diligent businessman.

Mr. Boris는 출장 중입니다, 그렇지 않나요?
(A) 그는 내일 아침에 떠납니다.
(B) 너무 바빠서 휴가를 얻을 수 없습니다.
(C) 아니요, 그는 매우 성실한 사업가입니다.

해설 알고 있는 정보를 확인하기 위한 부가 의문문으로 Yes/No로 대답이 가능하나 Yes/No 대답 뒤의 내용 또한 끝까지 주의해서 들어야 합니다. (C)의 뒤 내용은 business를 이용한 오답으로 주의하셔야 합니다. 출장 중인지 묻는 말에 내일 아침에 떠난다는 (A)가 가장 적절한 정답입니다. (B)는 trip과 연상되는 vacation을 통해 혼동을 유도하는 오답입니다.

4. (C)

> Would you like to take a break now or later?
> (A) You sound like you need a vacation.
> (B) You're welcome.
> (C) I need to rest for a minute now.

당신은 지금 쉴래요, 아니면 나중에 쉴래요?
(A) 당신에게 휴가가 필요한 것 같이 들립니다.
(B) 천만에요.
(C) 저는 지금 좀 쉬고 싶어요.

해설 A와 B 둘 중에 선택하는 전형적인 선택 의문문입니다. now를 선택한 (C)가 정답입니다. take a break(잠시 휴식을 취하다)라는 어구를 다르게 표현한 rest를 이용해 답변하였습니다. 하지만 (A)의 vacation처럼 휴식과 연관된 단어의 함정에 빠지면 안 됩니다. (B)의 경우는 질문과 답변 내용이 유기적이지 않으므로 오답입니다.

KEY 09   평서문

Step 2

I

Question A

Answer 1
It's under repair.

Answer 2
Ms. Lien probably knows about it.

Answer 3
I don't know either.

Question B

Answer 1
I really enjoyed it.

Answer 2
I heard many critics praised it.

Answer 3
I totally agree with you.

II   1.(C) 2.(B) 3.(A)

1. 당신은 의사에게 가 보는 것이 좋겠습니다.
   (C) 그럴 필요 없어요, 조금 쉬고 나면 괜찮아질 것입니다.

2. 모퉁이에 있는 중식당에서 맛있는 저녁을 먹었습니다.
   (B) Liam도 저에게 그곳 음식이 환상적이라고 말했었습니다.

3. Ms. Caroline에게 다가올 행사에 대해 알려주세요.
   (A) 지금 바로 처리할게요.

III

1. (A)

> This place is so crowded.
>
> (A) Yes, it certainly is.
> (B) It looks so peaceful.
> (C) It was nice to meet you.

이 장소는 너무 붐빕니다.
(A) 네, 확실히 그래요.
(B) 매우 평화로워 보여요.
(C) 만나서 반가웠습니다.

해설 장소가 붐빈다는 것에 동의하는 (A)가 정답이 됩니다. (B), (C)의 경우 질문에 적절하지 않은 답변입니다.

2. (C)

> I don't know how long the museum will be closed.
>
> (A) The museum raised the admission fee.
> (B) It was built in 1984.
> (C) It will reopen next month.

박물관이 얼마나 오래 문을 닫을지 모르겠어요.
(A) 박물관은 입장료를 인상했습니다.
(B) 이것은 1984년에 지어졌습니다.
(C) 다음 달에 다시 열 것입니다.

해설 박물관이 언제 다시 문을 열지 모르겠다는 평서문에 대해 다음 달에 다시 열 것이라는 구체적인 답변을 한 (C)가 정답입니다. (A)의 경우 museum이라는 단어를 반복하였지만, 내용상 연결이 되지 않으므로 오답입니다. (B) 또한 앞으로의 박물관 개장에 관한 내용과 무관하므로 오답입니다.

3. (C)

> I want the chairs delivered today.
>
> (A) There are some broken chairs.
> (B) The chairman is on the way.
> (C) Sorry, but that's not possible.

의자가 오늘 배송되면 좋겠습니다.
(A) 몇몇 부러진 의자들이 있습니다.
(B) 회장님께서 오시는 중입니다.
(C) 죄송합니다, 그것은 불가능합니다.

해설 의자를 오늘 배달해달라고 요청하는 문장입니다. (C)의 경우 거절하는 구체적인 답변이므로 정답입니다. (A)와 (B)의 경우 chairs를 반복 사용하거나, 발음이 유사한 chairman과 같은 단어를 이용해 혼동을 유도하는 오답으로 유의하셔야 합니다.

4. (A)

> Your article is accepted for publication.
>
> (A) I'm so excited to hear that.
> (B) I work as an editor at a publishing company.
> (C) I don't read a fashion magazine.

당신의 글을 출판하기로 했습니다.
(A) 그 말을 들으니 매우 기쁩니다.
(B) 저는 출판사에서 편집자로 일하고 있습니다.
(C) 저는 패션잡지는 읽지 않습니다.

해설 글에 대해 출판을 허락한다는 내용으로 그 소식에 기쁨을 표현한 (A)가 정답입니다. publication과 유사한 단어 publishing을 사용해 함정으로 유도하는 (B)와 article과 연상되는 단어 magazine 등을 배치한 (C)는 오답입니다. 평서문은 함정으로 유도하는 반복되는 단어 사용에도 주의하셔야 하지만, 답변이 문제와 어울리는지, 그 내용 자체에 더 집중해야 합니다.

Step 3

I

1. said / happy / service / printer / impressive / service / great / What / complain

2. offer / discount / shopping / clothes / great / Thanks / will

3. longer / covered / warranty / seem / defective / much / cost / repair / purchased

4. arrange / property / sending / information / house / suburb

II

1. (C)

> He said he's not happy with our service.
>
> (A) This new printer is impressive.
> (B) The service at the hotel is great.
> (C) What did he complain about?

그는 우리의 서비스에 만족스럽지 못하다고 말했습니다.
(A) 이 새 프린터는 매우 인상적입니다.
(B) 호텔 서비스는 훌륭합니다.
(C) 그가 무엇에 대해 불평했나요?

해설 그가 서비스에 만족하지 못했다는 것을 알리는 평서문입니다. 다양한 대답이 나올 수 있으므로 모든 보기의 내용에 유의하셔야 합니다. (C)는 어떤 부분에서 불만이 있었는지 되묻는 내용으로 가장 적절한 답변입니다. (A)는 문제의 내용과 관련이 없는 답변이므로 오답입니다. (B)의 경우 service를 반복 사용함으로써 오답으로 유도하는 보기입니다.

2. (B)

> They offer a 30% discount until Friday.
>
> (A) I went shopping for clothes.
> (B) That's great news.
> (C) Thanks, I will.

그들은 금요일까지 30% 할인을 제공합니다.
(A) 옷을 사러 갔습니다.
(B) 좋은 소식이네요.
(C) 감사합니다, 그럴게요.

해설 할인한다는 정보를 알리는 평서문입니다. 좋은 정보가 될 수 있으므로 (B)가 가장 어울리는 대답입니다. shopping은 discount에서 연상할 수 있는 어휘이지만 전체 답변 내용이 주어진 문장과 어울리지 않기 때문에 (A)는 오답입니다. (C)의 경우에도 논리적으로 연결되지 않는 답변이므로 오답입니다.

3. **(B)**

> Your printer is no longer covered by the warranty.
>
> (A) The cartridges seem to be defective.
> (B) Then, how much will it cost to repair?
> (C) She purchased it online.

당신의 프린터는 더 이상 무상 수리 보증 대상이 아닙니다.
(A) 카트리지에 결함이 있는 것 같습니다.
(B) 그러면 수리하는데 비용이 얼마나 드나요?
(C) 그녀는 그것을 온라인으로 구매했습니다.

해설 품질 보증 기간(warranty)이 끝났음을 알리는 문장입니다. 기간 만료 후 수리 비용에 대해 문의하는 (B)가 적절한 답이 됩니다. (A)의 cartridges는 printer에서 연상되는 어휘로 함정 보기입니다. (C)의 경우도 문제와 내용상 맞지 않으므로 오답입니다.

4. **(A)**

> You can arrange to look at the property by sending an e-mail.
>
> (A) Okay, thanks for the information.
> (B) You have an amazing house.
> (C) I live in a suburb.

부동산을 둘러보기 위해 이메일로 약속을 잡을 수 있습니다.
(A) 알겠습니다, 알려주셔서 감사합니다.
(B) 당신은 훌륭한 집을 가지고 있네요.
(C) 저는 교외에 살고 있습니다.

해설 어떠한 정보를 알리는 평서문으로 (A)와 같이 그 정보에 감사하는 응답이 답이 될 수 있습니다. (B)와 (C)의 경우 property에서 연상되는 어휘들을 사용한 함정 보기입니다.

PART 3

UNIT 1   문제 유형별 연습

KEY 01   주제/목적 문제

Step 3

1. (D)

   minute / talk / conference / attended / have / back / jetlagged / back / business / weekend / recover / proposals / information / gathered / great / look / back / end

   > W Boss, do you have a minute? **I'd like to talk to you about the conference in Germany** I attended last week.
   > M Of course. It's good to have you back. You must be jetlagged. When did you get back from your business trip?
   > W I'm fine. I got back on Friday so I had the weekend to recover from the trip. I drew up some proposals based on the information I gathered during the conference.
   > M Wow, Marjorie. This looks great. I'll be sure to take a look at it and get back to you by the end of the day. Thank you.

   W 시간 좀 있으세요? 제가 지난 주에 다녀온 독일에서 있었던 회의에 대해 말씀드리고 싶습니다.
   M 물론입니다. 당신이 돌아오니 좋군요. 시차 때문에 피곤하시겠습니다. 출장에서 언제 돌아오셨나요?
   W 전 괜찮습니다. 금요일에 돌아와서 주말에 여독을 풀었어요. 제가 회의에서 얻은 정보를 토대로 몇 가지 제안서를 작성했습니다.
   M 세상에, Marjorie. 정말 대단해 보이네요. 제가 살펴보고 오늘 저녁까지 다시 말씀드릴게요. 고맙습니다.

   여자는 무엇에 관해 이야기하고 싶어 하는가?
   (A) 여름 휴가
   (B) 시차를 극복하는 방법
   (C) 사업 비자 받기
   (D) 독일 출장

   해설 대화의 주제를 묻는 문제입니다. 여자의 첫 번째 대사 중에 'talk to you about the conference in Germany 독일에서 있었던 회의에 대해 이야기하다'를 통해서 독일 출장에 관한 대화를 나눌 것임을 알 수 있습니다. 대화는 계속해서 출장에서 돌아온 여자를 반기는 남자의 반응과 출장 결과로 제안서를 제출하는 것으로 이어지므로 이 글의 주제는 (D)임을 알 수 있습니다.

2. (A)

   calling / Herald / services / cancel / subscription / out / state / difficult / continue / sorry / deliver / region / moving / areas / receive / aware / enjoy / papers / to / think / continue

   > M Thank you for calling *The Sunday Morning Herald*. This is Matt from the subscription services. How may I help you?
   > W Hello. I am calling **to cancel my paper subscription**. I am moving out of state so I think it would be difficult to continue subscribing to *The Sunday Morning Herald*.
   > M I see. Well, I'm sorry to hear that. You know, we deliver to most of the mid-Atlantic region, so if you're moving to one of our subscription areas, you can still receive our papers.
   > W I am aware of that and I did enjoy reading your papers very much. But I will be moving to California so I don't think that I can continue the subscription.

   W The Sunday Morning Herald에 전화 주셔서 감사합니다. 저는 구독 서비스 담당자 Matt이라고 합니다. 무엇을 도와드릴까요?
   M 안녕하세요. 저는 저의 구독을 취소하고 싶어서 전화를 드렸습니다. 제가 다른 주로 이사를 가기 때문에 계속 구독하는 것은 어려울 것 같습니다.
   W 네, 그것 참 유감이군요. 아시다시피 우리는 미국 대서양 중부 대부분의 지역에 배달을 합니다. 만약 당신이 배달 가능한 지역으로 이사를 한다면, 계속 받아보실 수 있습니다.
   M 저도 알고 있습니다. 그리고 저는 당신들의 신문을 정말 즐겨 읽었습니다. 하지만 저는 캘리포니아로 이사를 가서 구독을 계속 할 수 없을 것이라 생각합니다.

   여자가 전화를 건 이유는 무엇인가?
   (A) 그녀의 구독을 취소하기 위해
   (B) 환불받기 위해
   (C) 신문에 광고를 내기 위해
   (D) 기사에 대해 질문하기 위해

   해설 여자가 전화를 건 목적을 묻고 있습니다. 이러한 목적은 대화의 전체적인 맥락을 파악할 수 있게 해주기 때문에 첫 부분을 놓치지 말아야 합니다. 특히 전화로 대화를 하는 상황에서는 주로 'I'm calling to~ ~하기 위해서 전화를 했습니다'라는 표현을 이용하여 목적을 언급하는 경우가 많습니다. 여자의 첫 번째 대사 중 'I'm calling to cancel my paper subscription 신문 구독을 취소하기 위해서 전화를 했습니다'라고 하는 것을 보아 정답은 (A)가 됩니다.

KEY 02   직업/장소 문제

Step 3

1. (B)

   morning / help / anything / needed / night / asking / comfortable / staff / convenient / enjoyed / stay / us / can / breakfast / continental / delicious / late / check

   > W Good morning, Mr. Jackson, **can I help you with anything**? Did you find everything you needed last night?
   > M Yes. Thank you for asking. I had a very comfortable **stay**. Your staff made everything convenient and pleasurable.

W   Thank you, sir. We're so happy to hear that you enjoyed your stay with us. Is there anything else I can do for you? A breakfast, maybe? We have both the continental and the English menus today.
M   That sounds too delicious to pass up but no, thank you. I am running late to a meeting now. I wanna **check-out**, please.

W   좋은 아침입니다, Mr. Jackson. 도와드릴 것이 있습니까? 지난밤 불편한 점은 없었나요?
M   네, 물어봐 주셔서 감사합니다. 편안히 잘 쉬었습니다. 직원들이 모든 걸 편리하고 즐겁게 만들어 주었어요.
W   감사합니다. 저희도 만족스럽게 머무르셨다는 얘기를 들으니 참 좋습니다. 더 필요하신 것 있으십니까? 아침은 어떠십니까? 저희는 오늘 유럽식 메뉴와 영국식 메뉴 둘 다 준비되어 있습니다.
M   그냥 지나치기엔 너무 맛있을 것 같지만 괜찮습니다. 지금 회의에 늦을 것 같아요. 체크아웃 부탁드립니다.

남자는 아마도 누구에게 이야기를 하고 있는 것 같은가?
(A) 승무원
(B) 호텔 직원
(C) 웨이트리스
(D) 파티 플래너

해설 남자의 대화 상대를 묻고 있으므로 여자의 신분을 묻고 있는 문제라는 것을 파악할 수 있습니다. 여자의 경우 'can I help you with anything? 도와드릴 것이 있습니까?'라는 표현을 통해 서비스를 제공하는 입장이라는 것을 알 수 있습니다. 또한 stay(머물다), check-out(퇴실하다)라는 표현이 사용되는 것으로 보아 화자들이 숙박시설에 있다는 것을 짐작할 수 있습니다. 그러므로 호텔 직원이 가장 적절한 답이 됩니다.

2. (C)
started / boarding / flight / leave / announcements / flight / delayed / mechanical / business / long / unclear / believe / delay / request / arrange / different

M   Excuse me. Why haven't you started the **boarding process** for New York?
W1 My flight is supposed to leave in ten minutes.
W2 I'm so sorry. We've been making announcements about that. The New York **flight** has been **delay**ed due to mechanical problems.
M   I have a very important business meeting tomorrow morning.
W1 How long do we have to wait?
W2 I wish I knew, but it's unclear now.
M   I can't believe it. If it's going to be a long delay, I request that you arrange us a different flight out of here, please.

M   실례합니다. 왜 아직 뉴욕 행 탑승수속을 시작하지 않았죠?
W1 제 비행 편은 10분 후에 떠나기로 되어 있어요.
W2 죄송합니다. 저희는 그것에 대해 공지를 하고 있습니다. 뉴욕 행 비행 편은 기술적인 문제로 지연되었습니다.
M   저는 내일 아침 매우 중요한 회의가 있습니다.

W1 얼마나 기다려야 하나요?
W2 저도 알면 좋겠지만, 지금은 확실하지 않습니다.
M   믿을 수가 없군요. 만일 지연이 오래 지속된다면, 여기서 출발하는 다른 비행 편을 준비해주셨으면 합니다.

화자들이 있을 가능성이 높은 곳은 어디인가?
(A) 여행사
(B) 버스 정류장
(C) 공항
(D) 컨벤션 센터

해설 대화가 진행되는 배경을 묻고 있습니다. 대화의 전체적인 정보를 묻고 있으므로 핵심 키워드에 집중하시는 것이 중요합니다. boarding process(탑승수속)과 flight(비행 편), delay(지연되다)라는 단어에 주의하셔서 들어야 합니다. 현재 타려는 비행기가 기술적인 문제로 지연이 된 상황이므로 이런 대화가 이루어지는 곳으로는 공항이 가장 적절합니다.

KEY 03
세부사항 문제

Step 3

1. (A)
call / clients / meeting / know / say / half / late / traffic / horrible / why / plan / early / sure / happen / biggest / sensitive / coming / promise / sure / happen / again

W   Mike, I received a call from one of our long-term clients about the meeting you had with him last week.
M   Oh, I think I know what you are going to say. I'm so sorry. I was half an hour **late for** the meeting **because the traffic was horrible**.
W   That is why you need to plan ahead to arrive early.
M   You're right. I'll make sure this will not happen again.
W   Okay. This is one of our biggest clients and he is very sensitive about people coming in late for a meeting.
M   I promise you I'll make sure that things like this won't happen again.

W   Mike, 우리의 장기 고객 중 한 명이 지난 주 당신과 가졌던 미팅에 대해 전화를 했습니다.
M   오, 당신이 무슨 말을 하려는지 알 것 같습니다. 죄송해요. 교통 문제로 제가 회의에 30분이나 늦었습니다.
W   그러므로 당신은 일찍 도착하기 위해 미리 계획을 세우셔야 하는 겁니다.
M   맞아요. 전 다신 이런 일이 없도록 하겠습니다.
W   알겠어요. 그는 우리의 가장 큰 고객 중 한 명이고, 사람들이 회의에 늦는 것에 대해 굉장히 민감하세요.
M   다시는 이런 일이 일어나게 하지 않겠다고 약속드립니다.

남자는 왜 회의에 늦었는가?
(A) 그는 교통 체증에 갇혔다.
(B) 그는 급한 집안일이 생겼다.
(C) 그는 자동차 사고가 났다.
(D) 그는 다른 고객들과 함께 있었다.

[해설] 대화 내용 안에 있는 세부적인 정보에 주의를 기울여야 하는 문제입니다. Why라는 질문에 대해 이유를 말할 때 쓰이는 전형적인 접속사가 등장하는지 주의를 기울여야 합니다. 그러므로 남자의 첫 번째 발화 맨 뒤 'late for ~에 늦은'이라는 표현과 이유의 접속사 'because'가 연결된 문장에서 정답의 단서를 찾을 수 있습니다. 즉, 'because the traffic was horrible 심각한 교통체증 때문에'라는 표현과 의미가 유사한 (A)가 정답입니다.

2. (B)

visiting / redoing / interior / basement / underutilized / moment / change / interior / turn / playroom / wonderful / book / idea / work / basement / great / designs / done / children's

> M Hello. Thank you for visiting Atwood Designs. Are you thinking of redoing the interior of your house?
> W Yes I am. We have a basement space that is completely underutilized at the moment and I want to change the interior **so that we can turn that space into our children's playroom**.
> M That is a wonderful idea. Let me show you our book so that you can get an idea about the kind of work we do for your basement.
> W Oh, that would be great. Thank you. Also, may I see the designs that you've done for children's playrooms?

M 안녕하세요. Atwood Designs에 방문해주셔서 감사합니다. 당신의 집 인테리어를 다시 하고 싶으신가요?
W 네. 저희는 전혀 활용하지 않는 지하실이 있어요. 전 그 공간의 인테리어를 바꿔서 아이들의 놀이방으로 만들고 싶어요.
M 좋은 생각이십니다. 당신의 지하실을 위해 저희가 할 작업들에 대해 아이디어를 얻을 수 있도록 저희 책을 보여드릴게요.
W 좋은 생각이네요. 감사합니다. 그리고 당신들이 작업했었던 어린이 놀이방 디자인들도 볼 수 있을까요?

여자는 지하실에 대해 무엇을 말하는가?
(A) 그녀는 그것을 사무실로 이용해왔다.
(B) 그녀는 그것을 어린이들의 놀이방으로 바꾸길 원한다.
(C) 그것은 그녀의 남편이 개조를 하고 있다.
(D) 그녀의 자녀들은 그곳으로 내려가기를 두려워한다.

[해설] 디자인 사무실을 찾아간 여자가 디자이너에게 사용하고 있지 않은 지하실 인테리어를 바꾸고 싶다고 하면서 'so that we can turn that space into our children's playroom 우리는 그 공간을 자녀들의 놀이방으로 바꿀 수 있도록'이라고 하였습니다. (A)는 현재 지하실의 상태(underutilized)와 다른 상태를 표현하므로 오답이며 정답은 (B)입니다.

KEY 04   추후 상황 예측 문제

Step 3

1. (C)

flight / make / home / time / ride / airport / leaves / work / worry / cab / deal / is / able / month / ride / cab / home / plenty / husband

> M Hi honey. What time is your flight again? I want to make sure that I come home on time **to give you a ride to the airport**.
> W It leaves at 7:35pm. But if you have work to do, don't worry about it. I can take a cab to the airport. It's no big deal.
> M It is to me. I won't be able to see you for a month! I cannot let you ride a cab to the airport. I will be home by 4pm so that we have plenty of time.
> W Thank you, sweetie. You are the world's greatest husband.

M 여보, 당신 몇 시 비행기예요? 당신 공항에 태워주려면 제시간에 집에 와야 하니까 확인하고 싶어요.
W 오후 7시 35분이에요. 그런데 할 일이 많으면 신경 쓰지 마요. 공항까지 택시타고 갈 수 있어요. 큰 문제 아니에요.
M 나에겐 큰 문제예요. 한 달 동안이나 당신을 못 보잖아요. 택시타고 가게 할 수 없죠. 시간이 충분하도록 오후 4시까지 집에 갈게요.
W 고마워요, 여보. 당신은 세상에서 가장 멋진 남편이에요.

남자는 여자를 위해 무엇을 할 것인가?
(A) 그는 항공권을 살 것입니다.
(B) 그는 그녀를 공항에 데리러 갈 것입니다.
(C) 그는 그녀를 공항까지 데려다 줄 것입니다.
(D) 그는 아이를 돌볼 것입니다.

[해설] 남자는 여자의 비행기 시간을 물어보면서 'to give you a ride to the airport 당신을 공항에 데려다 주기 위해서'라는 표현을 쓰고 있습니다. 대화의 뒷부분에서도 택시타고 가게 하지 않겠다고 말하므로 정답은 (C)입니다. 공항으로 마중을 나가는 pick up 의미와 헷갈리지 않도록 합니다.

2. (A)

minute / talk / about / resignation / matter / doing / wonderful / something / happy / not / enjoyed / here / graduate / don't / anymore / case / longer / respect / decision

> W Excuse me, Mr. Lee, do you have a minute? I'd like to talk to you about submitting my resignation letter.
> M A resignation letter? What's the matter, Caroline? You've been doing such a wonderful job. Is there something you're not happy with here?
> W No, of course not. I very much enjoyed my time working here with you. But **I decided to go to graduate school this fall so I don't think I can work anymore**.
> M Oh I see. Well, in that case, I understand. I hope you could stay with us longer but I respect your decision.

W 실례합니다, Mr. Lee 시간 있으십니까? 저의 사직서 제출에 대해 당신에게 할 얘기가 있습니다.
M 사직서요? 무슨 일이에요, Caroline? 지금까지 잘해왔잖아요. 일하는데 무슨 문제라도 있습니까?

W 물론 아니죠. 여기서 당신과 함께 일했던 시간들은 매우 즐거웠습니다. 하지만 저는 이번 가을에 대학원에 진학하기로 결정했습니다. 그래서 제 생각에는 더 이상 일을 할 수가 없을 것 같습니다.

M 오, 알겠습니다. 그럼, 이런 경우에는 제가 이해를 하죠. 당신이 우리와 함께 더 오래 하기를 바라지만 결정을 존중합니다.

여자는 무엇을 할 계획인가?
(A) 대학원 공부를 하는 것
(B) 출산 휴가를 요구하는 것
(C) 승진을 요청하는 것
(D) 남자 아래서 일하는 것

해설 대학원 진학을 위해 사직서를 제출하고자 하는 상황입니다. 질문은 여자가 앞으로 할 미래의 계획을 묻고 있으므로 여자의 발화에 더욱 집중해야 합니다. 사직서를 제출하는 것으로 보아 현재는 직장인이지만, 질문은 현재 일이 아니므로 work(일하다)라는 표현이 들어간 보기 (D)는 오답으로 골라낼 수 있습니다. 상황상 사직서 제출의 원인이 앞으로 여자가 할 일이 되므로 'I decided to go to graduate school this fall 나는 이번 가을에 대학원에 진학하기로 결정을 했다'라는 표현을 단서로 정답 (A)를 찾을 수 있습니다.

KEY 05
발화 의도 및 암시 문제(신유형)

Step 3

1. (B)

okay / stressed / new / working / for / well / about / work / night / expecting / office / Saturdays / violation / labor / cannot / even / working / hard / cannot / first / newest / company

> M Jenna, are you okay? You look really stressed out. **How is the new job working out for you?**
>
> W Not too well. I am so stressed about going to work these days. I worked all day and night and they're expecting me to be in the office on Saturdays as well.
>
> M What? Isn't that in violation of the labor law or something? They cannot do that to you. It's not even legal.
>
> W I know, but everybody's working really hard and I cannot be the first one to go home when I'm the newest employee at the company.

M Jenna, 괜찮아요? 당신 매우 스트레스받아 보여요. 당신의 새 일은 잘 되어가고 있나요?

W 그리 좋진 않아요. 요즘 일하러 가는 것 때문에 너무 스트레스받아요. 저는 낮부터 밤까지 하루 종일 일하는데 그들은 제가 토요일에도 일하기를 기대하고 있어요.

M 뭐라고요? 그건 노동법에 위반되는 사항 아닌가요? 그들은 당신에게 그렇게 할 수 없어요. 이건 심지어 합법적인 것도 아니고요.

W 저도 알아요 하지만 모든 사람들이 열심히 일을 하고 있기도 하고, 제가 회사의 신입사원이면서 집에 제일 먼저 갈 수 없죠.

남자는 왜 "How is the new job working out for you"라고 말을 하는가?
(A) 그는 여자에게 함께 운동하자고 묻는다.
(B) 그는 여자가 직장에서 모든 일들이 괜찮은지 걱정한다.
(C) 그에게는 해결하기 어려운 문제가 있다.
(D) 그는 여자에게 자신과 함께 일하자고 설득한다.

해설 남자의 말에서 언급된 work out이라는 표현은 여러 가지 의미로 해석될 수 있습니다. 기본적으로 '운동하다'라는 뜻이 있으나, 문맥상 적절하지 않으므로 보기의 (A)는 오답입니다. (C)처럼 problem과 함께 쓰이면 문제를 '해결하다'라는 의미를 갖기도 합니다. 또한 어떤 것을 '계산하다', '산출하다'라는 의미를 지니기도 하지만 맥락상 어울리지 않으므로 정답이 될 수 없습니다. '(어떤 일이) 풀리다, 되어 가다'라는 표현으로 해석할 때 가장 잘 어울리므로 새로운 직장이 어떤지 물어보는 (B)가 정답이 됩니다.

2. (A)

booth / interested / applying / hoping / graduate / fall / questions / ask / glad / considering / studies / waiting / have / first / off / loans / scholarship / considerations / deciding / attend / based

> W Hello. Welcome to our booth! Are you interested in applying to our school?
>
> M Yes, I am. I am hoping to start my graduate studies at your university this fall. And I have a few questions I wanted to ask you.
>
> W We're so glad that you're considering our school for your master's studies. Well, **what are we waiting for**? Please have a seat.
>
> M Thank you. So first of all, I am still paying off my student loans for my college. So a scholarship is one of the biggest considerations in deciding which school to attend. What kind of merit-based scholarships do you offer?

W 안녕하세요, 저희 부스에 오신 걸 환영합니다. 저희 학교에 지원하는 것에 관심이 있나요?

M 네. 저는 이번 가을학기에 이 학교에서 대학원 과정을 시작하기를 원합니다. 그리고 물어보고 싶은 몇 가지 질문이 있습니다.

W 석사 학위를 위해 저희 학교를 고려하고 있다니 매우 기쁩니다. 그럼 무엇을 기다리고 있는 거죠? 여기 앉으세요.

M 감사합니다. 그럼 우선, 저는 대학교 다닐 때 받은 학자금 대출을 상환하는 중입니다. 그래서 장학금이 어느 학교를 지원할지 고려하는 가장 중요한 사항 중 하나입니다. 당신들의 학교에서는 어떤 종류의 성적장학금을 제공하나요?

여자가 "what are we waiting for?"라고 말할 때, 무엇을 의미하는가?
(A) 남자는 곧바로 질문할 수 있다.
(B) 그녀는 더 많은 사람들이 그들과 함께 할지 궁금해한다.
(C) 그녀는 남자의 의도를 이해하지 못한다.
(D) 그녀는 시간이 많지 않다.

해설 실제로 무엇을 기다리고 있는지 답을 하기 보다는 '말로만 하던 것을 실행에 옮기자'라는 의미를 지니고 있습니다. 대학원 진학에 관해 궁금했던 사항들을 다 물어보라는 의미입니다. 실제로 여자가 이 말을 한 후에, 남자가 곧바로 대학원에 관한 질문을 본격적으로 시작하는 것을 볼 수 있으므로 정답은 (A)입니다.

KEY 06
시각 자료 활용 문제(신유형)

Step 3

1. (D)

don't / decision / myself / complaining / later / have / before / happy / decision / decide / options / recommended / travel / tour / afraid / tired / spend / hours / kayak / activities / combined / perfect

> W Come on, Will, don't let me make the decision by myself. I don't want you complaining about it later.
> M Okay. When have I complained before? I'm always happy with your decision. But let's see. We can decide among these four options, right?
> W Yes, this is the recommended list the travel agent sent me.
> M Well, Kayak Tour 1 is a 21km kayak tour, but I'm afraid that we'll be too tired.
> W Right, and we can't spend more than 5 hours, and I love to kayak but other activities look exciting, too.
> M Then, <u>we can choose one of the combined activities</u>. This one looks perfect for us!

W 자 어서요 Will, 저 혼자 결정하게 두지 마요. 저는 당신이 나중에 그것에 대해 불평하는 것이 싫어요.
M 알겠어요. 제가 전에 불평했던 적이 있었나요? 전 항상 당신의 결정에 만족합니다. 그런데 자 봅시다. 우리는 네 가지 선택 사항들 중에 결정할 수 있어요, 그렇죠?
W 네, 이게 여행사가 저에게 보내준 추천 목록이에요.
M 그럼, 카약 투어 1은 21km 카약 투어인데, 우리가 너무 피곤할 것 같아서 걱정이에요.
W 맞아요, 그리고 우리는 5시간 이상 있을 수 없어요. 그리고 카약 타는 것을 좋아하지만, 다른 활동들도 재미있어 보여요.
M 그럼, 우리는 결합된 활동들 중에 하나를 고를 수 있어요. 이거 하나가 우리에게 딱 맞아 보이네요!

Activities	Duration
Kayak Tour 1	5h
Kayak Tour 2	2h30
Cross country cycling + kayak	5h30
Brewery + kayak	3h30

표를 보시오. 화자들은 어떤 모험 여행 패키지를 선택할 것 같은가?
(A) 카약 투어 1
(B) 카약 투어 2
(C) 크로스 컨트리 사이클 + 카약
(D) 양조장 + 카약

해설 도표를 참고하는 문제입니다. 참고해야 할 정보가 한정되어 있으므로 흐름을 놓치지만 않는다면 쉽게 풀 수 있습니다. 4가지 활동 중 하나를 고르는 것으로 Kayak Tour 1에 대해 언급하면서 5시간 이상 즐길 수 없다고 하였으므로 세 번째 활동은 저절로 보기에서 제거할 수 있습니다. 뿐만 아니라 마지막에 그녀가 카약 이외의 활동도 좋다고 하자 남자는 'we can choose one of the combined activities 우리는 결합된 활동들 중 하나를 선택할 수 있다'라고 말합니다. 이 표현을 들었다면 남은 보기 두 개 중 다른 활동이 포함된 (D)를 정답으로 고르실 수 있습니다.

UNIT 2 지문 상황별 연습

KEY 07
인사

Step 2

I 1.(A) 2.(B) 3.(B) 4.(A) 5.(A) 6.(B) 7.(B) 8.(B)

1. 당신은 회사의 새로운 마케팅 부장으로 <u>승진하게 됩니다</u>.
   (A) 더 높은 직위를 얻는 (o)
   (B) 일자리에 지원하는 (x)

2. 내 능력 밖의 일이 아니길 바래요.
   (A) 끔찍한 두통을 겪는 (x)
   (B) 내 능력 밖의 (o)

3. 제 사직서를 제출합니다.
   (A) 휴가를 떠나다 (x)
   (B) 회사를 떠나다 (o)

4. 저는 <u>다른 부서로 이동하기를</u> 원합니다.
   (A) 다른 부서로 이동하다 (o)
   (B) 초과근무가 가능하다 (x)

5. 저는 당신들 <u>한 사람도 빠짐없이</u> 감사를 전하고 싶습니다.
   (A) 조직의 모든 사람들 (o)
   (B) 조직의 몇몇 사람들 (x)

6. 우리는 매우 <u>인원이 부족하다</u>.
   (A) 너무 많은 인력을 가진 (x)
   (B) 충분한 인력이 없는 (o)

7. 어젯밤 제가 메일로 보낸 발표 자료에 어떤 문제라도 있습니까?
   (A) 이메일을 받았다 (x)
   (B) 이메일을 보냈다 (o)

8. 회사의 웹사이트에 당신이 게시한 엔지니어 직책에 대해 문의드립니다. <u>여전히 구하고 계신가요?</u>
   (A) 여전히 온라인으로 그 게시물을 읽는 것이 가능한 (x)
   (B) 여전히 일자리에 지원할 수 있는 (o)

II 1.(A) 2.(A) 3.(B) 4.(A) 5.(B) 6.(A) 7.(A) 8.(B) 9.(B) 10.(A)

1. I guess congratulations are in order!
   축하합니다.

2. You must be pretty excited about it.
   정말 신나시겠어요.

3. I didn't know you weren't happy with your current department.
   당신이 현재 근무하는 부서에서 불만족스러우신지 몰랐습니다.

4. Can you tell me more about your situation?
   당신의 상황에 대해 더 자세히 말씀해 주시겠어요?

5. It's not that I am unhappy in the planning department.
   제가 기획 부서에서 근무하는 것이 불만족스러운 것은 아닙니다.

6. We're down to the last two candidates.
   이제 두 명으로 후보가 좁혀졌네요.

7. I think he will make an excellent supervisor.
   저는 그가 좋은 상사가 될 거라고 생각합니다.

8. Is it possible to change my interview time?
   제 면접 시간을 변경할 수 있을까요?

9. I can make an exception for you.
   당신에게 예외를 적용해 주겠습니다.

10. I cannot believe you're retiring.
    당신이 은퇴한다는 것을 믿을 수가 없어요.

III
1.(B) 2.(B) 3.(B) 4.(A) 5.(A) 6.(B)

1. 왜 여자는 남자를 축하해 주는가?
   (A) 프로젝트가 성공적이다. (x)
   (B) 남자가 승진했다. (o)

2. 왜 여자는 전근을 요청하는가?
   (A) 동료와 마찰이 있다. (x)
   (B) 한 부서에서 오랫동안 있었다. (o)

3. 대화는 주로 무엇에 관한 것인가?
   (A) 내년도 계획 (x)
   (B) 승진 후보자 목록 (o)

4. 여자가 요구하는 것은 무엇인가?
   (A) 인터뷰 시간을 재조정하는 것 (o)
   (B) 그녀의 인터뷰 결과를 통보하는 것 (x)

5. 여자는 남자에 대해 무엇을 언급하는가?
   (A) 그는 그녀가 회사에서 보내는 첫해 동안 그녀를 지도했다. (o)
   (B) 그는 그녀의 대학 친구이다. (x)

6. 여자가 남자에게 무엇을 하도록 제안하는가?
   (A) 회사를 그만두는 것 (x)
   (B) 더 많은 직원을 고용하는 것 (o)

Step 3

I

1. congratulations / Director / excited / travels / received / make / good / deserve / generous / thrilled / over

2. read / possible / transfer / current / unhappy / planning / past / interested / opening / finance / heads / background / sales

3. down / candidates / spot / Both / performances / impressive / vote / excellent / equally / management / mature / responsibility / settled / official / promote / supervisor

4. scheduled / final / exam / change / accommodate / needs / exception / school / related / fit / schedule / save / slot / come / by / Wednesday / interviewee

5. thank / greatest / colleagues / mentees / twenty / retiring / mentored / stayed / Hope / retirement / lawyer / legendary / associates / role / generous / patient

6. tired / project / flowing / understaffed / hire / employees / expanding / afford / plan / vacancy / candidates / lacked / skills / headhunting / agency / qualified / need / right / away

II

Q 1~3   1.(C) 2.(D) 3.(A)

W Michael, I guess congratulations are in order! How do you feel, Mr. Big New Marketing Director? You must be pretty excited about it.
M Oh, did you hear the news already? I guess the good news travels fast. I received the decision only yesterday!
W I sure did! I think you'll make a good marketing director! Good job! You deserve it.
M Thank you so much, Arlene. You are very generous. Yes, I am really thrilled about that. I hope I'm not in over my head.

W 축하해요, Michael. 기분이 어때요? 새로운 마케팅 부장님? 정말 신나시겠어요.
M 벌써 소식 들었어요? 좋은 소식은 빨리 퍼지나 봐요. 저는 그 결정을 겨우 어제서야 받았거든요.
W 그럼요. 저는 당신이 좋은 마케팅 부장이 될 거라고 생각해요. 정말 잘했어요. 당신은 자격이 있어요.
M 정말 고마워요, Arlene. 정말 친절하시네요. 네, 전 정말 그 소식에 흥분되어 있어요. 제 능력 밖의 일이 아니길 바래요.

1. 이 대화의 주제는 무엇인가?
   (A) 새로운 마케팅 책자를 주문하는 것
   (B) 신나는 모험에 대해 문의하는 것
   (C) 동료의 승진을 축하하는 것
   (D) 마케팅 부장에게 그의 노고에 대해 감사하는 것

   해설 대화의 주제를 묻는 질문입니다. 여자가 남자의 승진을 축하하며 대화를 시작하고, 그에 관련된 이야기를 나누고 있으므로 정답은 (C)입니다.

2. 여자는 남자에 대해 무엇이라고 말하는가?
   (A) 그가 노력해서 새 직책을 얻은 것이 아니다.
   (B) 그는 아직 준비가 되지 않았다.
   (C) 그는 걱정해야 한다.
   (D) 그는 자격이 있다.

   해설 남자에 대해 여자가 어떤 언급을 했는지 묻는 문제입니다. 대화에서 여자가 계속해서 남자의 승진을 축하하고 있습니다. 또한 남자가 좋은 마케팅 부장이 될 것이고, 그럴만한 자격이 있다고 여자가 언급하였습니다. 따라서 정답은 (D)입니다.

3. 남자의 주된 책임은 무엇이 될 것인가?
   (A) 마케팅 전략을 개발하는 것
   (B) 업무 평가를 하는 것
   (C) 사무용품을 구매하는 것
   (D) 회계부를 감독하는 것

해설 남자가 수행하게 될 업무를 묻는 문제입니다. 남자가 어떤 직책으로 승진하게 될지 대화의 세부사항을 확인하려는 것입니다. 남자의 새로운 직책은 마케팅 부장이므로 마케팅 부장의 직무에 어울리는 (A)가 정답입니다.

Q 4~6   4.(A) 5.(D) 6.(C)

> M Anna, I read your email about the possible **departmental transfer**. I didn't know you weren't happy with your current department.
> W Well, it's not that I am unhappy in the planning department. But I've been working in the same department for the past three years.
> M I see. Are you interested in a specific department? We actually have an opening in both the sales and finance departments at the moment. I can talk to the departmental heads about your situation.
> W That would be wonderful. I don't have any background in finance but I think I would be great in the sales department.

M Anna, 저는 부서 이동이 가능한지에 대한 당신의 이 메일을 읽어보았습니다. 저는 당신이 현재 부서에 만족하지 않는지 몰랐습니다.
W 음, 제가 기획부서에서 만족하지 않는 것은 아니에요. 하지만 지난 3년 동안 같은 부서에서 일을 해오고 있어요.
M 그렇군요. 관심 있는 구체적인 부서가 있나요? 사실 우리는 현재 영업부서와 재무부서에 공석이 있습니다. 저는 당신의 상황에 대해 부서장께 말씀드릴 수 있어요.
W 그것 좋네요. 저는 재무부서에 대한 배경 지식이 하나도 없지만, 영업부서에서는 잘 할 것이라 생각해요.

4. 여자는 무엇을 요청하는가?
(A) 부서 이동
(B) 임금 인상
(C) 승진
(D) 계약 갱신

해설 여자의 요구 사항에 대해 묻는 문제이지만 실제로 정답의 핵심이 되는 내용은 대화의 첫 부분에서 남자가 언급하고 있습니다. 남자가 departmental transfer(부서 이동)에 관한 여자의 메일을 받았다고 하였으므로 정답은 (A)입니다.

5. 여자는 왜 현재 상황에 만족하지 않는가?
(A) 그녀는 해야 할 일이 너무 많다.
(B) 그녀는 충분한 임금을 받지 못한다.
(C) 그녀의 통근거리가 너무 길다.
(D) 그녀는 너무 오랫동안 같은 일을 하고 있다.

해설 이는 첫 번째 문제인 여자의 요구 사항과 관련이 있습니다. 즉, 부서 이동을 원하는 이유를 찾으셔야 합니다. 여자는 첫 번째 발화에서 3년간 같은 일을 해오고 있다고 언급하였으므로 정답은 (D)입니다.

6. 남자는 다음에 무엇을 할 것 같은가?
(A) 새로운 프로젝트를 시작한다.
(B) 기획부서에 공석이 있는지 확인한다.
(C) 영업 부서장과 의논한다.
(D) 그의 실수에 대해 사과한다.

해설 추후 행동에 대해 묻는 문제는 대화 마지막 부분에 등장할 가능성이 높습니다. 위의 대화에서도 남자는 마지막에 여자의 상황에 대해 부서장께 말을 해볼 수 있다고 언급하였습니다. 여자 또한 그러는 것이 좋겠다고 대답하였으므로 답은 (C)가 됩니다.

Q 7~9   7.(B) 8.(C) 9.(B)

> W1 So <u>we're down to the last two candidates</u>.
> M We only have one more spot left to fill. <u>Who is it going to be</u>?
> W1 Both candidates have been with us for a long time and their performances have been nothing but impressive. But if we must choose one, I vote for James. I think he will make an excellent supervisor.
> W2 I agree. Although Mark is equally capable when it comes to project management, James is more mature to take on the supervising responsibility.
> M It's settled then. To make it official, let's put it to a vote.
> W2 Please raise your hands if you wish to promote James to be the supervisor.

W1 그럼 이제 마지막 두 명의 후보자로 좁혀졌습니다.
M 이제 한자리 남았네요. 누구로 할까요?
W1 두 명의 지원자 모두 우리와 함께 오래 일을 했었고, 그들의 성과 또한 인상적이었습니다. 하지만 우리가 한 명을 선택해야 한다면, 저는 James를 선택할 것입니다. 제 생각에 그는 훌륭한 관리자가 될 것입니다.
W2 저도 동의합니다. 비록 Mark가 프로젝트 관리에 있어서 동등한 능력을 지녔지만, James는 관리 직책을 맡는데 더 숙달되었습니다.
M 그럼 결정됐네요. 공식화하기 위해서 투표를 실시합시다.
W2 James가 관리자가 되어야 한다고 생각하시는 분은 손을 들어주세요.

7. 화자들이 논의하는 것은 무엇인가?
(A) 인사 정책
(B) 승진을 위한 후보자들
(C) 내년도 예산
(D) 조기 퇴직

해설 대화의 전반적인 주제에 관해 묻고 있는 문제입니다. 화자 중 한 명이 제일 처음 'we're down to the last two candidates 마지막 두 명의 후보자로 좁혀졌다'라고 하면서 후보자에 대한 언급을 시작합니다. 그 뒤에 남자가 바로 'Who is it going to be? 누가 될까요?'라고 하면서, 승진을 위한 적격자를 뽑는 자리임을 알 수 있습니다.

8. 여자들은 후보자들에 대해 어떤 이야기를 하는가?
(A) 그들은 문제 해결 능력이 부족하다.
(B) 그들은 다른 직원들을 교육시켜야 한다.
(C) 그들은 둘 다 아주 유능하다.
(D) 그들은 과중한 압박감에 시달리고 있다.

해설 3인의 대화에서 중요한 것은 같은 성별을 가진 사람들이 대화의 주제에 대해 어떤 생각을 갖고 있는지 파악해야 한다는 것입니다. 여자들은 둘 다 후보자들 모두 비슷한 실력을 갖고 있다고 생각하고 있으므로 (C)가 적절한 답입니다.

9. 매니저들이 승진에 있어 Mark보다 James를 선택한 이유는 무엇이었는가?
   (A) James의 더 긴 근속 기간
   (B) 다른 사람을 관리하는 James의 성숙함
   (C) James의 뛰어난 프로젝트 관리 능력
   (D) James의 팀 관리 경험

   해설 화자 중 한 명은 Mark와 James의 프로젝트 관리 능력은 비슷하나 James가 관리 직책을 맡는데 좀 더 적합하다고 직접적으로 언급하였으므로 정답은 (B)입니다.

Q 10~12
10.(A) 11.(C) 12.(A)

W: Excuse me, Mr. Hoyt. I am scheduled to interview with you on Wednesday at 9am. But I have a final exam on that day at 10am. Is it possible to change my interview time?

M: Well, we usually can't accommodate every interviewee's needs but I think I can make an exception for you since it is school related.

W: Thank you so much, Mr. Hoyt. I can fit my schedule to yours as long as it's after 2pm on Wednesday. The exam I have at 10am on Wednesday is my last one.

M: I see. Then, I will save my last interview slot for you. Can you come by at 3pm on Wednesday? You would be my last interviewee.

W: 실례합니다, Mr. Hoyt. 저는 수요일 오전 9시에 당신과 면접 약속이 잡혀 있습니다. 하지만 그날 오전 10시에 기말고사가 있습니다. 제 면접 시간을 바꿀 수 있나요?

M: 음, 우리는 대게 모든 면접자의 요구 사항을 수용할 수 없습니다만 제 생각에는 학교와 관련된 문제이므로 당신에게 예외를 인정할 수 있을 것 같습니다.

W: 정말 감사합니다, Mr. Hoyt. 저는 수요일 오후 2시 이후부터는 당신의 스케줄에 맞출 수 있습니다. 수요일 오전 10시 시험이 마지막 시험이거든요.

M: 그렇군요. 그럼 당신에게 제 마지막 인터뷰 시간을 주겠습니다. 수요일 오후 3시에 오실 수 있습니까? 당신은 저의 마지막 면접 대상자가 될 것 입니다.

10. 무엇이 문제인가?
    (A) 스케줄 중복
    (B) 주간 회의
    (C) 납부 기한
    (D) 다른 명단

   해설 대화의 전반적인 사항을 묻는 질문입니다. 여자는 약속한 면접 시간과 기말고사 날짜가 겹쳐 면접 스케줄 변경을 남자에게 요청하고 있습니다. 그러므로 문제가 되는 상황은 스케줄 중복이므로 정답은 (A)입니다.

11. 남자는 무엇을 하는 것에 동의하는가?
    (A) 여자의 친구를 고용하는 것
    (B) 여자의 전화에 회신하는 것
    (C) 인터뷰 시간을 재조정하는 것
    (D) 그녀의 관리자에게 말하는 것

   해설 남자는 원래 모든 인터뷰 대상자들의 요구를 수용할 수 없다 했지만, 예외적으로 학교와 관련된 문제만 인정한다고 하였습니다. 답은 (C)가 됩니다.

12. 표를 보시오. 누가 Mr. Hoyt에게 전화를 하고 있는가?

Interview Schedule	
Sarah	9am
Jacob	10am
Jenna	1pm
Anette	2pm

(A) Sarah
(B) Jacob
(C) Jenna
(D) Anette

해설 스케줄 변경을 요청하는 여자가 누구인지에 대한 질문입니다. 정답의 단서는 기말고사와 시간이 겹친다고 했던 여자의 첫 번째 발화에서 찾을 수 있습니다. 즉, 'I am scheduled to interview with you on Wednesday at 9am 저는 수요일 오전 9시에 면접을 하기로 되어 있습니다'라는 대사를 통해 (A) Sarah라는 것을 알 수 있습니다. 하지만 기말고사는 오전 10시라고 하였으므로 Jacob이라고 착각해서는 안됩니다. 방송이 나오기 전 표를 미리 숙지하여 세부적인 것도 놓치지 않고 들을 수 있도록 유의하여야 합니다.

Q 13~15
13.(A) 14.(B) 15.(A)

M: And lastly, I want to thank each and every one of you for being the greatest colleagues, mentors, and mentees. Thank you for the last twenty years.

W1: Will, I cannot believe you're retiring. You mentored me during my first year here and everything you said stayed with me.

M: Thank you for saying so, Jill.

W1: Thank you, Will. Hope you have a great retirement. You've been an amazing lawyer.

W2: Yes, Will. You are truly legendary. Whenever I train my new associates, I talk about a great lawyer and my role model which is you.

M: Thank you for always being so generous and patient with me.

M: 그리고 마지막으로, 저는 가장 훌륭한 동료이자 멘토, 멘티가 되어준 것에 대해 여러분 중 한 사람도 빠짐없이 모두에게 감사를 전하고 싶습니다. 20년간 감사했습니다.

W1: Will, 저는 당신이 은퇴한다는 것을 믿을 수 없어요. 당신은 제가 여기 온 첫해 동안 저를 이끌어 주셨고 당신이 말씀하셨던 모든 것들을 저는 계속해서 마음에 간직하고 있습니다.

M: 그렇게 말해줘서 고마워요, Jill.

W1: 감사해요, Will. 멋진 은퇴 생활이 되길 바랍니다. 당신은 훌륭한 변호사였어요.

W2: 맞아요, Will. 당신은 진정한 전설입니다. 제가 새로운 동료들을 교육할 때마다 훌륭한 변호사와 저의 롤 모델인 당신에 대해 얘기합니다.

M: 저에게 항상 관대하고 참을성 있게 대해주셔서 감사합니다.

13. 대화가 이루어지는 맥락은 무엇인가?
    (A) 20년간 근무한 남자의 은퇴를 축하하는 상황
    (B) 그들의 멘토로서 남자의 계속된 헌신에 대해 감사하는 상황
    (C) 올해 최고의 변호사 상을 남자에게 수여하는 상황
    (D) 그들의 멘토로서 남자를 새로운 동료에게 소개시켜주는 상황

해설 대화가 이루어지는 맥락에 대해 묻고 있는 질문입니다. 대화의 주제와 연관된 질문이므로 전체적인 내용을 파악해야 해결할 수 있습니다. 한 남자의 은퇴에 대해 감사와 축하인사를 전하는 내용이므로 (A)가 정답입니다. 남자가 첫 번째 발화에서 자신을 제외한 나머지를 자신의 멘토와 멘티라고 하였기 때문에 남자를 멘토로 단정지은 (B)는 정답이 될 수 없습니다.

14. 화자들은 어디에서 일할 것 같은가?
 (A) 무역회사
 (B) 법률 사무소
 (C) 공장
 (D) 백화점

해설 여자 한 명이 대화 중반에서 남자에게 'You've been an amazing lawyer'라고 언급하였습니다. 이를 통해 남자의 직업은 변호사라는 것을 알 수 있습니다. 그러므로 그들이 일하는 장소로는 (B)가 가장 적절합니다.

15. 여자가 "stayed with me"라고 말할 때 무엇을 의미하는가?
 (A) 그녀는 남자의 충고를 마음 속에 새겼다.
 (B) 그녀는 남자와 함께 살았다.
 (C) 그녀는 그가 있는 곳에 있길 원했다.
 (D) 그녀는 좋은 퇴직금을 제안받았다.

해설 화자가 한 말의 의도를 파악하는 새로운 유형의 문제입니다. 'stayed with me'는 stay의 뜻에 따라 다양한 의미로 해석이 될 수 있으나, 문맥에 맞춰서 의미를 파악해야 합니다. stay는 '(그 자리 그대로) 있다.'라는 뜻이 있습니다. 뿐만 아니라 '(특정 상태가) 계속 지속된다'는 의미와 혹은 '머물다, 지내다'라는 의미를 갖습니다. 대화에서의 stay는 주어가 사람이 아니라 'everything you said'이므로 특정 상태가 계속 유지, 지속된다고 볼 수 있습니다. 그러므로 남자의 조언이나 충고를 마음 속에 간직하고 있다라는 표현인 (A)가 가장 적절한 답이 됩니다.

Q 16~18   16.(D) 17.(D) 18.(B)

W Neil, you look very tired. Is everything okay?
M Not really. We have <u>project after project</u> flowing into our department and we're extremely <u>understaffed</u>.
W Why don't you hire some new employees? I heard your department is expanding rapidly. <u>I'm sure you can afford to hire some new people.</u>
M That was the plan. We posted the vacancy announcement everywhere but the candidates we interviewed so far <u>lacked the language skills necessary to do the job</u>.
W Well, I know a friend of mine who works for a headhunting agency. Maybe she knows someone well qualified for the job. Do you want me to talk to her about it?
M Could you? That would be great. We need someone who can do the job right away.

W Neil, 당신 매우 피곤해 보여요. 괜찮아요?
M 아뇨, 별로에요. 우리 부서에는 프로젝트가 끊이지 않는데 절대적으로 인력도 부족해요.
W 직원을 좀 더 고용하는 게 어때요? 저는 당신의 부서가 빠르게 확장하고 있다는 것을 들었어요. 새로운 사람 몇 명을 고용할 수 있는 여유가 있을 것이라 확신해요.
M 그럴 계획이었어요. 우리는 구인공고를 게시했지만 지금까지 함께 인터뷰했던 지원자들은 업무에 필요한 언어 능력이 부족했어요.
W 음, 제 친구 중 한 명이 스카우트 회사에 다니고 있어요. 아마도 그녀가 이 일에 적합한 사람을 알고 있을 거예요. 제가 그녀에게 이것에 대해 이야기해 볼까요?
M 그렇게 해 줄 수 있어요? 그럼 정말 좋죠. 우리는 당장 일을 할 수 있는 사람이 필요해요.

16. 여자가 "afford to hire some new people"이라고 말할 때 무엇을 의미하는가?
 (A) 그 부서는 추가적인 직원 고용을 서둘러야 한다.
 (B) 그 부서는 사람을 더 고용하는 것을 원하지 않는다.
 (C) 구인 공고는 취소되었다.
 (D) 그 부서는 새로운 직원을 고용할 충분한 예산이 있다.

해설 여자가 했던 말의 맥락 상 의미를 찾는 신유형의 문제입니다. afford는 '시간이나 금전적인 여유가 있다'라는 의미로 쓰입니다. 추가적인 인원을 고용하는데 있어서 시간적인 여유보다는 금전적인 여유가 있음이 가장 적절하기 때문에 (D)가 답입니다. (A)의 경우 대화에서 직접적으로 언급된 사실로 혼동을 유발하는 보기가 될 수 있으므로 주의하셔야 합니다.

17. 남자는 어떤 자격을 갖춘 지원자를 찾고 있는가?
 (A) 리더십 능력
 (B) 내면의 힘
 (C) 위험을 기꺼이 감수하는 의지
 (D) 능숙한 외국어 실력

해설 남자는 대화에서 이때까지 면접을 실시했으나, 지원자들이 'lacked the language skills necessary to do the job 일을 하기 위해 필요한 언어 실력이 부족하다'라고 언급한 것으로 보아 직책에 필요한 자격 요건을 유추해볼 수 있습니다. 그러므로 (D)가 정답입니다.

18. 여자는 남자를 위해 무엇을 할 것 같은가?
 (A) 그녀 자신의 웹사이트에 구인 공고를 게시한다.
 (B) 지원자 추천을 위해 헤드헌터 친구에게 말을 한다.
 (C) 프로젝트를 위한 문서 번역을 도와준다.
 (D) 남자의 부서 확장에 대해 그의 상사에게 얘기한다.

해설 여자의 추후 행동을 예측하는 문제는 대화의 끝부분에 좀 더 집중해야 정답의 단서를 찾는 경우가 많습니다. 이 대화의 경우도 남자가 적격자를 찾지 못하자 여자가 헤드헌터 친구를 소개시켜 준다는 대안을 제시하는 것이 마지막 부분에 등장하고 있습니다. 그러므로 가장 논리적으로 의미가 연결되는 (B)가 정답입니다.

KEY 08   사내 업무

Step 2

I   1.(A) 2.(A) 3.(B) 4.(B) 5.(B) 6.(B) 7.(B) 8.(B)

1. 저는 오후에 당신의 <u>스케줄을 검토하기</u>를 원합니다.
 (A) 당신의 스케줄을 확인하다 (o)
 (B) 당신의 스케줄로 넘어가다 (x)

2. 마감일이 빠르게 다가오고 있다.
 (A) 빨리 돌아오는 (o)
 (B) 자주 바뀌는 (x)

3. 저는 가장 우선적인 사안을 다루기를 원합니다.
   (A) 순서 중 첫 번째 (x)
   (B) 처음으로 다뤄져야 할 문제 (o)

4. 제가 한 시간 후에 다시 연락드리겠습니다.
   (A) 나중에 당신을 보러 오다 (x)
   (B) 나중에 알려드리겠다 (o)

5. 전화 좀 바꿔주시겠어요?
   (A) 어떤 장소로 데려가다 (x)
   (B) 전화연결을 하다 (o)

6. 이는 우리 회사에 획기적인 사건이고 우리는 그것에 높은 기대를 걸고 있습니다.
   (A) 여러 장소까지의 거리를 보여주는 돌 (x)
   (B) 중요한 사건 (o)

7. 지금은 그곳에서 어떤 비행기도 출발하지 않습니다.
   (A) 도망가는 (x)
   (B) 비행기로 출발하는 (o)

8. 결국, 우리는 한 번의 기회만 갖는다.
   (A) 처음으로 일어난 (x)
   (B) 단 한 번 일어나는 (o)

Ⅱ   1.(B) 2.(A) 3.(B) 4.(A) 5.(A) 6.(B) 7.(B) 8.(A) 9.(A) 10.(B)

1. Josh is out on a presentation for a different client.
   Josh는 다른 고객에게 발표하러 나갔습니다.

2. How is the new project coming along?
   새 프로젝트는 어떻게 되어가요?

3. Is there anything I can do to help the team?
   제가 팀을 돕기 위해 할 일이 있을까요?

4. I was getting a little worried.
   조금 걱정되던 참이었습니다.

5. That is exactly what we want to discuss today.
   우리가 오늘 이야기 나누고자 한 것이 바로 그것입니다.

6. When did you get back from the business trip?
   출장에서 언제 돌아오셨습니까?

7. I am inviting you to come to the client meeting with me this afternoon.
   저와 함께 오늘 오후 고객 면담에 가시지요.

8. Why don't you give the presentation?
   당신이 발표를 해보지 않겠어요?

9. We'll be cutting the overhead expenses.
   우리는 간접경비를 절감하겠습니다.

10. We've been getting a lot of complaints lately.
    최근 불만 사항이 많이 접수되고 있습니다.

Ⅲ   1.(B) 2.(B) 3.(B) 4.(A) 5.(B) 6.(B)

1. 여자는 남자에게 무엇을 상기시키길 원하는가?
   (A) 발표 주제 (x)
   (B) 고객과 점심 회동 (o)

2. 왜 남자는 여자의 제안을 거절하는가?
   (A) 그는 그녀가 그를 도울 수 있다고 생각하지 않는다. (x)
   (B) 그는 그녀의 도움 없이 이 일을 해결할 수 있다. (o)

3. 화자들은 무엇에 관해 얘기할 것인가?
   (A) 새로운 시설 (x)
   (B) 새로운 소프트웨어 출시 (o)

4. 내년도 예산에 관해 누가 보고하기로 되어있는가?
   (A) 재무 담당 최고 책임자 (o)
   (B) 선임 회계사 (x)

5. 여자에 관한 사실은 무엇인가?
   (A) 그녀는 남자에게 할 질문이 있었다. (o)
   (B) 그녀는 남자의 전화번호를 모른다. (x)

6. 여자가 무엇을 하고 있는가?
   (A) 점심 식사 중이다 (x)
   (B) 회의를 준비하는 중이다 (o)

Step 3

Ⅰ

1. minute / over / schedule / time / come / remember / meeting / client / time / lunch / meeting / secretary / confirm / ask / bringing / Director / think / just / presentation / client

2. project / along / deadline / approaching / anything / help / team / offer / handling / well / right / time / excellent / worried / receive / progress / yet / give / update / finish

3. down / business / launching / software / talk / know / met / engineer / working / develop / newest / program / software / impressive / whole / hard / talented / talk / through / program

4. much / budget / CFO / sitting / based / figures / planning / million / less / this / Would / reduce / employees / cutting / overhead / else / same / changes / number / relief

5. glad / called / question / go / ahead / see / reschedule / stuck / extreme / conditions / heard / flying / problem / able / meeting / within / understanding / update

6. coming / everything / presentation / proofreading / documents / sure / perfect / shot / over / stress / probably / leaving / need / change / risk / sharp

Ⅱ   1.(D) 2.(A) 3.(C)

Q 1~3

W   Mr. Thompson, if you have a minute I would like to go over your schedule for today. Is this a good time for you?

M   Oh yes, Valerie, please come in. I remember you telling me yesterday that I have a lunch meeting with a client. What time is the meeting again?

W You are having a lunch meeting today at 1pm. The client's secretary just called to confirm. Also she wanted me to ask you if you would be bringing the Creative Director to the meeting.
M No, I think it's going to be just me. Josh is out on a presentation for a different client.

W Mr. Thomson, 시간이 있으시면 저는 오늘 당신의 스케줄을 검토해 보고 싶습니다. 지금 괜찮으신가요?
M 아 그럼요 Valerie, 들어와요. 전 당신이 어제 오늘 고객과의 점심 회동에 대해 말한 것을 기억하고 있어요. 회의가 몇 시죠?
W 오늘 오후 1시에 점심 회동이 있습니다. 고객의 비서가 확인 차 전화 했습니다. 또한 그녀는 당신이 회의에 광고 제작 감독과 함께 참석할 것인지 물어보았습니다.
M 아니요, 제 생각에 저만 갈 것 같습니다. Josh는 다른 고객에게 발표하러 나갔습니다.

1. 여자는 무엇에 대해 얘기하기를 원하는가?
   (A) 그가 발표를 할 수 있는지의 여부
   (B) 회사 이사회 스케줄을 조정하는 것
   (C) 1시 약속의 변경
   (D) 고객과 점심 회동의 세부사항

   해설 남자의 비서로 보이는 여자는 첫 발화에서 남자의 스케줄을 확인하면서 시작합니다. 남자는 오늘 고객과의 점심 회동이 있다는 것을 기억하면서 대화는 그 회동의 구체적인 사항을 얘기하는 것으로 이어집니다. 스케줄의 변경, 조정에 대한 언급은 없으므로 보기 (B)와 (C)는 오답입니다. Josh가 다른 고객과 발표를 맡고 있다고 하였으므로 (A)는 presentation이라는 단어를 중복 사용하여 혼동을 이끌어내는 오답입니다.

2. 여자는 누구인 것 같은가?
   (A) 비서
   (B) 고객
   (C) 면접관
   (D) 회계사

   해설 대화 첫 부분에서 'if you have a minute I would like to go over your schedule for today 시간 있으시면, 오늘 당신의 스케줄을 검토하고 싶습니다'라는 표현과 남자가 여자에게 회의 시간이 언제인지 묻는 등 전반적으로 남자의 스케줄을 관리해주는 사람이라는 것을 알 수 있습니다. 그러므로 (A)가 정답입니다.

3. 표를 보시오. 남자가 점심에 만날 고객은 누구인가?

Schedule	
10am	Sophia Turner
11am	Josh Lane
1pm	Devin Stone
4pm	Emma Jenkins

   (A) Ms. Turner
   (B) Mr. Lane
   (C) Mr. Stone
   (D) Ms. Jenkins

   해설 표를 보고 문제를 해결하는 새로운 유형입니다. 표에는 스케줄이 정리되어 있습니다. 남자가 고객과 만나는 시간이 몇 시인지 물었을 때 여자는 1시라고 대답했습니다. 그러므로 고객의 이름은 Mr. Stone입니다.

Q 4~6   4.(C) 5.(D) 6.(A)

W David, how is the new project coming along? The deadline is fast approaching. Is there anything I can do to help the team?
M Thank you for the offer. That is very nice of you. But I think we're handling it quite well. We should be right on time for the presentation.
W That's excellent news. I was getting a little worried because I didn't receive any progress reports from your team yet, and the presentation is next Monday.
M Oh I'm so sorry. I was going to give you the final update at the end of this week when we finish the preparations.

W David, 새로운 프로젝트는 어떻게 되어가고 있습니까? 마감시간이 빠르게 다가오고 있어요. 팀을 돕기 위해 제가 할 수 있는 것이 있을까요?
M 제안 감사합니다. 참 친절하시네요. 하지만 제 생각에 우리는 매우 잘 해내고 있습니다. 우리는 발표 시간을 맞출 수 있을 것입니다.
W 아주 훌륭한 소식입니다. 저는 살짝 걱정하고 있었어요 왜냐하면 당신은 팀으로부터 어떠한 중간보고도 받지 못했기 때문이에요, 발표는 다음 주 월요일인데도요.
M 아 정말 죄송합니다. 저는 금요일에 발표 준비가 끝날 때 당신에게 마지막으로 보고 드리려고 했었어요.

4. 여자는 왜 이 대화를 시작하였는가?
   (A) 프로젝트를 도와달라고
   (B) 그가 팀 관리에 실패했다고 야단치기 위해
   (C) 프로젝트의 진행 과정을 확인하기 위해
   (D) 그에게 팀을 떠나달라고 요청하기 위해

   해설 여자는 남자에게 프로젝트의 진행 상황에 대해 물어보고 경과 보고서를 받지 못했다고 언급합니다. 이를 통해 여자는 사실상 남자가 보고해야 할 상사라는 것을 알 수 있습니다. 그러므로 여자가 대화를 시작한 이유는 프로젝트가 어떤 식으로 되어가고 있는지 상사로서 확인할 필요가 있었기 때문이므로 답은 (C)입니다.

5. 남자는 여자에게 언제 보고를 할 계획이었나?
   (A) 다음 주 월요일
   (B) 지난 주 목요일
   (C) 이번 주 수요일
   (D) 이번 주 금요일

   해설 남자의 마지막 발화에서 'I was going to give you the final update at the end of this week 당신에게 금요일에 최종 보고서를 제출하려고 했었습니다'라고 말하고 있습니다. the end of this week은 평일의 마지막으로 '금요일'을 뜻 합니다. 여자가 바로 전에 next Monday를 언급하지만 이는 보고하는 날이 아니라 발표가 예정된 날이므로 주의하셔야 합니다.

6. 남자는 그가 무엇을 할 수 있다고 말하는가?
   (A) 발표를 제시간에 준비하는 것
   (B) 더 큰 프로젝트를 관리하는 것
   (C) 더 많은 상품을 파는 것
   (D) 문제를 해결하는 것

   해설 도와줄 것 없느냐고 묻는 여자의 질문에 남자는 이 프로젝트를 다룰 수 있다고 하면서 'We should be right on time for the presentation 우리는 발표 시간을 맞출 수 있을 것이다'라고 말합니다. 그러므로 그가 할 수 있는 것은 (A)입니다.

Q 7~9
7.(C) 8.(A) 9.(D)

> M Good afternoon, ladies and gentlemen. Let's get down to business.
> W1 **We are launching the newest version of our software next month.** So I'm guessing we're here to talk about that.
> M That's right. I know that some of you haven't met the chief engineer for the project. Everyone, this is Jill.
> W2 Good afternoon. My name is Jill Patterson and I've been working to develop our newest software program.
> W1 The new software is impressive.
> W2 The whole team worked so hard. I'm happy to work with such a talented team of engineers.
> M Now, Jill, could you talk us through the program?

M 안녕하세요, 여러분. 바로 본론으로 들어갑시다.
W1 우리는 다음 달에 최신 버전의 소프트웨어를 출시할 예정입니다. 그러니 그것에 대해 이야기를 나누기 위해 모였겠지요.
M 맞아요. 아직 프로젝트의 기술 책임자를 만나지 못한 분들이 있으시죠. 여러분, 이쪽은 Jill입니다.
W2 안녕하세요. 제 이름은 Jill Patterson입니다. 우리의 최신 버전 소프트웨어 프로그램을 개발하는 일을 해오고 있습니다.
W1 새로운 소프트웨어는 인상적이에요.
W2 전체 팀원들이 열심히 일했습니다. 그런 재능 있는 엔지니어들과 함께 팀을 이뤄 일을 하게 되어 기쁩니다.
M 그럼, Jill, 이 프로그램에 대해 우리에게 설명해 주시겠어요?

7. 화자들은 어떤 업종에 종사하고 있는가?
(A) 부동산 회사
(B) 여행사
(C) 소프트웨어 회사
(D) 자동차 회사

해설 화자의 업종을 찾기 위해서는 대화 내용에서 그와 관련한 키워드를 들어야 합니다. 이 경우 남자는 처음에 'We are launching the newest version of our software next month 우리는 다음 달에 최신 버전의 소프트웨어를 출시할 것입니다'라고 언급하고 있습니다. 이때 화자들은 소프트웨어 관련 회사에 종사하고 있다는 것을 파악할 수 있습니다.

8. 남자는 가장 우선순위로 무엇을 염두에 두고 있는가?
(A) 새로운 소프트웨어 출시에 대해 논의하는 것
(B) 프로젝트를 위해 엔지니어들을 모아 팀을 만드는 것
(C) 이사회를 소집하는 것
(D) 신상품 출시를 취소하는 것

해설 질문에서 물어보는 주체가 남자이므로 남자의 대사에 주의를 기울여야 합니다. Jill이 팀원 얘기를 언급하면서 (B)가 정답이라 혼동될 수 있지만, 이미 팀은 만들어졌고, 새로운 소프트웨어 출시를 위해 함께 일을 한 이후입니다. 또한 마지막 남자의 발화에서 Jill에게 그 소프트웨어를 설명해달라고 부탁하고 있습니다. 그러므로 남자에게 있어 가장 우선적으로 논의해야 하는 일은 (A)입니다.

9. 다음에 무슨 일이 일어날 것 같은가?
(A) 그들은 제안서의 득과 실에 대해 논의한다.
(B) 여자들은 고객들과의 회의를 준비한다.
(C) 남자는 여자들을 서로에게 소개해준다.
(D) 엔지니어는 프로그램에 대해 설명한다.

해설 추후의 상황, 행동을 묻는 문제는 항상 대화의 후반부에 주목을 해야 합니다. 이 질문 또한 가장 마지막 화자의 발화에서 정답의 단서를 찾을 수 있습니다. 남자는 Jill에게 새로운 소프트웨어에 대해 설명해달라고 부탁하고 있으므로 (D)가 정답입니다.

Q 10~12
10.(B) 11.(C) 12.(A)

> W1 Let's get started. **How much do we have for next year's budget?**
> W2 Do we have the **CFO** here? I don't see him.
> M I'm sitting over here! Well, based on our figures, I am planning at around 12 million dollars for next year.
> W2 That is 4.5 million dollars less than this year.
> W1 Would we have to reduce the number of employees?
> M No. **We'll be cutting the overhead expenses.** Everything else will stay the same. There will be no changes in the number of staff.
> W2 **That's a relief.**

W1 시작해봅시다. 우리는 내년도 예산으로 얼마나 갖고 있습니까?
W2 여기에 재무 최고 담당자 있습니까? 그가 보이질 않네요.
M 저 여기에 있어요! 음, 우리 수치에 근거하여 저는 내년에 약 1200만달러를 계획하고 있습니다.
W2 올해보다 450만달러가 적네요.
W1 직원들의 숫자를 줄여야 할까요?
M 아뇨, 우리는 간접 경비를 줄일 것입니다. 이외에 모든 것들은 같습니다. 직원들의 수는 변함이 없을 것입니다.
W2 다행이네요.

10. 무엇이 논의되고 있는가?
(A) 예산 적자를 줄이기
(B) 내년도 예산
(C) 인력 감축
(D) 사무실 이전하기

해설 대화의 시작에 여자는 'How much do we have for next year's budget? 우리는 내년도 예산으로 얼마나 갖고 있습니까?'라고 말을 합니다. 이를 볼 때 대화의 전반적인 소재는 next year's budget이 됩니다.

11. 예산 삭감은 어느 부분에서 이루어지는가?
(A) 사장의 급여로부터
(B) 직원 감축으로부터
(C) 간접 경비로부터
(D) 연구 및 개발비로부터

해설 세부적인 것을 묻는 문제의 경우, 대화의 내용에 그 단어가 그대로 등장하는 경우가 많습니다. 즉, paraphrasing이 되어있지 않은 경우가 많기 때문에 보기를 미리 읽는 것이 중요합니다. 그렇게 한다면, 남자 화자가 언급할 때 정답의 단서를 놓치지 않을 가능성이 더 커집니다. 남자는 마지막 발언에서 'We'll be cutting the overhead expenses'라고 말하기 때문에 간접 경비를 줄일 것이라는 (C)가 정답입니다.

12. 여자는 왜 "That's a relief"라고 하는가?
(A) 그들은 직원을 해고할 필요가 없다.
(B) 이익은 증가하고 있다.
(C) 고객들은 제품에 만족한다.
(D) 그녀는 비꼬고 있다.

해설 여자는 예산 삭감에 있어 인원이 감축되는 것은 아닌지 질문하고 있다. 남자가 간접 경비 이외에 변화가 없다고 했을 때 나온 대답이 'That's a relief 다행입니다'이므로 해고할 필요가 없다는 보기 (A)가 정답입니다.

Q 13~15   13.(B) 14.(B) 15.(A)

> W Oh hello, Tim. So glad that you called. I had a question to ask you.
> M Yeah? What is it?
> W No, you go ahead first.
> M <u>I wanted to see if we could reschedule our meeting. One of our buyers is stuck in Spain due to the extreme weather conditions.</u>
> W Oh no. I heard about that. Nothing is flying out of there right now. <u>**No problem.**</u> When would he be able to make it to the meeting?
> M Hopefully within the next three days. Thank you for understanding. I'll give you a call tonight with an update. Now, what did you want to ask me?

W 안녕하세요, Tim. 전화해 주셔서 기뻐요. 여쭤 볼 질문이 있었거든요.
M 그래요? 무엇입니까?
W 아뇨, 먼저 하세요.
M 저는 우리 회의 시간을 재조정할 수 있는지 알고 싶어요. 우리 바이어 중 한 명이 악천후 때문에 스페인에 갇혔습니다.
W 오, 저도 들었어요. 지금 당장 출발할 수 있는 비행기가 없다고 하더군요. 문제없어요. 언제 그가 회의에 참여할 수 있나요?
M 바라건대 3일 안으로 가능할 겁니다. 이해해주셔서 감사합니다. 최신 소식을 듣고 오늘 밤 당신께 전화를 드리겠습니다. 저에게 물어보고 싶었던 것은 무엇입니까?

13. 전화 통화의 목적은 무엇인가?
(A) 여자가 회의 준비하는 것을 돕기 위해
(B) 스케줄 문제를 의논하기 위해
(C) 날씨에 대해 불평하기 위해
(D) 출장의 결과에 대해 보고하기 위해

해설 대화의 전체 정보인 목적을 묻고 있는 질문입니다. 남자의 'I wanted to see if we could reschedule our meeting 우리가 회의 시간을 조정할 수 있는지 알길 원한다'라는 말을 통해 전화의 목적은 스케줄 문제라는 것을 알 수 있습니다. 그러므로 답은 (B)입니다.

14. 왜 남자는 회의의 일정을 조정하려고 했나?
(A) 그의 동네에 험한 날씨 상태가 예상된다.
(B) 그의 바이어들 중 한 명이 참석할 수 없었다.
(C) 그는 몸 상태가 좋지 않다.
(D) 그는 비행기 표를 확보할 수 없었다.

해설 남자가 전화를 건 목적 다음으로 그 이유를 묻는 문제입니다. 세부정보이기 때문에 혼동을 유도하는 보기들을 잘 골라내는 것이 중요합니다. 남자는 'One of our buyers is stuck in Spain due to the extreme weather conditions 우리 바이어 중 한 명이 악천후로 인해 스페인에 발이 묶였다'라고 말을 하면서 미팅 시간을 조정할 수 없겠냐는 질문을 합니다. 즉, 재조정의 이유는 바이어가 참석을 하지 못하기 때문입니다. (D)의 경우 비행기 표를 확보할 수 없는 것은 궂은 날씨 때문에 갇혀있는 바이어의 문제이지 남자의 문제는 아니므로 오답입니다.

15. 여자가 "No problem"이라고 말하는 것의 의미는 무엇인가?
(A) 그들은 스케줄을 재조정할 수 있다.
(B) 그들은 회의 대신에 화상 통화를 할 수 있다.
(C) 그들은 바이어 한 명 없이도 회의를 할 수 있다.
(D) 날씨는 빨리 개고 있다.

해설 화자가 한 말의 의도를 묻는 문제로 새로운 유형 중 하나입니다. 이때는 언급된 말의 바로 앞, 뒤를 잘 살펴보아야 합니다. 그 앞에 남자는 바이어 중 한 명이 스페인에 갇혀서 미팅에 참석하지 못하므로 스케줄을 조정하자고 하였습니다. 그에 대해 '문제없습니다'라는 대답은 재조정 할 수 있다는 의미가 됩니다.

Q 16~18   16.(D) 17.(B) 18.(A)

> M You are coming to the meeting today, right? Do you have everything for the presentation?
> W Yes, I'm proofreading the documents for the very last time. I wanna make sure that everything is perfect. After all, we only get one shot.
> M I'm sure it is. <u>We went over it many times already.</u> Don't stress out too much.
> W Yeah, you're probably right. <u>What time are we leaving the office? I need some time to change into my suit.</u>
> M <u>I don't want to risk being late</u> so let's leave at one o'clock sharp.

M 당신은 오늘 회의에 올 거죠, 그렇죠? 발표를 위해 필요한 모든 것을 다 준비했어요?
W 네, 지금 마지막으로 서류들을 교정하고 있어요. 모든 것을 완벽하게 해두고 싶어요. 결국, 우리에겐 기회가 단 한 번 뿐이니까요.
M 그럴 거라고 확신해요. 우리는 이미 여러 번 검토했잖아요. 너무 스트레스 받지 마요.
W 네, 아마 당신이 맞는 것 같아요. 몇 시에 사무실에서 나가면 되죠? 정장으로 옷을 갈아입을 시간이 필요해요.
M 늦을 위험을 감수하길 바라지 않으니 1시 정각에 출발하죠.

16. 화자들은 발표에 대해 무엇을 언급하고 있는가?
(A) 그들은 그들의 사무실에서 발표를 한다.
(B) 그들은 같은 발표를 몇 번 할 기회를 가진다.
(C) 그들은 발표 시간이 몇 시인지 모른다.
(D) 그들은 그것을 철저히 준비했다.

해설 presentation(발표)에 대해 언급한 것을 묻는 세부 내용 찾기 문제입니다. 이는 정답의 단서들이 흩어져 있으므로 난이도가 높은 문제입니다. (A)의 경우 그녀가 'What time are we leaving the office?'라고 언급함으로써 사무실에서 발표를 하지 않는다는 것을 알 수 있습니다. (B)의 경우 'we only get one shot'이라는 표현을 통해 한 번의 기회만 주어진다는 것을 알 수 있습니다. (C)의 경우는 구체적인 시간은 등장하지 않아도 회의에 늦지 않기 위해 정각 1시에 출발한다고 하였으므로 시작 시간을 모른다고는 할 수 없습니다. (D)의 경우 마지막까지 서류를 교정하는 여자와 'We went over it many times already'라는 남자의 발언을 통해 오랜 시간 공을 들였다는 것을 알 수 있습니다.

17. 그들이 가기 전에 여자는 무엇을 할 것인가?
    (A) 전화를 할 것이다
    (B) 그녀의 옷을 갈아입을 것이다
    (C) 커피를 마실 것이다
    (D) 다른 발표 일정을 잡을 것이다

    해설 발표를 위해 사무실에서 나가기 전에 여자가 몇 시에 출발하냐고 물으면서 동시에 'I need some time to change into my suit 정장으로 갈아 입을 시간이 필요해요'라는 말을 합니다. 즉, 옷을 갈아입고 출발하겠다는 의미이므로 (B)가 정답입니다.

18. 남자는 무엇을 피하고 싶어하는가?
    (A) 발표에 늦는 것
    (B) 고객과 직접 얘기하는 것
    (C) 에너지를 낭비하는 것
    (D) 초과 근무를 하는 것

    해설 남자의 'I don't want to risk being late so let's leave at one o'clock sharp'라는 마지막 말을 통해 지각하기를 원치 않는다는 것을 알 수 있습니다.

KEY 09   고객 응대

Step 2

I   1.(B) 2.(B) 3.(B) 4.(A) 5.(A) 6.(B) 7.(B) 8.(B)

1. 설치 프로그램에 대해 당신에게 설명해 줄 수 있습니다.
    (A) 당신과 함께 걸어서 어떤 장소에 가다 (x)
    (B) 과정을 보여줌으로써 당신이 배우는 것을 돕다 (o)

2. 연휴 기간이라 우리의 주문이 밀렸습니다.
    (A) 재입고된 (x)
    (B) 지연된 (o)

3. 저는 당신의 필요에 꼭 맞는 완벽한 노트북을 찾도록 확실하게 도와드릴 수 있습니다.
    (A) 당신의 요구를 만족시키는데 실패하다 (x)
    (B) 당신의 요구사항들을 충족시키다 (o)

4. 저는 오로지 방송 중인 물건들의 판매만 다루고 있습니다.
    (A) 판매를 담당하는 (o)
    (B) 구매를 다루는 (x)

5. 괜찮아요. 나쁜 일도 일어날 수 있잖아요.
    (A) 나쁜 일들이 일어나기도 한다. (o)
    (B) 아무 나쁜 일도 일어나지 않을 것이다. (x)

6. 우리는 도매상에게 특별 할인을 제공한다.
    (A) 많은 돈을 지불하는 (x)
    (B) 거대한 양 (o)

7. 오늘 무슨 일로 왔습니까?
    (A) 무엇이 필요합니까? (x)
    (B) 여기 왜 계십니까? (o)

8. 귀띔해줘서 고마워요.
    (A) 당신의 머리를 들어줘서 고마워요. (x)
    (B) 저에게 알려줘서 고마워요. (o)

II   1.(A) 2.(B) 3.(A) 4.(A) 5.(A) 6.(B) 7.(B) 8.(B) 9.(B) 10.(A)

1. I still haven't received the package.
    아직 제품을 수령하지 못했어요.

2. I am calling to cancel my paper subscription.
    신문 구독을 취소하고 싶어서 전화드렸습니다.

3. I'm sorry but that product is temporarily out of stock.
    죄송하지만, 현재 그 상품은 일시 품절입니다.

4. I'll be doing a lot of on-line research.
    저는 인터넷 자료조사를 많이 할 거예요.

5. Which item would you like to purchase?
    어떤 제품을 구매하려고 하세요?

6. I think I left a doll here by accident.
    실수로 여기 인형을 두고 간 것 같아요.

7. It has a scratched surface.
    표면에 긁힌 자국이 있어요.

8. I would like to exchange it for a new product.
    새 제품으로 교환하고 싶어요.

9. Have you finished repairing it?
    수리가 완료되었나요?

10. It is a little pricey for a washing machine.
    세탁기 치고는 가격이 좀 비싸요.

III   1.(A) 2.(A) 3.(B) 4.(B) 5.(A) 6.(A)

1. 남자의 문제는 무엇인가?
    (A) 남자가 주문한 제품이 아직 배달되지 않았다. (o)
    (B) 남자가 주문한 제품에 결함이 있다. (x)

2. 남자는 여자가 무엇을 샀다고 생각하는가?
    (A) 장난감 트럭 (o)
    (B) 레고 블록 (x)

3. 여자는 무엇을 하겠다고 제안하는가?
    (A) 컴퓨터 가게로 가는 방향을 알려주는 것 (x)
    (B) 남자가 노트북 고르는 것을 도와주는 것 (o)

4. 왜 여자는 남자의 수리점을 선택했는가?
    (A) 그녀는 신문에 난 광고를 보았다. (x)
    (B) 그녀의 친구가 그것을 추천해줬다. (o)

5. 남자가 방문한 목적이 무엇인가?
    (A) 믹서기를 반품하기 위해 (o)
    (B) 믹서기에 대한 정보를 얻기 위해 (x)

6. 남자의 직업은 무엇일 것 같은가?
    (A) 접수 담당자 (o)
    (B) 엔지니어 (x)

Step 3

I

1. reached / help / ordered / ballet / website / still / received

/ package / sorry / holiday / backed / status / order / number / placed / order / recital / receive / shipments

2. remember / two / present / asked / gift / ended / buying / glad / left / doll / accident / find / found / might / picked / lost

3. looking / particular / purchase / laptop / lost / like / recommendations / please / helpful / affordable / durable / definitely / suit / mostly / doing / writing / together / slides / enough / space / research

4. Auto / Repair / calling / trusting / referred / army / customers / grateful / satisfied / service / attentive / excellent / beyond / been / mechanics / professional

5. return / blender / scratched / checked / over / wishes / help / scratch / bought / receipt / refund / exchange / troubles / happen / exchange / new / apology / discount / purchase

6. here / have / name / sorry / name / appointment / would / office / come / considering / long / term / interested / discounts / buyers / negotiate / terms / business / rate / daily

# II
1.(D) 2.(A) 3.(A)

Q 1~3

W You have reached Jaime's Dancewear. My name is Jenny. How can I help you today?

M Hello. I ordered a pair of ballet shoes and two leotards from your website for my daughter three weeks ago and I still haven't received the package.

W Oh, I'm sorry about that. It is the holiday season so our orders are backed up. But I can check the status of your order for you. Do you have the order number?

M Yes, I do. It is KX29G100246. I placed the order on November 30th. My daughter has a dance recital next week and I'm really hoping to receive the shipments before then.

W Jaime's Dancewear에 전화하셨습니다. 제 이름은 Jenny입니다. 무엇을 도와드릴까요?

M 안녕하세요. 제가 3주 전에 당신의 웹사이트에서 딸을 위한 발레 슈즈 한 켤레와 타이츠 두 개를 주문했습니다. 그리고 상품을 아직 받지 못했습니다.

W 아 정말 죄송합니다. 연휴 기간이라 우리 주문들이 밀려 있습니다. 그러나 저는 당신의 주문 상태를 확인해 드릴 수 있습니다. 주문 번호 가지고 있으신가요?

M 네, KX29G100246입니다. 저는 11월 30일에 주문을 했습니다. 제 딸이 다음 주에 춤 발표회가 있습니다. 그 전에 상품을 받기를 정말 바라고 있습니다.

1. 남자의 문제는 무엇인 것으로 보이는가?
(A) 그가 주문하지 않았던 상품들을 받았다.
(B) 그의 딸은 그가 주문했던 타이츠를 좋아하지 않는다.
(C) 그는 웹사이트에서 그의 주문을 취소할 수 없다.
(D) 그의 주문 상품들은 배달되지 않았다.

해설 남자의 문제가 무엇인지 묻고 있습니다. 보통 남자가 가진 문제가 대화가 시작되는 원인이 되므로 스크립트의 첫 부분에 등장하는 경우가 많습니다. 여기서도 마찬가지로 남자의 첫 번째 발화에서 'I still haven't received the package 저는 아직 상품을 받지 못했습니다'라고 자신의 문제를 직접 언급하고 있습니다. 그러므로 답은 (D)입니다.

2. 남자는 무엇을 주문했는가?
(A) 발레 슈즈
(B) 콘서트 티켓
(C) 발레 음악 CD
(D) 포장 케이스

해설 남자가 주문한 상품처럼 세부적인 것에 대해 물어보는 질문입니다. '주문하다'의 의미를 지니는 동사 order이나 place an order가 등장한다면 바로 뒤에 따라나오는 명사가 결정적인 단서가 됩니다. 남자는 'I ordered a pair of ballet shoes and two leotards from your website'라고 언급하였으므로 (A) 발레슈즈를 구입하였습니다.

3. 문제를 야기하는 것은 무엇인 것으로 보이는가?
(A) 휴일 동안 배송 물량의 증가
(B) 나쁜 기상 상태
(C) 비효율적인 배달 시스템
(D) 부정확한 배송 주소

해설 남자가 문제를 언급하자 그 문제의 원인에 대해 여자가 말하고 있습니다. 'It is the holiday season so our orders are backed up 연휴 기간이라 우리 주문들이 밀려 있습니다'라는 말을 통해 연휴기간에 주문한 제품의 배송이 지연됨을 알 수 있습니다. 가장 적절한 답은 (A)가 됩니다.

Q 4~6
4.(C) 5.(A) 6.(D)

W Excuse me. I don't know if you remember me, but I was here two days ago with my son to buy a birthday present for his friend.

M Oh yes, I remember you. You asked me about a gift idea for a seven-year-old boy. I think you ended up buying a toy car.

W Yes, I did. I'm so glad you remember me. Well, I think I left a doll here by accident. My son takes it everywhere and I was hoping to find it in your lost and found box.

M I think I know what you're talking about. I think we might have picked it up. Come on. Let's go to our lost and found and see if we can find your doll.

W 실례합니다. 당신이 저를 기억할지 모르겠지만, 이틀 전에 제 아들과 함께 아들 친구 생일 선물을 사기 위해 왔습니다.

M 아 네, 기억이 나네요. 당신이 저에게 7살 소년을 위한 선물로 뭐가 좋은지 물었지요. 제 생각에 당신은 결국 장난감 차를 샀던 것 같은데요.

W 네 그랬죠. 저를 기억해주셔서 기쁩니다. 아, 제 생각으로는 우연히 여기에 인형을 두고 갔습니다. 제 아들이 항상 그것을 들고 다니는데 이곳 분실물 박스에 있었으면 좋겠네요.

M 무슨 말씀인지 알겠습니다. 우리가 그것을 주웠을지도 모르겠네요. 이리로 오세요. 우리 분실물 센터에 가서 인형을 찾을 수 있는지 확인해봅시다.

4. 여자는 언제 처음으로 그 가게에 방문하였는가?
   (A) 1주일 전에
   (B) 지난밤에
   (C) 이틀 전에
   (D) 한달 전에

   해설 방문한 시기에 관한 세부 정보를 묻는 문제입니다. 여자의 첫 발화 중 'I was here two days ago 저는 이틀 전에 여기 왔어요'라는 표현을 통해 첫 방문이 이틀 전이었음을 알 수 있습니다.

5. 여자는 왜 다시 방문하였는가?
   (A) 그녀가 우연히 놓고 간 물건을 찾기 위해
   (B) 그녀가 구입했던 물건을 교환하기 위해
   (C) 장난감 자동차의 환불을 요청하기 위해
   (D) 7살 소년을 위한 선물로 어떤 것이 좋을지 의견을 구하기 위해

   해설 다시 방문한 목적을 묻는 문제입니다. 목적처럼 전체적인 내용과 관련된 정보는 대화를 이끌어가는 핵심이므로 주로 초반에 등장합니다. 여자의 대사 'I think I left a doll here by accident 제 생각엔 우연히 여기에 인형을 두고 간 것 같습니다'를 통해 답은 (A)라는 것을 알 수 있습니다.

6. 여자는 인형에 대해 무엇이라 말하는가?
   (A) 매우 희귀한 물건이다.
   (B) 그녀는 그것을 그녀의 할머니로부터 물려받았다.
   (C) 그녀는 그것을 잃어버렸지만, 그녀의 차 안에서 찾았다.
   (D) 그녀의 아들은 그것을 항상 들고 다닌다.

   해설 두고 온 인형에 대한 세부적인 정보를 묻고 있습니다. 인형이 언급될 때 주의를 기울이는 것이 좋습니다. 'My son takes it everywhere 우리 아들은 그것을 어딘든 가지고 다닌다'라는 그녀의 말을 볼 때 (D)가 정답입니다.

Q 7~9 7.(B) 8.(C) 9.(C)

W Hello, sir, are you looking for a particular model?
M No. <u>I am here to purchase a basic laptop computer</u> for school and <u>I'm completely lost</u>.
W Would you like me to give you some recommendations?
M Oh, yes please, that would be extremely helpful. <u>I need something affordable and yet durable.</u>
W I can definitely help you with finding the perfect laptop to suit your needs. What will you be mostly using your laptop for?
M I'll be using it for school so I'll be doing a lot of writing and putting together presentation slides. I'd need enough memory space. Also, I'll be doing a lot of on-line research.

W 안녕하세요 고객님, 특별히 찾는 모델이 있으세요?
M 아니요. 학교 다닐 때 쓸 기본 노트북을 구입하러 왔는데 뭐가 뭔지 하나도 모르겠어요.
W 추천을 해드릴까요?
M 오 네, 엄청 도움이 될 것 같아요. 저는 비용도 적당하고 내구성이 좋은 것이 필요합니다.
W 저는 확실하게 당신의 요구에 맞는 완벽한 노트북을 찾도록 도와줄 수 있습니다. 당신은 노트북으로 주로 무엇을 하실건까요?
M 학교에서 사용할 것이라 주로 문서 작성을 많이 하고 발표를 위한 자료 준비를 할 것입니다. 저는 충분한 저장 공간도 필요합니다. 또한 온라인 연구도 많이 할 것입니다.

7. 이 대화가 일어나는 곳은 어디일 것 같은가?
   (A) 도서관
   (B) 컴퓨터 판매점
   (C) 콘서트장
   (D) 학교 구내식당

   해설 전반적인 정보에 대한 질문입니다. 대화 내용에서 몇 가지 키워드를 통해 대화가 이루어지고 있는 배경을 찾을 수 있습니다. 여자가 'Are you looking for~?'라고 질문을 하는 것을 보아 점원임을 유추해낼 수 있습니다. 남자가 'I am here to purchase a basic laptop computer 기본 노트북을 구입하기 위해 왔습니다'라고 응답하는 것을 보아 구매행위를 하고 있으므로 laptop을 살 수 있는 곳인 (B)가 정답입니다.

8. 남자가 "I'm completely lost"라고 말한 이유는 무엇인가?
   (A) 그는 컴퓨터 판매점으로 가는 길을 잃어버렸다.
   (B) 그는 그의 지갑을 도둑맞았다.
   (C) 그는 어느 PC가 자기한테 적합할지 모른다.
   (D) 그는 완전히 정신이 나갔다.

   해설 주로 lost의 원형인 동사 lose는 '분실하다', '잃어버리다'라는 표현으로 많이 사용됩니다. 하지만 위의 대화에서 분실했다는 의미와 연결이 안되므로 (B)는 정답이 될 수 없습니다. (A) 또한 이미 컴퓨터 판매점 안에 있으므로 오답입니다. (C)는 컴퓨터를 사려고 하지만 어떤 선택을 해야 할지 모르는 상황을 표현한 것으로 문맥에 가장 자연스럽게 연결이 되어 정답입니다.

9. 남자에게 추천하는 가장 이상적인 노트북은 무엇일 것 같은가?
   (A) 그래픽 디자인 작업을 위한 고급 노트북
   (B) 게임기를 갖춘 최고급 종류의 노트북
   (C) 가격이 적당하고 오래가며 저장공간이 큰 노트북
   (D) 정교한 계산이 가능한 전문적인 노트북

   해설 추천을 해주기 전에 남자가 어떤 노트북을 원하는지 언급한 부분을 찾아야 합니다. 'I need something affordable and yet durable 저는 가격이 적당하나 내구성이 좋은 것이 필요합니다'라고 언급한 것으로 보아 (C)가 정답입니다.

Q 10~12 10.(D) 11.(A) 12.(C)

M Good afternoon, ma'am. This is Harvey from Harvey Auto Repair. <u>I am calling to</u> thank you for trusting us with your car repair last week.
W Oh you're very welcome. I was referred to you by a friend of mine. You have an army of very loyal customers, Harvey.
M Yes, we do. We're always so grateful for our customers. <u>Are you satisfied with the service you received?</u>
W I am. <u>Raoul was extremely attentive and meticulous.</u> He's done an excellent job. It was beyond my expectation.
M I am so glad to hear that. Raoul has been with us for over twenty years and <u>he is one of our principal mechanics</u>.
W Yes, he was very professional.

M 안녕하세요. Harvey Auto Repair의 Harvey입니다. 지난주에 저희에게 믿고 차 수리를 맡겨 주신 점에 감사하기 위해 전화를 드렸습니다.
W 아 천만에요. 저는 제 친구로부터 추천을 받았습니다. 당신은 매우 충성스러운 고객층을 갖고 있더군요, Harvey.
M 네, 그렇습니다. 저희는 항상 고객들에게 감사하고 있습니다. 당신이 받았던 서비스에 만족 하시나요?
W 네. Raoul이 매우 세심하고 꼼꼼하게 해주었어요. 그는 정말 일을 잘했습니다. 제 기대 이상이었어요.
M 그 말을 들으니 기쁘네요. Raoul은 20년간 함께 일을 해오고 있고 저희의 주요 정비공 중 한 명입니다.
W 네, 그는 정말 전문적이었어요.

10. 남자는 왜 전화를 하고 있는가?
    (A) 문제를 보고하려고
    (B) 약속을 하려고
    (C) 회의 시간을 변경하려고
    (D) 그녀가 서비스에 만족하는지 확인하려고

    해설 전화를 건 목적에 대한 질문입니다. 이러한 전화 상황에서는 주로 'I'm calling to~'라는 표현 뒤에 그 이유나 목적이 등장합니다. 그러므로 미리 표현을 익혀두면 상황을 파악하는데 도움이 될 것입니다. 이 대화에서는 남자의 첫 번째 대사에서 고객에게 이용해주셔서 감사하다는 말을 하고 있지만 두 번째에 진짜 목적이 등장합니다. 'Are you satisfied with the service you received? 당신이 받은 서비스에 만족하십니까?'라는 질문을 통해 정답이 (D)라는 것을 알 수 있습니다.

11. Raoul은 누구인가?
    (A) 정비공
    (B) 고객
    (C) 보험 영업사원
    (D) 자동차 판매원

    해설 여자가 Raoul을 칭찬하자 남자는 'he is one of our principal mechanics 그는 우리의 주요 정비공 중 한 명입니다'라고 말을 합니다. 이때 Raoul의 직업이 mechanics라는 것을 알 수 있습니다. 이런 대화의 경우 여자는 자동차 수리를 맡겼다는 내용이 등장하므로 mechanics라는 표현을 놓치더라도 어렵지 않게 정답 (A)를 찾을 수 있을 것입니다.

12. 여자가 자신이 받은 서비스에 만족하도록 만든 것은 무엇인가?
    (A) 지체되지 않고 즉각적으로 수리되었다.
    (B) 주요 정비공이 낮은 요금을 청구했다.
    (C) 정비공이 세심하고 꼼꼼했다.
    (D) 자동차 가게 CEO가 수리에 참여했다.

    해설 여자는 수리에 만족을 하면서 'Raoul was extremely attentive and meticulous Raoul은 정말 세심하고 꼼꼼했습니다'라고 말을 합니다. 이를 보아 정비공의 작업 태도에 만족을 한 것이므로 정답은 (C)입니다.

Q 13~15   13.(A) 14.(B) 15.(C)

M Excuse me. I'd like to return this blender. **It has a scratched surface.**
W1 Oh, I see it. I'm so sorry, sir. We should've checked more closely. Alba, could you come over here, please? This gentleman wishes to return the product.
W2 Hello, sir. Let me help you with that. Oh I see an ugly scratch right here.
M I bought it only this morning. I have my receipt here.
W2 I can either refund your money or exchange it for a new product. I'm so sorry for your troubles.
M That's alright. Things can happen. **I guess I would like to exchange it for a new product.**
W1 As an apology for the inconvenience, **we'd like to offer you a 20% discount on your next purchase.**

M 실례합니다. 이 믹서기를 반품하고 싶습니다. 표면에 흠집이 있어요.
W1 네, 알겠습니다. 죄송합니다. 저희가 좀 더 면밀히 확인을 했었어야 했습니다. Alba, 이쪽으로 와주실래요? 이 남성분이 제품을 반품하기를 원하십니다.
W2 안녕하세요. 제가 도와드리죠. 아, 여기에 흠집이 보이네요.
M 저는 이걸 불과 오늘 아침에 샀어요. 여기에서 산 영수증도 있습니다.
W2 저는 환불이나 새 제품으로 교환을 해드릴 수 있습니다. 불편함을 끼쳐 죄송합니다.
M 괜찮아요. 나쁜 일도 생길 수 있잖아요. 저는 새 제품으로 교환하는 것이 좋을 것 같아요.
W1 불편함을 겪게 해드려 다시 한 번 더 사과드리며, 다음 구매 시 20퍼센트 할인을 제공해 드리겠습니다.

13. 여자들은 무엇에 대해 사과를 하고 있는가?
    (A) 손상된 제품
    (B) 늦은 응답
    (C) 지연된 배송
    (D) 바가지 씌움

    해설 남자가 믹서기를 반품하러 오면서 그 이유로 'It has a scratched surface 표면에 흠집이 있다'라고 말을 합니다. 이를 통해 제품이 손상되었음을 알 수 있으므로 정답은 (A)가 됩니다.

14. 남자는 무엇을 요청하는가?
    (A) 전액 환불
    (B) 교환
    (C) 제품 매뉴얼
    (D) 상품의 목록

    해설 여자가 전액 환불이나 교환 중 선택할 것을 제안하자 남자는 'I guess I would like to exchange it for a new product 저는 새 제품으로 교환하는 것이 좋을 것 같아요'라고 응답합니다. 그러므로 교환을 요청하였다고 볼 수 있습니다.

15. 남자는 무엇을 제공받았는가?
    (A) 상품 카탈로그
    (B) 상품권
    (C) 할인쿠폰
    (D) 상품 교환권

    해설 여자 점원은 대화의 마지막에 사과를 하면서 추가적으로 할인 쿠폰을 제공한다고 하였습니다. 이는 'we'd like to offer you a 20% discount on your next purchase 우리는 다음 구매 시 당신께 20% 할인을 제공해드리겠습니다'라고 표현한 부분에서 찾을 수 있습니다. 그러므로 정답은 (C)가 됩니다.

Q 16~18   16.(B) 17.(A) 18.(A)

W1 Hello, I'm here to see Ms. Daniel.
M   Good morning, ma'am. Can I have your name, please?
W1 Oh, sorry. My name is Adriana Cheng.
M   Right, you're her 11 o'clock appointment. Ms. Daniel would like to see you in her office.
W2 Please come in. I'm very happy that you are considering to do long-term business with us.
W1 Thank you. I'm very interested in your special discounts for bulk buyers.
W2 I'll be happy to negotiate favorable terms for both of us. It is always a pleasure to start a new business relationship.
W1 For us too, it would be great to have a wholesale rate for the items we need on a daily basis.

W1 안녕하세요, Ms. Daniel을 만나 뵈러 왔습니다.
M   좋은 아침입니다. 당신의 성함을 알 수 있을까요?
W1 아 죄송합니다. 제 이름은 Adriana Cheng입니다.
M   알겠습니다, 11시에 약속이 있으시군요. Ms. Daniel이 사무실에서 당신을 뵙길 원합니다.
W2 들어오세요. 저는 당신이 저희와 장기간 사업을 진행하는 것을 고려하고 있다는 것이 매우 기쁩니다.
W1 감사합니다. 저는 도매업자들을 위한 당신들의 특별 할인에 매우 관심이 있습니다.
W2 저희 둘 다 승낙할 수 있는 조건을 타협하면 좋을 것 같습니다. 새로운 비즈니스 관계를 맺는 것은 항상 기쁜 일이죠.
W1 저희에게도 마찬가지입니다. 우리가 매일 필요로 하는 물건들을 도매가로 구매할 수 있게 된다면 좋을 것입니다.

16. Ms. Cheng에 대해 무엇이 제시되는가?
    (A) 그녀는 잠재적인 고객을 찾길 원한다.
    (B) 그녀는 Ms. Daniel과 약속이 있다.
    (C) 그녀는 수 년간 Ms. Daniel의 고객이었다.
    (D) 그녀는 회의에 늦었다.

    해설 대화의 첫 부분에 남자가 이름을 물어보고 스케줄을 확인한 뒤 'you're her 11 o'clock appointment'라고 말을 합니다. 그러므로 Ms. Cheng은 만남을 약속하고 왔다는 것을 알 수 있습니다.

17. 여자들은 무엇을 달성하도록 의도하고 있는가?
    (A) 장기적인 공급자-구매자 관계 형성
    (B) 일용품의 가격을 반으로 줄이는 것
    (C) 합의의 조건을 다시 협상하는 것
    (D) 그들이 함께 세웠던 사업을 확장하는 것

    해설 3인이 등장하는 대화이므로 같은 성별의 화자에 유의해야 합니다. 사무실로 들어선 Ms. Cheng에게 'I'm very happy that you are considering to do long-term business with us'라고 말하면서 이 둘이 장기적인 비즈니스 관계가 될 수 있다는 것을 암시합니다. 또한 Ms. Cheng은 Ms. Daniel의 측에서 도매업자들에게 제시한 특별 할인에 관심이 있어하므로 구매자의 입장에 있다고 추측할 수 있습니다. 반대로 가격을 제시하는 Ms. Daniel은 공급자가 됩니다. 그러므로 가장 적절한 것은 (A)입니다.

18. 대화 후에 여자들은 무엇을 할 것인가?
    (A) 가격을 협상한다
    (B) 계약을 갱신한다
    (C) 회사 사이에 합병을 의논한다
    (D) 재정 기록을 검토한다

    해설 대화 후 행동에 대해서는 화자들의 마지막 발언에 유의해야 합니다. 마지막 부분에서 양측 모두에게 좋은 조건을 협상하면 좋겠다고 대화하였으므로 정답은 (A)입니다.

KEY 10   여가

Step 2

I   1.(B) 2.(A) 3.(B) 4.(B) 5.(B) 6.(A) 7.(B) 8.(A)

1. 우리가 그들이 그 일을 축하하기 위한 완벽한 유람선을 찾을 수 있다고 확신한다.
   (A) 종교적인 의식을 수행하다 (x)
   (B) 기념일을 위해 즐거운 무언가를 하다 (o)

2. 그녀는 그 일에 묶여있다.
   (A) 일은 지연되고 있다 (o)
   (B) 일이 제안되다 (x)

3. 오후 7시 전에 퇴근하는 것은 매일 있는 일이 아니에요!
   (A) 일반적인 상황입니다. (x)
   (B) 특별한 상황입니다. (o)

4. 절대 이것을 놓치지 않을 거에요.
   (A) 다른 이유로 이것을 놓칠지도 모릅니다. (x)
   (B) 저는 분명히 그곳에 참석할 거에요. (o)

5. 퇴실하고 싶어요.
   (A) 검토하길 원한다 (x)
   (B) 호텔에서 떠나길 원한다 (o)

6. 우리 조직원들 중 한 명이 심한 감기에 걸렸습니다.
   (A) 병에 걸렸다 (o)
   (B) 강등되었다 (x)

7. 당신은 진정해야 합니다. 우리에게는 시간이 많아요.
   (A) 조심하세요 (x)
   (B) 진정하세요 (o)

8. 6개의 핫도그와 음료수를 들고 가려면 손이 더 필요할지도 모른다.
   (A) 추가적인 도움 (o)
   (B) 추가적인 돈 (x)

II   1.(A) 2.(B) 3.(A) 4.(B) 5.(B) 6.(A) 7.(A) 8.(A) 9.(A) 10.(A)

1. I am planning a cruise vacation for my parents.
   부모님을 위해 크루즈 여행을 계획하고 있어요.

2. This one is right in your price range.
   이것은 당신의 예산 안에 있어요.

3. I confirmed our reservation at the hotel on the phone.
   전화로 호텔에 예약을 확인했어요.

4. Are you coming home for the holidays?
   연휴에 집에 오시나요?

5. It's the holiday season so our tables are usually very full.
   연휴 기간엔 보통 예약이 꽉 찹니다.

6. You booked a mountain-view room, right?
   산 전망 방을 예약하셨습니다, 그렇지 않나요?

7. I am calling to inquire about my flight details.
   제 비행편의 세부사항에 대해 문의하려고 전화드렸습니다.

8. Let me take you to the front seats.
   앞좌석으로 안내해드리겠습니다.

9. May I see your ticket?
   제가 티켓을 확인해도 될까요?

10. Can you recommend a local restaurant that specializes in regional food?
    지역 음식에 특화된 근처 식당을 추천해주실 수 있나요?

III
1.(A) 2.(B) 3.(A) 4.(B) 5.(A) 6.(B)

1. 여자는 남자에게 무엇을 하라고 요청하는가?
   (A) 예약 요청을 받아 줄 것 (o)
   (B) 계산서를 그녀에게 가져다 주는 것 (x)

2. 여자와 남자는 어떤 관계인 것처럼 보이는가?
   (A) 아내 – 남편 (x)
   (B) 객실 도우미 – 관객 (o)

3. 여자는 누구에게 말을 하고 있는 것 같은가?
   (A) 크루즈 여행사 직원 (o)
   (B) 선원 (x)

4. 남자는 무엇을 할 필요가 있는가?
   (A) 렌터카 예약을 변경하는 것 (x)
   (B) 렌터카를 수령하는 것 (o)

5. 화자들은 아마 무엇을 할 것인가?
   (A) 휴가를 계획하는 것 (o)
   (B) 공항으로 가는 것 (x)

6. Ms. Song은 몇 명을 위해 예약하는가?
   (A) 1명 (x)
   (B) 2명 (o)

Step 3

I

1. Lobster / help / make / reservation / five / possible / date / holiday / full / what / reserve / around / possible / after / check

2. look / lost / find / seat / show / wife / ahead / find / front / phone / purse / call / asked / probably / take / for / together / nice / helping

3. Welcome / Line / seat / planning / vacation / parents / anniversary / congratulations / find / celebrate / occasion

/ dreamed / recommend / budget / costs / Absolutely / brochure / price

4. reservation / rent / find / counter / wait / suitcase / pick / baggage / ahead / get / meet / want / wait / up / together / get / hurry

5. vacation / corner / away / ready / booked / confirmed / hotel / phone / research / transportation / found / thorough / deal / discount / take / think / cheaper / totally / pleasant

6. afternoon / Hotel / reservation / two / under / moment / booked / view / paid / seaside / deluxe / website / confirmation / error / system / seaside / available / executive / extra / sounds

II
1.(A) 2.(A) 3.(D)

Q 1~3

M The Steak and Lobster. This is Matt. How may I help you this evening?
W Hello. I want to make a dinner reservation for a party of five. Would that be possible?
M It depends on the date. It's the holiday season so our tables are usually very full. For what date would you like to reserve a table?
W On the 14th, Wednesday at around 8pm, if possible. If not, any time after 6:30pm is also okay. Could you please check?

M The Steak and Lobster의 Matt입니다. 오늘 밤 무엇을 도와드릴까요?
W 안녕하세요. 저는 5명을 위해 저녁 식사 예약을 하려고 합니다. 가능한가요?
M 날짜에 따라 다릅니다. 연휴기간이라 예약이 대부분 다 찼어요. 언제 예약하고 싶으신가요?
W 가능하다면 14일 수요일 저녁 8시요. 그렇지 않다면 6시 30분 이후에 어떤 시간이든 상관없어요. 확인해주시겠어요?

1. 화자들은 무엇에 대해 이야기를 하고 있는가?
   (A) 저녁 예약
   (B) 레스토랑 메뉴
   (C) 송별회
   (D) 집에 들여놓을 새 가구

   해설 이 대화의 소재가 되는 것을 찾는 문제입니다. 내용상 남자는 식당의 점원이고 여자는 전화로 예약을 하고자 하는 잠재적인 손님이라는 것을 파악할 수 있습니다. 그러므로 보기 (A)가 적절한 답이 될 것입니다.

2. 레스토랑에 대해 무엇이 언급되어 있는가?
   (A) 휴가기간 동안 매우 인기가 있다.
   (B) 예약을 받지 않는다.
   (C) 전화로 예약을 할 수 없다
   (D) 수요일에 문을 열지 않는다.

   해설 남자가 휴가기간에는 예약이 거의 다 찼을 수도 있다고 하고 있으므로 (A)가 가장 적절한 답입니다.

3. 표를 보시오. 여자의 예약은 몇 시가 될 것인가?

Table Availability on June 14, for 5 people	
6:00 pm	available
7:00 pm	unavailable
8:00 pm	unavailable
9:00 pm	available

(A) 6:00 pm
(B) 7:00 pm
(C) 8:00 pm
(D) 9:00 pm

해설 여자는 14일 오후 8시에 예약을 원하였으나, 가능하지 않은 경우 어떤 날이든 6시 30분 이후면 괜찮다고 하였습니다. 그러므로 예약 시간은 오후 6시가 아닌 오후 9시입니다.

Q 4~6
4.(C) 5.(C) 6.(C)

W Excuse me, sir. You look a little lost. May I help you <u>find your seat for the show</u>?

M Oh, that's very kind of you. I am here with my wife. I asked her to go ahead and find a seat for us in the front row but I don't see her. And <u>she has my phone in her purse</u> so I can't call her.

W Well, if you asked her to find a seat in the front, that's probably where she is. Come on. <u>Let me take you to the front seats so that we can look for her together.</u>

M You are so very nice. Thank you so much for helping me.

W 실례합니다. 어디로 가셔야 하는지 모르는 것 같은데 제가 좌석을 찾는 것을 도와드려도 될까요?

M 아 매우 친절하시군요. 저는 제 아내랑 함께 왔습니다. 제가 그녀에게 먼저 가서 앞 줄에 자리를 찾아두라고 부탁했는데 그녀가 보이지 않네요. 그리고 그녀의 가방 속에 제 핸드폰이 있어서 전화를 할 수도 없습니다.

W 그럼, 앞 줄에 자리를 잡으라고 부탁했다면 아마 그녀가 거기 있겠네요. 이리로 오세요. 함께 아내 분을 찾아볼 수 있도록 제가 앞좌석으로 데려다 드릴게요.

M 참 착하시네요. 도와주셔서 정말 감사합니다.

4. 대화가 이루어지는 장소는 어디인 것 같은가?
(A) 매표소
(B) 분실물 취급소
(C) 극장
(D) 쇼핑몰

해설 대화를 듣고 유추하는 문제입니다. 정답의 단서가 되는 키워드들을 듣는다면 답을 좀 더 수월하게 찾을 수 있을 것입니다. 이 대화에서는 처음에 여자가 'find your seat for the show'라고 했습니다. 이를 볼 때 어떤 공연을 보기 위한 장소라는 것을 알 수 있습니다. 그러므로 (C) 극장이 가장 잘 어울리는 답변이 됩니다.

5. 왜 남자는 그의 아내에게 말을 할 수 없는가?
(A) 그녀는 그에게 매우 화가 나있다.
(B) 휴대전화 수신이 매우 약하다.
(C) 그는 그의 휴대전화기를 가지고 있지 않다.
(D) 그는 그녀의 전화번호를 잊어버렸다.

해설 남자는 자신의 아내를 찾을 수가 없다고 하면서, 'she has my phone in her purse 그녀의 가방 속에 제 핸드폰이 있습니다'라는 말을 합니다. 즉, 자리를 맡으러 먼저 간 아내의 가방 속에 핸드폰이 있었기 때문에 연락을 못했던 것입니다. 그러므로 답은 (C)가 됩니다.

6. 여자는 무엇을 하겠다고 제안하는가?
(A) 감독과 회의를 주선하기
(B) 공연을 위해 오디션을 보게 하기
(C) 아내를 찾도록 남자를 도와주기
(D) 남자에게 그녀의 핸드폰을 빌려주기

해설 앞으로 일어날 일에 대해 묻는 것과 유사한 문제입니다. 주어는 여자이기 때문에 여자의 발언에 귀를 기울여야 합니다. 이 대화에서 여자는 마지막에 'Let me take you to the front seats so that we can look for her together 함께 아내 분을 찾아볼 수 있도록 제가 앞좌석으로 데려다 드릴게요'라는 말을 합니다. 그러므로 (C)가 정답입니다.

Q 7~9
7.(B) 8.(A) 9.(A)

M Good morning. Welcome to Three Seas Cruise Line. My name is Matt. Please have a seat. How can I help you today?

W Yes, hi. <u>I am planning a cruise vacation for my parents.</u> It's their 30-year-anniversary next month.

M Wow, congratulations. 30 years! I am sure we can find a perfect cruise for them to celebrate the occasion.

W Yes, I think so. Anyways, they have always dreamed of going on a Caribbean cruise. Can you recommend a package within my budget? <u>I'm looking for something that costs less than $1,000 per person.</u>

M Absolutely. Here is our Caribbean cruise brochure. This one is right in your price range.

M 좋은 아침입니다. Three Seas Cruise Line에 오신 걸 환영합니다. 제 이름은 Matt입니다. 앉으세요. 무엇을 도와드릴까요?

W 네, 안녕하세요. 저는 제 부모님을 위해 유람선 여행 휴가를 계획하고 있습니다. 다음 달이면 30주년 기념일이거든요.

M 와, 축하 드립니다. 30주년! 우리가 그들이 그 날을 기념할 수 있는 완벽한 유람선 여행을 찾아 드릴 수 있다고 확신해요.

W 네, 저도 그렇게 생각합니다. 어쨌든, 그들은 항상 카리브해로 유람선 여행 가는 것을 꿈꿨어요. 제 예산의 범위 내에서 패키지를 추천해주시겠어요? 저는 한 사람당 1000달러 미만의 비용이 드는 것을 찾고 있어요.

M 물론이죠. 여기 카리브해 유람선 여행의 안내 책자입니다. 이것이 당신의 가격 범위에 적합한 것입니다.

7. 여자가 계획하고 있는 것은 무엇인가?
(A) 화려한 저녁 파티
(B) 그녀의 부모님 여행 보내드리기
(C) 휴가 동안 낚시 여행 가기
(D) 중앙 아메리카로 이민

해설 주로 자신의 계획을 얘기할 때는 'I'm planning~'라는 표현을 많이 씁니다. 'I am planning a cruise vacation for my parents 부모님을 위한 크루즈 여행을 계획하고 있다.'라고 언급한 것으로 보아 (B)가 정답이 됩니다.

8. 여자는 남자가 무엇을 하기를 원하는가?
(A) 크루즈 여행에 대한 정보를 제공하는 것
(B) 그녀와 함께 여행을 가는 것
(C) 그녀에게 특별 할인을 제공하는 것
(D) 결혼식을 준비하는 것

해설 부모님 여행을 계획하고 있는 여자와 대화하는 남자는 유람선 여행과 관련된 일을 하는 직원입니다. 자신의 예산에 맞춘 여행 패키지에 대해 묻고 있으므로 (A)가 정답이 됩니다.

9. 표를 보시오. 남자가 여자에게 추천해 줄 패키지는 어떤 것인가?

Cruise Package	Price
7-night Eastern Caribbean	$814
10-night Western Caribbean	$1030
11-night Southern Caribbean	$1250
14-night Bahamas	$1543

(A) 7-night Eastern Caribbean
(B) 10-night Western Caribbean
(C) 11-night Southern Caribbean
(D) 14-night Bahamas

해설 여자는 자신의 예산 범위 내에 있는 여행 패키지를 선택하고자 합니다. 'I'm looking for something that costs less than $1,000 per person 저는 1인당 1000달러 미만의 비용이 드는 것을 찾고 있습니다'라는 말에서 알 수 있듯이 1000달러 미만의 상품을 선택해야 하므로 정답은 (A)입니다.

Q 10~12   10.(D) 11.(B) 12.(A)

W Did you make a reservation to rent a car for the trip?
M I did. **I just need to find the Road-Wheel counter.** Hope we won't have to wait long.
W You know what? We only have a small suitcase to pick up at baggage claim. Why don't you go ahead and get the car first? I will meet you at the counter.
M Are you sure? I don't want you to wait by yourself. **Let's just pick up the suitcase together and then get our car.**
W Oh alright. Let's hurry up, then!

W 여행할 때 탈 렌터카 예약 했어요?
M 네 했어요. Road-Wheel 카운터만 찾으면 됩니다. 오래 기다리게 되지 않길 바래요.
W 그거 알아요? 우리 수화물 찾는 곳에서 작은 짐만 찾아오면 돼요. 당신이 먼저 가서 차를 찾는 게 어때요? 저랑 카운터에서 만나요.
M 정말이에요? 당신 혼자 기다리게 하기 싫어요. 그냥 같이 여행가방 찾고 차 가지러 가요.
W 네, 그럼 얼른 서둘러요!

10. 남자는 그가 무엇을 했다고 말하는가?
(A) 관광명소에 대해 조사하는 것
(B) 신용카드로 숙소에 대한 비용을 지불하는 것
(C) 그들의 여행가방을 가지고 오는 것
(D) 차를 예약하는 것

해설 렌터카를 예약했냐는 여자의 질문에 남자가 그렇다고 대답했습니다. 대화의 뒷부분에 여행가방을 찾아야 한다는 내용도 등장하지만, 아직 하기 전이므로 이미 한 일인 렌터카 예약이 답이 됩니다.

11. 남자는 차를 어디로 가지러 갈 것인가?
(A) 호텔
(B) 렌터카 카운터
(C) 공항
(D) 주차장

해설 남자는 예약을 마쳤다는 말을 한 뒤 'I just need to find the Road-Wheel counter 이제 Road-Wheel 카운터에 찾으러 가기만 하면 됩니다'라고 합니다. 즉, 이 곳에서 차를 찾아야 한다는 것을 추측할 수 있습니다. 뿐만 아니라 여자는 남자가 먼저 차를 찾고 난 후에 카운터에서 만나자고 합니다. 이를 종합해 볼 때 (B)가 가장 적절한 답이 될 것입니다.

12. 화자들은 아마도 다음에 무엇을 할 것인가?
(A) 여행가방을 찾은 후에 렌터카를 받으러 가는 것
(B) 다음 셔틀 버스를 타는 것
(C) 우선 가서 그들이 보게 될 첫 번째 차로 예약하는 것
(D) 차를 자동차 수리소에 맡기는 것

해설 추후 어떻게 할 것인가 묻는 문제는 대화의 뒷부분에 정답의 단서가 되는 말이 있는 경우가 많습니다. 남자는 마지막 발언에서 'Let's just pick up the suitcase together and then get our car 여행가방을 찾은 후에 우리의 차를 가지러 가자'라고 합니다. 이를 볼 때 (A)가 정답이라는 것을 알 수 있습니다.

Q 13~15   13.(C) 14.(C) 15.(A)

W1 Hey, our vacation is just around the corner!
W2 It's only two weeks away. We really should get ready for it. We've booked the hotel, right?
W1 Yes, I confirmed our reservation at the hotel on the phone.
M   I did some research on the transportation. Look, here's what I found.
W1 Wow. You did very thorough research. This is a great deal. We even get a group discount.
M   Which one? Oh yeah. Should we take the train then?
W2 I think we should. It's a lot cheaper than the bus.
W1 I'm totally with you. Besides, train travel is always so pleasant.

W1 우리 휴가가 다가오고 있어요!
W2 2주밖에 안 남았어요. 우리는 진짜 휴가를 준비해야 해요. 호텔은 예약했죠, 그렇죠?
W1 네, 제가 호텔에 전화해서 예약을 확인했어요.
M   저는 교통편을 좀 조사했어요. 보세요, 여기 제가 찾은 것들이에요.
W1 와, 정말 철저히 조사했네요. 이거 참 괜찮은 거래인데요. 우린 심지어 단체 할인도 받아요.
M   어느 것이요? 아 네, 그럼 우리는 기차를 타야 할까요?
W2 제 생각에는 그래야 할 것 같아요. 버스보다 훨씬 싸거든요.
W1 저도 그렇게 생각해요. 게다가, 기차 여행은 언제나 즐겁거든요.

13. 주로 논의되는 주제가 무엇인가?
    (A) 대중 교통 정책
    (B) 최근 기차 요금의 인상
    (C) 곧 있을 여행을 위한 교통편
    (D) 여행 경비

    해설 대화의 첫 부분에 여행이 얼마 남지 않았다는 말을 주고 받다가 남자가 교통편에 대해 조사해 온 것을 보여주면서 교통에 대한 대화로 넘어 갑니다. 그러므로 (C)가 가장 어울리는 답변이 됩니다.

14. 화자들에 따르면, 기차 요금에 대해 나타나있는 것은 무엇인가?
    (A) 조기 예약 할인을 받을 수 있다.
    (B) 15% 인상되었다.
    (C) 세 명의 여행자들은 단체 할인을 받을 수 있다.
    (D) 버스보다 더 비싸다.

    해설 대화로 알 수 있는 기차에 대한 정보는 버스보다 싸고, 단체 할인을 받을 수 있다는 것입니다. 그러므로 (C)가 정답입니다.

15. 여자들은 무엇을 하는데 동의하는가?
    (A) 여행을 위해 기차표를 예약하는 것
    (B) 남자 없이 여행을 가는 것
    (C) 더 저렴한 버스 요금을 찾아보는 것
    (D) 목적지를 바꾸는 것

    해설 이 질문은 새로운 유형의 하나로 이 파트에서는 주로 3인의 대화에서 등장합니다. 특히 같은 성별을 가진 화자의 대화에 주목해야 하며, 그 대화를 듣고, 하나의 주제에 대해 암묵적으로 어떤 생각을 가지고 있는지를 파악해야 합니다. 여자 2는 여행을 위해 기차를 타야 한다고 하면서, 여자 1이 그 말에 동의를 하고 있습니다. 둘 다 여행에 기차를 이용하자고 하므로 (A)가 정답입니다.

Q 16~18

M   Good afternoon, ma'am. Welcome to the Chestnut Hill Hotel. How can I help you today?
W1 Oh hi. I'd like to check in, please. I made a reservation for two under the name, Marianne Song.
M   Just a moment, please. Yes, Ms. Song. Here you are. You booked a mountain-view room, right?
W2 No, we paid for a seaside room, didn't we?
W1 Yes, I booked a seaside deluxe room on your website. It's written on the reservation confirmation e-mail, too.
M   I'm sorry, there must be an error on our booking system. Since we don't have any seaside deluxe rooms available now, I will get you a seaside executive room at no extra charge.
W2 That sounds great.

W   안녕하세요. Chestnut Hill 호텔에 오신 걸 환영합니다. 오늘 무엇을 도와드릴까요?
W1 안녕하세요. 체크인하고 싶습니다. 저는 Marianne Song이라는 이름으로 두 명 예약했습니다.
M   잠시만 기다려 주세요. 네, Ms. Song. 여기 예약 내역이 있습니다. 산이 보이는 방을 예약하셨네요, 그렇죠?
W2 아니요, 우리는 해변가가 보이는 방을 예약했습니다, 그렇지 않아요?
W1 네, 제가 바다 쪽 디럭스 룸을 웹사이트에서 예약했습니다. 예약 확인 메일에도 그렇게 쓰여 있었어요.
M   죄송합니다, 저희 예약 시스템에 오류가 있었나 봅니다. 지금 남아있는 해변 쪽 디럭스 룸이 없기 때문에 추가 요금 없이 제가 해변 쪽 고급 객실로 드릴게요.
W2 그거 좋겠군요.

16. 무엇이 문제인가?
    (A) 호텔에 이용 가능한 방이 전혀 없다.
    (B) 여자들은 요금을 더 많이 냈다.
    (C) 호텔 방은 매우 열악한 상태에 있다.
    (D) 예약 시스템이 잘못된 방을 배정해주었다.

    해설 대화의 중심 소재를 묻는 질문과 같습니다. 이때 대화에서 등장하는 문제 상황은 해변 쪽의 방을 예약했는데, 산 전망의 방이 예약된 것입니다. 호텔 직원으로 보이는 남자가 'there must be an error on our booking system 예약 시스템에 이상이 있음에 틀림없다'라고 하는 것을 보아 (D)가 정답입니다.

17. 남자는 여자들에게 무엇을 제공하는가?
    (A) 무료 객실 업그레이드
    (B) 식권
    (C) 무료 라운지 이용
    (D) 무선 인터넷 서비스

    해설 원래 여자들이 예약했던 방이 지금 이용할 수 없게 되자 남자는 무료로 객실의 등급을 높여주겠다고 합니다. 그러므로 (A)가 정답입니다.

18. 여자들이 예약에 대해 언급한 내용은 무엇인가?
    (A) 그들은 신용카드로 객실 이용료를 지불했다.
    (B) 그들은 확인 이메일을 받았다.
    (C) 그들은 산이 보이는 방을 예약했다.
    (D) 그들은 예약 시 잘못된 이름을 입력했다.

    해설 여자들은 자신들의 방이 잘못 예약되어 있자, 'It's written on the reservation confirmation e-mail, too 예약 확인 메일에도 자신들이 예약했던 대로 쓰여 있었다'고 말을 합니다. 그러므로 (B)가 정답입니다. (C)의 경우 혼동을 주는 오답일 수 있으나 여자들은 해변 쪽 방을 원했으므로 오답입니다.

KEY 11   일상생활

Step 2

I   1.(B) 2.(A) 3.(B) 4.(B) 5.(A) 6.(A) 7.(A) 8.(A)

1. 당신은 제시간에 오셨네요.
    (A) 당신은 잠깐 기다려야 합니다. (x)
    (B) 당신은 약속에 늦지 않았습니다. (o)

2. 제 비행 편은 10분 후에 떠나기로 되어있습니다.
    (A) ~하기로 예정되어 있다 (o)
    (B) 어떤 것을 하도록 허가 받은 (x)

3. 고속도로가 꽉 찼다!
    (A) 압축된 (x)
    (B) 붐비는 (o)

16.(D) 17.(A) 18.(B)

4. 우리는 두 가지 선택밖에 남지 않았다.
   (A) ~할 준비가 된 (x)
   (B) 오직 ~만 남아있는 (o)

5. 길 한복판에서 당신을 우연히 마주치다니 믿을 수가 없습니다.
   (A) 우연히 당신을 만나다 (o)
   (B) 당신과 함께 조깅을 하다 (x)

6. 저는 시간 가는 줄도 몰랐습니다.
   (A) 저는 몇 시인지 몰랐습니다. (o)
   (B) 시계를 가져오는 것을 깜빡 했습니다. (x)

7. 깜빡 잠이 들었고 가드레일을 받았다.
   (A) 잠이 들었다 (o)
   (B) 취했다 (x)

8. 별 일 아닙니다.
   (A) 심각한 문제가 아닙니다. (o)
   (B) 수익성이 없습니다. (x)

3. 이 대화는 어디서 이루어지고 있는가?
   (A) 거실 (x)
   (B) 차 안 (o)

4. 여자는 무엇을 보내기를 원하는가?
   (A) 크리스마스 카드 (X)
   (B) 생일 선물 (o)

5. 여자가 방문한 목적은 무엇인가?
   (A) 남자가 임대료를 지불해야 하는 것을 상기시키기 위해 (o)
   (B) 유지보수 문제를 의논하기 위해 (x)

6. 화자들은 왜 모여있는가?
   (A) 외부 벽 페인트칠에 대해 얘기를 나누려고 (o)
   (B) 관리인에 대해 불평하려고 (x)

Step 3

I

1. regular / check / up / over / last / time / appointment / able / on / hurry / work / patient / seat / questionnaire

2. have / manage / scratch / Tell / becoming / worst / dozed / guardrail / lucky / hurt / gotten / accident / sleepy / learned / cost / insurance

3. freeway / packed / make / knew / rush / alright / early / late / for / recital / sure / takes / school / traffic / there / hope / pick / flowers / there / time

4. help / customer / you / send / package / coming / forward / receiving / put / scale / weigh / heavier / expensive / via / regular / take / deliver / receive / birthday

5. Who / manager / How / problem / here / receive / check / rent / apartment / first / working / huge / work / track / prompt / wondering / give / write / right

6. glad / join / thinking / repainting / building / discuss / colors / personally / looks / old / Tell / only / paint / off / older / really / absolutely / aesthetic / improvement / done / contractor / later / decide / ideas

II

II 1.(A) 2.(A) 3.(B) 4.(B) 5.(A) 6.(B) 7.(B) 8.(A) 9.(B) 10.(B)

1. Will I be able to see him on time?
   정시에 그와 만날 수 있을까요?

2. The New York flight has been delayed due to mechanical problems.
   뉴욕으로 가는 비행기는 기계결함으로 인해 출발이 지연되었습니다.

3. How long does it take to deliver by regular mail?
   일반 우편으로 보내면 며칠이나 걸리나요?

4. I still cannot decide.
   아직 결정을 내릴 수가 없네요.

5. I will write you the check right now.
   바로 수표를 끊어드릴게요.

6. Have you used our service before?
   전에 저희 서비스를 이용해보신 적이 있으신가요?

7. Should I call my insurance company?
   제가 보험회사에 연락해야 할까요?

8. I have a few questions I wanted to ask you.
   몇 가지 질문드릴 것이 있습니다.

9. The buses only run once every hour.
   버스는 한 시간에 한 대만 다닙니다.

10. I moved into apartment 7A last night.
    저는 어젯밤에 7A호에 이사 왔어요.

III 1.(A) 2.(A) 3.(B) 4.(B) 5.(A) 6.(A)

1. 여자는 왜 의사를 만나길 원하는가?
   (A) 건강 진단을 받기 위해서 (o)
   (B) 진통제를 받기 위해서 (x)

2. 여자는 왜 놀랐는가?
   (A) 남자의 차에 심하게 흠집이 났습니다. (o)
   (B) 그녀는 남자와 만날거라고 예상하지 않았습니다. (x)

II

Q 1~3   1.(A) 2.(D) 3.(C)

W Excuse me. I'm here for my regular physical check-up. I made an appointment over the phone last night. My name is Angela Hunt.

M Yes, Ms. Hunt. You are right on time, I see. You have a 10 o'clock appointment with Dr. Reynolds.

W Yes, that's right. Will I be able to see him on time? I'm in a little hurry to get to work.

M No problem. You are his first patient today. Please have a seat and fill out this questionnaire. He'll be right with you.

W 실례합니다. 정기 건강 검진 받으러 왔습니다. 어젯밤에 전화로 예약을 했습니다. 제 이름은 Angela Hunt입니다.
M 네, Ms. Hunt. 제시간에 오셨군요, 알겠습니다. Dr. Reynolds와 10시에 약속이 있네요.
W 네, 맞아요. 제가 선생님을 제시간에 볼 수 있을까요? 직장에 가야 해서 조금 급해요.
M 문제없습니다. 오늘 당신이 첫 환자예요. 앉으시고 이 질문지를 작성해주세요. 그는 바로 올 것입니다.

1. 여자가 걱정하는 것은 무엇인가?
   (A) 직장에 늦게 되는 것
   (B) 나쁜 검진 결과
   (C) 비싼 치료
   (D) 전염병

   해설 병원에 찾아간 여자는 'I'm in a little hurry to get to work 일하러 가기 위해 저는 조금 서둘러야 합니다'라고 말을 합니다. 그러므로 여자가 걱정하고 있는 것은 (A)가 됩니다.

2. 남자는 여자에게 무엇을 하라고 말하는가?
   (A) 약 복용하기
   (B) 복도에서 기다리기
   (C) 보험카드 가져오기
   (D) 질문지 작성하기

   해설 대화로 볼 때 남자는 병원에서 근무하는 안내원이나 간호사로 추측해 볼 수 있습니다. 여자에게 'Please have a seat and fill out this questionnaire 앉으시고 이 질문지를 작성해주세요'라고 하였으므로 (D)가 정답입니다.

3. Dr. Reynolds에 대해 무엇이 언급되어 있는가?
   (A) 그는 응급 수술 중입니다.
   (B) Ms. Hunt는 마지막 환자이다.
   (C) 그의 첫 번째 환자는 10시에 오기로 되어 있다.
   (D) 그는 병가 중이다.

   해설 Angela는 병원에 10시에 예약되어 있으며 남자의 'You are his first patient today 당신은 오늘 그의 첫 번째 환자입니다'라는 말을 통해 (C)가 정답인 것을 알 수 있습니다.

Q 4~6   4.(C) 5.(C) 6.(A)

W Wow, what do we have here? How did you manage to scratch it so bad?
M Tell me about it. It's becoming by far the worst day of the year. I dozed off a little and hit the guardrail.
W Well, you know what? You are very lucky that you didn't get hurt. You could have gotten into a serious accident. You cannot drive when you feel sleepy.
M I know. I guess I learned my lesson. Now, how much will it cost me? Should I call my insurance company?

W 세상에, 이게 무슨 일이에요? 어떻게 그렇게 심각한 흠집이 생겼어요?
M 그러게 말이에요. 단연코 올해 최악의 하루가 되고 있네요. 나는 깜빡 졸았는데 가드레일을 박았어요.
W 음, 그거 알아요? 당신이 다치지 않았다니 정말 운이 좋아요. 심각한 사고일 수도 있었어요. 졸릴 때는 운전을 해선 안돼요.

M 알아요. 교훈을 얻었어요. 자, 얼마 정도 나올까요? 보험 회사에 연락을 해야 할까요?

4. 사고의 궁극적인 원인은 무엇인 것 같은가?
   (A) 남자는 자동차를 제어할 수 없게 되었다.
   (B) 남자는 전화 통화로 인해 정신이 산만해졌다.
   (C) 남자는 잠깐 잠이 들었다.
   (D) 남자의 브레이크는 작동하지 않았다.

   해설 차에 흠집을 보고 놀란 여자의 말에 남자는 'I dozed off a little 저는 깜빡 졸았어요'라고 대답하였습니다. 그러므로 정답은 (C)입니다.

5. 남자는 왜 "I learned my lesson"이라고 말을 합니까?
   (A) 그는 반에서 좋은 성적을 받았다.
   (B) 그는 시험에 준비하기 위해 열심히 공부했다.
   (C) 그는 그가 졸릴 때 운전하지 말아야 한다는 것을 깨달았다.
   (D) 그는 여자가 훌륭한 선생님이라고 생각한다.

   해설 남자가 한 문맥상의 의미는 교훈을 얻었다는 것입니다. lesson이 수업 시간, 가르침이라는 의미도 있지만 '교훈'이라는 의미 또한 지니고 있습니다. 위의 상황에서 남자는 본인의 실수로 인해 큰 사고를 당할 뻔 하였으므로 그 사건이 '교훈'이 되었다는 표현이 가장 적절할 것입니다.

6. 여자가 남자에게 무슨 충고를 하는가?
   (A) 그가 졸릴 때 운전을 해서는 안 된다.
   (B) 그는 그의 차를 점검해야 한다.
   (C) 그는 안전벨트를 매야 한다.
   (D) 그는 보험 회사에 전화해야 한다.

   해설 여자는 남자에게 큰 사고로 이어지지 않은 것은 행운이라고 하면서 잠이 올 때는 운전을 하지 말라는 충고를 하고 있습니다. 그러므로 대화에서 등장하는 표현과는 다르지만 의미는 같은 (A)가 정답이 됩니다. (D)의 표현은 등장하지만, 남자가 물어 본 것이므로 충고라고 할 수 없습니다.

Q 7~9   7.(B) 8.(A) 9.(A)

W Oh no, honey, look! The freeway is packed! Are we gonna be able to make it on time?
M We knew it was rush hour. We should be alright. We left an hour early.
W I hope so. I wouldn't want to be late for our little boy's first dance recital.
M Don't worry. I'm sure we'll make it. It usually takes about 15 minutes to get to his school and even with this much traffic, we should be there in an hour.
W Yes, I hope so. We still need to pick up the flowers though.
M Relax, we'll get there on time.

W 오 이런, 여보, 이것 봐요! 고속도로가 꽉 찼어요! 우리가 제시간에 갈 수 있을까요?
M 러시아워라는 거 알고 있었잖아요. 괜찮을 거예요. 한 시간 일찍 출발했으니까요.
W 그랬으면 좋겠네요. 우리 작은 꼬마의 첫 댄스 발표회에 늦고 싶지 않아요.
M 걱정하지 마요. 우린 시간 맞춰 갈 거예요. 보통 그의 학교까지 단 15분 걸리고, 이렇게 교통량이 많아도 1시간 내로는 갈 수

있어요.
W 네, 그러길 바래요. 하지만 우리는 꽃도 가지러 가야만 해요.
M 진정해요, 우린 그곳에 제시간에 갈 거예요

7. 화자들의 대화는 어디서 이루어지고 있는가?
(A) 주차장에서
(B) 차 안에서
(C) 기차역에서
(D) 꽃가게에서

해설 아들의 댄스 발표회에 가는 중에 교통 체증 속에 갇히게 된 상황입니다. 그러므로 차 안에서 대화를 나누고 있다고 추측할 수 있습니다. (D)의 꽃가게는 들러야 한다고 언급하고 있으므로 현재 대화가 이루어지는 곳이라고 볼 수 없습니다. 답은 (B)가 됩니다.

8. 여자는 왜 시간에 대해 걱정하고 있는가?
(A) 그녀는 아들의 발표회에 늦기를 원하지 않는다.
(B) 사고 때문에 교통이 원활하지 않다.
(C) 남자는 아들을 위한 꽃을 가져오는 것을 잊어버렸다.
(D) 그들은 이미 한 시간 늦었다.

해설 막히는 도로 상황으로 인해 그녀가 우려하는 것은 아들의 발표회에 늦는 것입니다. 이는 'I wouldn't want to be late for our little boy's first dance recital'라고 언급한 내용에서 찾을 수 있습니다. 그러므로 답은 (A)가 됩니다.

9. 그들이 학교에 도착하기 전에 해야 할 것은 무엇인가?
(A) 꽃집에 들르는 것
(B) 친구의 아들을 태우는 것
(C) 간단히 먹는 것
(D) 쇼핑몰에 가는 것

해설 여자는 마지막 부분에 남자에게 'We still need to pick up the flowers though 하지만 우린 꽃을 가지러 가야 해요'라고 합니다. 아들을 위한 꽃을 가지러 가야 한다고 하였으므로 그들이 발표회를 보러 학교에 가기 전에 들러야 할 곳은 꽃집이라는 것을 알 수 있습니다. 그러므로 답은 (A)가 됩니다.

Q 10~12 10.(D) 11.(B) 12.(A)

M <u>I can help the next customer, please.</u> Good afternoon, ma'am. How may I help you today?
W Good afternoon. I want to send this care package to my son in college. It is his birthday coming up next week.
M He is a lucky boy. I'm sure he's looking forward to receiving it from you. Can you put it on this scale so I can weigh it? Yes, that's it.
W Wow. It's a lot heavier than I thought. <u>Will it be expensive?</u>
M Depends. Would you like to send it via overnight express or regular mail?
W <u>How long does it take to deliver by regular mail?</u> I want my son to receive it before his birthday.

M 다음 분 도와드리겠습니다. 안녕하세요, 고객님. 무엇을 도와드릴까요?
W 안녕하세요. 저는 이 생필품 소포를 대학에 있는 우리 아들에게 보내고 싶어요. 다음 주가 그의 생일이거든요.
M 그는 참 행운아네요. 분명 그가 당신의 소포 받기를 기대하고 있겠네요. 이 소포의 무게를 잴 수 있도록 이 위에 올려주시겠어요? 네, 그렇게요.
W 세상에, 제가 생각했던 것 보다 훨씬 무게가 많이 나가네요. 비쌀까요?
M 경우에 따라 달라요. 당일 속달 우편으로 부치시겠어요 아니면 보통 우편으로 보내시겠어요?
W 보통 우편은 배달되는데 얼마나 걸리나요? 제 아들이 그의 생일 전에 받았으면 좋겠어요.

10. 대화는 주로 무엇에 대한 것인가?
(A) 새로운 우체국
(B) 택배 회사 비교
(C) 대학 기숙사
(D) 소포 발송

해설 한 어머니가 아들을 위한 소포를 보내려고 하는 상황입니다. 소포를 보내기 위해선 우체국에 찾아가야 하므로 대화가 이루어지고 있는 장소는 우체국이 됩니다. 그러므로 대화의 주제는 (D)입니다. 오답 (A)와 (B)는 유사한 단어들이 등장하는 것을 이용한 혼동을 유발하는 보기이므로 조심해야 합니다.

11. 왜 남자는 "I can help the next customer, please?"라고 말하는가?
(A) 반갑지 않은 고객을 피하기 위해
(B) 줄에 서 있는 다음 고객을 응대하기 위해
(C) 여자의 문제를 도와주기 위해
(D) 그의 능력을 자랑하기 위해

해설 대화의 상황으로 볼 때 남자는 우체국의 직원이라는 것을 알 수 있습니다. '다음 고객님을 도와드릴 수 있다'라는 표현은 흔히 점원들이 줄 서있는 고객에게 할 수 있는 표현으로 그 다음 손님을 맞을 때 사용됩니다.

12. 여자는 무엇을 알기 원하는가?
(A) 배달의 시간과 비용
(B) 택배 주소
(C) 주문 번호
(D) 추적 번호

해설 소포의 무게를 단 후 여자는 'Will it be expensive? 비쌀까요?'라고 말을 하는 것으로 보아 비용에 대해 궁금해 하고 있습니다. 또한 'How long does it take to deliver by regular mail? 보통 우편으로 배달하는데 얼마나 걸릴까요?'라는 표현을 통해 시간에 대해 궁금해 한다는 것을 알 수 있으므로 정답은 (A)가 됩니다.

Q 13~15 13.(D) 14.(A) 15.(B)

M Who is it?
W It's the building manager, Sharon.
M Oh hi, Sharon. How are you? Is there a problem?
W Actually, <u>I am here because I didn't receive a check from you for this month's rent on your apartment.</u>
M What? Is today the first? Oh, I'm so sorry. I've been working on this huge project at work and <u>I lost track of time.</u>
W I understand. You are usually very prompt about it so I was wondering what happened.
M Can you give me a minute? I will write you the

check right now.

M 누구세요?
W 건물 관리자 Sharon입니다.
M 아 안녕하세요, Sharon. 어떻게 지내요? 무슨 문제라도 있나요?
W 사실, 제가 여기에 온 이유는 이번 달 임대료에 대한 수표를 지급받지 못했기 때문입니다.
M 네? 오늘이 1일 인가요? 아, 정말 죄송합니다. 직장에서 큰 프로젝트를 진행 중이라 시간이 가는 줄도 몰랐습니다.
W 이해해요. 당신은 보통 제 때 내주셨잖아요, 그래서 무슨 일인지 궁금해하고 있었어요.
M 잠시만 기다려 주실래요? 지금 바로 수표 써드릴게요.

13. 여자는 남자를 방문한 이유가 무엇인가?
 (A) 그에게 그의 이웃이 소음으로 항의하고 있다는 것을 알리려고
 (B) 그에게 그녀의 임대료를 지불하기 위한 돈을 빌리려고
 (C) 배관 수리 일에 대해 남자에게 대금을 받으려고
 (D) 그의 지불기한이 지난 임대료를 받으려고

 해설 위의 상황에서 그녀는 건물 관리자로서 'I am here because I didn't receive a check from you for this month's rent on your apartment'라고 하면서, 방문을 한 이유를 설명하고 있습니다. 소음으로 인한 이웃의 불평이나 배관 수리에 관한 상황들은 전혀 언급되지 않았으므로 정답이 될 수 없습니다. 임대료라는 표현인 rent로 인해 오답(B)과 정답을 혼동할 수 있지만, 그녀가 건물 관리자라는 'building manger'의 표현을 놓치지 않는다면 (D)가 정답임을 좀 더 빨리 파악할 수 있을 것입니다.

14. 남자가 "I lost track of time"이라 말한 것은 무슨 의미인가?
 (A) 그는 오늘이 며칠인지 잊어버렸다.
 (B) 그의 시계는 도둑맞았다.
 (C) 그는 그녀에게 시간을 알려주길 원하지 않는다.
 (D) 그의 새로운 시간표를 만들길 원한다.

 해설 남자는 직장에서 프로젝트가 있다고 하면서 'I lost track of time'이라고 합니다. 따라서 화자가 의도했던 의미는 너무 바빠서 시간이 가는 줄 몰랐다는 것임을 알 수 있습니다.

15. 남자가 다음에 할 것 같은 일은?
 (A) 여자의 계좌번호를 묻는 것
 (B) 그의 임대료를 수표로 지불하는 것
 (C) 임차인의 목록을 확인하는 것
 (D) 집주인에게 전화하는 것

 해설 지불기한이 지난 임대료에 관한 대화이므로 대화의 추후 상황들은 돈을 지불하는 상황으로 이어질 가능성이 가장 높습니다. 특히, 대화의 마지막 부분에 집중을 해야 합니다. 남자는 마지막 발화에서 잠시만 기다려 달라고 하면서 'I will write you the check right now 지금 바로 수표 써드릴게요'라고 합니다. 이를 볼 때 수표(check)로 임대료를 지불할 것임을 알 수 있습니다. 지불을 암시하는 상황인 (A)가 오답을 유도하는 보기가 될 수 있으나 계좌번호와 관련된 표현은 등장하지 않으므로 유의하셔야 합니다.

Q 16~18   16.(C) 17.(A) 18.(D)

M Alice, I'm glad you could join us. Did you hear that they're thinking of repainting our apartment building?
W1 Yes I did. We're here to discuss the colors, correct?
W2 I'm personally really happy about this. Our apartment building looks really old.
W1 Tell me about it. I mean, the building's only like 10 years old but with the paint coming off, it looks so much older than it really is.
M You're absolutely right.
W2 It would be a huge aesthetic improvement once we get the paint work done.
W1 The painting contractor is to be decided later, right?
M Yes, we only need to decide the colors. Now, any ideas on them?

M Alice, 우리와 함께 하게 되어서 저는 기쁩니다. 그들이 우리 아파트를 다시 페인트칠 한다는 소식을 들었습니까?
W1 네 들었습니다. 우리는 페인트 색에 대해 논의하기 위해 여기에 모였습니다, 맞나요?
W2 저는 개인적으로 이것에 대해 정말 만족합니다. 우리 아파트는 정말 오래되어 보여요.
W1 무슨 말인지 알아요. 제 말은, 건물은 단지 10년 정도 되었는데 페인트가 벗겨져서, 실제보다 더 낡아 보여요.
M 당신 말이 맞아요.
W2 우리가 페인트 작업을 끝내게 되면 큰 미적인 개선이 있을 것입니다.
W1 페인트 시공 업체는 나중에 결정되는 거죠, 그렇죠?
M 네, 우린 단지 색만 결정하면 되요. 자, 그에 대한 의견 있나요?

16. 화자들은 무엇에 대해 의논하고 있는가?
 (A) 새로운 관리인을 고용하는 것
 (B) 배관 공사 계약자를 변경하는 것
 (C) 건물을 다시 페인트칠 하는 것
 (D) 학교를 재건축하는 것

 해설 대화를 볼 때 화자들은 같은 건물에 사는 주민들임을 알 수 있습니다. 주민들이 모인 회의 정도로 추측해 볼 수 있으며, 그들의 주제는 남자가 처음에 'Did you hear that they're thinking of repainting our apartment building?'이라고 언급한 부분에 찾을 수 있습니다. 페인트 색에 대한 논의를 이 대화 후에 이어나갈 것이며, 전반적으로 앞으로 하게 될 페인트칠에 관한 내용이 주를 이룹니다. repainting과 유사한 발음의 rebuilding이나 대화의 뒷부분에 painting contractor라는 표현을 반복 사용한 plumbing contractor에 주의하여 오답을 피해가야 합니다.

17. 아파트 건물에 대해 무엇이 언급되었는가?
 (A) 이 건물은 10년 전에 지어졌다.
 (B) 지하실에 저장공간이 있다.
 (C) 중앙난방을 한다.
 (D) 거의 완공되었다.

 해설 'the building's only like 10 years old'라고 언급하는 것을 볼 때 건물은 10년 되었다는 것을 알 수 있습니다. 지하실이나 난방장치에 관한 언급은 없었으므로 정답이 될 수 없습니다. (D)의 경우 페인트칠과 관련해 아직 공사 과정에 있다고 착각할 수 있으나, repainting이므로 이미 지어진 건물을 보수한다는 것을 알 수 있습니다. 그러므로 가장 적절한 보기인 (A)가 정답이 됩니다.

18. 여자들은 무엇이 이루어져야 한다고 생각하는가?
 (A) 유지 비용을 줄이는 것
 (B) 룸메이트를 구하는 것
 (C) 계약을 갱신하는 것

48

(D) 미관을 개선하는 것

해설 3인의 대화에서는 같은 성별을 가진 화자들의 발화에 좀 더 집중해야 합니다. 그 이유는 하나의 주제에 대한 입장 차이가 문제로 이어질 수 있기 때문입니다. 두 여자 모두 페이트 칠을 다시 하여 건물 외관을 개선시켜야 한다고 말하므로 정답은 (D)입니다.

PART 4

UNIT 1 　　문제 유형별 연습

KEY 01 　　주제/목적 문제

Step 3

1. **(C)**

   summer / only / office / money / way / vacation / more / offering / deal / exclusive / tours / packages / destinations / sell / fast / website / book / download / schedule / miss / chance

   W　It is the summer season. And you don't want to be the only one in the office now, do you? Is money in your way of your dream vacation? No more! **We are offering a one-time only deal on our exclusive packaged tours.** We have 5-day and 11-day tour packages to destinations in Asia, Europe and Australia. These tours sell out fast so log on to our website at www.valuetours.com and book your dream vacation today! You can also download a sample tour schedule on our website. Do not miss out on this chance!

   W　여름 시즌입니다. 그리고 당신만 사무실에 남아있길 원하지 않습니다, 그렇지 않습니까? 당신이 꿈꾸는 휴가를 즐기는데 돈이 문제가 되나요? 더 이상은 아닙니다! 저희는 독자적인 패키지 투어를 오직 딱 한 번만 제공하고 있습니다. 아시아, 유럽 그리고 호주를 목적지로 하는 5-day와 11-day 패키지 투어가 준비되어 있습니다. 이 투어 상품들은 빨리 소진되니 저희 웹사이트 'www.valuetours.com'에 접속하시고 꿈의 휴가를 오늘 예약하세요! 여러분은 웹사이트에서 샘플 여행 스케줄을 다운받으실 수 있습니다. 이 기회를 놓치지 마세요!

   광고되고 있는 업체는 어느 것인가?
   (A) 무역 회사
   (B) 휴대폰 회사
   (C) 여행사
   (D) 인터넷 서비스 제공업자

   해설　'We are offering a one-time only deal on our exclusive packaged tours 우리는 독점적인 패키지 투어를 오직 딱 한 번만 제공하고 있습니다'라고 하는 것을 보아, 이 회사에서 다루고 있는 것은 tour(여행)입니다. 그러므로 (C)가 적절한 답이 됩니다.

2. **(D)**

   hosting / Conference / run / half / break / sends / appreciation / hard / happen / fruits / months / attend / beginning / end / part / operations / attendance / advised / stay / reception

   W　We will be hosting the Green Growth Conference in about 45 minutes. The Conference will run from 10am to 6pm with a half-hour lunch break between 12:30pm and 1pm. The president sends his appreciation to all of you who worked so hard to make this conference happen. To see the fruits of our months long efforts, please attend the conference from beginning to end even if you're not part of the operations committee. **Your attendance is strongly advised.** And remember to stay for the reception afterwards for delicious food and beverages sponsored by the Sunshine caterers.

   W　45분 후에 우리는 녹색 성장 회의를 주최할 것입니다. 회의는 12시 30분에서 1시 사이의 30분 점심 식사 시간을 포함하여 오전 10시부터 오후 6시까지 진행될 것입니다. 사장님께서 회의를 위해 열심히 일했던 여러분들을 위해 감사 인사를 보내십니다. 수개월간 긴 노력의 결실을 함께 보기 위해, 본인이 운영 위원회에 속하지 않았더라도 처음부터 끝날 때까지 참석해 주시기 바랍니다. 당신의 참여를 강력히 권고합니다. 그리고 후에 Sunshine 연회 업체에서 후원한 맛있는 음식과 음료 만찬을 위해 머물러 주세요.

   안내문의 주요 목적은 무엇인가?
   (A) 열심히 일해준 직원들에게 감사하는 것
   (B) 직원들에게 파티 후 모임에 대해 상기시키는 것
   (C) 직원들에게 운영 위원회를 도와줄 것을 부탁하는 것
   (D) 직원들에게 회의에 참여하기를 강하게 권고하는 것

   해설　안내문의 주요 목적은 내용 전체를 반영해야 합니다. (A)의 경우 화자는 회사의 사장이 열심히 일한 직원들에게 감사하고 있다고 언급하지만 이는 안내문 속에 있는 세부적인 내용일 뿐이므로 오답입니다. 전체적인 내용의 목적은 'Your attendance is strongly advised 당신의 참석을 강하게 권고합니다'라는 표현에서 알 수 있습니다. 그러므로 정답은 (D)가 됩니다.

KEY 02 　　직업/장소 문제

Step 3

1. **(A)**

   on / board / group / tourists / on / early / means / show / country / activity / planned / driver / boat / diving / spend / entire / underwater / picked / dropped / uninhabited / fun

   M　Are we all on board? You guys are the best group of tourists I've had in years! Not only are you all on time, but you're ten minutes early! Excellent! Well, that means **we have more time to show you around this beautiful country**. Today though, we have an activity-filled day planned for you. Our amazing driver, Tom, will take us to the North Shore where we'll step onto a boat that'll take us to one of the best diving spots in the country. We'll spend the entire morning underwater after which we'll get picked up by the boat and get dropped off on an uninhabited island for the afternoon fun!

M 모두 탑승했습니까? 여러분은 몇 년간 뵈었던 관광객 중 최고의 그룹입니다! 제시간에 오셨을 뿐만 아니라 10분 일찍 오셨군요! 훌륭해요! 음, 그 말은 이 아름다운 지역을 여러분에게 보여드리는데 더 많은 시간이 있다는 것이죠. 오늘은 여러분을 위해 계획된 활동들로 가득한 날입니다. 우리의 멋진 운전기사님, Tom은 이 나라에서 최고의 다이빙 장소 중 하나인 North Shore로 데려다주실 것입니다. 그곳에서 우리는 보트에 타서 이 지역의 최고의 다이빙 지역으로 가게 될 것입니다. 우리는 오전 시간 전부를 물속에서 보낸 후, 보트가 데리러 와서 오후 시간을 재미있게 보내도록 무인도에 내려 줄 것입니다.

화자의 직업은 무엇일 것 같은가?
(A) 여행 가이드
(B) 버스 기사
(C) 파티 기획자
(D) 스쿠버 다이버

해설 화자의 직업을 찾는 문제는 화자가 언급한 표현에서 키워드를 찾아야 합니다. 그 중 'we have more time to show you around this beautiful country 이 아름다운 지역을 여러분에게 보여줄 더 많은 시간이 있다'라고 하는 것을 보아 지역을 구경시켜 줄 사람은 관광 가이드이므로 (A)가 답입니다.

2. (B)

captain / behalf / crew / pilot / board / plane / depart / weather / destination / favorable / expected / fourth / take / soon / fasten / electronic / attendants / ready

> M Good afternoon, ladies and gentlemen. This is the captain speaking. On behalf of the flight crew and my co-pilot, **I welcome you on board**. This plane will depart shortly from Seattle to New York. The weather conditions at the destination look very favorable. The total flight time is expected to be 4 hours and 50 minutes. We are the fourth plane on stand-by. We'll take off soon. Please fasten your seat belts and turn off any electronic items at this time. Flight attendants, get ready for take-off.

M 안녕하십니까, 신사 숙녀 여러분. 기장입니다. 승무원과 다른 조종사들을 대표하여, 이 비행기에 탑승하신 것을 환영합니다. 이 비행기는 곧 시애틀을 떠나 뉴욕으로 향할 것입니다. 도착지의 날씨는 매우 좋아 보입니다. 총 비행 시간은 4시간 50분 정도로 예상하고 있습니다. 우리는 4번째로 대기하고 있는 비행기입니다. 곧 이륙할 예정입니다. 여러분의 안전벨트를 매주시고 이 시간부터 전자 제품의 전원을 꺼주십시오. 승무원들은 이륙을 준비하시기 바랍니다.

이 안내 방송은 어디서 이루어지고 있는가?
(A) 공항에서
(B) 기내에서
(C) 경찰서에서
(D) 버스에서

해설 화자는 기장(captain)으로 승무원과 다른 조종사들을 대표하여 'I welcome you on board 탑승하신 걸 환영합니다'라는 말을 남기고 있습니다. 이를 볼 때 이미 기내 안이라는 것을 알 수 있습니다. 그러므로 (B)가 답입니다.

KEY 03

세부사항 문제

Step 3

1. (D)

introduce / sponsor / Foundation / long / donor / title / Poverty / aid / education / world / grateful / organization / support / philanthropist / rose / rags / ado / welcome

> M Now, I'd like to introduce this year's title sponsor, Mr. Jason Jacobson, the CEO of the Jacobson Foundation. He is our long time donor of seven years and he was the title sponsor for last year's Global Poverty Eradication Drive as well. **His foundation sponsors aid and education initiatives across the world** and we're very grateful that he has chosen us as an organization worthy of support. A committed philanthropist, **he is a self-made billionaire** who rose from rags to riches. Without further ado, let's welcome Mr. Jason Jacobson, CEO of the Jacobson Foundation.

M 자, 우리는 올해의 주 후원자, Jacobson 재단의 CEO, Mr. Jason Jacobson을 소개해드리고 싶습니다. 그는 7년째 우리의 장기 기부자이며 지난해 세계 빈곤 퇴치 운동의 주 후원자이기도 했습니다. 그의 재단은 전 세계에 원조와 교육 계획을 후원하고 있고, 우리를 후원할만한 가치가 있는 조직으로 선택해주신 것에 대해 매우 감사드립니다. 헌신적인 자선가인 그는 가난한 사람에서 부자로 성장한 자수성가한 억만장자입니다. 거두절미하고, Jacobson 재단의 Mr. Jason Jacobson을 환영해줍시다.

Jason Jacobson에 대해 무엇이 언급되어 있는가?
(A) 그는 막 새로운 사업을 시작했다.
(B) 그는 예일 대학교를 졸업했다.
(C) 그는 부유한 집안으로 장가를 갔다.
(D) 그의 재단은 전 세계에 도움을 주고 있다.

해설 화자가 언급한 것에 대해 묻고 있는 질문은 본문에서 세부적인 정보를 찾아야 하므로 난이도가 있는 문제일 수 있습니다. 하지만 보기를 미리 읽은 후 대화의 흐름을 놓치지 않는다면 쉽게 답을 찾으실 수 있습니다. 특히 보기와 방송을 바로 연결시켜 등장하지 않은 내용이나 확실한 오답은 제거해가며 정답을 찾아야 합니다. 'His foundation sponsors aid and education initiatives across the world 그의 재단은 전 세계에 원조와 교육 계획을 후원합니다'라는 것을 보아 '그의 재단은 전 세계적으로 도움을 주고 있다'는 것을 알 수 있습니다. (C)의 경우 'he is a self-made billionaire 그는 자수성가한 사람입니다'라는 것을 보아 오답임을 알 수 있습니다. 이 외에 (A)와 (B)는 등장하지 않은 내용이므로 오답입니다.

2. (B)

Where / coming / away / best / busy / work / ask / pick / something / here / up / pizza / loves / totally / drive / over / guess / pepperoni / enough / message

> W Hi Rebecca. Where are you? You are still coming to Jason's going away party, right?

You have to come! You're his best friend! Anyways, I know you're very busy with your new work so I didn't want to ask you but can I ask you to pick up something on your way over here? You work in Bakersfield, right? **Can you pick up some pizza** at the B-field Pizza Slices? Jason loves their pizzas and I totally forgot to drive there on the way over here. I guess one pepperoni, one cheese and one mushroom should be enough. Ok. Hope you get this message. See you soon!

W 안녕하세요 Rebecca. 어디 계십니까? 지금 Jason의 송별 파티에 오고 있죠, 그렇죠? 당신은 와야 해요! 그의 가장 친한 친구잖아요. 어쨌든, 저는 당신이 새로운 일 때문에 매우 바쁘다는 것을 알고 있습니다. 그래서 당신에게 부탁하고 싶지 않았지만 여기 오시는 길에 뭐 좀 가져다 주실 수 있으세요? 당신은 Bakersfield에서 일하고 있죠, 그렇죠? B-field Pizza Slices에서 피자 좀 사다 주실 수 있나요? Jason이 그 집 피자를 좋아하는데 제가 여기 오는 길에 그곳에 들르는 걸 완전 잊어버렸어요. 제 생각엔 페퍼로니, 치즈, 버섯 하나씩이면 충분할 것 같아요. 좋아요. 이 메시지를 받길 바랍니다. 곧 뵈어요!

화자는 Rebecca에게 무엇을 해달라고 부탁하고 있는가?
(A) Jason을 그녀의 생일 파티에 초대하는 것
(B) Bakersfield에서 피자를 사오는 것
(C) 채식 음식을 가져오는 것
(D) 그녀를 Bakersfield의 피자 가게에 데려다 주는 것

해설 대화의 세부적인 내용을 묻는 질문은 어디에서 등장할지 예상하는 것이 어려우므로 대화의 흐름을 놓치지 않는 것이 중요합니다. 질문은 ask(부탁하다, 요청하다)이므로 이와 관련된 표현이 등장하는 것을 기다려야 합니다. 'Can you pick up some pizza? 피자 좀 사다 주실 수 있으세요?'라는 질문을 통해 (B)가 정답임을 알 수 있습니다.

KEY 04 추후 상황 예측 문제

Step 3

1. (A)

welcome / News / filling / regular / paternity / able / shoes / away / best / exciting / guests / Science / segment / shortly / reporter / International / depth / Domestic / wrap / word / sponsors

W Good evening and welcome to Primetime News. My name is Maggie Anderson and I'll be filling in for your regular host, Jim Calloway, as he will be on paternity leave for the next two weeks. I hope I'll be able to fill his shoes while he is away and I'll do my best to do so. We have an exciting line of guests for today's program. We have Dr. Gary Fisher for our Science and Technology Review segment coming up shortly. We have our regular reporter Kara Hunter for International News in depth as well as Jonathan Kelson for the Domestic News wrap up. **We'll be right back after a word from our sponsors.**

W 안녕하십니까 Primetime News에 오신 걸 환영합니다. 제 이름은 Maggie Anderson이고, 정규 진행자 Jim Calloway가 2주간 육아 휴가를 보내는 동안 그 자리를 채울 것입니다. 저는 그가 없는 동안 그의 자리를 잘 채울 수 있길 바랍니다. 그리고 그렇게 되도록 최선을 다할 것 입니다. 오늘의 프로그램에 흥미로운 게스트들이 오셨습니다. 곧 있을 과학과 기술 논평 코너를 위해 Dr. Gary Fisher를 모셨습니다. 간추린 국내 뉴스 진행을 위해 Jonathan Kelson 뿐만 아니라 심도 있는 국제 뉴스의 정규 리포터 Kara Hunter를 모셨습니다. 광고주들이 전하는 말 듣고 오겠습니다.

청자들은 다음에 무엇을 들을 것인가?
(A) 광고
(B) 인터뷰
(C) 토크쇼
(D) 음악

해설 추후 할 일을 묻는 문제에서는 대부분 정답의 단서가 뒷부분에 있습니다. 이 발화는 라디오 방송에서 이루어지는 것으로 어떤 프로그램이 진행될 것인지 언급하고 있다가 제일 마지막에 화자는 'We'll be right back after a word from our sponsors 광고주들이 전하는 말 듣고 오겠습니다'라고 합니다. 따라서 리포터가 진행하는 국내, 국제 뉴스나 과학과 기술 논평 보다 앞서 들을 것은 '광고'가 됩니다. 그러므로 정답은 (A)입니다. 'word from our sponsors'라는 표현은 라디오 방송을 소재로 한 문제에서 주로 등장하고 있으므로 미리 익혀 둘 필요가 있습니다.

2. (D)

aboard / flight / captain / adverse / conditions / delayed / half / weather / cleared / apologize / ask / stay / patient / worst / passed / thirty / patience / flying

M Welcome aboard to flight 17 to Seoul. My name is Valerie Kim and I'm the captain of this aircraft. Due to the adverse weather conditions, our flight has been delayed for another half an hour. According to the weather services, we should be cleared for take-off by then. We apologize for the delay and we ask that you stay in your seats and be patient during the stand-by. The worst of the rain is said to have passed <u>so we should be able to take off in the next thirty minutes.</u> Thank you for your patience and thank you for flying with us.

W 서울로 가는 비행 편 17에 탑승 하신 것을 환영합니다. 제 이름은 Valerie Kim이고 이 비행기의 기장입니다. 악화된 기상 조건 때문에 우리 비행기는 30분 연기되고 있습니다. 기상 방송에 따르면, 그때쯤 우리는 이륙할 수 있을 것입니다. 지연된 것에 대해 사과드리며 대기하시는 동안 본인의 좌석에서 침착하게 기다려 주시기 바랍니다. 최악의 비는 지나갔다고 하였으니 우리는 30분 후에 이륙할 수 있을 것입니다. 기다려주셔서 감사합니다. 그리고 저희 비행기를 이용해주셔서 감사합니다.

30분 후에 무슨 일이 일어날 것 같은가?
(A) 안전벨트 사인이 꺼질 것이다.
(B) 운항 취소가 발표될 것이다.
(C) 탑승구가 열릴 것이다.
(D) 비행기가 이륙할 것이다.

해설 추후에 일어날 일을 묻는 문제로 질문에 구체적인 시간(in next thirty minutes)이 제시되어 있습니다. 그러므로 같은 표현이 등장하는 부분에 정답의 단서가 있다는 것을 미리 파악할 수 있습니다. 'we should be able to take off in the next thirty minutes 다음 30분 후에 우리는 이륙할 수 있을 것입니다'라고 하는 것을 보아 (D)가 정답임을 알 수 있습니다.

KEY 05   발화 의도 및 암시 문제(신유형)

Step 3

1. (B)

Students / attention / view / greatest / paintings / authentic / original / impossible / price / worth / millions / enter / gallery / fall / damage / garbage / Discard / bottles / backpacks / absolutely / drinking

> W   Students, may I have your attention, please? You are about to view some of the greatest paintings of the century. Please listen carefully. These paintings are authentic works by the original painters. <u>It is impossible to put a price on them</u> but if I must, they are worth millions of dollars. Do not push each other when you enter the gallery. You don't want to fall over and damage the paintings. Also, here is the garbage can. Discard all uncovered drinks. Even water bottles and tumblers must stay in your backpacks. There is absolutely no drinking inside the gallery.

W   학생 여러분, 집중해주시겠습니까? 여러분은 금세기 최고의 그림들을 보게 될 것입니다. 주의 깊게 들어주시기 바랍니다. 이 작품들은 원작자들이 만든 진품입니다. 값으로 매기는 것이 불가능하지만 만약 그렇게 해야 한다면, 수백만 달러의 가치가 있습니다. 전시장으로 입장하실 때 서로 밀지 마세요. 여러분은 넘어져서 그림에 손상을 입히길 원하지 않을 것입니다. 또한 여기 쓰레기통이 있습니다. 모든 뚜껑 없는 음료들은 버려 주세요. 물병과 텀블러까지도 여러분의 가방 속에 넣어야 합니다. 전시장 안에서는 절대 음료를 마실 수 없습니다.

화자가 "It is impossible to put a price on them"이라고 말할 때 의도한 바는 무엇입니까?
(A) 그 그림들을 평가할 수 있는 전문가가 없다.
(B) 매우 가치 있는 그림이다.
(C) 그녀는 그림의 추정 가격을 알기 원한다.
(D) 그녀는 몇몇 가능성 있는 구매자들을 찾고 있다.

해설 'put a price on ~'은 말 그대로 가격을 ~에 두다, 즉 '~에 대해 가격을 매기다'라는 의미를 뜻합니다. 이 지문에서 가격을 매기기가 불가능 하다는 뜻은 (A)처럼 평가할 수 있는 사람이 없어서가 아니라, 그만큼 훌륭하기 때문에 값을 따질 수 없다는 것입니다. 정답은 (B)가 됩니다.

2. (A)

apartment / leaking / spurting / know / need / plumber / bucket / spend / message / hear / then / call / myself / charge / landlord

> M   Yes, hi, Matt. This is George, apartment 12B. My bathroom pipes are leaking. There's water spurting out everywhere. I don't know what's going on but I think you need to call a plumber right away. All I have is a bucket and a mop and I don't think I can spend the night. I hope you get this message in the next hour because if I don't hear from you by then, I'll have to call a plumber myself and charge the landlord later. Okay, I have to go. Bye.

M   네, 안녕하세요 Matt. 저는 아파트 12B호에 사는 George입니다. 제 화장실 파이프가 새고 있습니다. 물이 사방으로 솟구치고 있어요. 무슨 일인지는 모르겠지만 저는 지금 당신이 당장 배관공에게 전화를 해야 한다고 생각해요. 제가 가진 건 양동이와 대걸레뿐이고 이렇게 밤을 보낼 수는 없어요. 저는 한 시간 안으로 이 메시지를 당신이 확인하길 바랍니다. 그때까지 당신으로부터 연락이 없다면, 제가 직접 배관공을 부르고 나중에 주인에게 청구하겠어요. 그럼, 이만 가보겠습니다. 안녕히 계세요.

화자가 "I don't think I can spend the night"이라고 할 때 의도한 바는 무엇인가?
(A) 물이 새는 것은 급히 해결될 필요가 있다.
(B) 그는 밤새 동안 일을 해야 한다.
(C) 그는 불면증으로 고생하고 있다.
(D) 그는 영화를 보기 위해 늦게까지 자지 않고 있는 것을 좋아한다.

해설 화자가 한 말의 의도를 묻는 신유형의 경우, 문장 그대로 해석하는 것이 아니라 발화 상황과 맥락에 맞도록 해석을 하는 것이 중요합니다. 이 경우 '밤을 보낼 수 있다고 생각하지 않습니다'라는 뜻은 물이 새고 있으므로 오늘 내로 그것이 고쳐지길 바란다는 의미와 같습니다. 그러므로 (A)가 정답이 됩니다. (C)처럼 화자의 발언을 잠이 들지 못하는 상황으로 오해할 수 있지만, 앞뒤 맥락을 따져보면 불면증과 같은 내용이 전혀 등장하지 않았으므로 오답입니다.

KEY 06   시각 자료 활용 문제(신유형)

Step 3

1. (A)

appreciate / notice / discuss / report / branch / worried / understand / factors / control / number / lower / expectations / looking / branch / discreetly / sales / ten / five / commissions / three

> W   Good morning, everyone. I appreciate you coming on short notice. The first thing I would like to discuss with you is the sales report of each branch. I'm really worried about Arizona. I understand this is due mostly to economic factors beyond our control, but the number is far lower than our expectations. I want you guys to start looking for a new branch office

for them discreetly. As promised, the branch with sales over ten million will get five percent commissions instead of three.

W 안녕하세요, 여러분. 갑작스러운 공지에도 모여주셔서 감사드립니다. 첫 번째로 제가 논의하고 싶은 것은 각 지사들의 영업 보고서입니다. 저는 Arizona 지사가 정말 걱정이 됩니다. 이것은 대부분 우리의 통제를 벗어나는 경제적인 요소들 때문이라는 것을 알고 있습니다, 하지만 수치는 예상했던 것보다 훨씬 낮습니다. 저는 여러분이 신중히 새로운 지사를 찾기 시작했으면 좋겠습니다. 약속대로 천만 달러 이상 판매한 지사는 3% 대신 5%의 수당을 받을 것입니다.

도표를 보시오. New York 지사가 받을 수당은 몇 퍼센트인가?

Branch	Sales
Arizona	$259,615
New York	$7,243,345
North Dakota	$9,569,785
California	$11,678,213

(A) 3%
(B) 5%
(C) 7%
(D) 8%

해설 표는 각 지사의 영업 실적을 나타낸 것입니다. 표와 관련한 문제는 수당(commission)이 몇 퍼센트인지 묻고 있습니다. 이 내용은 스크립트에서 'the branch with sales over ten million will get five percent commissions instead of three 천만 달러 이상 판매한 지사는 3%가 아닌 5%의 수당을 받을 것이다'라는 화자의 말에서 찾을 수 있습니다. 이를 볼 때 아직 700만을 조금 넘긴 New York 지사는 3%의 수당을 받을 것으로 보입니다. 그러므로 정답은 (A)가 됩니다.

UNIT 2 지문 유형별 연습

KEY 07 음성 메시지

Step 2

I 1.(A) 2.(B) 3.(A) 4.(A) 5.(A) 6.(A) 7.(B) 8.(A)

1. 당신의 아파트 관리인 사무실로 택배를 배달하겠습니다.
   (A) 배달하다 (o)
   (B) 배달받다(수취하다) (x)

2. 내일 우리 소프트웨어를 업데이트하는 것이 가능합니까?
   (A) 오늘 늦게 (x)
   (B) 다음 날 (o)

3. 저는 물리학에 대한 그의 이해력에 매우 깊은 인상을 받았습니다.
   (A) 그는 물리학에 매우 뛰어납니다. (o)
   (B) 그의 행동은 물리학 선생님을 놀라게 합니다. (x)

4. 당신의 차의 수리가 완료되었습니다.
   (A) 차를 찾아가실 준비가 되었습니다. (o)
   (B) 당신의 차는 심각하게 파손되었습니다. (x)

5. 이번에 당신이 전화를 받을 수 없는 것처럼 보입니다.
   (A) 전화를 받다 (o)
   (B) 전화를 하다 (x)

6. B-field Pizza Slices에서 피자 좀 가져다 줄 수 있어요?
   (A) 사다 (o)
   (B) 모으다 (x)

7. 내일 6시 이전에 언제든지 당신의 가방을 찾으러 와도 됩니다.
   (A) 어떤 것이 진실이라고 말하다 (x)
   (B) 가지러 가다 (o)

8. 로그인 하셔서 당신의 우편 번호와 아파트 호수를 입력해 주시겠습니까?
   (A) 빠진 정보를 알려주다 (o)
   (B) 배송비를 지불하다 (x)

II 1.(B) 2.(A) 3.(B) 4.(A) 5.(A) 6.(A) 7.(B) 8.(A) 9.(B) 10.(A)

1. Please give me a call at your earliest convenience.
   가능한 빨리 연락 주세요.

2. I received an online order from you dated Friday.
   당신의 금요일 주문을 접수했습니다.

3. Please let me know if there are any conflicts.
   문제가 있다면 알려주세요.

4. You were chosen out of 35 highly qualified candidates we interviewed for the position.
   당신은 우리가 면접 본 35명의 뛰어난 지원자들 중에 선발되었습니다.

5. I don't know who to talk to about the problem I'm having.
   제 문제점에 대해 누구한테 말씀드려야 할지 잘 모르겠습니다.

6. I am the mechanic who worked on your car.
   저는 당신의 차를 수리한 정비공입니다.

7. I'll be at the shop tomorrow until 6pm.
   저는 내일 6시까지 매장에 있을 것입니다.

8. It was due three days ago and you still haven't returned it.
   반납일은 3일 전이었는데 아직 반납하지 않으셨습니다.

9. If you're interested in reserving that spot, please don't hesitate to contact us.
   만약 그 자리를 예약하는 데 관심 있으시다면, 우리에게 연락 주십시오.

10. I am calling to confirm your 7 o'clock appointment you made on our website.
    당신이 홈페이지에서 하신 7시 예약을 확인하려고 전화드렸습니다.

III

1. M 안녕하세요. 저는 Gesture One 회사의 Michael Kim이고, Mr. Jonah Davis께 전화 드립니다. Jonah 당신을 위한 좋은 소식이 있습니다. 당신의 지원서를 신중히 검토한 후에, 우리 회사의 일자리를 당신에게 제안하기로 했습니다. 당신의 지원서에 나온 장점들과 면접관들의 열정적인 반응이 결정을 내리는데 많은 영향을 미쳤습니다. 당신이 이룬 성과를 자랑

스러워 해야 할 거예요. 당신은 우리가 그 직책을 위해 면접을 본 뛰어난 지원자 35명 중 선택된 사람입니다. 우리는 당신이 이 제안을 받아들이길 원합니다. 다시 전화해주시고 어떻게 하실지 알려주세요. 축하합니다.

1) 'Gesture One' 회사의 Michael Kim
2) Jonah, 그 회사의 지원자
3) 채용되었음을 알리기 위해서
4) 직책을 받아들일 것인지 아닌지를 알리기 위해 다시 전화해야 한다.

2. W 안녕하세요, Mr. Johnson. 저는 Auto Mechanics Incorporated의 Sandra입니다. 당신의 차를 고쳤던 정비공입니다. 당신의 차가 수리가 끝나 가져가셔도 된다는 것을 알려드리기 위해 전화를 드립니다. 내부의 손상이 우리가 예상했던 것만큼 심각하지 않아 완전히 교체하지 않고, 대부분 부품을 복구할 수 있었습니다. 편한 시간에 오셔서 차를 가져가시고 결제를 해주세요. 만일 당신 차의 수리에 대해 다른 질문이 있다면, 언제든 답변해 드리겠습니다. 저는 내일 오후 6시까지 사무실에 있을 것입니다.

1) Auto Mechanics 회사에서 정비공으로 일하는 Sandra
2) 차의 수리가 완료되었음을 알리기 위해서
3) 생각보다 내부 손상이 심하지 않아 대부분 부품들의 완전한 교체 없이도 사용할 수 있는 상태
4) 차를 가지러 가면서 낼 예정

Step 3

I

1. calling / teacher / taking / semester / designed / senior / Considering / impressed / understanding / available / entering / next / opportunity / challenge / accomplish / earliest

2. received / order / dated / items / ordered / shipping / label / realized / put / postal / number / log / missing / full / package / business

3. department / received / out / entire / dates / assigned / updates / able / computers / adjust / launching / absolutely / our / possible / software / following / appreciate / conflicts

4. guess / home / correct / librarian / School / because / overdue / due / ago / returned / newest / people / borrow / charged / late / interest / soon / hear / next / revoke / privileges / message

5. name / received / inquiry / program / mother / dates / indicated / available / busiest / running / capacity / five / first / online / receive / gift / applied / interested / spot / hesitate / convenience / here

6. returning / missed / client / unable / take / another / hour / range / plans / cover / budgets / brochure / expensive / popular / recommend / free / questions / find

II

Q 1~3   1.(B) 2.(B) 3.(B)

W Hello, Mr. and Mrs. Hendrix. This is Margaret Ling calling from Juniper High School. I am Ben's new physics teacher. As you know, Ben is taking my Advanced Physics class this semester which is designed for a few top senior students at our high school. Considering Ben is only a freshman, <u>I am very impressed by his understanding of physics</u> and if you're available for a visit, <u>I would like to talk to you about entering him into the State Physics Bowl next fall.</u> I think it would be a great opportunity for him to challenge himself and see how much he can accomplish. <u>Please give me a call at your earliest convenience.</u> Thank you. Have a good day.

W 안녕하세요, Hendrix와 내외분, 저는 Juniper 고등학교의 Margaret Ling입니다. Ben의 새로운 물리학 선생님이죠. 아시다시피, Ben은 학교에서 이번 학기에 몇몇 상위권 상급생들을 위해 개설된 저의 고급 물리학 강의를 수강하고 있어요. Ben이 신입생이라는 것을 고려할 때 저는 그의 물리학에 대한 이해에 매우 깊은 감명을 받았습니다. 만일 방문이 가능하시다면, Ben을 내년 가을 State Physics Bowl(주 물리학 경진대회)에 참여시키는 것에 대해 말씀드리고 싶어요. 제 생각에는 그가 스스로 도전하고 얼마나 많은 것을 성취할 수 있는지 알게 되는 좋은 기회일 것이라 생각합니다. 가능한 빨리 연락 주세요. 감사합니다. 좋은 하루 보내세요.

1. 여자가 전화를 건 목적은 무엇인가?
   (A) Ben이 고급 물리학 수업을 들을 수 있도록 부모님의 허가를 받기 위해
   (B) Ben이 State Physics Bowl(주 물리학 경진대회)에 참여하는 것에 대해 이야기를 나누자고 요청하기 위해
   (C) 다가오는 사친회에 대해 알려주기 위해
   (D) 물리학 수업에서 Ben의 성장에 대해 부모님께 알려주기 위해

   해설 전화를 건 목적은 이 발화의 전체적인 내용을 묻고 있는 것이므로, 상황을 알려주는 키워드나 표현들을 듣는 것이 중요합니다. Ben의 뛰어난 물리실력을 칭찬하다가 선생님은 중간에 'I would like to talk to you about entering him into the State Physics Bowl next fall 저는 Ben을 다음 가을에 있을 the Sate Physics Bowl(주 물리학 경진대회)에 참여시키는 것에 대해 얘기하길 원합니다'라고 의도를 드러냅니다. 그러므로 정답은 (B)라는 것을 알 수 있습니다.

2. 화자가 Ben에 대해 무엇이라 말하는가?
   (A) 그는 친구들과 사이가 좋지 않다.
   (B) 그는 물리학에 재능이 있다.
   (C) 그는 선생님 자리를 제안받았다.
   (D) 그는 직업에 대한 더 많은 정보를 얻기 원한다.

   해설 화자는 Ben의 물리학 선생님으로 Ben에 대해 굉장히 물리학에 이해가 깊다고 하였습니다. 'I am very impressed by his understanding of physics 저는 그의 물리학에 대한 이해에 매우 깊은 감명을 받았습니다'라는 표현을 통해 정답이 (B)라는 것을 알 수 있습니다.

3. 청자들은 무엇을 하도록 요청 받는가?
   (A) 서류를 보내는 것
   (B) 가능하면 빨리 전화하는 것
   (C) 인터뷰를 잡는 것
   (D) 초대에 응하는 것

   해설 추후 행동에 관해서는 발화의 마지막 부분에 단서가 있는 경우가 많습니다. 이 발화에서도 마지막에 'Please give me a call at your earliest convenience 빠른 시일 내에 전화 주세요'라고 하는 것을 보아 정답은 (B)가 됩니다.

Q 4~6   4.(D) 5.(B) 6.(D)

> W Good morning. This is Annette calling from Soccermom.com. <u>I received an online order from you dated Friday</u> and we have the items you ordered ready for shipping. But after we printed the shipping label, we realized that you forgot to put down the postal code and the apartment number. <u>Could you please log on to your mypage</u> and give us the missing information? You can also call us at this number. Once we have your full address, we'll ship your package on the following business day. Thank you.

W 좋은 아침입니다. Soccermom.com의 Annette입니다. 금요일에 당신이 했던 온라인 주문을 받았습니다. 그리고 그 상품들은 배송 준비가 완료되었습니다. 하지만 선적 라벨을 인쇄해보니 당신이 우편번호와 아파트 번호 기입하는 것을 잊어버린 걸 발견했습니다. 마이페이지에 로그인하셔서 빠먹은 정보를 마저 기입해주시겠습니까? 또한 이 번호로 전화하셔도 됩니다. 당신의 완전한 주소를 받게 되면, 다음 영업일에 바로 물건을 배송해 드리겠습니다. 감사합니다.

4. 청자는 언제 주문을 하였는가?
   (A) 월요일
   (B) 화요일
   (C) 목요일
   (D) 금요일

   해설 요일과 같은 세부정보를 묻는 문제는 듣는 도중 놓치게 된다면 해결하기 어려우므로 보기를 미리 파악하고 듣는 것이 좋습니다. 이 발화에서는 Annette가 'I received an online order from you dated Friday 금요일에 당신이 온라인으로 주문한 것을 접수했습니다'라고 말하는 것을 볼 때 (D)가 정답입니다.

5. 화자는 무엇을 요청하는가?
   (A) 고객의 동의서
   (B) 고객의 완전한 주소
   (C) 고객 피드백
   (D) 무료 배송

   해설 이 발화의 목적은 상품을 주문한 고객의 배송지 주소가 완벽하지 않아 그 정보를 요청하기 위한 것입니다. 그러므로 화자가 청자에게 요청하는 것은 완전한 주소가 됩니다.

6. 청자는 다음에 무슨 일을 할 것 같은가?
   (A) 여자의 감독관을 만난다
   (B) 남자의 계좌를 확인한다
   (C) 여자에게 그녀의 구매에 대한 메일을 보낸다
   (D) 'Soccermom' 사이트에 로그인한다.

   해설 화자는 청자에게 주소에 대한 정보를 요구하면서, 'Could you please log on to your mypage? 마이페이지에 로그인 해주시겠습니까?' 라는 표현을 합니다. 즉, 웹사이트의 마이페이지에 필요한 정보를 기입하는 것입니다. 그러므로 4가지 보기 중 가장 적절한 것은 (D)입니다.

Q 7~9   7.(B) 8.(D) 9.(A)

> M Hi Marley. <u>This is Jack from the marketing department.</u> I received the email you sent out to the entire company about the dates we're assigned to have the software updates. You said that we won't be able to use our computers on that day and we need to adjust the date. We have a new product launching that day so we absolutely must use our computers. Is it possible to have our software updates on the following day? I'd really appreciate that. Please let me know if there are any conflicts.

M 안녕하세요, Marley. 마케팅부의 Jack입니다. 저는 당신이 우리 회사가 소프트웨어 업데이트를 하게 될 날짜에 대해 전체 회사에 보낸 메일을 받았습니다. 당신은 그날 컴퓨터를 사용할 수 없다고 하셨는데 우리는 날짜를 조정할 필요가 있습니다. 그날 신상품 출시가 있으므로 우리는 반드시 컴퓨터를 사용해야 합니다. 다음 날에 소프트웨어 업데이트를 하는 것이 가능한가요? 그렇게 해주시면 정말 감사하겠습니다. 만일 문제가 있다면 저에게 알려주세요.

7. 남자는 기술 유지팀에게 왜 전화를 하는가?
   (A) 새로운 컴퓨터 프로그램에 문제가 있는 것에 대해 불평하기 위해
   (B) 그의 부서를 위해 소프트웨어 업데이트가 예정된 날짜를 변경할 것을 요청하기 위해
   (C) 새로운 상품 출시를 위해 소프트웨어 업데이트를 즉시 요청하기 위해
   (D) 새로운 상품 출시 행사 동안 기술 지원을 요청하기 위해

   해설 전화를 한 목적에 대해 묻고 있는 문제입니다. 이는 담화의 주제와도 관련이 있으므로 전체적인 상황을 파악하여야 합니다. 현재 회사에는 컴퓨터 소프트웨어 업데이트가 예정되어 있으나 그날은 컴퓨터를 사용할 수 없게 됩니다. 그날 화자의 부서는 신상품 출시를 하고, 컴퓨터가 꼭 필요합니다. 이에 화자는 날짜의 변경을 요청하고 있으므로 정답은 (B)가 됩니다.

8. 화자는 어느 부서에서 일을 하고 있는가?
   (A) 인사부
   (B) 품질보증부
   (C) 영업부
   (D) 마케팅부

   해설 보통 화자의 직업과 같은 소속은 자신을 소개할 때 같이 나오는 경우가 많습니다. 즉, 대화나 담화의 초반에 등장한다는 것입니다. 이 화자의 경우도 제일 처음에 'This is Jack from the marketing department 저는 마케팅부의 Jack입니다'라고 하면서 자신의 소속을 밝히고 있습니다. 그러므로 정답은 (D)가 됩니다.

9. 화자는 그가 무엇을 해야 한다고 말하는가?
   (A) 신상품 출시를 위한 컴퓨터를 사용하는 것
   (B) 컴퓨터 기술자에게 연락하는 것
   (C) 이사회의 날짜를 재조정하는 것

(D) 시연을 위한 유인물을 만드는 것

해설 화자가 해야 하는 것은 전화를 한 이유와도 같습니다. 즉, 컴퓨터를 사용해야 하는데 업데이트하는 동안 사용을 할 수 없으므로 스케줄을 변경할 필요가 있는 것입니다. 정답은 (A)가 됩니다.

Q 10~12
10.(A) 11.(A) 12.(B)

M Yes, hi. I guess you're not home. Is this the correct number for Miss Angelina Brown? I am Bob Kelly, the librarian at Wilson Creek High School. <u>I am calling because you have an overdue library book. It was due three days ago</u> and you still haven't returned it. It is one of our newest books and four people are waiting to borrow the book. Also, <u>you will be charged a late fee of 2 dollars a day</u> so it would be in your best interest to return the book as soon as possible. If we don't hear from you in the next two days, <u>we'll revoke your library privileges.</u> Hope you get this message in time.

M 네, 안녕하세요. 당신은 집에 있지 않나 보네요. 이 번호는 Miss Angelina Brown의 것이 맞나요? 저는 Wilson Creek 고등학교의 사서 Bob Kelly라고 합니다. 당신이 도서관 책을 연체하고 있어서 전화드립니다. 제출일은 3일 전이었고, 아직 돌려주지 않으셨네요. 그 책은 가장 신간이고 네 명의 사람들이 빌리려고 기다리고 있습니다. 또한, 당신은 하루에 2달러의 연체료를 내야 할 거예요. 그러니 가능한 한 빨리 반납해 주시는 것이 당신에게도 좋을 것입니다. 만일 다음 2일간에도 당신의 소식을 듣지 못한다면, 도서관 이용 권리를 말소시킬 거예요. 당신이 즉시 이 메시지를 받길 바라요.

10. 화자가 Ms. Brown에게 무엇을 요청하는가?
    (A) 도서관 책을 돌려주기
    (B) 도서관 책을 갱신하기
    (C) 책을 제자리에 두기
    (D) 도서관 대여 서비스를 이용하기

    해설 이는 'I am calling because you have an overdue library book 당신이 도서관 책을 연체하고 있어서 전화드립니다'라는 화자의 말에서 정답의 단서를 찾을 수 있습니다. 책을 연체하고 있으므로 돌려주기를 요청하고 있다는 것을 알 수 있습니다. 그러므로 답은 (A)가 됩니다.

11. 도서관 정책에 대해 언급된 것은?
    (A) 규칙을 어긴 회원은 그 권리가 거부될 수 있다.
    (B) 책을 제 때에 돌려주지 않는 회원은 하루에 3달러의 연체료를 내야 한다.
    (C) 회원은 한 번에 10권의 책을 빌릴 수 있다.
    (D) 학생들은 도서관 책을 한 번 연장할 수 있다.

    해설 세부사항에 관한 문제이므로 발화의 흐름을 따라가며 일치하는 정보를 찾아야 합니다. 이때 아예 언급되지 않은 내용부터 지워나간다면 좀 더 정답을 찾는 데 수월할 것입니다. 즉, (D)의 경우 renew(갱신하다)라는 표현은 메시지에서 등장하지 않았으므로 오답입니다. (C) 또한 빌릴 수 있는 권 수에 관한 내용도 언급되지 않았습니다. (B)의 경우 연체료는 하루에 2달러이므로 또한 오답입니다. (A)는 화자의 'we'll revoke your library privileges 우리는 당신의 도서관 이용 권리를 말소시킬 거예요'라는 표현과 연결이 되므로 정답입니다.

12. Ms. Brown은 연체료를 얼마 내야 하는가?
    (A) 4달러
    (B) 6달러
    (C) 8달러
    (D) 10달러

    해설 화자는 'you will be charged a late fee of 2 dollars a day 당신은 하루에 2달러의 연체료를 지급할 것입니다'라고 말을 하였습니다. 뿐만 아니라 'It was due three days ago 기한은 3일 전이었습니다'라고 위에서 먼저 언급하였으므로, 연체료를 계산해볼 때 총 6달러가 됩니다.

Q 13~15
13.(C) 14.(D) 15.(A)

W Good evening. My name is Anne Reynolds from the Castaway Spa and Resorts. I received your email inquiry about booking a multi-day spa program with us for you and your mother. Unfortunately, the dates you have indicated are no longer available. <u>It is one of our busiest seasons so we're running at full capacity. But we do have a five day spa program available in the first week of February</u>. If you make an online reservation now, you will receive a nice gift and <u>all programs over $300 will be applied at discounted prices</u>. If you're interested in reserving that spot, please don't hesitate to contact us at your earliest convenience. We hope to see you here soon.

W 안녕하세요. Castaway 스파와 리조트의 Anne Reynolds라고 합니다. 저는 당신과 당신 어머니를 위한 multi-day 스파 프로그램 예약 관련 문의사항을 이메일로 받았습니다. 불행히도, 원하신 그 날짜에는 이용하실 수 없습니다. 저희의 가장 바쁜 시즌 중 하나라, 모든 시설에 예약이 차있습니다. 하지만 five-day 스파 프로그램을 2월 첫째 주에 이용하실 수 있습니다. 만일 지금 온라인으로 예약해주시면, 사은품과 함께 300달러 이상의 모든 프로그램에 대해 할인된 가격을 적용해드릴 것입니다. 만일 예약하는 데 관심 있으시다면, 망설이지 마시고 최대한 빨리 연락주세요. 여기에서 뵙길 기대합니다.

13. 여자는 왜 그녀가 원했던 날짜에 스파 프로그램을 예약할 수 없었는가?
    (A) 특정 프로그램은 그 날짜에 운영하지 않는다.
    (B) 그녀 어머니의 직장에 어떤 일이 생겼다.
    (C) 그 날짜에는 이미 다른 사람들이 예약을 완료했다.
    (D) 그 날짜의 가격은 그녀가 감당할 수 없을 만큼 너무 많이 올랐다.

    해설 정답의 단서는 청자의 문의사항에 대해 'It is one of our busiest seasons so we're running at full capacity 저희의 가장 바쁜 시즌 중 하나라 모든 시설에 예약이 차 있습니다'라고 응답한 여자의 말에서 찾을 수 있습니다. 지금이 가장 바쁜 시즌이라는 것은 이미 다른 사람으로 예약이 다 차 있다는 의미입니다. 그러므로 (C)가 가장 적절한 답이 됩니다.

14. 화자에 따르면, 사람들은 얼마를 지급해야 할인을 받을 수 있는가?
    (A) 100달러 이상
    (B) 200달러 이상
    (C) 250달러 이상
    (D) 300달러 이상

해설 할인받을 수 있는 조건을 묻고 있는 질문입니다. 이러한 세부사항에 관련된 질문들은 보기를 미리 읽고 들을 때 단서를 찾기 쉽습니다. 즉, 보기가 금액으로 제시되어 있으므로 들을 때도 그러한 표현을 놓치지 않도록 주의를 기울이는 것입니다. 'all programs over $300 will be applied at discounted prices 300달러 이상의 모든 프로그램에 할인된 가격이 적용될 것입니다'라는 여자의 말 속에서 정답 (D)를 찾을 수 있습니다.

15. 화자는 청자에게 무엇을 하도록 제안하는가?
    (A) 다른 날짜에 대체 서비스를 이용하기
    (B) 더 싼 선택지를 고려해보기
    (C) 바로 예약하기
    (D) 신용카드로 지급하기

해설 원하는 예약을 할 수 없다는 상황을 설명한 후 여자는 'we do have a five-day spa program available in the first week of February 2월 첫째 주에 five-day 스파 프로그램을 이용할 수 있습니다'라고 다른 조건을 제시합니다. 그러므로 가장 적절한 답은 (A)입니다.

Q 16~18   16.(A) 17.(B) 18.(A)

W Hello. This is Kathy Leung with Smile Insurance returning your call. **I'm so sorry I missed it. I was in a meeting with a client.** It seems like you are unable to take the call at this time, so I'll try to give you another call in about an hour. We have a wide range of insurance plans designed to cover various needs and budgets. I've sent our brochure and price list as an email. The second most expensive product is the most popular one, but **I recommend Preferred Plus**. Please feel free to ask us all the questions you may have. I'm sure we'll be able to find you a plan that you'd be satisfied with.

W 안녕하세요. Smile Insurance의 Kathy Leung이 다시 전화드립니다. 아까 전화를 받지 못해 죄송합니다. 고객과 미팅이 있었어요. 이번엔 당신이 전화를 받지 못하는 것 같은데, 대략 1시간 후에 제가 다시 전화를 걸게요. 우리는 다양한 요구와 예산을 포함하도록 설계된 광범위한 의료 보험을 제공하고 있습니다. 이메일로 안내책자와 가격표를 보내드렸습니다. 두 번째로 가장 비싼 상품이 가장 인기 있는 것입니다. 하지만 저는 Preferred Plus를 추천합니다. 부담 갖지 마시고 궁금한 것을 물어봐주세요. 저는 당신이 만족해하시는 보험을 찾아드릴 수 있을 것이라 확신합니다.

16. 화자는 누구일 것 같은가?
    (A) 보험 설계사
    (B) 지역 상인
    (C) 쇼핑 보조
    (D) 회사 주주

해설 화자는 보험 상품을 추천하고 있습니다. 그러므로 (A)보험 설계사가 가장 적절한 답입니다.

17. 왜 화자는 처음의 전화를 받지 못했나?
    (A) 그녀가 쉬는 날이었다.
    (B) 미팅 중이었다.
    (C) 그녀의 핸드폰을 깜빡 했다.
    (D) 그녀의 사무실을 나갔다.

해설 화자인 여자는 'I'm so sorry I missed it. I was in a meeting with a client 전화를 못 받아서 죄송합니다. 고객과 미팅이 있었습니다'라고 언급하고 있습니다. 이를 보아 이미 청자가 먼저 전화를 했다는 것을 알 수 있고, 받지 못했던 이유는 고객과의 미팅 때문이므로 (B)가 답이 됩니다.

18. 표를 보시오. 화자가 추천하는 보험의 비용은 얼마인가?

Insurance	Cost
Preferred Plus	$2,875
Preferred	$2,600
Regular Plus	$2,390
Regular	$2,150

(A) 2,875 달러
(B) 2,600 달러
(C) 2,390 달러
(D) 2,150 달러

해설 화자가 'I recommend Preferred Plus 저는 Preferred Plus를 추천합니다'라고 직접 보험 상품 이름을 언급하고 있습니다. 그러므로 그 비용에 해당하는 (A) 2,875달러가 정답입니다.

KEY 08   광고 및 방송

Step 2

I   1.(B) 2.(A) 3.(A) 4.(B) 5.(A) 6.(B) 7.(A) 8.(A)

1. 그 거래는 두 번 막다른 길에 다다랐다.
   (A) 합의를 했다 (x)
   (B) 전진할 수 없는 지점에 왔다 (o)

2. 그러나 물론, 안일함은 치명적일 수 있다.
   (A) 실패를 일으키다 (o)
   (B) 성공을 일으키다 (x)

3. 만일 당신이 바깥에 있다면, 가장 가까운 건물 안으로 피할 것을 권고합니다.
   (A) 보호처를 찾다 (o)
   (B) 연기되다 (x)

4. 그가 떠나 있는 동안 제가 그의 자리를 대신해서 잘 채울 수 있기를 바랍니다.
   (A) 그보다 더 일을 잘하다 (x)
   (B) 그의 직책을 대신하다 (o)

5. Golden Bridge에서 마지막 출구까지 차가 꽉 들어찼다.
   (A) 차들이 긴 줄을 만들었다 (o)
   (B) 범퍼를 수리해주는 보증서가 들어있습니다 (x)

6. 친구들을 데리고 자유롭게 나오세요.
   (A) 만일 당신의 친구를 데려온다면, 당신도 초대받는다. (x)
   (B) 당신은 친구와 함께 올 수 있다. (o)

7. 우리는 구름 한 점 없는 청명한 하늘을 보고 있다.
   (A) 구름이 전혀 없는 (o)
   (B) 비가 오지 않는 (x)

8. 그의 가장 최신 영화는 지난주에 극장에서 개봉했다.
   (A) 영화가 출시되다 (o)
   (B) 영화 상영을 멈췄다 (x)

II

1.(B) 2.(A) 3.(B) 4.(A) 5.(B) 6.(A) 7.(A) 8.(A) 9.(A) 10.(B)

1. Silos Industries has successfully merged with Summit Enterprises today.
   오늘 Silos Industries는 Summit Enterprises와 성공적으로 합병했습니다.

2. We cannot deny the educational opportunities for children.
   우리는 어린이들을 위한 교육 기회를 부정할 수 없습니다.

3. The express trains will run every half hour.
   급행열차는 30분마다 운행됩니다.

4. Do not miss out on this chance!
   이 기회를 놓치지 마세요.

5. We're offering a buy one get one free deal when you place a delivery order.
   배달 주문을 하시면 하나 구매 시 하나를 더 증정해 드립니다.

6. We have an exciting line of guests for today's program.
   오늘 프로그램을 위해 흥미로운 출연진들이 준비되어 있습니다.

7. You might want to steer clear from that area and take an alternate route.
   그 지역을 피해 우회로로 가시는 것이 좋습니다.

8. We are a brand new gym opening this weekend.
   우리는 이번 주말에 개장하는 체육관입니다.

9. The unemployment level went up even more despite the efforts to create jobs.
   일자리 창출 노력에도 불구하고 실업률은 더욱 상승했습니다.

10. The temperature today will range from 23 degrees to 26 degrees.
    오늘 기온은 23~26도 사이일 것으로 예상합니다.

III

1. W 우리 다음 출연자인 Josh Hall에 대해 계속 말씀드려왔기 때문에 많은 청취자 여러분들이 우리의 쇼를 듣고 있을 것으로 생각합니다. 그의 가장 최근 영화는 지난 주말 극장에서 개봉했습니다 그리고 단번에 히트를 쳤습니다. 우리는 운이 좋게도 이 스튜디오에 영화 촬영 경험을 우리에게 얘기해 줄 그 영화의 배우를 모셨습니다. 한 가지 말씀드릴게요. 저는 지금 그와 함께 스튜디오에 앉아있는데 실물로 보니 훨씬 더 매력적이네요. 청취자 여러분, 10분 후에 우리의 SNS를 통해 많은 질문을 받을 것입니다. 자 본론으로 들어가서, 우리의 아주 특별한 손님, Josh Hall입니다.

   1) Josh Hall, 최근 개봉한 영화 속 배우
   2) 영화 찍는 동안의 경험
   3) SNS를 통해 질문 올리기

2. M 마침내 공식화되었습니다. 두 회사가 공개한 성명서에 따르면, Silos Industries는 성공적으로 Summit Enterprises와 오늘 합병을 했습니다. 오랫동안 끌어지던 M&A 계약은 지난 4년간 큰 화젯거리였습니다. 합병에 대한 계약이 두 번이나 교착 상태에 빠졌지만 여러 번의 신중한 협상 끝에 두 회사는 이제 Silos-Summit Enterprises가 되었습니다. 합병은 경영진을 포함해 두 회사의 임직원들에 관한 고용 조항이 합의되는 순간 최종적으로 확정될 것입니다.

   1) Silos Industries와 Summit Enterprises 간의 합병
   2) 4년
   3) 경영진들을 포함한 두 회사의 직원들에 대한 고용 조건들에 대해 합의

Step 3

I

1. citizens / waiting / past / subway / connect / center / officially / tomorrow / operate / trains / express / run / hour / transport / passenger / airport / between / color / running / seems

2. morning / becoming / temperature / degrees / clear / clouds / quality / excellent / dust / particles / temperature / range / windy / afternoon / jacket / cool / continue / end / weather / back / next

3. update / Utilities / sewage / services / Expect / increase / bills / freeze / rates / electricity / expensive / huge / garbage / same / another / remember / visiting

4. coming / special / want / love / message / Flower / customize / combinations / romantic / pick / wrappers / ribbons / include / flowers / list / available / deliver / specify / message / from / Shop

5. weekend / sports / night / against / first / scored / touchdown / shoulder / held / home / local / playing / league / park / scored / homerun / solidifying / future

6. news / deliver / unemployment / research / institutes / statistics / level / up / despite / create / alarming / youth / between / rate / double / overall / same / increased / landing / deferring / burdens / workshare

II

Q 1~3 1.(A) 2.(A) 3.(B)

M This just in. The city citizens have been waiting for this day **for the past three years. The new subway line 10 which will connect the city center to the airport will officially open tomorrow morning at 5:30am.** The new line will operate both the local trains and the express trains. The express trains will run every half an hour and it will transport a passenger from the city center to the airport in 35 minutes with 7 stops in between. The color for this line will be lavender. **Yes, we're running out of colors it seems like.**

M 뉴스 속보입니다. 시민들이 지난 3년간 이날만을 기다려 왔는데요. 도시 중심가와 공항을 연결할 지하철 10호선이 공식적으로 내일 오전 5시 30분에 개통될 것입니다. 새로운 호선은 보통 열차와 급행열차로 운영될 것입니다. 급행열차는 30분에 한 번씩 운행될 것이고 승객을 도시 중심부에서 공항으로 7개의 역을

거쳐 35분 만에 수송할 것입니다. 이 노선의 색은 라벤더 색입니다. 네, 남은 색깔 종류가 이제 얼마 남지 않았네요.

1. 이 뉴스의 목적은 무엇인가?
   (A) 새로운 지하철 노선의 개통을 알리기 위해
   (B) 지하철 주변 지역의 개발을 알리기 위해
   (C) 새로운 도로의 공사 계획을 알리기 위해
   (D) 지하철 월 정기 이용권의 도입을 알리기 위해

   해설 목적을 묻는 문제는 발화의 전체 정보를 묻는 것입니다. 즉, 주제를 찾는 것으로 키워드나 전체 흐름을 파악하면 정답을 찾기 쉽습니다. 특히 발화의 앞부분에 등장하는 경우가 많습니다. 이 뉴스에서도 앞부분에 'The new subway line 10 ~ will officially open tomorrow morning at 5:30am 지하철 10호선 라인이 내일 오전 5시 30분에 공식적으로 개통될 것입니다'라고 언급된 것으로 보아 목적은 (A)라는 것을 알 수 있습니다.

2. 새 지하철 노선에 대해 사실이 아닌 것은 무엇인가?
   (A) 그것은 공식적으로 내일 아침 오전 5시에 개통될 것입니다.
   (B) 도시 중심부와 공항을 연결할 것입니다.
   (C) 보통 열차와 급행열차가 있습니다.
   (D) 도시 중심부에서 공항까지 급행열차로 35분 걸릴 것입니다.

   해설 오전 5시가 아닌 5시 30분이 개통 시간이므로 정답은 (A)입니다.

3. 새로운 지하철 노선의 공사는 얼마나 걸렸는가?
   (A) 2년
   (B) 3년
   (C) 4년
   (D) 5년

   해설 정확하게 몇 년이 걸렸다는 표현은 나오지 않지만, 제일 처음에 'waiting for this day for the past three years 이날을 지난 3년 동안 기다려온'이라는 표현이 나옵니다. 이를 볼 때 지하철 노선 공사는 총 3년간 진행되었다고 볼 수 있습니다.

Q 4~6   4.(A) 5.(A) 6.(A)

W Good morning, everyone. It is becoming a beautiful Sunday morning. The temperature this morning is 25 degrees in Seoul. We're seeing a clear blue sky without a patch of clouds. The air quality is also excellent with very low levels of fine dust and pollution particles. The temperature today will range from 23 degrees to 26 degrees. But it'll get a little windy in the afternoon for those of you planning picnics. Please, remember to bring a light jacket. But after tomorrow, sunny and nice cool weather should continue right until the end of this week. This has been your weather update. I'll be back in the next hour with more news.

W 안녕하세요 여러분. 아름다운 일요일 아침입니다. 오늘 아침 서울 기온은 25도입니다. 우리는 구름 한 점 없는 청명한 하늘을 보고 있습니다. 공기 질은 매우 낮은 수준의 미세 먼지와 오염 입자들로 아주 좋습니다. 오늘 기온은 23도에서 26도 사이일 것입니다. 그러나 오후에 소풍을 계획하신 분들은 약간 바람이 불 것입니다. 가벼운 외투를 챙기는 걸 기억하세요. 하지만 내일은 화창하고 시원한 날씨가 이번 주말까지 계속될 것

입니다. 지금까지 날씨 소식이었습니다. 더 많은 소식으로 다음 시간에 돌아오겠습니다.

4. 오늘 날씨는 어떤가?
   (A) 청정한 공기에 멋진 푸른 하늘
   (B) 아침과 저녁에 쌀쌀함
   (C) 오후에 비가 올 가능성이 있음
   (D) 온종일 강한 바람

   해설 오늘 날씨는 이 방송의 주제입니다. 일기예보 진행자로 보이는 화자는 방송의 앞부분에 오늘의 날씨에 대해 언급하고 있습니다. 'We're seeing a clear blue sky without a patch of clouds 우리는 구름 한 점 없는 청명한 하늘을 바라보고 있습니다'라는 말을 볼 때 (A)가 정답임을 알 수 있습니다.

5. 일기예보는 언제 방송되는가?
   (A) 아침에
   (B) 정오에
   (C) 오후 5시에
   (D) 밤에

   해설 예보가 방송되는 시간은 화자의 인사말이나 프로그램 소개 시에 주로 등장합니다. 여기에서 화자는 제일 처음에 'Good morning'으로 시작합니다. 그러므로 아침에 방송되는 것임을 알 수 있습니다.

6. 화자는 청자에게 오후에 무엇을 하라고 권하는가?
   (A) 외투를 입다
   (B) 운전을 조심하게 하다
   (C) 밖에 나가는 것을 피하다
   (D) 우산을 가져가다

   해설 화자는 'remember to bring a light jacket 얇은 외투를 가지고 갈 것을 기억하세요'라는 말을 합니다. 이를 볼 때 (A)가 정답임을 알 수 있습니다.

Q 7~9   7.(A) 8.(C) 9.(A)

M Next we have an update from the City Utilities on its lights, sewage, water and electricity services. Expect to see a minor increase in your utilities bills next month. After many years of rate freeze, the City Utilities have increased rates by 0.25%. Your water, sewage, lights and electricity will be that much more expensive but you won't see a huge increase. The garbage rate will stay the same for another year. Always remember to recycle and save energy. You can find out what utility bills will be raised by visiting our website www.CityUtilities.or.kr.

M 다음으로 전기, 하수, 수도와 관련된 도시 공공사업으로부터의 소식입니다. 다음 달부터 공공 요금에 약간의 증가가 있을 것으로 예상됩니다. 다년간의 요금 동결 후에 도시 공공 사업은 0.25%까지 요금이 증가해왔습니다. 여러분의 수도, 하수, 전기세는 조금 더 비싸질 뿐이지 큰 폭의 증가는 없을 것입니다. 쓰레기 요금은 전년도와 같게 유지될 것입니다. 항상 재활용해주시고 에너지 절약하는 것을 기억하세요. 웹사이트 www.CityUtilities.or.kr에 방문하시면 어떤 공공요금이 인상될지 확인할 수 있습니다.

7. 화자에 따르면, 다음 달에 무슨 일이 일어날 것인가?
   (A) 도시 공공요금은 약간 증가할 것이다.
   (B) 전기와 가스비 인상 범위는 제한될 것이다.
   (C) 집집마다 자체 수질 처리 시스템을 설치할 것이다.
   (D) 국가의 가장 큰 공익사업에서 전기세를 2% 인상할 것이다.

   해설 'Expect to see a minor increase in your utilities bills next month 다음 달부터 공공요금에 약간의 증가가 있을 것으로 예상됩니다'라고 언급한 것을 보아 (A)가 정답입니다

8. 이번에 요금이 증가하지 않을 것처럼 보이는 서비스는 무엇인가?
   (A) 하수
   (B) 수도
   (C) 쓰레기
   (D) 전기

   해설 'The garbage rate will stay the same for another year 쓰레기 요금은 전년도와 같게 유지될 것입니다'라고 언급한 것을 볼 때 (C)가 정답입니다.

9. 웹사이트에서 무엇을 찾을 수 있는가?
   (A) 공공요금에 대한 정보
   (B) 공공사업에 대한 정보
   (C) 대중교통에 대한 정보
   (D) 하수 처리에 대한 정보

   해설 웹사이트 같이 추가적인 정보를 제공하는 것과 관련된 내용은 발화의 마지막 부분에 등장하는 경우가 많습니다. 특히 웹사이트의 주소를 언급할 시에는 내용이 귀에 잘 들어오기 때문에 주소 앞, 뒤 내용에 집중한다면 정답을 찾는 데 도움이 될 것입니다. 이 화자도 'You can find out what utility bills will be raised 어떤 공공요금이 인상될지 찾아볼 수 있습니다'라고 말한 것을 보아 웹사이트에서 요금에 대한 추가적인 정보를 찾을 수 있습니다.

Q 10~12   10.(B) 11.(A) 12.(A)

> M The Valentine's Day is coming up. Do you have someone special in your life? Do you want to say you love him or her? Send the message with Danny's Flower Shop. You can customize your flower combinations to send a romantic message. You can pick the color of the wrappers and ribbons. We can also include a card with your flowers. <u>You can find a list of available flowers on our website.</u> We will deliver the flowers to your Valentine on the day and time you specify. Say your message with flowers from the Danny's Flower Shop.

M 발렌타인 데이가 다가오고 있습니다. 당신의 삶에 특별한 누군가가 있나요? 당신은 그나 그녀에게 사랑한다고 말하길 원하나요? Danny의 꽃가게에서 메시지를 전하세요. 낭만적인 메시지를 보내기 위해 꽃의 조합을 주문 제작할 수 있습니다. 포장지와 리본의 색을 고를 수 있습니다. 또한 우리는 당신의 꽃에 카드를 포함시킬 수 있습니다. 웹사이트에서 이용 가능한 꽃의 목록을 찾을 수 있습니다. 당신이 알려 주신 날짜와 시간에 맞춰 그 상대에게 꽃을 전할 것입니다. Danny의 꽃가게에서 꽃으로 당신의 메시지를 전하세요.

10. 화자가 운영하는 사업은 무엇인가?
    (A) 빵집
    (B) 꽃가게
    (C) 레스토랑
    (D) 슈퍼마켓

    해설 위의 본문은 한 업체의 광고입니다. 이때 업종을 묻는 말에 대답은 보통 그 업체의 이름에서 드러나는 경우가 많습니다. 위의 경우에도 Danny's Flower Shop이라고 가게를 소개하고 있습니다. 그러므로 (B)가 정답입니다.

11. Danny의 꽃가게에서 제공하는 서비스는 무엇인가?
    (A) 꽃의 조합을 주문 제작하기
    (B) 국제 배송
    (C) 멕시코 악단 고용
    (D) 배달 전 꽃 사진 촬영

    해설 꽃을 customize(주문 제작하다)하여 메시지를 전달할 수 있다고 언급하였으므로 정답은 (A)입니다.

12. 웹사이트에서 무엇을 발견할 수 있는가?
    (A) 꽃 목록
    (B) 가격표
    (C) 쿠폰 북
    (D) 메시지 형식

    해설 화자가 'You can find a list of available flowers on our website 웹사이트에서 이용 가능한 꽃의 목록을 찾을 수 있다'라고 언급하고 있습니다. 답은 (A) 꽃의 목록이 됩니다.

Q 13~15   13.(D) 14.(A) 15.(A)

> M <u>This is your weekend sports wrap.</u> It was a big night for the Chasers, as they won against the Rangers for the first time in five years. Michael MacCauly scored the first touchdown despite his shoulder injury. The next game will be held on home ground on the 19th. <u>In Baseball, Don Kelly</u>, the local high school protégé playing his first major league game knocked it out of the park. <u>Kelly scored the first homerun</u> for his team, solidifying his presence as a future MVP.

M 주말의 간추린 스포츠 소식입니다. 5년만에 처음으로 Rangers에 이긴 Chasers를 위한 멋진 밤이었습니다. Michael Mac Cauly는 어깨 부상에도 불구하고 첫 터치다운을 했습니다. 다음 경기는 19일 홈 구장에서 열릴 것입니다. 야구에서는 지역 고등학교 유망주 Don Kelly가 첫 번째 메이져리그 게임에서 장외 홈런을 쳤습니다. 미래 MVP로 자신의 존재를 굳히며 첫 번째 홈런으로 자신의 팀에게 득점을 안겨 주었습니다.

13. 이 뉴스의 주요 소식은 무엇인가?
    (A) 어린이를 위한 운동 수업
    (B) 다음 올림픽의 개최국
    (C) 다음 Chasers의 경기는 홈 경기일 것이다.
    (D) 스포츠 게임의 결과

    해설 화자는 지난 경기 내용을 요약하여 전달해주고 있습니다. 그러므로 정답은 (D)입니다.

14. Don Kelly는 누구인가?
    (A) 야구 선수
    (B) 농구 선수
    (C) 축구 선수
    (D) 배구 선수

해설 사람의 이름이 문제에 주어진다면 보기를 미리 읽고 그 이름이 나타나는 앞, 뒤부분에 좀 더 집중해야 합니다. 'In Baseball, Don Kelly 야구에서 Don Kelly는'이라는 부분을 통해 (A) 야구 선수라는 것을 알 수 있습니다. 그뿐만 아니라 맨 마지막에 'Kelly scored the first homerun Kelly는 첫 홈런을 기록했다'는 내용을 통해서도 알 수 있습니다.

15. 왜 화자는 "knocked it out of the park"라고 말하는가?
    (A) 선수가 경기를 너무 잘했다.
    (B) 선수가 경기장에서 누군가와 몸싸움을 했다.
    (C) 선수는 죽도록 폭행당했다.
    (D) 선수들과 팬들 사이에 큰 싸움이 있었다.

해설 knock(때리다, 치다)라는 뜻은 '사람을 때려 어떤 상태가 되게 하다'라는 hit과 같은 의미를 지닙니다. 하지만 화자의 의도를 묻는 문제에서는 앞뒤 맥락을 함께 파악해야 합니다. 특히, 뒤에 'out of the park'는 '야구장 밖으로'라는 뜻으로 해석할 수 있으므로 결과적으로 '장외 홈런을 쳤다'의 의미로 해석을 할 수 있습니다. 홈런은 팀에게 득점을 안겨주기 때문에 (A)가 정답이 됩니다.

Q 16~18   16.(D) 17.(A) 18.(D)

> M Our next news item doesn't make us so happy to deliver. The unemployment statistics came in from major research institutes. According to the statistics, the unemployment level went up even more despite efforts to create jobs. What is even more alarming is the youth unemployment rate. For those between the ages of 15 and 29, <u>the unemployment rate in 2014 is exactly double that of the overall rate in the same year</u>. Due to the increased difficulty in landing a secure job, a lot of college students are deferring graduation. At a time like this, the government asks all generations to share burdens. So, <u>most companies plan to introduce a peak salary workshare program</u>.

M 다음은 무거운 마음으로 전해드리는 소식입니다. 실업률 통계가 주요 연구 기관을 통해 산출되었습니다. 통계에 따르면 실업률은 일자리를 창출하려는 노력에도 불구하고 훨씬 더 증가했습니다. 심지어 더 놀라운 것은 청년 실업률입니다. 15세에서 29세 사이에 청년들의 2014년 실업률이 같은 해 전체 실업률의 정확히 두 배입니다. 안정적인 직장을 얻는데 어려움이 커졌기 때문에, 많은 대학교 학생들은 졸업을 미루고 있습니다. 이러한 상황에서, 정부는 모든 세대가 짐을 나누도록 요구합니다. 그래서, 대부분 회사는 임금 피크제 도입을 계획하고 있습니다.

16. 이 보도는 무엇에 관한 것인가?
    (A) 입사 면접을 위한 팁
    (B) 청년 범죄에 대한 통계
    (C) 더 많은 직업을 만들기 위한 노력
    (D) 실업률

해설 이 본문의 전체 내용에 관한 질문입니다. unemployment(실업)과 관련하여 청년실업, 전체 실업률의 수치 등이 등장하는 것으로 보아 (D)가 정답이 됩니다. (A)와 (B)는 전혀 등장하지 않은 내용이므로 쉽게 오답으로 제거할 수 있습니다. (C)는 본문에 등장하기는 했으나 전체 주제가 될 수 없으므로 오답입니다.

17. 뉴스에 따르면, 실업의 해결책으로 고려되는 것은 무엇인가?
    (A) 임금 피크제의 도입
    (B) 성과급 체계의 폐지
    (C) 사임 권고
    (D) 실업 급여의 확장

해설 보도의 특성상 현 상황을 이야기한 후 해결책이 등장하는 경우가 많습니다. 이 본문에서 제시하는 문제는 높은 실업률로 이에 대해 'most companies plan to introduce a peak salary workshare program 대부분 기업은 임금 피크제 도입을 계획하고 있습니다'라고 언급하고 있습니다. 즉, 임금 피크제가 하나의 대책으로서 제시되고 있으므로 (A)가 정답입니다. 나머지 보기는 본문에서 등장하지 않은 내용이므로 오답입니다.

18. 표를 보시오. 2014년 청년 실업률은 얼마인가?

Year	Overall	Youth
2013	3.2	7.5
2014	4.5	

(A) 6.4
(B) 8
(C) 7.5
(D) 9

해설 표를 보고 답을 찾는 새로운 유형의 문제입니다. 미리 표를 파악한 후 듣는다면 관련된 정보를 듣는 데 도움이 될 것입니다. 표는 실업률과 관련된 정보로 2014년 청년 실업률 칸이 비어 있습니다. 본문에서는 화자가 'the unemployment rate in 2014 is exactly double that of the overall rate in the same year 2014년 청년 실업률은 같은 해 전체 실업률의 정확히 두 배입니다.'라고 하는 것을 보아 4.5의 두 배인 (D) 9가 정답이 됩니다.

KEY 09   공지

Step 2

I   1.(B) 2.(B) 3.(A) 4.(B) 5.(A) 6.(B) 7.(B) 8.(B)

1. <u>수개월간 우리 노력의 결실</u>을 보기 위해 회의에 참석하세요.
   (A) 몇 개월간 지불되지 않은 (x)
   (B) 열심히 일한 것에 대한 보상 (o)

2. 2달의 <u>수습 기간</u> 후에 정규직이 될 것이다.
   (A) 지원서 제출 후 기다리는 기간 (x)
   (B) 사람을 고용한 후 시험하는 기간 (o)

3. 우리는 가능한 빨리 <u>의욕적으로 시작할</u> 필요가 있다.
   (A) 새로운 활동을 즉시 매우 열심히 그리고 성공적으로 하다 (o)
   (B) 매우 빨리 달리다 (x)

4. 기상청에 따르면, 우리는 그때까지 이륙을 <u>허가 받을</u> 것이다.
   (A) 명백해지다 (x)
   (B) 권한을 받다 (o)

5. <u>선착순이다.</u>
   (A) 처음에 도착한 사람이 먼저 제공받을 것이다. (o)
   (B) 처음에 예약한 사람이 먼저 제공받을 것이다. (x)

6. <u>질서 정연하게</u> 계단을 사용하여 건물을 나가시오.
   (A) 가장 빠른 방법으로 (x)
   (B) 체계적이고 잘 통제된 방식으로 (o)

7. 물은 내일 오전 8시에 끊길 것이다.
   (A) 양을 줄이다 (x)
   (B) 공급을 중단하다 (o)

8. 다음 가게는 1월 1일까지 문을 닫는다.
   (A) 영구적으로 폐업하는 (x)
   (B) 일시적으로 휴업하는 (o)

II

1.(B) 2.(A) 3.(A) 4.(A) 5.(A) 6.(A) 7.(B) 8.(A) 9.(B) 10.(A)

1. We'll let you know the new date for the workshop next week.
   다음 주 내로 새로운 워크샵 일정을 알려드리겠습니다.

2. You can also request a day off via the new intranet.
   새 인트라넷을 통해 휴가를 신청하실 수 있습니다.

3. The front gate is currently being remodeled.
   정문은 리모델링 공사 중입니다.

4. I want the team leaders to draft a proposal by the end of this week.
   팀장들은 금주까지 제안서 초안을 제출해주시기 바랍니다.

5. This plane will depart shortly from Seattle to New York.
   이 비행기는 시애틀에서 뉴욕으로 갑니다.

6. Please note that all areas of this aircraft are non-smoking areas.
   기내의 모든 영역은 금연구역입니다.

7. You're eligible for a 10-dollar gift coupon redeemable on your next purchase.
   다음 구매 시 사용 가능한 10달러 상품권을 받으실 수 있습니다.

8. This is the fire drill announcement.
   이 방송은 화재 대피 훈련 안내입니다.

9. To protect the park, please keep the following guidelines.
   공원을 보호하기 위해 다음의 수칙을 지켜주십시오.

10. The process will take up to two days to finish.
    이 과정은 완료까지 최대 이틀 소요될 예정입니다.

III

1. W 안녕하세요 여러분. 여러분도 아시다시피, 창립 멤버 중 한 명이자 가장 오랜 시간 우리 회사의 엔지니어로 일해 온 Jim이 이번 달 말에 39년간의 회사 생활을 끝으로 은퇴하게 되었습니다. 그는 현재 뉴욕 지사에서 임원 회의 중이나 내일 돌아올 것입니다. 회사에서 그의 성공적인 근무기간을 기념하기 위해, 우리는 본관 2층 회의실에서 오후 5시에 은퇴 기념 파티를 열 것입니다. Jim에게 작별 인사를 하고 싶으신 분들께서는 참석해 주세요. 원하시면 그를 위한 선물과 꽃을 가져오셔도 좋습니다. 내일 오후 5시에 뵙겠습니다.

   1) Jim의 은퇴
   2) 은퇴 축하 파티
   3) 내일 오후 5시, 본관에 있는 2층 회의실에서
   4) 그를 위한 선물과 꽃을 들고 오는 것

2. M 안녕하십니까, 신사 숙녀 여러분. 저는 여러분이 연례 세미나에 참석하여 아주 멋진 경험을 하고 있길 바랍니다. 여러분이 아직 떠날 준비가 되지 않았다고 생각하지만, 불행히도 이제 작별할 시간이 되었습니다. 우리는 40분 후에 이 방을 비워줘야 합니다. 흥미로운 대화는 이제 마무리를 지으시고, 명함을 교환하시며 작별 인사를 해주시기 바랍니다. 만일 오늘 차를 가지고 오셨다면, 안내 데스크에서 주차 쿠폰을 받아 가세요. 그럼 주차요금을 지불하시지 않아도 됩니다. 훌륭한 세미나였기를 희망하며 다시 내년에도 뵙기를 기대하고 있겠습니다. 편안한 밤 보내세요.

   1) 매년 열리는 세미나 (연례 세미나)
   2) 세미나를 진행한 방을 비워야 해서 서로 대화를 마무리 짓고 마지막 인사를 나누라는 요청
   3) 안내 데스크

Step 3

I

1. evening / productive / know / packing / weekend / have / outing / place / Sunday / venue / workshop / severely / storm / flooding / booked / postpone / month / apologize / inconvenience / new

2. have / told / tech / intranet / running / moment / website / password / check / evaluations / over / request / function / improved / messenger / communicate / without / person

3. shoppers / Thanksgiving / Groceries / special / planned / meat / turkeys / down / ten / allowed / up / served / hurry / excess / eligible / redeemable / purchase

4. captain / off / sign / leave / seats / lavatory / areas / aircraft / wear / belts / safety / serving / fifteen / beef / options / evening / dinner / advance / prepared / pocket / active / selection / waiting

5. visiting / Library / closing / desk / five / wish / borrow / come / soon / reading / second / long / study / after / north / hours / through / Saturdays / opens

6. passengers / Airport / important / regarding / changes / scheduling / leave / instead / flight / from / repeat / depart / Airlines / refer / departure / board

II

Q 1~3   1.(D) 2.(D) 3.(A)

W Good evening, everybody. Did you have a productive day today? It is five o'clock and I know a lot of you are packing to leave the office for the weekend. As you know, <u>we have a company outing scheduled to take place this Sunday</u>. But unfortunately, <u>the venue for our company workshop has been severely damaged from last night's storm</u>. There is flooding in the room we booked so we're going to have to postpone our workshop for another month. We apologize for any inconvenience this might cause to your weekend planning. <u>We'll let you know the new date for the workshop next week</u>.

W 안녕하세요 여러분. 오늘도 생산적인 하루를 보냈나요? 다섯 시라 주말을 위해 퇴근을 준비하는 사람들이 많다는 것을 압니다. 아시다시피 우리는 이번 일요일에 회사 야유회 일정이 있습니다. 하지만 불행히도, 우리 회사 연수 장소가 지난밤 태풍으로 인해 심각하게 훼손되었습니다. 우리가 예약했던 곳에 홍수가 났고 그 결과 우리는 다른 달로 회사 연수 일정을 연기해야 할 것 같습니다. 여러분들의 주말 계획에 차질이 생길지도 모르는 불편함에 대해 사과드립니다. 다음 주에 연수를 위한 새로운 날짜를 알려 드리겠습니다.

1. 회사 야유회가 연기된 이유는 무엇인가?
  (A) 주말 태풍경보
  (B) 온도의 급격한 하강
  (C) 해당 장소에서 노동자들의 파업
  (D) 태풍으로 인한 장소 손상

  해설 화자는 'the venue for our company workshop has been severely damaged from last night's storm 우리 회사 워크샵 장소가 지난밤 태풍으로 인해 심각하게 훼손되었습니다'라고 언급하였습니다. 이를 통해 (D)가 정답임을 알 수 있습니다.

2. 원래 회사 야유회는 언제 있을 예정이었는가?
  (A) 월요일
  (B) 화요일
  (C) 목요일
  (D) 일요일

  해설 'we have a company outing scheduled to take place this Sunday 우리는 이번 일요일에 회사 야유회 일정이 있습니다'라는 말을 통해 (D)라는 것을 알 수 있습니다.

3. 다음 주에 무슨 일이 일어날 것이라 예상되는가?
  (A) 회사 야유회의 새로운 날짜가 발표될 것이다.
  (B) 회사 연수 장소를 예약할 것이다.
  (C) 회사 연수가 있을 것이다.
  (D) 이사들은 홍수에 대비할 방법을 논의할 것이다.

  해설 추후 상황이나 행동에 대한 질문에 있어 정답을 찾는 단서는 발화의 마지막에 있는 경우가 많습니다. 마지막에 여자가 'We'll let you know the new date for the workshop next week 다음 주에 연수를 위한 새로운 날짜를 알려 드리겠습니다'라고 하는 것을 보아 (A)가 정답임을 알 수 있습니다.

Q 4~6 4.(A) 5.(A) 6.(A)

M Good morning. I just have been told by the tech department that the new intranet is now all set up and running. **Please take a moment to log onto your intranet website with your ID and password** to check the new system. Your work report and evaluations will now be taking place over the intranet. You can also request for a day off via the new intranet. The newest function of the improved intranet is the instant messenger. You can now communicate with your colleagues from other departments without having to pay a visit in person.

M 안녕하세요. 저는 새로운 인트라넷이 지금 설치되고 실행되고 있다는 것을 기술팀에게 들었습니다. 새로운 시스템을 확인하기 위해 여러분의 ID와 비밀번호로 인트라넷 웹사이트에 잠시 로그인해 주십시오. 여러분의 업무보고와 평가는 이제 인트라넷을 통해 이루어질 것입니다. 또한 새로운 인트라넷을 통해 휴가 신청을 할 수 있습니다. 개선된 인트라넷의 가장 새로운 기능은 메신저입니다. 여러분의 다른 부서 동료들과 직접 방문할 필요 없이 의사소통할 수 있습니다.

4. 무엇에 대한 안내인가?
  (A) 새로운 인트라넷의 도입
  (B) 새로운 버전을 내려받기
  (C) 인트라넷 시스템을 복구하기
  (D) 인트라넷 게시판에서 영어를 사용하기

  해설 남자가 새로운 인트라넷이 설치되었음을 알리고 시스템 확인을 위해 각자 아이디로 로그인을 부탁하는 내용입니다. (B)가 혼동을 유발하는 오답이 될 수 있으나 이미 설치(set up)된 상태이고 다운로드 받으라는 내용이 없으므로 (A)새로운 인트라넷의 도입이 정답입니다.

5. 새로운 인트라넷의 기능이 아닌 것은 무엇인가?
  (A) 건의함
  (B) 휴가 신청
  (C) 메신저
  (D) 평가

  해설 세부사항을 묻는 문제로 대화 곳곳에 정보들이 퍼져 있으므로 보기에 나온 단어들을 미리 보는 것이 좋습니다. 위의 문제에서 (A) 건의함 같은 경우는 본문에서 등장하지 않았으므로 좀 더 쉽게 정답으로 찾을 수 있습니다.

6. 청자들은 무엇을 해야 하는가?
  (A) 그들의 ID와 비밀번호로 인트라넷 웹사이트에 로그인하는 것
  (B) 새로운 시스템에 등록하는 것
  (C) 비밀번호를 변경하는 것
  (D) 신청서를 작성하는 것

  해설 화자는 'Please take a moment to log onto your intranet website with your ID and password 여러분의 ID와 비밀번호로 인트라넷 웹사이트에 잠시 로그인해주십시오'라고 하는 것을 보아 정답은 (A)입니다.

Q 7~9 7.(A) 8.(B) 9.(D)

W **Attention all shoppers**. Happy Thanksgiving, and thank you for shopping at Maggie's Groceries. We have a special promotion planned in time for Thanksgiving at our meat department. All of our turkeys will be marked down 10% starting in ten minutes. Each customer is allowed to buy up to two turkeys. **It's first-come, first-served** so please hurry. Also, **if you make a purchase in excess of 100 dollars today, you're eligible for a 10-dollar gift coupon redeemable on your next purchase**. Happy shopping!

W 모든 쇼핑객은 주목해주십시오. 행복한 추수 감사절 보내시고 Maggie의 식료품점을 이용해 주셔서 감사합니다. 우리는 정육 코너에서 추수감사절에 맞춰 계획한 특별 행사를 하려고 합니다. 모든 칠면조는 10분 후에 10% 할인을 시작할 것입니다. 모든 고객님은 2마리의 칠면조까지 구매하실 수 있습니다. 이 행사는 선착순이므로 서둘러주십시오. 또한, 오늘 100달러 초과 구매 시 다음번 구매에 이용 가능한 10달러 상품권을 받으실 수 있습니다. 즐거운 쇼핑하세요!

7. 누구를 위한 안내인가?
   (A) 고객들
   (B) 학생들
   (C) 직원들
   (D) 레스토랑 주인들

   해설 안내문의 특성상 누구를 위함인지는 보통 인사말에서 드러나는 경우가 많습니다. 'Attention all shoppers 모든 쇼핑객은 주목해주십시오'라는 화자의 말을 볼 때 청자는 shoppers 즉, 고객들이 됩니다.

8. 청자들은 어떻게 할인을 받을 수 있는가?
   (A) 상품권을 사용함으로써
   (B) 도착 순서대로
   (C) 멤버십 카드를 제시함으로써
   (D) 대량으로 구매함으로써

   해설 본문에서 'It's first-come, first-served 선착순입니다'라고 하였으므로 (B)가 정답이 됩니다.

9. 상품권에 대해 무엇이 언급되는가?
   (A) 100달러 이상 구매 시 사용 가능하다.
   (B) 만일 쿠폰이 없다면 할인된 제품을 구매할 수 없다.
   (C) 할인된 칠면조를 산다면 상품권을 받을 수 없다.
   (D) 10달러의 가치가 있고, 다음 구매 시 사용할 수 있다.

   해설 질문에 'the gift coupon(상품권)'에 대한 언급이라 하였으므로, 본문에서도 그 단어가 등장하는 부분에 집중하여 들어야 합니다. 상품권은 'if you make a purchase in excess of 100 dollars today, you're eligible for a 10-dollar gift coupon redeemable on your next purchase 오늘 100달러 초과해서 구매하시면 다음 구매 시 사용할 수 있는 10달러 상품권을 받으실 수 있습니다'라는 화자의 말에서 들을 수 있습니다. 이때 보기 (A)는 상품권을 받는 조건이지 그것을 100달러 이상 구매 시에만 사용할 수 있는 것이 아니므로 주의하셔야 합니다. 가장 적절한 답은 (D)가 됩니다.

Q 10~12   10.(B) 11.(C) 12.(A)

M   Ladies and gentlemen, the captain has turned off the seat belt sign. At this time, you may leave your seats to use the lavatory. Please note that all areas of this aircraft are non-smoking areas. Please wear your seat belts while you're seated for your safety. <u>We will start serving dinner in fifteen minutes</u>. We have beef and vegetarian options available for this evening. If you would like to study the dinner options in advance, <u>refer to the menu prepared in the seat pocket in front of you</u>. In the meantime, in-flight services are now active so enjoy our selection of movies and sitcoms while you're waiting. Thank you.

M   신사 숙녀 여러분, 기장이 안전 벨트 사인을 껐습니다. 이때 여러분은 자리를 떠나 화장실을 이용하실 수 있을 것입니다. 이 비행기는 전체가 금연 구역이라는 것을 알아두시기 바랍니다. 당신이 앉아 있는 동안은 안전을 위해 안전 벨트를 착용해 주시기 바랍니다. 우리는 15분 후에 저녁을 제공해 드리겠습니다. 저녁으로는 소고기나 채식 메뉴를 선택하실 수 있습니다. 만일 사전에 저녁 선택 사항에 대해 알고 싶으시면, 여러분 앞좌석 주머니에 준비된 메뉴를 참고하시기 바랍니다. 이제 기내 서비스가 이용 가능해졌으니 기다리시는 동안 저희가 선정한 영화와 시트콤을 즐기세요.

10. 화자는 누구인가?
    (A) 조종사
    (B) 승무원
    (C) 공항 경찰
    (D) 세관 직원

    해설 기내에서 일어나는 안내 방송으로 보통 기장이나 승무원이 관련 방송을 하게 됩니다. 이 같은 경우에는 기장의 행동에 대해 알려주고 식사 안내까지 하고 있으므로 (B) 승무원이 가장 적절합니다.

11. 좌석 앞주머니에 무엇이 들어있는가?
    (A) 상품 목록
    (B) 안전 메뉴얼
    (C) 저녁 메뉴
    (D) 세관 신고서

    해설 이 질문에서 들어야 할 핵심 어구는 'the pocket in front of them 앞좌석 주머니' 입니다. 이러한 표현이 언제 등장하는지 귀를 기울여 들으셔야 합니다. 지문에서는 'refer to the menu prepared in the seat pocket in front of you 당신의 앞좌석 주머니에 준비된 메뉴를 참고하세요'라고 언급되고 있습니다. 그러므로 답은 (C)가 됩니다.

12. 저녁은 언제 제공될 것인가?
    (A) 15분 후에
    (B) 25분 후에
    (C) 30분 후에
    (D) 50분 후에

    해설 화자가 'We will start serving dinner in fifteen minutes 우리는 15분 후에 저녁을 제공할 것입니다'라고 하였으므로 답은 (A) 입니다.

Q 13~15   13.(C) 14.(A) 15.(B)

M   Thank you for visiting the Jefferson Community Library. It is now 9:25pm and the library will be closing soon. The check-out desk will be closing in five minutes. If you wish to borrow a book today, please come to the check-out desk as soon as possible. Also, <u>the library will close in 35 minutes at 10pm. But the reading room on the second floor is open all night long</u>. If you want to study in the reading room after the library is closed, use the north gate. The library hours are from 9am to 10pm, Monday through Friday. <u>On Saturdays, the library opens from 9am to 5pm</u>. We're closed on Sundays. Thank you.

M   Jefferson 마을 도서관에 방문해주셔서 감사합니다. 지금은 오후 9시 25분으로 도서관은 곧 문을 닫습니다. 대출하는 곳은 5분 후에 문을 닫을 것입니다. 만일 오늘 책을 빌리길 원하시면, 가능한 한 빨리 대출하는 곳으로 오십시오. 또한, 도서관은 35분 후인 10시에 문을 닫을 것입니다. 그러나 2층 열람실은 24시간 개방입니다. 만일 도서관이 닫힌 후 계속 공부하길 원하시면, 북문을 이용하십시오. 도서관 이용 시간은 월요일부터 금요일 오전 9시에서 오후 10시까지입니다. 토요일은 오전 9시에서 오후 5시까지입니다. 일요일은 휴관입니다. 감사합니다.

13. 화자는 35분 후에 무슨 일이 일어날 것이라고 말하는가?
    (A) 열람실에서 시 읽기를 할 것이다.
    (B) 책 사인회 행사가 시작될 것이다.
    (C) 도서관은 문을 닫을 것이다.
    (D) 청자는 새로운 도서관 카드를 신청할 수 있다.

    해설 질문에 구체적인 시간 표현인 'in thirty five minutes 35분 후에'가 제시되어 있습니다. 그러므로 본문에서도 같거나 유사한 표현에 집중한다면 좀 더 쉽게 정답을 찾을 수 있습니다. 화자가 'the library will close in 35 minutes at 10pm 도서관은 35분 후인 10시에 문을 닫을 것입니다'라고 말하고 있으므로 답은 (C)가 됩니다.

14. 열람실에 대해 무엇이 언급되어 있는가?
    (A) 24시간 열려있다.
    (B) 3층에 있다.
    (C) 도서관 회원만 이용할 수 있다.
    (D) 장애인을 위한 지정석이 있다.

    해설 reading room(열람실)이 문제의 키워드이므로 듣기 방송에서도 이 부분에 주의하여 들어야 합니다. 화자는 'the reading room on the second floor is open all night long 2층에 있는 열람실은 24시간 개방하고 있습니다'라고 언급한 것을 보아 (A)가 정답입니다. (C)와 (D)는 언급되어 있지 않으므로 오답입니다.

15. 도서관은 토요일 몇 시에 문을 닫는가?
    (A) 오후 4시
    (B) 오후 5시
    (C) 오후 5시 30분
    (D) 오후 6시 30분

    해설 이 문제에서도 Saturdays(토요일)이라는 구체적인 시간 정보가 주어지고 있습니다. 본문에서 토요일과 관련된 정보는 'On Saturdays, the library opens from 9am to 5pm 토요일에 도서관은 오전 9시에서 오후 5시까지 열려 있습니다'라는 표현에서 찾을 수 있습니다. 그러므로 정답은 (B)입니다.

Q 16~18   16.(A) 17.(C) 18.(A)

M   Good afternoon, passengers. Thank you for using Seoul International Airport. I have an important announcement to make regarding the gate changes. <u>Due to some scheduling conflicts, Blue Air flight 202 to London will leave from Gate 20 instead of 13.</u> Island Airlines flight 71 to Hawaii will leave from Gate 31 instead of 27. I repeat. Blue Air flight 202 to London will depart from Gate 20. Island Airlines flight 71 to Hawaii will depart from Gate 31. United Airlines flight 502 from Gate 27. Jasmine Air flight 308 from gate 18. Please refer to the departure board for the changes. Thank you.

M   안녕하십니까, 승객 여러분. 서울 국제공항을 이용해주셔서 감사합니다. 탑승구 변경에 대해 중요한 공지사항이 있습니다. 몇몇 일정이 겹치는 관계로 런던행 Blue Air 202편 비행기는 탑승구 13번 대신 20번에서 출발할 것입니다. 하와이행 Island Airlines 71편 비행기는 탑승구 27번 대신 탑승구 31번에서 출발할 것입니다. 다시 한 번 말씀드립니다. 런던행 Blue Air 202편 비행기는 탑승구 20번에서 출발할 것입니다. 하와이행 Island Airlines 202편 비행기는 탑승구 31번에서 출발할 것입니다. United Airlines 502편 비행기는 탑승구 27번, Jasmine Air 308편 비행기는 탑승구 18번입니다. 변경 사항은 출발 안내 전광판을 참고해 주십시오. 감사합니다.

16. 안내문은 어디서 만들어지는가?
    (A) 공항에서
    (B) 면세점에서
    (C) 항공사에서
    (D) 기내에서

    해설 이는 담화가 이루어지는 맥락을 파악해야 합니다. 직접적으로 장소가 언급되는 경우가 있으나 그렇지 않을 경우는 키워드를 통해 파악할 수 있습니다. gate(탑승구)에 대한 안내는 공항과 가장 잘 어울리는 키워드이므로 (A)가 정답입니다.

17. 탑승구는 왜 변경되었는가?
    (A) 공항에 보안 문제가 생겼다.
    (B) 시스템에 작은 오류가 발생했다.
    (C) 비행 스케줄에 문제가 있었다.
    (D) 날씨가 나빠졌다.

    해설 탑승구 변경의 이유는 화자가 'Due to some scheduling conflicts 몇몇 일정이 겹치는 관계로'라고 언급한 곳에서 찾을 수 있습니다. 그러므로 (C)가 정답입니다.

18. 표를 보시오. 출발 안내 전광판에 어느 비행편의 정보가 잘못 기재되었는가?

GATE	FLIGHT
13	Blue Air 202
18	Jasmine Air 308
31	Island Airlines 71
27	United Airlines 502

(A) Blue Air 202
(B) Jasmine Air 308
(C) Island Airlines 71
(D) United Airlines 502

해설 'Blue Air flight 202 to London will leave from Gate 20 instead of 13 런던행 Blue Air 202 비행편은 13번 탑승구 대신 탑승구 20번에서 출발할 것입니다'라고 하는 것을 보아 답은 (A)입니다.

KEY 10   인물 소개 및 강연

Step 2

I   1.(B) 2.(B) 3.(A) 4.(B) 5.(A) 6.(B) 7.(B) 8.(B)

1. 그녀는 현재 운동 재활의 박사 학위 과정을 밟고 있다.
   (A) 의사로 일하고 있다 (x)
   (B) 박사 학위를 받기 위해 노력하고 있다 (o)

2. 저는 오늘 CEO의 자리에서 물러납니다.
   (A) 승진하는 (x)
   (B) 사임하는 (o)

3. 기다리시는 동안 간식과 음료를 마음껏 드세요.
   (A) 허가 없이 원하는 것을 취하다 (o)
   (B) 원하는 것을 얻기 위해 허락을 맡다 (x)

4. 이것은 필수 과목 중 하나입니다.
   (A) 선택 과목 (x)
   (B) 필수 과목 (o)

5. 자기 자신에 대해 <u>본인의 말로</u> 우리에게 말해주세요.
   (A) 모방하지 않고 말하다 (o)
   (B) 큰 소리로 말하다 (x)

6. <u>너무 많은 칼로리를 줄이는 것</u>은 장기적으로 퇴행성 질환을 야기하는 효과를 가질 것이다.
   (A) 야채 썰기 (x)
   (B) 극단적으로 칼로리 섭취를 줄이는 것 (o)

7. 우리는 <u>모든 손해</u>를 회복했다.
   (A) 질병에서 회복하다 (x)
   (B) 재정적 손실을 회복하다 (o)

8. <u>저희는 현재 진행되고 있는 대통령 후보자 토론회에 와 있습니다.</u>
   (A) 몇몇 대통령 후보자들은 토론회를 생략하는 것을 계획하고 있다. (x)
   (B) 대통령 후보자들은 토론회를 갖고 있다. (o)

II   1.(A) 2.(B) 3.(A) 4.(B) 5.(B) 6.(A) 7.(A) 8.(B) 9.(A) 10.(B)

1. It is my great honor and privilege to introduce our next speaker.
   다음 연사를 소개하는 것이 저의 엄청난 영광과 특권입니다.

2. Ms. Bloom started competing professionally at the age of twelve.
   Ms. Bloom은 12살 때부터 전문 선수 생활을 시작했습니다.

3. Today, I am going to tell you about the importance of a well-balanced diet.
   오늘 저는 여러분들께 균형 잡힌 식단의 중요성에 대해 이야기할 것입니다.

4. Here are some things you can do to do your part in saving the environment.
   환경 보호를 위해 여러분들이 할 수 있는 몇 가지 일들이 있습니다.

5. Sometimes these cartoons even teach them some new words or math.
   가끔은 이런 만화들이 그들에게 새로운 단어나 수학을 가르쳐줍니다.

6. Thank you for trusting me with such a big responsibility.
   저를 믿고 이런 큰 책임을 맡겨주셨던 것을 감사드립니다.

7. I have known Mr. Cooke from my previous venture.
   저는 Mr. Cooke을 이전의 벤처기업에서부터 알았습니다.

8. As of yesterday, Gina Wilson has joined our team as the new fashion editor.
   어제부로 Gina Wilson이 새로운 패션 편집자로 우리 팀에 함께하게 되었습니다.

9. I have an important announcement to make.
   중요한 공지사항이 있습니다.

10. This class is Introduction to Geology.
    이것은 지질학 개론 수업입니다.

III

1. M 저희 회사에 관심을 가져주셔서 감사합니다. 저는 인사부 부장인 Jeff Hawthorne입니다. 곧 저희는 여러분을 4명씩 7조로 나눌 것입니다. 각 조는 첫 번째 면접을 함께 치를 것입니다. 이 그룹 면접은 서로 알아가기 위한 대화를 나누는 비형식적인 면접입니다. 그룹 면접이 끝난 후에는, 각 면접자들은 대략 15분 간 개인 면접을 볼 것입니다. 이 개인 면접은 더 전문성을 측정하고자 하는 면접이 될 것입니다. 전체 과정은 대기 시간을 포함하여 약 1시간이 걸릴 것입니다. 기다리시는 동안 음료와 간식을 마음껏 드세요.

   1) 인사부서
   2) 면접자, 지원자
   3) 4명
   4) 1시간

2. W 오늘 발표할 준비가 되었습니까? 우리는 시간이 모자라는 일이 없도록 곧바로 시작하겠습니다. 조별로 발표할 시간 20분이 주어집니다. 각 조는 5명의 학생들로 구성되어 있으므로, 한 사람당 약 4분간의 발언 시간을 가질 수 있도록 해주십시오. 발표가 끝날 때 다른 학생들이 여러분이 했던 발표에 대해 질문할 것입니다. 그 기회를 활용해 귀중한 피드백을 받으세요. 여러분의 발표뿐만 아니라 내용에도 점수가 매겨질 것입니다. 자. 그럼 1번 팀부터 시작할게요. 행운을 빌어요.

   1) 발표
   2) 발표와 내용
   3) 20분

Step 3

I

1. honor / privilege / introduce / renowned / attorney / refugees / Recently / defended / parts / where / suppressed / advocated / universal / rights / give / applause / keynote / speaker

2. honor / joining / firm / CEO / introducing / Financial / from / previous / mentioned / started / venture / pan / planned / separate / taking / reached / offer / could / thrilled

3. asked / gather / because / announcement / employees / present / toughest / sank / dismal / under / pressure / lay / least / solution / manufacturing / profitable / focus / popular / numbers / in / recuperated / losses / turned

4. sure / chance / newest / take / opportunity / welcome / As / joined / editor / assignment / fall / place / appreciate / help / busy / could / introduce

5. coming / director / hospital / behalf / medical / interest / patients / mandatory / volunteers / beginning / year / long / create / bring / giving / general

6. Thank / amazing / express / moment / expectation / wildest / thought / Actress / when / hiatus / programmer / over / back / opportunity / director / thanking / writer

II

Q 1~3   1.(D) 2.(A) 3.(B)

W   It is my great honor and privilege to introduce our next speaker. He is a renowned human

rights attorney working with refugees all around the world. Recently **he has defended women's rights** in the parts of the world where women's rights are severely suppressed. He advocated for universal education which includes the girls in these countries, and also equal marriage rights. Ladies and gentlemen, let's give a round of applause to our **keynote speaker**, Mr. David Park.

W 다음 발표자를 제가 소개하게 되어 정말 영광스럽고 저에겐 특권입니다. 그는 전 세계 난민들을 위해 일하는 유명한 인권 변호사입니다. 최근 그는 여성의 권리가 심각하게 억압받는 곳에서 여성의 권리를 변호하고 있습니다. 그는 이러한 나라에서 소녀들을 포함하는 보편교육과 결혼생활에서의 동등한 권리를 지지했습니다. 신사 숙녀 여러분, 우리의 기조연설자 Mr. David Park에게 큰 박수 부탁 드립니다.

1. 이 소개문이 나올 가능성이 가장 높은 곳은 어디인가?
   (A) 법정
   (B) 교도소의 독방
   (C) 병원
   (D) 회의실

   해설 'It is my great honor and privilege to introduce our next speaker 다음 발표자를 제가 소개하게 된 것은 저에겐 큰 영광이며 특권입니다'라며 '발표자, 연설자'를 소개하고 있는 내용입니다. 특히, 마지막에 'keynote speaker 기조연설자'라고 다시 언급하고 있는 것으로 보아 네 가지 보기 중 (D) 회의실이 가장 적절한 답이 됩니다.

2. Mr. David Park은 누구인가?
   (A) 변호사
   (B) 사회 복지사
   (C) 외교관
   (D) 학자

   해설 그의 신분, 직업을 묻고 있는 문제입니다. 이는 Mr. David Park를 소개할 때 거의 제일 처음에 등장할 수 있는 내용입니다. 'He is a renowned human rights attorney 그는 유명한 인권 변호사입니다'라고 하는 것을 보아 (A)가 정답입니다.

3. Mr. David Park에 대해 언급된 것은?
   (A) 그는 불법 이민자들과 함께 일하는 인권 변호사이다.
   (B) 그는 여성의 권리를 보호하기 위해 노력해왔다.
   (C) 그는 수월성 교육을 지지한다.
   (D) 그는 여성학 수업을 개설한다.

   해설 Mr. David Park에 대한 세부적인 정보를 묻고 있는 문제입니다. 그의 소개를 하는 부분에서 정답의 단서를 찾을 수 있습니다. 화자가 'he has defended women's rights 그는 여성의 권리를 옹호해왔다'라고 언급한 것을 보아 (B)가 정답임을 알 수 있습니다. (A)의 경우 illegals(불법 체류자들)과 함께 일을 하기 보다는 본문에서 refugee(난민)과 함께 일했다고 했으므로 오답입니다. (C)의 경우는 수월성 교육보다는 universal education(보편교육)을 지지했으므로 오답입니다. (D)는 본문에서 등장하지 않으므로 오답입니다.

Q 4~6   4.(C) 5.(A) 6.(B)

W Thank you, Mr. Cooke. Good morning, everyone. It is my honor and privilege to be joining the firm today. As the CEO kindly said when introducing me, **my name is Sarah McIntosh, the new Chief Financial Officer**. I have known Mr. Cooke from my previous venture, as he has already mentioned. We started a company together ten years ago. Our venture didn't pan out the way we planned, so we both went our separate ways taking jobs with different companies. So **when he reached out to me last month with a job offer**, I could not have been more thrilled.

W 감사합니다, Mr. Cooke. 안녕하세요, 여러분. 오늘 이 회사에 함께 하게 되어 저에게 영광이며 특권입니다. 친절하게 CEO께서 저를 소개하며 말씀하셨듯이, 제 이름은 Sarah McIntosh이며, 새로운 재무담당 최고 책임자입니다. 그가 이미 언급했듯이, 저는 Mr. Cooke와 이전 사업을 통해 이미 알고 지낸 사이입니다. 10년 전 저희는 함께 회사를 시작했습니다. 사업은 저희가 계획한 것처럼 전개되지 않았고, 그 결과 둘 다 다른 회사에 취업하면서 각자의 길로 가게 되었습니다. 지난 달에 그가 저에게 일자리를 제의하기 위해 연락을 주었을 때 굉장히 설레었습니다.

4. 화자가 고용된 직책은 무엇인가?
   (A) 최고 경영자
   (B) 최고 업무 집행 책임자
   (C) 재무 담당 최고 책임자
   (D) 부회장

   해설 화자의 직책은 주로 자신의 신분을 나타내므로 앞부분에 등장하는 경우가 많습니다. 화자는 'my name is Sarah McIntosh, the new Chief Financial Officer 제 이름은 Sarah McIntosh이며 새로운 재무 담당 최고 책임자(CFO)입니다'라고 언급하는 것을 보아 정답은 (C)가 됩니다.

5. 지난 달에 무슨 일이 있었다고 화자는 말하는가?
   (A) 그녀는 일자리를 제안받았다.
   (B) 그녀는 남미에서 돌아왔다.
   (C) 그녀의 출산 휴가는 끝났다.
   (D) 그녀의 회사는 파산했다.

   해설 문제에서 핵심은 'last month 지난 달'입니다. 스크립트에서도 같은 의미가 들어간 표현에 집중하여서 들어야 합니다. 화자가 'when he reached out to me last month with a job offer 그가 지난 달에 일자리를 제의하기 위해 저에게 연락을 했을 때'라고 언급한 것을 보아 답은 (A)가 됩니다.

6. 화자는 왜 "I could not have been more thrilled"라고 말하는가?
   (A) 그녀는 새로운 회사에 적응하는 것에 대해 걱정하고 있다.
   (B) 그녀는 회사에 들어오게 되어 흥분된다.
   (C) 그녀는 혼자서 일하는 것을 원하지 않는다.
   (D) 그녀는 첫 번째 제안을 거절했다.

   해설 화자가 한 말의 의도를 묻는 새로운 유형의 문제입니다. 새로운 직책을 맡게 되면서 자신을 소개할 때 마지막에 언급하고 있습니다. not이라는 부정 표현 때문에 thrilled(매우 흥분한, 황홀한)하지 않다고 볼 수 있으나 오히려 반대로 more와 함께 해석되면서 '이보다 더 흥분할 수는 없다' 혹은 '이보다 더 설렐 수 없었다'라는 표현이 됩니다. 그러므로 정답은 (B)입니다.

Q 7~9 7.(A) 8.(C) 9.(C)

> W I asked all of you to gather here today because I have an important announcement to make. And I wanted to make sure that every one of our company's employees is present when I make the announcement. Last year was the toughest year for all of us. Our profit sank and our sales numbers were dismal. I was under a lot of pressure to lay off at least 30% of our employees. You came up with a solution. We stopped manufacturing with the least profitable product to focus on the popular products. The numbers are just in. We have recuperated all our losses and turned a profit.

W 오늘 여러분들께 제가 여기에 모여달라고 요청한 이유는 중대한 발표가 있기 때문입니다. 그리고 이 발표를 할 때 저는 우리 회사의 직원들이 모두 참석하길 원했습니다. 작년에 우리 모두는 가장 힘든 시기를 겪었습니다. 우리의 이익은 감소했고, 판매 실적은 암울했습니다. 저는 적어도 30%의 직원을 해고해야 하는 상당한 압박에 시달렸습니다. 당신들은 해결책을 떠올렸습니다. 우리는 인기 있는 제품에 집중하기 위해 가장 수익이 적은 제품의 생산을 중단했습니다. 이제 막 수치가 나왔습니다. 우리는 손해를 회복했고, 다시 흑자로 돌아섰습니다.

7. 화자는 누구일 것 같은가?
(A) 최고 경영자
(B) 공무원
(C) 교장
(D) 대통령

해설 employees(직원)에 대해 언급하고, 지난 날 손해와 profit(이익, 흑자)에 관한 얘기를 하고 있는 것으로 보아 (A)가 가장 적절한 답이 됩니다.

8. 화자는 회사에 대해 무엇을 말하고 있는가?
(A) 회사는 많은 빚을 지고 있다.
(B) 회사는 직원의 30%를 해고할 것이다.
(C) 최근 위기를 극복했다.
(D) 회사의 매출은 여전히 변함이 없다.

해설 회사의 경영자로 보이는 화자가 발표하는 주된 내용은 지난 날 적자 위기에서 흑자로 진입하게 되면서, 회사가 위기를 극복한 것에 대해 직원들에게 감사인사를 하는 것입니다. 'we have recuperated all our losses and turned a profit 우리는 모든 손실을 회복했고 흑자로 돌아섰다'라는 표현을 통해 (C)가 정답임을 알 수 있습니다.

9. 표를 보시오. 어느 제품이 생산 중단되었나?

Product	Quarterly profit
XT-7500	$185,460
Advanced XT-7500	$1,204,308
VC-1800	$87,660
VC-2000	$460,645

(A) XT-7500
(B) Advanced XT-7500
(C) VC-1800
(D) VC-2000

해설 본문 내용 중 'We stopped the manufacturing the least profitable product 우리는 가장 적은 수익의 제품의 생산을 중단했다'라는 표현을 통해 정답은 (C)라는 것을 알 수 있습니다.

Q 10~12 10.(A) 11.(A) 12.(D)

> M Good afternoon, everyone. I'm sure many of you already had a chance to meet the newest addition to our staff. But I want to take this opportunity to officially welcome her to our company. As of yesterday, Gina Wilson has joined our team as the new fashion editor. Her first assignment will be the fall fashion week taking place in the next two weeks, so I'm sure she'll appreciate any help you can give her during the busy season. Gina, could you please introduce yourself to the team?

M 안녕하세요, 여러분. 저는 여러분 중 많은 사람들이 새로운 직원을 만날 기회가 이미 있었다는 것을 알고 있습니다. 하지만 저는 정식으로 그녀를 환영할 기회를 갖길 원합니다. 어제부터 Gina Wilson은 새로운 패션 편집자로 우리의 팀에 합류하게 되었습니다. 그녀의 첫 임무는 다음 2주간 열릴 가을 패션쇼일 것이므로, 바쁜 기간 동안 여러분들의 도움을 그녀가 감사히 여길 것이라 확신합니다. Gina, 팀에게 자신을 소개해 주시겠어요?

10. 공지의 목적은 무엇인가?
(A) 새로운 동료를 환영하는 것
(B) 채용 면접을 시행하는 것
(C) 은퇴를 선언하는 것
(D) 승진을 축하하는 것

해설 화자가 'I want to take this opportunity to officially welcome her to our company 저는 그녀가 우리 회사에 오게 된 것을 공식적으로 환영해주길 원합니다'라는 말을 하는 것을 보아 (A)가 정답임을 알 수 있습니다.

11. 왜 남자는 팀에게 새로운 편집자를 도우라고 요청하는가?
(A) 그녀에게 바쁜 시기이다.
(B) 패션쇼는 취소되었다.
(C) 그녀는 편집 경험이 없다.
(D) 그녀는 다른 나라에서 왔다.

해설 문제의 질문에 쓰인 표현이 다시 스크립트에서 반복되어 사용될 수 있으므로 미리 보기를 읽어 둔다면 쉽게 정답의 단서를 찾을 수 있습니다. 화자는 새로운 편집자인 Gina가 맡게 될 일이 패션쇼라고 하면서 'I'm sure she'll appreciate any help you can give her during the busy season 바쁜 시기 동안 여러분들의 도움을 그녀가 감사히 여길 것이라고 확신합니다'라고 말을 합니다. 그러므로 (A)가 정답입니다.

12. 다음 2주 동안 무엇이 일어나는가?
(A) 블랙 프라이데이 할인 행사
(B) 미술 전시회
(C) 새로운 패션 브랜드 출시
(D) 패션쇼

해설 질문에서 찾을 수 있는 키워드는 'next two weeks'입니다. 스크립트에서 그 시기에 일어나는 일은 'fashion week'라고 하였으므로 답은 (D)가 됩니다.

Q 13~15   13.(B) 14.(D) 15.(C)

M Thank you for coming out today. My name is Dr. Ron Goldberg. I am the director of the children's hospital here. On behalf of the medical team, I want to thank you for your interest in helping to create a positive experience for our child patients. **This is the mandatory orientation** that **we give to all of our volunteers at the beginning of the year. You have now made a year-long commitment to volunteer** your time to create concerts, plays and other programs that can bring smiles to our little patients. And I want to start by giving you some general guidelines.

M 오늘 와주셔서 감사합니다. 저는 Dr. Ron Goldberg입니다. 저는 이곳 어린이 병원의 장입니다. 의료진을 대신하여, 우리 아동 환자들이 긍정적인 경험을 하도록 돕는 일에 관심을 가져 주셔서 감사합니다. 이것은 우리가 매년 초에 우리 자원봉사자들 전부에게 제공하는 의무적인 예비교육입니다. 여러분은 1년 동안 여러분의 시간을 자진해서 아이들에게 웃음을 줄 수 있는 콘서트, 놀이 그리고 다른 프로그램에 헌신하시기로 하셨습니다. 저는 일반적인 지침을 제공하면서 이를 시작길 원합니다.

13. 이 담화는 누구를 위해 의도된 것인가?
(A) 의사
(B) 자원봉사자
(C) 환자
(D) 어린이

해설 청자가 누구인지 묻고 있는 질문입니다. 화자는 의사로서 'This is the mandatory orientation that we give to all of our volunteers 이것은 모든 자원봉사자들에게 제공하는 의무적인 예비교육입니다' 라고 말을 하고 있는 것으로 보아 청자는 (B)입니다.

14. 메시지를 전달하는 목적은 무엇인가?
(A) 자원봉사자들에게 감사하기 위해
(B) 자원봉사자를 소개하기 위해
(C) 자원봉사자와 환자를 짝 지우기 위해
(D) 자원봉사 예비교육을 하기 위해

해설 발화의 목적, 주제를 묻고 있는 질문입니다. 전체적인 내용을 파악한다면 쉽게 답을 찾을 수 있습니다. 'This is the mandatory orientation 이는 의무적인 예비교육입니다'라고 하는 것을 보아 답은 (D)가 됩니다.

15. 청자들은 얼마나 오래 자원 봉사를 할 것인가?
(A) 3일
(B) 한달
(C) 1년
(D) 2년

해설 'we give to all of our volunteers at the beginning of the year 연초에 우리는 자원 봉사자들에게 제공하고 있는'이라는 말을 볼 때 이 예비교육은 매년 초에 진행되는 것을 알 수 있습니다. 또한 'You have now made a year-long commitment to volunteer 여러분은 자원 봉사를 하기 위해 1년 동안 헌신하기로 했다'라는 표현을 통해 연초에 예비교육을 받고 1년간 활동할 것임을 알 수 있습니다.

Q 16~18   10.(A) 11.(C) 12.(D)

W Thank you. **Thank you for this amazing honor.** I cannot express how I am feeling at the moment. I had a slight expectation but never in my wildest dream had I thought to be winning the Best Actress Award. Wow, where do I begin? I was a child actress. I started acting when I was seven years old. Then, I had a long hiatus. I finished college and **worked as a programmer for over five years before coming back to Hollywood**. I was given a great opportunity with a great director. I want to start by thanking Jim, our writer and my costar Jerome Hemway.

W 감사합니다. 이러한 훌륭한 영예에 대해 감사드립니다. 지금 이 순간 제가 어떻게 느끼는지 표현을 할 수가 없습니다. 기대하는 마음이 아주 조금은 있었지만 꿈에서도 제가 여우주연상을 받을 것이라고 생각하지 못했습니다. 세상에, 어떤 말부터 해야 할까요? 저는 아역 배우였습니다. 제가 7살 때 연기를 시작했습니다. 그 후 오랜 공백이 있었습니다. 저는 대학을 졸업하고 헐리우드로 돌아오기 전 5년간 프로그래머로 일을 했습니다. 저는 훌륭한 감독과 함께할 큰 기회를 얻었습니다. 먼저, 우리 작가 Jim과 동료 Jerome Hemway에게 감사하다고 하고 싶습니다.

16. 화자는 누구인가?
(A) 여배우
(B) 프로그래머
(C) 감독
(D) 사회자

해설 'worked as a programmer for over five years before coming back to Hollywood 헐리우드로 돌아오기 전 5년간 프로그래머로 일했다'라고 한 것을 보아 현재의 직업은 아니므로 (B)는 오답입니다. 7살 때 연기를 시작해 지금 여우주연상을 받았으므로 답은 (A)입니다.

17. 연설의 목적은 무엇인가?
(A) 새 제품을 홍보하기
(B) 남우주연상 시상하기
(C) 수상 소감 발표하기
(D) 천만 관객 기록을 축하하기

해설 이 발화의 목적을 묻는 문제는 스크립트 전체 흐름을 파악할 때 쉽게 풀 수 있으나 대부분 앞부분에서 주제가 드러나는 경우가 많습니다. 이 경우에도 'Thank you for this amazing honor 이런 훌륭한 영예에 감사드립니다'라고 한 것을 보아 감사를 표현하는 내용임을 알 수 있습니다. 그러므로 (C)가 정답입니다.

18. 화자는 왜 "I had a slight expectation but never in my wildest dream"이라고 말하는가?
(A) 그녀는 연기할 훌륭한 영화를 선택하는데 충분한 운이 없었다.
(B) 그녀는 지겨운 영화 때문에 졸았다.
(C) 그녀는 끔찍한 악몽을 꿨다.
(D) 그녀는 자신을 가능성 있는 후보자로 고려하지 않았다.

해설 화자가 한 말의 의도는 꿈에서조차도 생각할 수 없었던 일이라는 것입니다. 그러므로 전혀 예상할 수 없었던 상황이라는 의미의 (D)가 정답입니다.

KEY 11

설명 및 안내

Step 2

I
1.(B) 2.(A) 3.(A) 4.(B) 5.(A) 6.(B) 7.(B) 8.(A)

1. 토종이 아닌 담쟁이덩굴들은 많은 토종 식물들의 멸종을 초래하고 있다.
   (A) 심하게 병들다 (x)
   (B) 멸종되다 (o)

2. 또한, 어떠한 경우라도 야생동물에게 먹이를 주지 마시오.
   (A) 무슨 일이 일어나든지 (o)
   (B) 당신이 어디로 가든지 (x)

3. 우리는 당신에게 아름다운 이 지역을 구경시켜줄 많은 시간이 있다.
   (A) 당신에게 구경시켜 주다 (o)
   (B) 다시 방문하다 (x)

4. 우리 박물관의 수집품을 장래의 역사가들에게 소개하는 것은 제 영광입니다.
   (A) 삶에서 성공하길 원하는 (x)
   (B) 경력을 시작하길 원하는 (o)

5. 우리의 7시 오페라는 막 시작하려 한다.
   (A) ~할 준비가 된 (o)
   (B) ~하길 원하는 (x)

6. 그는 가난뱅이에서 부자가 된 자수성가한 억만장자이다.
   (A) 부유한 가문에서 태어난 (x)
   (B) 스스로의 노력에 의해 부유함과 성공을 취한 (o)

7. 건축물 위로 오르지 마시고 암석을 부서뜨리지 마세요.
   (A) 주의를 하지 않으면 사고가 발생할 것이다. (x)
   (B) 건축물을 손상시키지 마시오. (o)

8. 나는 누구든 다쳤다는 소식을 듣길 원하지 않는다.
   (A) 다치지 않도록 조심해라. (o)
   (B) 나는 연락 두절될 것이다. (x)

II
1.(A) 2.(B) 3.(A) 4.(A) 5.(B) 6.(B) 7.(A) 8.(B) 9.(B) 10.(A)

1. I will also take you to the central library as well as the Student Union Building.
   여러분들을 또한 중앙도서관과 학생회관으로 안내하겠습니다.

2. I want you guys to have a memorable senior trip.
   여러분들이 기억에 남는 수학여행을 보내길 바랍니다.

3. I'll be guiding your visit today.
   제가 오늘 여러분들의 방문을 안내할 것입니다.

4. The whole presentation will take approximately thirty-five minutes.
   전체 발표는 대략 35분 정도 소요됩니다.

5. It is impossible to put a price on them but if I must, they are worth millions of dollars.
   이것들에 가격을 매길 수는 없지만, 꼭 가격을 매겨야 한다면 수백만 달러 정도입니다.

6. There is absolutely no drinking inside the gallery.
   갤러리 내에서는 음료를 마실 수 없습니다.

7. There is a set of collections that is not open to the public.
   일반 대중에게 공개되지 않는 수집품들이 있습니다.

8. We all have very high hopes for you.
   여러분들에게 거는 기대가 높습니다.

9. When the door closes, no more entering is allowed.
   문이 닫힌 후에는 입장이 허용되지 않습니다.

10. Check to see if you have your passport and boarding pass.
    여권과 탑승권을 지참했는지 확인하세요.

III

1. W 국립 역사 박물관에 오신 것을 환영합니다. 제 이름은 Mary이고, 박물관 큐레이터입니다. 여러분처럼 역사에 관심이 많은 똑똑한 학생들을 위해 그룹 투어를 이끌게 되어 매우 기쁩니다. 현재 꼭대기 층에는 선사 시대 특별 전시관이 있습니다. 저는 여러분과 특별 전시관은 함께 하지 않을 것입니다. 저는 상설 전시관만 안내를 해드릴 것입니다. 우리가 시작하기 전에, 핸드폰을 끄시거나 적어도 무음으로 해두시길 바랍니다. 또한, 사진은 허용되지 않습니다. 특히 우리의 유물들은 쉽게 손상되기 때문에 플래시는 더욱 금지됩니다.

   1) Mary, 박물관 큐레이터
   2) 역사에 관심 있는 학생들
   3) 상설 전시관
   4) 사진 찍기

2. W 안녕하십니까, 신사 숙녀 여러분. 우리나라에서 가장 훌륭한 조선소 중 하나에 입사하시게 된 것을 축하드립니다. 저희는 현재 나머지 조선소들을 합친 것 보다 더 많은 해외 주문량을 다루고 있는 가장 규모가 큰 회사입니다. 저희 회사에 취업을 하는 것은 매우 경쟁이 심해지고 있으므로 여러분 모두 하나하나가 아주 뛰어난 인재라고 확신합니다. 그리고 저희는 여러분에게 거는 기대가 아주 큽니다. 매해 저희는 새로운 직원들을 조선소 안내 투어에 초대합니다. 이는 이곳의 전통이 되었고 여러분도 이제 곧 거기에 참여할 것입니다. 그러므로 안전모를 챙기세요!

   1) 조선소 직원으로 뽑힌 사람들
   2) 조선소
   3) 배
   4) 안전모

Step 3

I

1. visiting / Hall / time / about / start / find / door / closed / ten / entrance / allowed / main / off / recommend / way / seats / still / picked / program / hand / ushers / bringing / enjoy / show

2. gather / standing / wondrous / historic / arrived / cliff / desert / sandstone / carved / rose / free / explore / site / walk / take / preserve / ruin / generations / refrain / breaking

3. volunteering / weekend / work / plan / weed / invaded / forest / nutrients / native / die / attach / shutting / identify / shovel / poisonous / off / protective / dispose

4. lunch / break / organizer / catered / ballroom / vegetarian / available / session / legend / first / afternoon / coffee / panel / exploration / conclude / pleasant

5. enter / protection / countless / species / homes / endangered / critical / stay / designated / touch / man-made / extend / guardrail / circumstances / wildlife / result / dismissal / fine / throughout / tour

6. standing / third / oldest / rebuilt / building / used / cathedral / back / attend / mass / admission / currently / donation / throughout / cover / cardigan / allowed / short / sleeveless

II

Q 1~3   1.(D) 2.(C) 3.(B)

M Good evening, ladies and gentlemen. <u>Thank you for visiting the Lincoln Hall of Opera.</u> The time is now 6:45pm and our 7 o'clock opera is about to start. Please find your seats at this time. <u>The door will be closed in ten minutes.</u> When the door closes, no more entrance is allowed. Also in ten minutes, the main light will be turned off. So I strongly recommend that you make your way to your seats in the next ten minutes. If you still haven't picked up the program, <u>please raise your hand</u> and one of our ushers will be bringing one for you. Thank you and enjoy the show.

M 안녕하세요, 신사 숙녀 여러분. Lincoln 오페라 하우스에 방문해주셔서 감사합니다. 지금 시각은 오후 6시 45분이고, 7시 오페라는 곧 시작할 예정입니다. 지금 본인의 자리에 착석해 주시길 바랍니다. 문은 10분 후에 닫힐 것입니다. 문이 닫히면 더 이상 입장은 불가능합니다. 또한 10분 후에, 주요 조명은 꺼질 것입니다. 그러므로 저는 10분 내로 여러분 자리에 찾아가시길 강력히 권하는 바입니다. 만일 아직 프로그램이 없으시다면 손을 드세요. 객석 안내원들이 당신에게 가져다 줄 것입니다. 감사합니다, 즐거운 관람 되세요.

1. 이 발화는 어디서 이루어지고 있는가?
   (A) 공원에서
   (B) 영화관에서
   (C) 회의장에서
   (D) 오페라 하우스에서

   해설 발화가 이루어지는 장소는 직접적으로 드러나지 않고, 전반적인 상황을 듣고 추측해야 하는 경우도 있지만, 직접적으로 드러나는 경우도 있습니다. 이 스크립트에서는 화자가 'Thank you for visiting the Lincoln Hall of Opera Lincoln 오페라 하우스에 방문해주셔서 감사합니다'라고 직접 언급하였습니다. 그러므로 정답은 (D)입니다.

2. 다음 10분 후에 무슨 일이 일어날 것인가?
   (A) 당일 밤 오페라는 시작할 것이다.
   (B) 출입은 뒷문을 통해서만 가능할 것이다.
   (C) 문은 폐쇄될 것이다.
   (D) 주요 조명은 켜져 있을 것이다.

   해설 화자는 'The door will be closed in ten minutes 문은 10분 후에 닫힐 것입니다'라고 언급하고 있습니다. 그러므로 정답은 (C)가 됩니다.

3. 관객들은 어떻게 프로그램을 받을 수 있는가?
   (A) 안내 데스크에 찾아감으로써
   (B) 손을 들어올림으로써
   (C) 온라인으로 구매함으로써
   (D) 티켓을 보여줌으로써

   해설 이 질문의 핵심은 'the program 프로그램'입니다. 프로그램은 오페라 등의 공연에 있어 곡목이나 주최자, 장소 등 그 밖의 필요사항을 기재한 리스트입니다. 이 발화에서는 화자가 프로그램이 없는 사람은 'please raise your hand 손을 드세요'라고 하고 있으므로 (B)가 정답이 됩니다.

Q 4~6   4.(B) 5.(B) 6.(D)

W Okay, everybody, gather around. As you can see, we're standing by one of the most wondrous historic sites existing today. We have arrived at Petra. <u>A city carved out of a cliff in the middle of the Jordanian desert.</u> Because the sandstone cliff out of which the city has been carved has a pinkish tint, it is also called <u>the rose city. I am going to give you two hours of free time to explore the site.</u> Feel free to walk around <u>and take photos</u>. But remember, we want to preserve this amazing archaeological ruin for future generations. Please refrain from climbing over the architecture or breaking rocks off it.

W 자, 여러분 모이세요. 여러분도 볼 수 있듯이, 우리는 오늘날 존재하는 가장 경이로운 역사적인 장소 중 한 곳에 서 있습니다. 우리는 Petra에 도착했습니다. 요르단 사막의 가운데에 있는 절벽을 깎아서 만든 도시입니다. 도시가 깎여서 만들어진 곳은 사암 절벽이기 때문에 분홍색을 띄고 있으며, 또한 장미 도시라고 불립니다. 저는 여러분에게 두 시간 동안 이 지역을 둘러볼 수 있는 자유시간을 드릴 것입니다. 자유로이 돌아다니시고 사진을 찍으세요. 하지만 기억하세요, 우리는 이 놀라운 고고학적 유물을 미래세대를 위해 보존하길 원합니다. 건축물을 타고 오르거나 암석들을 부수뜨리지 마세요.

4. 화자는 누구인가?
   (A) 관광객
   (B) 관광 가이드
   (C) 대학생
   (D) 버스 기사

   해설 관광지에 도착한 후 둘러보기 전 주의 사항에 대해 언급하고 있으므로 (B)가 가장 적절한 답이 됩니다.

5. Petra에 대해 무엇이 언급되어 있는가?
   (A) 잃어버린 도시라고 불리기도 한다.
   (B) 요르단 사막에 위치해 있다.
   (C) 외국인들은 출입할 수 없다.
   (D) 이 지역에서 사진은 금지된다.

   해설 세부적인 사항을 놓치지 않고 들어야 합니다. 그러므로 보기를 미리 파악한 후에 들으면서 정확한 답을 고르거나 확실한 오답을 제거해 나가는 것이 좋습니다. 관광 가이드로 보이는 화자가 'A city carved out of a cliff in the middle of the Jordanian desert 요르단 사막 가운데에 있는 도시는 절벽을 깎아서 만들었습니다'라고 하고 있습니다. 그러므로 정답은 (B)가 됩니다. (A)는 'the rose city 장미 도시'라고 불린다고 하였으므로 오답입니다. (C)는 언급된 내용이 아닙니다. (D)는 'take photos 사진을 찍으세요'라고 하고 있으므로 오답입니다.

6. 청자들은 다음에 무엇을 할 것인가?
    (A) 다음 목적지를 결정한다
    (B) 지역 주민들과 대화를 한다
    (C) 관광버스에 탄다
    (D) 두 시간 동안 자유롭게 돌아다닌다

    해설 화자가 'I am going to give you two hours of free time to explore the site 저는 여러분에게 두 시간 동안 이 지역을 둘러볼 수 있는 자유시간을 드릴 것입니다'라고 말을 하고 있습니다. 그러므로 정답은 (D)가 됩니다. 그 외에 나머지 보기들은 화자가 언급한 내용이 아니므로 오답입니다.

Q 7~9   7.(C) 8.(A) 9.(B)

M   Thank you everybody for volunteering your weekend. We're now at our work site. What we plan to do today is to weed out the foreign ivies that have invaded this forest. These non-native ivies are sucking the nutrients out of the soil causing many of our native plants to die out. They also attach themselves to host trees and climb up very high, shutting out sunlight to the native shrubs on the ground. What you want to do is to identify these non-native ivies. Then, use your shovel to take the roots out and put them in the bag. They are very poisonous. You can't be too careful. <u>Do not take off your gloves, protective gowns and hats</u> until we dispose of them at the end of the day.

M   당신의 주말에 봉사하러 와주셔서 감사합니다. 우리는 현재 작업장에 와있습니다. 오늘 우리가 할 일은 이 숲을 침범한 외래 담쟁이덩굴을 제거하는 것입니다. 이러한 외래 담쟁이덩굴들은 영양분을 빨아들이면서 많은 토착 식물들을 멸종시키고 있습니다. 이것은 또한 숙주 나무에 붙어 매우 높이 타고 올라가 땅 위 토종 관목들의 햇빛을 차단하고 있습니다. 여러분이 할 것은 이러한 토종이 아닌 담쟁이덩굴들을 식별하는 것입니다. 그것들은 독성이 매우 강합니다. 아주 조심해야 합니다. 가장 중요한 것은 그것들을 없앨 때까지 장갑과 보호 가운, 모자를 벗지 마세요.

7. 발화가 이루어지는 곳은 어디인가?
    (A) 박물관
    (B) 공장
    (C) 숲
    (D) 주민 자치 센터

    해설 토착 식물을 위협하는 외래 담쟁이덩굴을 제거하기 위해 자원봉사를 하고 있는 상황입니다. 시작 전 유의사항에 대한 안내문이므로 장소는 식물이 있는 (C)가 가장 적절한 답이 됩니다.

8. 화자는 청자들에게 무엇을 상기시키고 있는가?
    (A) 항상 보호장비를 착용할 것
    (B) 야생 동물을 조심할 것
    (C) 외래 담쟁이덩굴을 보호할 것
    (D) 개인 소지품을 조심할 것

    해설 화자는 발화의 마지막에 외래 담쟁이덩굴의 독성이 강하므로 'Do not take off your gloves, protective gowns and hats 장갑, 보호 가운과 모자를 벗지 마세요'라고 언급하고 있습니다. 그러므로 (A)가 정답입니다.

9. 화자가 "You can't be too careful"이라고 말한 것은 무슨 의미인가?
    (A) 청중들은 자연에 신경을 쓰지 않는다.
    (B) 그들이 일하려는 곳은 위험하다.
    (C) 충분한 보호장비가 없다.
    (D) 암벽 등반하러 가라.

    해설 화자가 한 말의 의도는 그 말의 맥락 속에서 파악되어야 합니다. 말 그대로 careful(주의를 기울이는) 할 수 없다는 의미가 아니라, 오히려 그 곳이 너무 위험하므로 조심을 하면 할수록 좋다는 것입니다. 그러므로 답은 (B)가 됩니다.

Q 10~12   10.(D) 11.(A) 12.(A)

W   We will now take a 45-minute lunch break. The conference organizer has catered today's lunch for the attendees on the first floor ballroom. There is also a vegetarian menu available. After lunch, the afternoon session will start at 1:30pm. Dr. Daniel Chung, a living legend in the astrophysics world will start the first session in the afternoon. <u>There will be a 15-minute coffee break after the first session</u> followed by the panel discussion on the topic of interstellar exploration which will conclude this year's conference. Thank you. Have a pleasant lunch.

W   우리는 지금 45분간 점심시간을 가질 것입니다. 회의 기획자들이 1층 연회장에 참여자들을 위한 점심을 준비했습니다. 채식 메뉴 또한 이용 가능합니다. 점심 식사 후, 오후 세션은 1시 30분에 시작할 것입니다. 천체물리학의 살아 있는 전설, Dr. Daniel Chung이 오후 첫 세션을 열 것입니다. 첫 세션 후 15분간 휴식에 이어 이번 해의 회의를 결론지을 항성간 탐사에 대한 패널 토론이 있을 것입니다. 감사합니다. 즐거운 점심시간 되세요.

10. 어떤 종류의 행사가 열리고 있는가?
    (A) 정상 회담
    (B) 자선 행사
    (C) 고등학교 동창회
    (D) 학술 대회

    해설 오후 세션의 첫 번째 순서는 천체물리학 박사가 열 것이므로 (D)가 가장 적절한 답이 됩니다.

11. 오후 첫 세션 후에 바로 무엇이 예정되어 있는가?
    (A) 휴식 시간
    (B) 사진 촬영 시간
    (C) 패널 토론
    (D) 저녁 만찬

    해설 화자는 'There will be a 15-minute coffee break after the first session 첫 세션 후 15분간 휴식 시간이 있을 것입니다'라고 하고 있으므로 (A)가 정답입니다.

12. 화자가 "Dr. Daniel Chung, a living legend in the astrophysics world"라고 말한 의미는 무엇인가?
    (A) 박사는 유명한 학자로 존경 받고 있다.
    (B) 박사는 신화와 전설에 대해 연구하고 있다.
    (C) 박사는 비상한 삶을 살고 있다.
    (D) 박사는 전설적인 영웅에 대해 연구해오고 있다.

    해설 천체물리학의 살아있는 전설이라는 것은 그 분야에서 유명하고, 존경을 받고 있는 인물이라는 것을 의미합니다. 그러므로 (A)가 가장 적절한 답이 됩니다.

Q 13~15
13.(C) 14.(B) 15.(B)

W You're about to enter the ecological protection area. There are countless number of species of plants and animals making their homes in this area. **Some of them are endangered species in critical need of protection.** Please stay in the designated viewing area and do not touch anything that is not man-made. Do not extend your arm beyond the guardrail and you should be okay. Also, do not under any circumstances feed wildlife. Doing so will result in immediate dismissal from the area and a hefty fine. No food or drinks will be allowed in the area as well. Please stay close to me throughout the tour. **Following the tour, we'll have lunch.**

W 여러분은 막 생태 보호 구역에 진입했습니다. 이 지역에서 거주하는 수많은 식물과 동물의 종들이 있습니다. 그들 중 몇몇은 절대적인 보호를 필요로 하는 멸종위기 종들입니다. 지정된 구역에서만 머물러 주시고 사람이 만들지 않은 것은 아무것도 건드리지 마세요. 가드레일 밖으로 팔을 뻗지 마세요 그러면 여러분은 괜찮을 것입니다. 또한, 어떠한 상황에서도 야생 동물에게 먹이를 주지 마세요. 그렇게 하는 것은 이 지역에서 즉각적인 추방과 무거운 벌금으로 이어질 것입니다. 또한 어떠한 음식이나 음료도 이곳에서 드실 수 없습니다. 투어 내내 저와 붙어 다니세요. 투어 후 점심 식사를 할 것입니다.

13. 발화의 목적은 무엇인가?
    (A) 어떤 추가 서비스를 설명하기 위해
    (B) 생태 관광을 광고하기 위해
    (C) 몇 가지 규칙을 상기시키기 위해
    (D) 몇몇의 변화를 알리기 위해

    해설 전체적으로 볼 때 생태 관광과 관련된 정보는 맞지만 'advertise 광고하다'의 상황과는 맞지 않습니다. 관광 전 주의 사항에 대해 안내하고 있으므로 (C)가 가장 적절한 답이 됩니다.

14. 그 지역에 대해 화자는 무엇을 이야기하는가?
    (A) 유명한 관광지이다.
    (B) 다양한 희귀 동물들이 살고 있다.
    (C) 유럽에서 가장 넓은 보호 구역이다.
    (D) 장애인들을 위한 지정 좌석이 있다.

    해설 'Some of them are endangered species in critical need of protection 그들 중 몇몇은 멸종위기에 처한 종들입니다'라는 표현을 통해 (B)가 정답임을 알 수 있습니다.

15. 관광 후 청자들은 무엇을 할 것인가?
    (A) 기념품 가게에 방문하다
    (B) 점심을 먹다
    (C) 안내 책자를 받다
    (D) 호텔로 향하다

    해설 추후 할 일을 묻는 문제에서 정답의 단서는 보통 발화의 마지막에 등장하는 경우가 많습니다. 이 경우에도 마지막에 화자가 'Following the tour, we'll have lunch 관광 후 점심을 먹을 것입니다'라고 하는 것을 보아 정답은 (B)가 됩니다.

Q 16~18
16.(B) 17.(A) 18.(C)

W You are now standing **in front of the third-oldest cathedral in all of Europe. It has been rebuilt many times** and the building is still used as a working cathedral. You can come back tomorrow to attend the Sunday mass if you want. **There is no admission fee** since it is a cathedral currently being used. But there are donation boxes throughout the cathedral if you wish to make a donation. **Please cover yourselves if you have a cardigan.** You might not be allowed in if your skirt is too short or if you're wearing a sleeveless shirt.

W 여러분은 유럽 전체에서 세 번째로 오래된 대성당 앞에 서 있습니다. 이것은 여러 번 재건축되었고 그 건물은 여전히 대성당으로 이용되고 있습니다. 원하신다면 주일 미사에 참석하기 위해 내일 다시 방문할 수 있습니다. 현재 이용 중인 대성당이기 때문에 입장료는 없습니다. 하지만 기부를 원하신다면 대성당 도처에 기부함이 있습니다. 카디건이 있으시면 덮어주세요. 치마가 너무 짧거나 민소매 셔츠를 입고 계시다면 안에 들어가지 못할 수도 있습니다.

16. 대성당에 대해 무엇이 언급되어 있는가?
    (A) 재건축 중이다.
    (B) 입장은 무료이다.
    (C) 재정적인 어려움에 처해있다.
    (D) 오직 지역 주민만이 미사에 참여할 수 있다.

    해설 (A)의 경우 'It has been rebuilt many times 여러 번 재건축되었다'라는 표현이 있지만, 현재 대성당으로 이용하므로 오답이 됩니다. (C)는 스크립트에 등장하지 않는 내용이므로 오답입니다. (D)의 경우 청자도 주일 미사에 참여할 수 있다고 하였으므로 오답입니다. 화자가 중간에 'There is no admission fee 입장료가 없습니다'라고 하는 것을 보아 (B)가 정답입니다.

17. 청자는 무엇을 하도록 요청 받는가?
    (A) 적합한 의상을 입는 것
    (B) 안전한 장소에서 귀중품을 보관하는 것
    (C) 제시간에 오는 것
    (D) 기부하는 것

    해설 스크립트에서 명령문이나 요청할 때 주로 쓰이는 표현에 집중하여야 합니다. 짧은 치마나 민소매를 입고 있으면 입장이 제한될 수 있으므로 'Please cover yourselves if you have a cardigan 카디건이 있다면 덮으세요'라고 하고 있습니다. 그러므로 (A)가 가장 적절한 답이 됩니다.

18. 표를 보시오. 어느 나라를 여행하고 있는가?

Church buildings in Europe		
Building	Built	Country
Rotunda of St. George	306	Greece
Saint Sofia Church	313	Bulgaria
Cathedral of Trier	340	Germany
Santa Sabina	422	Italy

(A) 그리스
(B) 불가리아
(C) 독일
(D) 이탈리아

해설 표가 등장하는 새로운 유형의 문제인 경우, 어떤 주제의 표인지 미리 파악하는 것이 중요합니다. 주제가 정해져있고, 한정된 정보가 제공되므로 미리 내용을 예상한다면 좀 더 쉽게 정답의 단서를 찾을 수 있기 때문입니다. 위의 표는 유럽의 교회에 관한 내용입니다. 발화 첫 머리에서 화자는 'the third-oldest cathedral in all of Europe 유럽에서 세 번째로 오래된 대성당'이라고 언급하였습니다. 그러므로 340년에 지어진 대성당이 있는 독일이 정답입니다.

新TOEIC Part 1-4
Actual Test

답안

Actual Test

Part 1
1. (A) 2. (D) 3. (C) 4. (A) 5. (D)
6. (D)

Part 2
7. (C)   8. (A)   9. (B)   10. (B) 11. (C)
12. (C) 13. (C) 14. (A) 15. (A) 16. (A)
17. (C) 18. (A) 19. (A) 20. (B) 21. (B)
22. (B) 23. (C) 24. (C) 25. (B) 26. (B)
27. (A) 28. (B) 29. (B) 30. (B) 31. (A)

Part 3
32. (B) 33. (C) 34. (A) 35. (D) 36. (C)
37. (C) 38. (D) 39. (D) 40. (A) 41. (C)
42. (C) 43. (C) 44. (D) 45. (C) 46. (B)
47. (C) 48. (A) 49. (C) 50. (B) 51. (B)
52. (C) 53. (A) 54. (C) 55. (C) 56. (C)
57. (D) 58. (A) 59. (A) 60. (C) 60. (C)
62. (D) 63. (B) 64. (C) 65. (A) 66. (B)
67. (A) 68. (A) 69. (B) 70. (D)

Part 4
71. (C) 72. (C) 73. (C) 74. (C) 75. (D)
76. (A) 77. (A) 78. (A) 79. (B) 80. (D)
81. (A) 82. (A) 83. (B) 84. (D) 85. (D)
86. (C) 87. (A) 88. (A) 89. (B) 90. (C)
91. (C) 92. (B) 93. (D) 94. (B) 95. (D)
96. (D) 97. (C) 98. (B) 99. (B) 100. (D)

Part 1

1. (A)

(A) There is a staircase leading to the upper floor.
(B) There are children playing in the kitchen.
(C) There is a television in the living room.
(D) There is a desk in the living room.

(A) 위층으로 이어지는 계단이 하나 있다.
(B) 아이들이 부엌에서 놀고 있다.
(C) 텔레비전 하나가 거실에 있다.
(D) 책상 하나가 거실에 있다.

해설 사진에 아이들, 텔레비전, 책상이 없으므로 (B), (C), (D)는 오답이다.
참고로 desk는 책상(책을 읽거나 일을 할 때 쓰는 상)을 통칭하는 말이며, 탁자(물건을 올려놓기 위해 책상 모양으로 만든 가구)는 table이다.

2. (D)

(A) The man is cooking dinner for the family.
(B) The child is drinking a cup of hot chocolate.
(C) The woman in the kitchen is watching TV.
(D) The child is not wearing any shoes.

(A) 남자가 가족을 위해 저녁밥을 짓고 있다.
(B) 아이가 뜨거운 코코아를 마시고 있다.
(C) 여자가 부엌에서 텔레비전을 보고 있다.
(D) 아이는 신발을 신고 있지 않다.

해설 사진과 일치하는 설명은 (D)밖에 없다.

3. (C)

(A) The woman is running on the treadmill.
(B) The man is sitting on the floor.
(C) The woman is lifting weights.
(D) The man is walking around.

(A) 여자가 러닝머신에서 뛰고 있다.
(B) 남자가 바닥에 앉아 있다.
(C) 여자가 역기를 들고 있다.
(D) 남자가 돌아다니고 있다.

해설 사진 속 여자와 남자는 역기를 들고 있다.

4. (A)

(A) They are sitting around the table.
(B) There are roses on the table.
(C) A man is writing things down on his pad.
(D) They are having family dinner.

(A) 그들은 탁자에 둘러앉아 있다.
(B) 탁자 위에 장미가 있다.
(C) 남자가 노트에 뭔가를 적고 있다.
(D) 식구들이 함께 저녁을 먹고 있다.

해설 사람들이 탁자 주위에 앉아 있다.

5. (D)

(A) People are playing the different instruments.
(B) The women are dancing on the stage.
(C) The woman on the right is playing the guitar.
(D) Some tents have been set up on the grass.

(A) 사람들이 여러 가지 악기를 연주하고 있다.
(B) 여자들이 무대에서 춤을 추고 있다.
(C) 오른쪽 여자가 기타를 연주하고 있다.
(D) 몇몇 텐트는 풀밭에 세워졌다.

해설 악기는 기타 하나이고 남자가 연주하고 있다.

6. (D)

(A) There is a bedside table next to the window.
(B) There is a floor lamp next to the table.
(C) The curtain is draped over the window.
(D) There are pillows on the bed.

(A) 침대 옆 탁자가 창가에 있다.
(B) 바닥에 놓는 램프가 탁자 옆에 있다.

(C) 커튼이 창에 드리워져 있다.
(D) 베개들이 침대 위에 있다.
해설 램프가 창가에 있고 탁자는 반대편에 있다.

Part 2

7. (C)
How far away is the post office from here?
(A) He lives very far away from here.
(B) You cannot mail the package today.
(C) It's just around the corner.

우체국은 여기서 얼마나 멀리 떨어져 있나요?
(A) 그는 여기서 아주 먼 곳에 산다.
(B) 오늘은 소포를 부칠 수 없습니다.
(C) 바로 모퉁이 근처입니다.
해설 How far~? 거리에 대해 묻고 있다.

8. (A)
Where do you wish to go, sir?
(A) I'd like to book a flight to New York.
(B) I have no idea where you want me to go.
(C) Can't you wish me good luck?

어디로 가고 싶으세요?
(A) 뉴욕행 비행기를 예약하고 싶은데요.
(B) 내가 어디로 가기를 네가 원하는 건지 난 전혀 모르겠습니다.
(C) 그냥 행운을 빌어주면 안돼?
해설 Where~? 장소에 대해 묻고 있다.

9. (B)
What time does your plane leave?
(A) I'd like to book the next plane.
(B) It leaves at 7:35pm.
(C) The plane is at the gate.

비행기가 몇 시에 출발하나요?
(A) 다음 비행기를 예약하려 하는데요.
(B) 오후 7시 35분에 떠납니다.
(C) 비행기가 게이트에 있다.
해설 What time~? 시간에 대해 묻고 있다.

10. (B)
What else do you need from the grocery store?
(A) Can you pick up Andrew before you leave?
(B) Nothing. I think we're all set.
(C) I left my wallet at the grocery store.

슈퍼에서 또 필요한 거 없으세요?
(A) 가기 전에 Andrew를 데려올 수 있나요?
(B) 없어요. 준비 다 된 것 같아요.
(C) 슈퍼에 지갑을 두고 왔어요.
해설 What else~? 무엇에 대해 묻고 있다.

11. (C)
How did the job interview go?
(A) Did you go to the office today?
(B) Nothing. I'm doing fine.
(C) Excellent. It went very well.

면접 어땠나요?
(A) 오늘 사무실에 갔었나요?
(B) 별일 없어요. 저 잘하고 있어요.
(C) 엄청 좋았어요. 잘 본 거 같아요.
해설 How~? ~이 어떠했는지 묻고 있다.

12. (C)
Are you doing okay over there?
(A) There is a big spider over there!
(B) Yes, what is wrong with you?
(C) Yes, I'm okay. No worries.

거기서 잘 하고 있나요?
(A) 저기 큰 거미가 있어요!
(B) 그래, 너 뭐 문제 있어?
(C) 네, 괜찮아요. 걱정 마세요.
해설 Are you~? Yes/no 질문이다

13. (C)
It would be so much fun to be hanging out with Mary.
(A) Where did you hide my camera?
(B) Are you hung over from yesterday?
(C) Yes, I am excited about that as well.

Mary랑 시간을 보내면 정말 재미있을 거야.
(A) 내 카메라 어디에 숨겼어?
(B) 어제부터 계속 숙취로 고생하고 있는 거야?
(C) 그래, 나도 기대돼.
해설 It would be~. 어떤 일이 일어날 가능성에 대해 의견을 제시하고 있으므로, 동의하거나 이의를 제기하면 된다.

14. (A)
Why do you think he hasn't returned my call?
(A) He probably was busy at work.
(B) Why hasn't he called you back?
(C) Will you give me a call back?

왜 그가 회답 전화를 하지 않았다고 생각하세요?
(A) 일하느라 바빴던 것 같습니다.
(B) 왜 그가 당신께 다시 전화를 안 할까요?
(C) 이따 다시 전화 줄래요?
해설 Why~? 이유에 대해 묻고 있다.

15. (A)
Can you do me a favor and pick up the dry cleaning?
(A) Sure, no problem.
(B) Yes, I am busy.
(C) No, I'll do you a favor.

부탁이 있는데 드라이클리닝한 세탁물 좀 가져다 줄래요?
(A) 좋아요, 그럴게요.
(B) 네, 바빠요.
(C) 아니요, 제가 도와드릴게요.

16. (A)

> Where are we supposed to be for the meeting?
> (A) I have no idea. We're all wandering around the hall.
> (B) What are we supposed to be doing here?
> (C) Where is the meeting taking place right now?

회의에 참석하려면 어디에 있어야 하죠?
(A) 저도 모르겠어요. 우리 모두 복도를 돌아다니기만 있네요.
(B) 여기서 뭘 하고 있어야 하는 건가요?
(C) 회의가 지금 어디서 열리고 있나요?
해설 Where~? 장소에 대해 묻고 있다.

17. (C)

> How much longer do we have to wait?
> (A) Excuse me, but could you keep it down?
> (B) How much longer do you think?
> (C) About ten more minutes.

얼마나 더 기다려야 하나요?
(A) 실례합니다만, 조용히 해줄 수 있으세요?
(B) 당신이 보기에는 얼마나 걸릴 것 같나요?
(C) 10분 정도 더요.
해설 How much longer~? 시간에 대해 묻고 있다.

18. (C)

> Are you going to apply to medical school this year?
> (A) Are you going to school this year?
> (B) When are you applying for that job?
> (C) No, I'll wait another year.

올해 의과대학에 지원할 건가요?
(A) 올해 학교에 가나요?
(B) 언제 그 직장에 지원할건가요?
(C) 아니요, 일년 더 기다릴 거예요.
해설 Are you~? Yes/no 질문이다.

19. (A)

> Should I come back later to be seeing by Dr. Howell?
> (A) No, he should be available in fifteen minutes.
> (B) You cannot come in here. It's dangerous.
> (C) Dr. Howell, you need to make an appointment.

Dr. Howell에게 진찰을 받으려면 나중에 다시 와야 하나요?
(A) 아니요, 15분 후면 진찰받을 수 있을 겁니다.
(B) 여기에 들어올 수 없으세요. 위험합니다.
(C) Dr. Howell, 당신은 예약을 하셔야 됩니다.
해설 Should I~? ~해야 하는지 여부를 묻는 Yes/no 질문이다.

20. (B)

> Where are you headed after the meeting today?
> (A) Can you keep your head up?
> (B) I'm going home. I'm exhausted.
> (C) When is my meeting today?

오늘 회의 끝나고 어디로 가세요?
(A) 힘낼 수 있겠어요?
(B) 집에 갈 거예요. 지쳤어요.
(C) 오늘 내 회의는 언제인가요?
해설 Where~? 장소에 대해 묻고 있다.

21. (B)

> Excuse me, Mr. Wilson, did you want to speak to me about something?
> (A) What can I do for you this morning?
> (B) Yes, please come in.
> (C) I'm quite busy now

실례합니다, Mr. Wilson, 저랑 이야기할 게 있다고 하셨나요?
(A) 오늘 아침에는 무엇을 도와드릴 수 있을까요?
(B) 네, 들어오세요.
(C) 지금은 좀 바쁩니다.
해설 Did you~? Yes/no 질문이다.

22. (B)

> Are you going to drive to the concert or take the bus?
> (A) Do you want me to go to the concert?
> (B) I'll be driving. Do you need a ride?
> (C) Why aren't you driving to the concert?

콘서트에 운전해서 가실 건가요, 아니면 버스를 탈 건가요?
(A) 제가 그 콘서트에 가기를 바라세요?
(B) 운전할 거예요. 태워드릴까요?
(C) 왜 콘서트에 운전해서 가지 않으세요?
해설 A or B? A인지 B인지 묻고 있다. 따라서 답은 A나 B, 또는 새로운 정보 C가 될 수 있다.

23. (C)

> Would you like to have something to drink with that?
> (A) Yes, I'll have another slice of pie, please.
> (B) No, could I just get some coffee?
> (C) Water would be nice.

함께 마실 음료수도 주문하시겠어요?
(A) 네, 파이 한 조각 더 먹을게요.
(B) 아니요, 그냥 커피 좀 마실 수 있을까요?
(C) 물이면 괜찮을 것 같아요.
해설 Would you like~? ~하시겠어요? 상대방의 의향을 묻는 Yes/no 질문이다.

24. (C)

> What kind of wine do you recommend tonight?
> (A) Just a moment, please.

(B) I will be your server tonight.
(C) I recommend a bottle of 1993 vintage wine.

오늘 밤은 어떤 종류의 와인을 추천해주실 건가요?
(A) 잠시만 기다려 주세요.
(B) 오늘 밤에는 제가 서빙해드리겠습니다.
(C) 1993년산 빈티지 와인을 추천드립니다.
해설 What kind of~? 종류에 대해 묻고 있다.

25. (B)

Weren't you supposed to be at the meeting?
(A) I'm supposed to take care of the dog.
(B) Yes, but the meeting was canceled.
(C) How did the meeting go?

회의에 있어야 하는 거 아니에요?
(A) 나는 그 개를 돌보아야 합니다.
(B) 네, 그런데 회의가 취소되었습니다.
(C) 회의는 어떻게 됐나요?
해설 Weren't you~? Yes/no 질문이다.

26. (B)

Would you like to go to the gym with me?
(A) What classes are you taking today?
(B) Sure, let me put on my shoes.
(C) Why don't you have classes today?

저랑 헬스장에 가시겠어요?
(A) 오늘은 어떤 수업을 들으세요?
(B) 좋아요, 신발 신을게요.
(C) 오늘은 수업 듣는 게 어떠세요?
해설 Would you like~? 상대방의 의향을 묻는 Yes/no 질문이다.

27. (A)

We broke even this year and turned in profits.
(A) That's great news.
(B) I'm sure you'll recover debt someday.
(C) I'm so sorry to hear that.

우리는 올해 적자를 면하고 흑자로 돌아섰다.
(A) 정말 좋은 소식이네요.
(B) 언젠가는 꼭 빚을 다 갚을 수 있을 겁니다.
(C) 정말 유감입니다.
해설 'We broke even this year and turned in profits 우리가 올해 흑자를 보았다'는 좋은 소식을 전달하고 있다. 따라서 반응 또한 긍정적이어야 한다.

28. (B)

Shall I accompany you to the charity event?
(A) Will you come to the event after work?
(B) Yes, I would appreciate that.
(C) What company are you working for?

제가 자선 행사에 동행해 드릴까요?
(A) 행사는 일 끝나고 오실 건가요?
(B) 네, 그럼 감사하죠.
(C) 어떤 회사에서 일하세요?

해설 Shall I~? 상대방에게 제안을 하는 Yes/no 질문이다.

29. (B)

Has Samuel returned home or is he still out of town?
(A) He is planning to visit his family next year.
(B) He came back last week.
(C) Is he coming home for the holidays?

Samuel이 집에 돌아왔나요, 아니면 아직 도시 밖에 있나요?
(A) 그는 내년에 가족을 방문할 계획입니다.
(B) 지난 주에 돌아왔어요.
(C) 휴일에 그가 집에 올까요?
해설 A or B? A인지 B인지를 묻고 있다. 따라서 답은 A나 B, 또는 새로운 정보 C가 될 수 있다

30. (B)

How often in a week do you take your dogs out for a walk?
(A) My dogs love to run in the park.
(B) I'd say about two to four times a week.
(C) Can I take the dogs out for a walk?

일주일에 몇 번이나 개를 데리고 산책하시나요?
(A) 제 개들은 공원에서 달리는 것을 좋아합니다.
(B) 음, 일주일에 2번에서 4번이요.
(C) 개들을 데리고 산책 나가도 될까요?
해설 How often~? 빈도에 대해 묻고 있다.

31. (A)

Why does the professor want to see me?
(A) I don't know.
(B) Why is he looking for you?
(C) Did you want to see me?

교수님이 왜 저를 보고자 하시는 건가요?
(A) 저도 모르겠어요.
(B) 왜 그가 당신을 찾고 있는 거죠?
(C) 저를 보자고 하셨나요?
해설 Why~? 이유에 대해 묻고 있다.

Part 3

Q 32~34

W Congratulations, Jim! I heard the big news! Why aren't you the happiest man in the city right now?

M Oh hey Valerie, thank you for that. I am very happy about the promotion. It's just that I'm given such a huge responsibility and I'm not sure if I can meet the expectation.

W Oh sure you can. I've known you since we started working here together and I have never seen you give up on something until you

made it happen. Your promotion is no surprise to me.
M　Thank you, Valerie. You're truly an awesome friend.

W　축하해, Jim! 소식 들었어! 근데 너 지금 도시에서 가장 행복한 사람이어야 하는 거 아니야?
M　어, Valerie, 고마워. 승진해서 정말 행복해. 그저 무거운 책임이 주어졌는데 내가 그 기대에 보답할 수 있을지 자신이 없어서 그래.
W　당연히 할 수 있지. 여기서 함께 일을 시작한 후로 너를 알아왔는데, 난 네가 성공하기 전에 포기하는 걸 한 번도 본 적이 없어. 네가 승진했다는 소식에도 난 전혀 놀라지 않았다고.
M　고맙다. 넌 정말 멋진 친구야.

32. (B)
Why is the woman offering her congratulations?
(A) The man was accepted to the manager's program.
(B) The man got a big promotion at the company.
(C) The man is disappointed that he failed the project.
(D) The man is exceeding the expectation.

여자가 축하하는 이유는?
(A) 남자가 경영자 프로그램에 받아들여졌다.
(B) 남자가 회사에서 크게 승진했다.
(C) 프로젝트가 실패해서 남자가 실망했다.
(D) 남자가 기대를 넘어서고 있다.

33. (C)
What most likely is the relationship between the man and the woman?
(A) A husband and a wife
(B) Childhood friends
(C) Coworkers
(D) A boss and a subordinate

남자와 여자의 관계로 가장 적합한 것은?
(A) 남편과 아내
(B) 소꿉동무
(C) 동료
(D) 사장과 직원

34. (A)
Why does the woman say "Your promotion is no surprise to me"?
(A) She thinks the man deserves the promotion.
(B) She knew about the man's promotion in advance.
(C) She's never been more surprised in her life.
(D) She possesses the ability to read the future.

여자가 "Your promotion is no surprise to me"라고 말한 이유는?
(A) 그녀는 남자가 승진할 자격이 있다고 생각한다.
(B) 그녀는 남자의 승진을 사전에 알고 있었다.
(C) 그녀는 그녀의 삶을 통틀어 이렇게 놀란 적이 없었다.
(D) 그녀에게는 미래를 읽는 능력이 있다.

Q 35~37
W　Excuse me. Could I have someone take a look at my car?
M　Certainly. What seems to be the problem?
W　The check engine light just turned on for the first time since I bought this car seven years ago.
M　I see. When was the last time you have a mechanic take a look at your car?
W　Well, I didn't have any problems so this is the first time.
M　You haven't been to a mechanic for seven years? You'd better make an appointment to have your car thoroughly inspected as soon as possible.

W　실례합니다. 제 차 좀 봐주실 분이 계신가요?
M　물론이죠. 무슨 문제세요?
W　엔진 점검등이 방금 켜졌는데 7년 전에 이 차를 산 후로 처음 있는 일이에요.
M　그러시군요. 마지막으로 정비사가 차를 점검한게 언제인가요?
W　음, 문제가 한번도 없었거든요, 그래서 지금이 처음이에요.
M　7년 동안 정비사에게 간 적이 한번도 없으시다구요? 가능한 빨리 예약을 잡아서 차를 샅샅이 점검해 보시는 게 좋겠어요.

35. (D)
Why did the woman pay a visit to an auto repair shop?
(A) To pick up her car after the repair
(B) To drop off her car for a scheduled repair
(C) To change her engine oil and air filter
(D) To inquire about the problem she's having

여자가 자동차 정비소에 방문한 이유는?
(A) 정비한 차를 찾아가려고
(B) 정비할 차를 예정대로 맡기려고
(C) 엔진 오일과 에어필터를 바꾸려고
(D) 지금 겪고 있는 문제에 대해 알아보려고

36. (C)
What seems to be the woman's problem?
(A) Her car's brake occasionally malfunctions.
(B) Her engine sound has gotten louder.
(C) Her check engine light turned on.
(D) She had a problem starting the car.

여자의 문제는?
(A) 자동차 브레이크가 가끔 제대로 작동하지 않는다.
(B) 엔진 소음이 심해졌다.
(C) 엔진 점검등이 켜졌다.
(D) 차 시동이 안 걸린다.

37. (C)

Why was the man alarmed so much?
(A) She didn't replace her air filter for the past seven years.
(B) She didn't have any problems with her car for so long.
(C) She didn't have a mechanic inspect her car for seven years.
(D) She walked into the shop without making an appointment.

남자가 놀란 이유는?
(A) 그녀가 지난 7년 동안 에어필터를 교체하지 않았다.
(B) 오랫동안 차에 아무 문제도 없었다.
(C) 그녀가 7년 동안 정비공에게 점검을 맡기지 않았다.
(D) 그녀가 예약 없이 가게에 왔다.

Q 38~40

W   Good afternoon, sir. How may I help you?
M   I am here to attend the Astrophysics Convention. Could you direct me to the right way, please?
W   Certainly. The Astrophysics Convention is being taken place all throughout the convention center today so wherever you go, you'll be walking into one of the events.
M   Oh I see. Well, in that case, I am supposed to be on the panel for 3 o'clock event titled "The Newest Discoveries."

W   안녕하세요, 선생님. 무엇을 도와드릴까요?
M   천체물리학 회의에 참석하러 여기에 왔는데요. 가는 길을 알려 주시겠어요?
W   물론이죠. 천체물리학 회의는 컨벤션 센터 전체에서 열리고 있습니다. 그러니까 어디로 가시든 행사장 중 하나에는 들어가시게 됩니다.
M   그렇군요. 음, 그렇다면 저는 3시에 열리는 "최신 발견"이란 이름의 회의에 전문가로 참석을 해야 하는데요.

38. (D)

Where is the man most likely to be?
(A) In a conference room
(B) In an elevator
(C) At the cafeteria
(D) At the concierge

남자가 있는 장소로 가장 적합한 곳은?
(A) 회의실
(B) 엘리베이터
(C) 카페테리아
(D) 관리실

39. (D)

What is the man's role in the convention?
(A) The keynote speaker
(B) A regular attendee
(C) A student attendee
(D) A panel speaker

회의에서 남자가 맡은 역할은?
(A) 기조 연설가
(B) 고정 참석자
(C) 학생 참석자
(D) 전문가 발표자

40. (A)

What will the woman probably do next?
(A) Give the man direction
(B) Help the man register for the conference
(C) Submit a paper to an astrophysical journal
(D) Postpone the conference call

다음에 여자가 할 행동은?
(A) 남자에게 길을 알려준다.
(B) 남자가 회의에 등록하는 것을 돕는다.
(C) 논문을 천체물리학 학술지에 제출한다.
(D) 전화 회의를 연기한다.

Q 41~43

M   Thank you for calling the reservations at Western Airlines. My name is Andrew. How may I help you this afternoon?
W   Hello. I'd like to book a flight to San Francisco, please. I plan to leave this Saturday.
M   Of course. Let me check right here for you. We have two flights for San Francisco leaving this Saturday. 8:15 am flight and 1:25 pm flight.
W   Well, I need to attend the 6 o'clock wedding, so I think I'll take the morning flight.

M   Western Airlines에 예약 전화 주셔서 감사합니다. 제 이름은 Andrew입니다. 오늘 오후에는 무엇을 도와드릴까요?
W   안녕하세요. 샌프란시스코행 비행기를 예약하고 싶은데요. 이번 주 토요일에 떠날 계획입니다.
M   네, 그럼 바로 확인해 보겠습니다. 이번 주 토요일에 샌프란시스코로 가는 비행기는 두 편이 있습니다. 오전 8시 15분하고 오후 1시 25분입니다.
W   음, 참석할 결혼식이 6시라서요, 아침 비행기를 타야 할 것 같네요.

41. (C)

What is the purpose of the woman's call?
(A) To cancel her flight to San Francisco
(B) To change the time of her flight
(C) To make a flight reservation
(D) To inquire about the wedding time

여자가 전화한 목적은?
(A) 샌프란시스코행 비행기를 취소하려고
(B) 비행기 시간을 바꾸려고
(C) 비행기를 예약하려고
(D) 결혼식 시간을 물어보려고

83

42. (C)

Who is the man answering the phone call?
(A) An airplane pilot
(B) A wedding caterer
(C) An airline employee
(D) A woman's husband

전화를 받은 남자는 누구인가?
(A) 비행기 조종사
(B) 결혼식에 음식을 조달하는 사람
(C) 항공사 직원
(D) 여자의 남편

43. (C)

Look at the graphic. Which flight would the woman take?
(A) SA 103
(B) SA 120
(C) SA 025
(D) SA 016

표를 보시오. 여자가 탈 비행기는 무엇인가?
(A) SA 103
(B) SA 120
(C) SA 025
(D) SA 016

Q 44~46

M Hey honey. I'm on the driveway. Sorry I'm late for dinner. The traffic was horrible.
W Oh I see your car. Never mind then. I'll talk to you when you get inside.
M What about? Is everything okay? Are the kids back from school yet?
W Well, everyone except George. Our youngest is still over at his friend's house and I was about to drive over there to pick him up.
M Is he at Jerry's house? No worries, honey. I'll go pick him up right now. I'll bring home our son in fifteen minutes.

M 어 여보, 지금 진입로야. 저녁 식사 늦어서 미안. 차가 너무 막히더라고.
W 응, 차 보이네. 그럼 신경쓰지마. 들어오면 말해줄게.
M 뭘? 무슨 일 있어? 애들은 이제 학교에서 다 돌아왔지?
W 그게, George만 빼고. 우리 막내아들은 아직도 자기 친구 집에 있어. 방금 데리러 가려던 참이야.
M Jerry네 집? 걱정마 여보. 내가 바로 데려 올게. 15분이면 집에 데려올 수 있을 거야.

44. (D)

Where was the man when he received the woman's call?
(A) At the office
(B) On the freeway
(C) Just around the corner
(D) On the driveway

여자의 전화를 받았을 때 남자가 있었던 장소는?
(A) 사무실
(B) 고속도로
(C) 바로 근처
(D) 진입로

45. (C)

Why does the man apologize to the woman?
(A) He forgot to bring home dinner.
(B) He forgot to pick up their son.
(C) He came home late for dinner.
(D) He didn't remember the anniversary.

남자가 여자에게 사과한 이유는?
(A) 집에 저녁 식사를 가져오는 것을 깜빡했다.
(B) 아들을 데려오는 것을 깜빡했다.
(C) 저녁 식사에 늦었다.
(D) 기념일을 기억하지 못했다.

46. (B)

What would the man most likely do next?
(A) Park his car and go inside the house
(B) Drive back out to pick up his son
(C) Wait in his car for the woman to come out
(D) Park his car and walk to his son's school

남자가 다음에 할 행동은?
(A) 차를 주차하고 집에 들어간다.
(B) 차를 빼서 아들을 데리러 간다.
(C) 차 안에서 여자가 나오기를 기다린다.
(D) 차를 주차하고 아들이 다니는 학교로 걸어간다.

Q 47~49

W Excuse me, sir, did you need some help over here?
M Oh yes, please. I'm quite lost. It's been a long time since I made a trip to an electronics store.
W Yes, a lot has changed, hasn't it? Technology changes so fast. I myself have trouble keeping up with the changing technology.
M I bet. I'm looking for a new TV for the living room. I had my old TV for over ten years and my wife wanted to change to a digital TV.
W Of course. Well, all of the TVs on sale these days are digital. So you just need to decide on the screen size and the brand.

W 실례합니다. 선생님. 도움이 필요하신가요?
M 네, 제발요. 길을 완전히 잃어버렸어요. 전자 제품 매장에 온 지 오랜만이거든요.
W 네, 많이 변했어요. 그렇죠? 기술이 너무 빠르게 변하고 있어요. 심지어 저도 변화를 따라잡기가 힘들어요.
M 왜 안 그러겠어요. 저는 거실에 놓을 새 텔레비전을 찾고 있어요. 제 텔레비전은 10년이 넘은 구형이고 아내가 디지털 텔레비전으로 바꾸고 싶어하거든요.

84

W 그러시군요. 음, 요즘 판매하는 텔레비전은 다 디지털이에요. 그러니까 화면 크기하고 브랜드만 결정하시면 되겠네요.

47. (C)

Where does the woman work?
(A) At a factory
(B) At a shipping office
(C) At an electronics store
(D) At a repair shop

여자가 일하는 곳은?
(A) 공장
(B) 해운 회사 사무소
(C) 전자 제품 매장
(D) 정비소

48. (A)

According to the woman, what does the man need to decide on?
(A) Screen size
(B) Price
(C) Brand value
(D) Resale value

여자에 따르면 남자가 결정해야 하는 것은?
(A) 화면 크기
(B) 가격
(C) 브랜드 가치
(D) 재판매 가격

49. (C)

Why does the man say, "I'm quite lost"?
(A) He doesn't know the way to the electronics store.
(B) He lost touch with the woman.
(C) He needs help with choosing a TV.
(D) He got the woman confused with someone else.

남자가 "I'm quite lost"라고 말한 이유는?
(A) 그는 전자 제품 매장에 가는 길을 모른다.
(B) 그는 여자와 연락이 끊겼다.
(C) 그는 텔레비전을 고르는 데 도움이 필요하다.
(D) 그는 여자를 다른 사람으로 착각했다.

Q 50~52

M Thank you for calling the reservations at Bliss Hotel. My name is Andrew. How may I assist you today?
W Hello. I am looking for a wedding venue for the month of June. Do you have an opening?
M June? That's quite soon. I am pretty sure we are sold out during that time but let me check.
W Oh I was afraid you'd say that.
M Yes, we're all booked for Fridays and Saturdays in June. I'm sorry. Unless you are open to have the ceremony on a Wednesday, I'm afraid we're not available.
W Which Wednesday is it? We are open to the idea of getting married during the week.

M 블리스 호텔에 예약 전화 주셔서 감사합니다. 제 이름은 Andrew입니다. 오늘은 무엇을 도와드릴까요?
W 안녕하세요. 결혼식 장소를 찾고 있는데요, 날짜가 6월이에요. 빈 자리가 있나요?
M 6월이요? 얼마 안 남았네요. 6월에는 자리가 없었던 것 같은데, 그래도 한번 체크해 보겠습니다.
W 아, 없을 것 같아서 걱정하고 있었어요.
M 네, 6월에는 금요일하고 토요일 모두 예약되어 있습니다. 죄송합니다. 결혼식을 수요일에 올리시는 게 아니라면 저희는 자리가 없을 것 같아요.
W 몇 번째 수요일이요? 주중에 결혼하는 것도 생각하고 있거든요.

50. (B)

What is the woman planning?
(A) A birthday party
(B) A wedding ceremony
(C) A new campaign to increase sales
(D) A family vacation

여자가 계획하고 있는 것은?
(A) 생일 파티
(B) 결혼식
(C) 판매를 촉진할 새 캠페인
(D) 가족 여행

51. (B)

According to the man, what is the problem?
(A) The hotel doesn't provide catering.
(B) Saturdays and Sundays are completely booked.
(C) There is no available wedding gown for her.
(D) The parking lots will be under construction.

남자에 따르면 무엇이 문제인가?
(A) 호텔이 음식 서비스를 제공하지 않는다.
(B) 토요일과 일요일 예약이 다 찼다.
(C) 그녀가 입을 수 있는 웨딩드레스가 없다.
(D) 주차장이 공사중일 예정이다.

52. (C)

What does the woman ask the man to do?
(A) Let her know if there are any cancellations
(B) Look into another hotels
(C) Check which Wednesday is open to take
(D) Postpone the ceremony

여자가 남자에게 부탁한 것은?
(A) 취소가 생기면 그녀에게 알리기
(B) 다른 호텔을 알아보기
(C) 몇 번째 수요일이 비었는지 체크하기
(D) 식을 연기하기

Q 53~55

W I can help the next customer, please. Hello, sir. What seems to be the problem?
M I bought this DVD player here yesterday but when I got home, I opened the box to find out that the case was cracked.
W Oh I'm so sorry sir. Did you not check the product before you bought it?
M No, it was sealed. The salesman assured me that it was a clean new product.
W I'm sure it is a new product. But it's no good with the scratch now, I see. Let me process your return. Would you like to get a refund?
M Well, I really liked the product. Can I just get a replacement, please?

W 다음 손님 도와드릴게요. 안녕하세요, 선생님. 무슨 문제가 있으신가요?
M 이 DVD 플레이어를 어제 여기서 샀는데요. 집에 가서 박스를 열어보니 케이스가 깨져 있었어요.
W 죄송합니다, 선생님. 구매하시기 전에 상품을 확인하지 않으셨나요?
M 네, 밀봉되어 있었어요. 판매원은 완전히 새 제품이라고 장담했구요.
W 새 제품인 건 확신합니다. 하지만 긁힌 자국이 있으니 새 제품이어도 별로 소용이 없네요. 알겠습니다. 제가 반납해드릴게요. 환불을 해드릴까요?
M 음, 제품은 정말 마음에 들어요. 그냥 교환할 수 있을까요?

53. (A)

Where is this conversation taking place?
(A) In an electronics repair shop
(B) At a customer service center
(C) At the movie theater
(D) At the cash register

대화가 이루어지는 장소는?
(A) 전자제품 수리점
(B) 고객 서비스 센터
(C) 영화관
(D) 계산대

54. (C)

Why is the man not satisfied with his purchase?
(A) The product he purchased was used before.
(B) The seal on the product was broken.
(C) The product had a cracked case.
(D) The safety film was already removed.

남자가 구매에 만족하지 않은 이유는?
(A) 그가 구매한 상품이 중고품이었다.
(B) 제품을 봉한 부분이 훼손되어 있었다.
(C) 케이스에 금이 가 있었다.
(D) 안전 필름이 이미 제거되어 있었다.

55. (C)

What does the man decide to do about the defective product?
(A) File a complaint against the salesman for negligence
(B) Get his money back and return the product
(C) Have the product exchanged for a new one
(D) Keep the defective product and get a refund

남자가 불량품에 대해 하기로 결심한 것은?
(A) 판매원의 과실에 대한 불만을 제기한다.
(B) 돈을 돌려받고 제품을 반환한다.
(C) 새 제품으로 교환받는다
(D) 불량품은 가지고 있고, 환불을 받는다.

Q 56~58

W1 Look at this! Your phone bill is unbelievable.
W2 Wow, it's nearly 200 dollars. What have you done with your phone?
M I know, it's a lot. I made some long-distance calls, but I didn't know that it would charge me this much.
W1 Why don't you change your phone company? I use W-mobile and I think they offer great service at a reasonable price.
W2 I agree. I use their W-Regular plan. It includes unlimited standard national calls and 100 standard international calls to 10 selected countries.
M Really? How much do you pay each month?
W2 I pay a flat fee of 70 dollars, but they have pay-as-you-go plans, too.
M That sounds nice. I'm gonna check it out.

W1 이거 봐! 네 전화 요금 엄청 나왔어.
W2 와, 거의 200 달러나 되네. 대체 전화로 뭘 한거야?
M 나도 알아, 많이 나왔어. 장거리 통화를 좀 했는데 이렇게 많이 나올 줄은 몰랐어.
W1 통신회사를 바꾸는 게 어때? W-모바일을 쓰는데 서비스도 좋고 가격도 합리적이야.
W2 맞아. 나도 그 회사 W-레귤러 플랜 쓰는데, 국내 통화는 무제한이고 국제 통화도 선택한 국가 10곳으로 100번 할 수 있어.
M 정말? 한 달에 얼마인데?
W2 나는 70달러 정액제인데, 쓴만큼 지불하는 요금제도 있어.
M 좋아 보이네. 확인해 봐야겠다.

56. (C)

What are the speakers mainly discussing?
(A) A new mobile phone
(B) Cell phone insurance
(C) Mobile service provider
(D) Smartphone addiction

화자들이 주로 이야기하고 있는 것은?
(A) 새 휴대폰
(B) 휴대폰 보험

(C) 이동 통신 서비스 제공업체
(D) 스마트폰 중독

57. (D)

What is the man's problem?
(A) He missed a very important phone call.
(B) He can't locate his cell phone.
(C) He's addicted to smartphone.
(D) His phone bill is too high.

남자의 문제는?
(A) 그는 매우 중요한 전화를 받지 못했다.
(B) 그는 휴대폰을 찾지 못하고 있다.
(C) 그는 스마트폰에 중독되었다.
(D) 전화 요금이 너무 많이 나왔다.

58. (A)

What solution do the women suggest?
(A) Considering a new mobile carrier
(B) Changing types of cell phone
(C) Calling a customer service center
(D) Talking to his parents on the phone

여자들이 제안한 해결책은?
(A) 새로운 이동 통신 업체를 고려하는 것
(B) 휴대폰 종류를 바꾸는 것
(C) 고객 서비스 센터에 전화하는 것
(D) 부모님과 전화로 이야기하는 것

Q 59~61

W Excuse me. Oh hello, Daniel, how are you? Do you have any mail for me today?
M Oh hi, Susie, let me check. You're room 308, correct? No, I don't think we have anything for you today.
W Oh okay. I don't know why it's taking so long. Well, thank you anyway, Daniel.
M You must be waiting for something important. What is it? I'll leave a note on your door when we receive it.
W Thanks, Daniel. I'm waiting for the letter from the graduate school I applied to. I hope I get it soon.

W 실례합니다. 안녕하세요 Daniel? 오늘 나한테 우편 온 거 없나요?
M 안녕하세요, Susie. 체크해볼게요. 308호였죠? 음, 오늘은 안 온 것 같네요.
W 아 알겠어요. 왜 이렇게 오래 걸리는지 모르겠네요. 어쨌든 고마워요, Daniel.
M 뭔가 중요한 우편을 기다리고 있는 것 같은데, 무슨 우편인가요? 받으면 문에 쪽지를 남겨 놓을게요.
W 고마워요, Daniel. 지원한 대학원에서 올 편지를 기다리고 있어요. 빨리 받았으면 좋겠네요.

59. (A)

What seems to be the man's job?
(A) A mailroom worker
(B) An admissions officer
(C) A landlord
(D) A cashier

남자의 직업으로 보이는 것은?
(A) 우편물실 직원
(B) 입학사정관
(C) 집주인
(D) 계산원

60. (C)

What does the man offer to do?
(A) Call the post office to inquire about her mail
(B) Pray for her to have a good result
(C) Leave a note on her door when the mail arrives
(D) Go through the mailroom to see if he misplaced it

남자가 제안하는 것은?
(A) 우체국에 전화해서 그녀에게 메일이 왔는지 묻는다
(B) 그녀에게 좋은 결과가 있기를 기도한다
(C) 편지가 오면 문에 쪽지를 남긴다
(D) 편지를 잘못 두었는지 확인하기 위해 우편물실을 샅샅이 살펴본다

61. (C)

What mail is the woman waiting for?
(A) A care package from her mother
(B) A shipment from the shoes company
(C) An admissions letter from a graduate school
(D) A transcript from her college

여자가 기다리고 있는 우편은?
(A) 엄마가 보낸 일용품 꾸러미
(B) 신발 회사에서 온 선적품
(C) 대학원 입학 허가서
(D) 대학교 성적증명서

Q 62~64

M Hey, do you guys take the subway to work?
W1 Yes, it's really crowded in the morning and sometimes I'm worried if I can't even get out the door.
W2 I know what you mean. The subway cars are running over capacity during rush hours.
W1 Why do you ask?
M I'm tired of driving every morning and I thought I'd give it a try. I didn't know that it's that bad.
W1 It's the only option I can choose to arrive at work on time though. The buses are less crowded but unreliable.
W2 I think you're gonna change your mind on your first try.

87

M　Right, maybe I want to reconsider it.
M　저기, 너희들 출근할 때 지하철 타?
W1　응, 아침에 엄청 붐벼서 가끔 못 내릴까봐 걱정할 때도 있어.
W2　무슨 말인지 알겠어. 혼잡한 출퇴근 시간대에는 정원 이상이 탄단 말이지.
W1　왜 묻는 거야?
M　아침마다 운전하는 게 진절머리가 나서 지하철이나 한번 타볼까 했지. 이렇게 안 좋은 줄은 몰랐어.
W1　그래도 나한테는 제시간에 직장에 도착할 수 있는 유일한 방안이야. 버스는 덜 붐비지만 믿을 수가 없다니까.
W2　너 지하철 한번 타보면 바로 마음을 바꾸게 될 걸.
M　맞아. 아무래도 다시 생각해 봐야겠어.

62. (D)

What are the speakers mainly talking about?
(A) Transportation Policies
(B) Use of alternative fuels
(C) Traffic Jam
(D) Method of travel to work

화자들이 주로 이야기하는 것은?
(A) 교통 정책
(B) 대안 연료 사용
(C) 교통 정체
(D) 직장에 출근하는 방법

63. (B)

What do the women agree on?
(A) The subway is unreliable.
(B) The subway is too crowded.
(C) The subway is very convenient.
(D) The subway is faster than the bus.

여자가 동의하는 것은?
(A) 지하철은 믿을 수 없다.
(B) 지하철은 너무 붐빈다.
(C) 지하철은 매우 편리하다.
(D) 지하철이 버스보다 빠르다.

64. (C)

What is the man considering?
(A) Moving closer to work
(B) Allowing the staff to work from home
(C) Going to work by subway
(D) Doing more exercise

남자가 고려하고 있는 것은?
(A) 직장 근처로 이사하기
(B) 직원들에게 재택근무를 허락하기
(C) 지하철로 출근하기
(D) 운동을 더 많이 하기

Q 65~67

M　Mr. Jeffries just called. He wants to reschedule the meeting for Thursday.
W1　Thursday? I don't know if we have enough time. You know that we have to prepare the new advertising campaign for Mr. Wilson.
W2　You're right. We need at least a week to get the presentation ready for the meeting.
M　Well, is there anyone can help us?
W1　How about Alan? He's worked with Mr. Jeffries before.
W2　He can't. He's on vacation now.
W1　I think it's best to meet him as originally scheduled.
M　All right then, I'll call him back. I hope he understands.

W1　Mr. Jeffries가 방금 전화했습니다. 회의 날짜를 목요일로 바꾸고 싶다고 합니다.
W2　목요일이요? 시간이 충분한지 모르겠네요. 아시겠지만 Mr. Wilson을 위해 새 광고 캠페인을 준비해야 하잖아요.
M　맞아요. 회의에서 할 발표를 준비하려면 적어도 일주일은 필요해요.
W1　음, 도와줄 사람이 있나요?
W2　Alan은 어떠세요? 전에 Mr. Jeffries와 일했는데요.
M　Alan은 안되요. 지금 휴가 중이에요.
W2　제 생각에는 원래 일정대로 Mr. Jeffries를 만나는 게 최선일 것 같네요.
M　알겠습니다, 제가 다시 전화를 할게요. 그가 이해해주면 좋겠네요.

65. (A)

Where do the speakers work?
(A) At an advertising company
(B) At a magazine publisher
(C) At a travel agency
(D) At a conference center

화자들이 일하는 곳은?
(A) 광고 회사
(B) 잡지사
(C) 여행사
(D) 회의장

66. (B)

What do the women say about rescheduling the meeting?
(A) They would like to move it up a day.
(B) There is not enough time to prepare.
(C) They didn't know the meeting was planned.
(D) They are sick of the client.

여자들이 회의 일정을 바꾸는 것에 대해 한 말은?
(A) 그들은 날짜를 하루 앞당기고 싶어한다.
(B) 준비할 시간이 충분치 않다.
(C) 그들은 회의가 예정된 것을 몰랐다.
(D) 그들은 그 고객이 지긋지긋하다.

67. (A)

What would the man say to Mr. Jeffries?

(A) They aren't able to meet his request.
(B) They are going to fire him as a client.
(C) He can request anything he wants.
(D) The new advertising campaign is ready.

남자가 Mr. Jeffries에게 할 말은?
(A) 그들은 그의 요청을 받아들 일 수가 없다.
(B) 그들은 고객으로서 그를 해고할 것이다.
(C) 그는 원하는 모든 것을 요청할 수 있다.
(D) 새 광고 캠페인이 준비되었다.

Q 68~70

W Did you hear the news? They decided to postpone the committee meeting.
M Why? Something happened?
W Mr. Jang suddenly decided to leave the company and they can't prepare the meeting within the given period.
M Really? I didn't see it coming. I thought he loved what he's doing. Wait, does that mean they are going to delay the implementation of the system, too?
W No, it will be unchanged since the CEO is insisting on not extending the implementation date.
M Then we're really on a tight schedule.

W 소식 들었어? 위원회 회의를 연기하기로 했대.
M 왜? 무슨 일 있었어?
W Mr. Jang이 갑자기 회사를 그만 둔다고 해서 남은 일정 안에 회의를 준비하는 게 어려워진 것 같아.
M 정말? 전혀 눈치 못 챘어. 자기 일을 좋아하는 사람이라고 생각했는데. 잠깐, 그럼 시스템 시행도 미뤄지는 거야?
W 아니, 그건 계획대로 할 거야. CEO가 시행 날짜를 연장하지 말라고 강력하게 요구하고 있대.
M 그럼 스케줄이 정말 빡빡하겠네.

68. (A)

According to the woman, what is the reason for the change?
(A) Sudden resignation of Mr. Jang
(B) A natural disaster
(C) A delay in implementing new system
(D) Government regulations

여자에 따르면 변화가 일어난 원인은 무엇인가?
(A) Mr. Jang의 갑작스런 사임
(B) 자연 재해
(C) 새 시스템 시행 연기
(D) 정부 규제

69. (B)

What does the man mean when he says, "I didn't see it coming"?
(A) He can't see anything without his glasses.
(B) It was out of his expectation.
(C) He wanted to come first.
(D) He is very angry at the news.

남자가 "I didn't see it coming"라고 말했을 때, 그 의미는?
(A) 그는 안경 없이는 아무것도 볼 수 없다.
(B) 그것은 그의 예상에서 벗어난 일이었다.
(C) 그는 첫 번째로 오기를 원했다.
(D) 그는 소식에 매우 화가 났다.

70. (D)

When is the implementation of system due?
(A) May 3rd
(B) May 7th
(C) May 15th
(D) June 4th

시스템 시행이 예정된 때는?
(A) 5월 3일
(B) 5월 7일
(C) 5월 15일
(D) 6월 4일

Part 4

Q 71~73

M Attention, all employees. Please wrap up your work in the next ten minutes and make your way downstairs to the main conference room on the first floor. Our annual Christmas office party will begin in ten minutes! Please make sure to save all your work, turn off your computers and unplug them before you come down. We have great food and drinks down here waiting for you, so please come unless you have a family emergency to attend to. Hope to see you all at the party. Thank you.

M 전 직원에게 알려드립니다. 하시던 일을 10분 내로 마무리 짓고 1층 주회의실로 내려와 주시기 바랍니다. 연례 크리스마스 사무실 파티가 10분 후에 시작됩니다! 내려오시기 전에 반드시 작업을 저장하고 컴퓨터 전원을 끄고 플러그를 뽑아주시기 바랍니다. 직원 여러분을 위해 좋은 음식과 음료를 마련해 놓았으니, 긴급하게 가족에게 가야 하는 상황이 아니라면 꼭 와주시기 바랍니다. 모두 파티에서 뵙겠습니다. 감사합니다.

71. (C)

What is the announcement about?
(A) To remind the employees to always back up their work
(B) To ask the employees to turn off their computers before they leave
(C) To invite the employees to come to the Christmas office party
(D) To wish the employees Merry Christmas and Happy Holidays

무엇에 대한 발표인가?
(A) 작업을 항상 백업하라고 직원들에게 상기시키는 것
(B) 떠나기 전에 컴퓨터 전원을 끄라고 직원들에게 요청하는 것
(C) 크리스마스 사무실 파티에 오라고 직원들을 초대하는 것
(D) 행복한 크리스마스 연휴가 되기를 직원들에게 기원해주는 것

72. (C)

What is mentioned as one of the proper reasons for missing the party?
(A) Work emergency
(B) Medical emergency
(C) Family emergency
(D) Project deadline

파티에 참석하지 않아도 되는 이유로 언급된 것은?
(A) 긴급한 업무
(B) 긴급한 건강 문제
(C) 긴급한 가족 문제
(D) 프로젝트 마감일

73. (C)

What will be offered at the party?
(A) A Christmas present
(B) A year-end bonus
(C) Food and drinks
(D) A gift coupon

파티에서 제공되는 것은?
(A) 크리스마스 선물
(B) 연말 보너스
(C) 음식과 음료
(D) 경품권

Q 74~76

M Good morning, ladies and gentlemen. May I have your attention please? Thank you. I'd like to introduce our new ballet master, Mr. Noah Rembrandt. I believe his reputation precedes him, and I'm sure you're already very familiar with his career both as a dancer, a teacher and a choreographer. He was the youngest to join the National Ballet. He was only 21 years old when he was made a principal dancer. We're much honored to have him as our newest ballet master. So without further ado, let's give him a big welcome!

M 신사 숙녀 여러분, 좋은 아침입니다. 잠시 주목해 주시기 바랍니다. 감사합니다. 새 발레 마스터인 Noah Rembrandt를 소개하려 합니다. 명성이 대단하신 분이니 이미 Rembrandt 댄서, 선생님으로서의 경력과 안무 안출가로서의 경력 모두를 잘 알고 계실거라고 확신합니다. Rembrandt는 최연소로 국립 발레단에 입단했습니다. 또한, 겨우 21살에 국립 발레단의 수석 무용수가 되었습니다. Rembrandt를 새로운 발레 마스터로 모시게 되어 정말 영광입니다. 자 그럼, Rembrandt를 반갑게 맞아주시기 바랍니다.

74. (C)

Who is the man being introduced?
(A) The new company dancer
(B) The new principal dancer
(C) The new ballet master
(D) The new choreographer

소개되고 있는 남자는 누구인가?
(A) 회사에 새로 온 댄서
(B) 새로운 수석 무용수
(C) 새로운 발레 마스터
(D) 새로운 안무 연출가

75. (D)

What is mentioned about Mr. Noah Rembrandt?
(A) He joined the National Ballet at a relatively late age.
(B) He retired as a Soloist with the National Ballet.
(C) He is unknown to many of the dancers here.
(D) He had a very successful career as a dancer.

Noah Rembrandt에 대해 언급된 것은?
(A) 그는 국립 발레단에 상대적으로 늦은 나이에 입단했다.
(B) 그는 국립 발레단에서 단독 공연자로서 은퇴했다.
(C) 이곳의 댄서들은 그를 잘 모른다.
(D) 그는 댄서로서 매우 성공적인 경력을 가지고 있다.

76. (A)

Why does he say "Without further ado"?
(A) He wants to get to the point.
(B) He doesn't know what is being done.
(C) He hates to waste time making an announcement.
(D) He is stepping down as the artistic director.

그가 "Without further ado"라고 말한 이유는?
(A) 그는 본론으로 들어가기를 원한다.
(B) 그는 무슨 일이 벌어지고 있는지 모른다.
(C) 그는 발표로 시간 낭비하는 걸 몹시 싫어한다.
(D) 그는 예술 감독에서 물러나고 있다.

Q 77~79

W Thank you so much. I truly didn't expect this tonight. I want to thank our director, Dale Kim, who is a pure genius at what he does. He is so precise and artistic, and I have no doubt that we owe the movie's success to his direction. I want to also thank our writers, Jenna and Patrick, as well as our producers Kimberly and Hannah. I also want to thank my costar Matthew who was so supportive throughout filming. I learned so much from you. Thank you. Last but not least, I want to thank my family and friends, you know who you are. I love you and thank you.

W 감사합니다. 오늘밤에 상을 받을 줄은 정말 몰랐는데요. 우선 Dale Kim 감독님에게 감사를 드리고 싶습니다. 김 감독님은 정말 천재적인 분입니다. 꼼꼼하고 예술가적인 기질이 있으셔서, 영화가 성공한 것도 모두 감독님의 연출 덕분이라고 생각합니다. 또, 우리 Jenna 작가와 Patrick 작가에게 그리고 연출진 Kimberly와 Hannah에게도 감사를 표하고 싶습니다. 같이 연기한 Matthew에게도 감사하다고 말하고 싶네요. 영화를 찍는 내내 Matthew는 제게 정말 큰 힘이 되어주었습니다. 당신에게서 정말 많은 것을 배웠어요. 감사합니다. 마지막으로 가장 소중한 제 가족과 친구들에게 고맙다고 말하고 싶습니다. 일일이 이름을 부르진 않을게요. 사랑합니다 그리고 감사합니다.

77. (A)
Where most likely is this speech being given?
(A) At an award ceremony
(B) At a writer's conference
(C) At a wedding ceremony
(D) At a birthday party

연설을 하는 장소는?
(A) 시상식
(B) 작가 회의
(C) 결혼식
(D) 생일파티

78. (A)
Who is Dale Kim?
(A) A director
(B) A writer
(C) An actor
(D) A producer

Dale Kim은 누구인가?
(A) 감독
(B) 작가
(C) 배우
(D) 제작자

79. (B)
What does the speaker mean when she says, "last but not least"?
(A) She's very tired of speaking.
(B) She's mentioning important people.
(C) The sequence needs to be corrected.
(D) She wants to play a bigger role.

그녀가 "last but not least"이라고 말한 의미는?
(A) 그녀는 말하는 데 지쳤다.
(B) 그녀는 중요한 사람들을 언급하고 있다.
(C) 순서가 정정될 필요가 있다.
(D) 그녀는 더 큰 배역을 맡고 싶다.

Q 80~82

M Thank you all for coming. I know you're all very busy, so let me keep this short. I gathered all of you here today because we have a new team member joining the company starting today. We are very excited to have her working with us and we expect great things from her. She is our new creative director, Ms. Anna Jenkins. She'll be heading our new hair product account. Anna, could you say a few words to your new colleagues, please?

M 와주셔서 감사합니다. 모두 바쁘신 걸 알고 있으니 짧게 말씀드리겠습니다. 오늘 이곳에 여러분들을 부른 이유는 새로운 팀원이 오늘부터 회사에 합류하기 때문입니다. 그녀가 함께 일하게 되어 매우 기쁘고 그녀가 대단한 일을 해낼 거라고 기대합니다. 그녀는 바로 우리의 새로운 크리에이티브 디렉터인 Anna Jenkins입니다. Anna는 우리의 새로운 헤어 제품 고객을 맡게 될 겁니다. Anna, 새 동료들에게 한 말씀 해주시겠습니까?

80. (D)
What is this meeting about?
(A) The newest account the company signed
(B) The end-of-the year sales tally
(C) Changing team members between departments
(D) Introducing a new team member

무엇에 관한 회의인가?
(A) 회사가 계약한 가장 최근의 고객
(B) 연말 매출 기록
(C) 부서 간 팀원 교체
(D) 새로운 팀원 소개

81. (A)
Who is Anna Jenkins?
(A) A creative director
(B) A product manager
(C) A VIP client
(D) A new CEO

Anna Jenkins은 누구인가?
(A) 크리에이티브 디렉터
(B) 제품 담당 책임자
(C) VIP 고객
(D) 새 CEO

82. (A)
What will Anna Jenkins be doing at the company?
(A) Handling the new hair product account
(B) Trying to sign a new hair product account
(C) Taking over her predecessor's account
(D) Helping with other departments' projects

Anna Jenkins이 회사에서 할 일은?
(A) 새 헤어 제품 고객을 맡는다.
(B) 헤어 제품을 팔 신규 거래처와 계약을 시도한다.
(C) 전임자의 고객을 인계받는다.
(D) 다른 부서의 프로젝트를 돕는다.

Q 83~85

M Hi. My name is Jackson Willowby, the President and CEO of Willowby's Natural Furniture.

Willowby's Natural Furniture makes its products from only finest natural wood, using only the eco-friendly ingredients. We had a great year thanks to our loyal customers and in order to show our gratitude, we're having our annual year-end sale at all of our store locations as well as our online store. All items are 30% off. And you get an additional 20% off on our top three items. It will be too good to pass up, so please hurry. The sale ends when we clean out inventory. I hope to see you soon.

M 안녕하세요. 제 이름은 Jackson Willowby이고, 저는 Willowby 천연가구의 회장이자 최고 경영자입니다. 친환경 재료만 사용하는 Willowby 천연가구는 가장 질 좋은 천연 원목만 사용해 제품을 만듭니다. 저희는 단골 고객분들 덕분에 좋은 한 해를 보냈습니다. 이에 대한 감사의 표시로 연례 연말 세일을 오프라인 매장뿐 아니라 온라인 매장에서도 진행하고 있습니다. 모든 제품은 30% 할인되었습니다. 또한, 톱 3 제품을 구매하실 경우 추가로 20% 할인을 받을 수 있습니다. 놓치기에는 아까운 기회이니 서둘러 주시기 바랍니다. 세일은 재고가 떨어지면 종료할 예정입니다. 곧 뵙겠습니다.

83. (B)

What is the announcement mainly about?
(A) To thank the loyal customers
(B) To announce a year-end sale
(C) To introduce the business
(D) To give out discount coupons

주로 무엇에 관한 발표인가?
(A) 단골 고객에게 감사를 전하는 것
(B) 연말 세일을 알리는 것
(C) 사업을 소개하는 것
(D) 할인 쿠폰을 나누어 주는 것

84. (D)

What is true about the sale?
(A) It is not available online.
(B) It is only for loyal customers.
(C) It offers 50% off on display items.
(D) It ends when items are sold out.

세일에 대한 사실은?
(A) 온라인으로는 이용할 수 없다.
(B) 단골 고객만을 위한 것이다.
(C) 50% 할인가에 진열품들을 판다.
(D) 물건들이 다 팔리면 종료된다.

85. (D)

Look at the graphic. Which item is excluded from additional discount?
(A) Olivia Arm Chair
(B) Londa Coffee Table
(C) Simple Leather Sofa
(D) Hudson Wardrobe

표를 보시오. 추가 할인에서 제외된 상품은?
(A) Olivia Arm Chair
(B) Londa Coffee Table
(C) Simple Leather Sofa
(D) Hudson Wardrobe

Q 86~88

W May I have your attention, please? Thank you. My name is Penny Geller. I am one of the curators at the museum. I specialize in the prehistoric period and that is why we're here in this section of the museum. Your guided tour today will be focused on our exhibitions of the prehistoric period. We'll start from the Stone Age and make our way to the Bronze Age and the Iron Age. The last room perfectly recreates prehistoric life so you can attend hands-on experience events. Once you begin our tour, it's going to be a real eye-opener for you. Follow me to the Stone Age room.

W 잠시만 주목해주시기 바랍니다. 감사합니다. 제 이름은 Penny Geller입니다. 저는 이 박물관의 큐레이터입니다. 저는 선사시대 전문가이고, 이것이 우리가 박물관에서도 이 구역에 와 있는 이유입니다. 오늘 가이드 투어는 선사시대 전시품을 중점적으로 살펴보도록 하겠습니다. 우선 석기시대부터 시작해 청동기시대와 철기시대로 나아가겠습니다. 마지막 방은 선사시대의 삶을 완벽하게 재현하고 있으니, 체험 행사에 참여해 보시기 바랍니다. 일단 투어가 시작되면 눈이 번쩍 뜨이는 놀라운 경험을 하시게 될 겁니다. 자 그럼 석기시대 방으로 따라와 주세요.

86. (C)

What is the speaker's job?
(A) An archaeologist
(B) A director
(C) A curator
(D) An paleontologist

화자의 직업은?
(A) 고고학자
(B) 디렉터
(C) 큐레이터
(D) 고생물학자

87. (A)

What does the speaker mean, when she says "it's going to be a real eye-opener for you"?
(A) A museum tour will be a fascinating experience.
(B) The students should stay awake for a tour.
(C) This program will provide an archaeological dig.
(D) It gives students firsthand experience for free.

화자가 "it's going to be a real eye-opener for you"라고 말한 의미는?
(A) 박물관 투어가 아주 매력적인 경험이 될 것이다.
(B) 학생들은 투어하는 동안 졸지 말아야 한다.
(C) 이 프로그램은 고고학적 발굴을 할 기회를 줄 것이다
(D) 투어를 하면 학생들에게 체험 활동 기회를 공짜로 준다.

88. (A)

What will happen in the last room?
(A) Visitors will experience prehistoric life.
(B) A documentary will be playing.
(C) Free T-shirts will be offered.
(D) People will take photographs of the exhibits.

마지막 방에서 일어날 일은?
(A) 방문객들이 선사시대의 삶을 경험할 것이다.
(B) 다큐멘터리가 상영될 것이다.
(C) 공짜 티셔츠가 주어질 것이다.
(D) 사람들이 전시품들의 사진을 찍을 것이다.

Q 89~91

W Hello. I'm calling from the Best-Tech computer repair shop. I'm calling to let Mr. Bernard Galecci know that the laptop he dropped off for repair is now ready for pick up. We had to replace the front panel as well as the flash drive. The insurance on your computer has already run out so you'll have to pay for the repair when you pick it up. You can either pay cash or with a credit card. Just bring your repair order receipt when you come here to claim your laptop. Thank you.

W 안녕하세요. 베스트 테크 컴퓨터 수리점입니다. 맡기신 노트북 수리가 끝났으니 찾아가면 된다고 Mr. Bernard Galecci에게 알려드리려 전화드리게 되었습니다. 컴퓨터를 수리하며 플래시 드라이브뿐 아니라 프런트 패널도 교환해야 했습니다. 컴퓨터에 대한 고객님의 보험은 이미 만료되었으므로, 찾아가실 때 수리비를 내셔야 합니다. 현금이나 신용카드로 지불할 수 있습니다. 오실 때 수리 주문 영수증을 가져오시면 맡기신 노트북을 찾아갈 수 있으실 겁니다. 감사합니다.

89. (B)

Who is calling?
(A) An insurance company employee
(B) A computer repair shop employee
(C) A bank loan officer
(D) A credit card company employee

전화를 건 사람은?
(A) 보험 회사 직원
(B) 컴퓨터 수리점 직원
(C) 은행 대출 담당 직원
(D) 신용카드 회사 직원

90. (A)

Why does the man have to pay for the repair?
(A) The product guarantee has run out.
(B) Expensive parts had to be replaced.
(C) His insurance has already run out.
(D) The computer got defective due to his fault.

남자가 수리비를 지불해야 하는 이유는?
(A) AS기간이 지났다.
(B) 비싼 부품을 교체해야 했다.
(C) 보험이 이미 만료되었다.
(D) 컴퓨터가 망가진 건 그의 잘못이다.

91. (C)

What does he need to bring to claim his laptop?
(A) Cash in exact amount
(B) Credit card issued under his name
(C) Repair order receipt
(D) Laptop insurance policy

노트북을 찾아가기 위해 가져와야 하는 것은?
(A) 정확한 금액의 현금
(B) 그의 이름으로 발급된 신용카드
(C) 수리 주문 영수증
(D) 노트북 보험 정책

Q 92~94

W Hello. I'm leaving this message for Mr. Arnold Cheng. My name is Angela Jacobson, the human resources director at Brownstone Electronics. Mr. Cheng, the interview committee was very impressed by your presentation yesterday and we'd like to offer you a position with our company. Congratulations. As we mentioned during the interview, we need to fill a sales manager position as soon as possible, so it would be great if we could hear back from you by the end of the day. Please give us a call back when you get this message. Thank you.

W 안녕하세요. Mr. Arnold Cheng에게 이 메시지를 남깁니다. 제 이름은 Angela Jacobson이고, Brownstone 전자의 인사과 부장입니다. 청 씨, 면접 위원회는 당신이 어제 한 발표에 깊은 인상을 받았으며, 우리 회사는 당신에게 일자리를 제안하려 합니다. 축하드립니다. 면접 때 말씀드렸듯 우리는 가능한 빨리 영업 부장 자리를 채워야 합니다. 그러니 오늘 중으로 연락을 주시면 감사하겠습니다. 이 메시지를 받으면 회답 전화를 주시기 바랍니다. 감사합니다.

92. (B)

Who is calling and leaving this message?
(A) A CEO of the company
(B) A human resources director
(C) An interviewer
(D) A career counselor

전화를 걸어 메시지를 남긴 사람은?
(A) 회사의 CEO
(B) 인사부 부장
(C) 면접관
(D) 직업 상담사

93. (D)

What was the main purpose of this message?
(A) To inform the receiver that his application is being reviewed

(B) To inform the receiver that his interview went very well
(C) To inform the receiver that his interview has been moved
(D) To inform the receiver that he was offered a job

메시지를 남긴 주된 목적은?
(A) 수신인에게 지원서가 검토되고 있다고 알리기 위해
(B) 수신인에게 인터뷰가 좋았다고 알리기 위해
(C) 수신인에게 인터뷰가 변경되었다고 알리기 위해
(D) 수신인에게 일자리를 제안한다고 알리기 위해

94. (B)

Which department did Mr. Cheng apply for?
(A) Human resources
(B) Sales department
(C) Marketing department
(D) Maintenance department

Mr. Cheng이 지원한 부서는?
(A) 인사부
(B) 영업부
(C) 마케팅부
(D) 관리부

Q 95~97

M   Good afternoon, everyone. As was announced multiple times before, there will be a companywide renovation starting tomorrow. Windows and floors will be redone as well as the air ventilation system. The renovation will take ten days, during which time you are excused to work from home if you haven't submitted your vacation plans. You must empty your desks and drawers completely before you leave today. Any and all things left behind the office will be thrown away. Thank you.

M   안녕하세요, 여러분. 전에 여러 번 말씀드린 대로, 내일부터 회사 전반에 걸쳐 보수 공사가 시작됩니다. 창과 바닥뿐 아니라 공기 정화 시스템도 새로 손볼 예정입니다. 보수 기간은 열흘로 예상되며, 휴가 계획서를 제출하지 않은 직원들은 그 기간 동안 재택근무를 할 수 있습니다. 오늘 퇴근하기 전에, 책상과 서랍을 완전히 비워야 합니다. 사무실에 남겨진 모든 물건은 버려질 겁니다. 감사합니다.

95. (D)

What will be happening tomorrow?
(A) A companywide workshop
(B) A weekend company outing
(C) An annual companywide cleaning
(D) A companywide renovation

내일 일어날 일은?
(A) 회사 차원의 워크숍
(B) 회사 주말 야유회
(C) 연례 회사 대청소
(D) 회사 전반에 걸친 보수 공사

96. (D)

How long will the renovation last?
(A) A week
(B) 8 days
(C) 9 days
(D) 10 days

보수 공사는 얼마나 오래 계속되나?
(A) 일주일
(B) 8일
(C) 9일
(D) 10일

97. (A)

What are the employees asked to do before leaving the office today?
(A) Submit their vacation request forms
(B) Clean the floors and common areas
(C) Empty their desks and drawers
(D) Save all their work on a hard drive

오늘 사무실을 떠나기 전에 하라고 직원들이 요청받은 것은?
(A) 휴가 계획서를 제출한다
(B) 바닥과 공용 구역을 청소한다
(C) 책상과 서랍을 비운다
(D) 작업을 전부 하드 드라이브에 저장한다

Q 98~100

W   Attention, all employees. As we announced previously, we have the annual fire drill today. Please stop what you're doing, wrap up your calls and save your work. The exercise will take about two hours, so please turn off your computer before you come. The first session was originally scheduled at 12 pm, but the presenter is delayed in traffic. So the whole schedule has been moved to 12:10 and we have to shorten the break time to proceed on schedule with the rest of the drill. All employees are required to attend the whole two hours of the drill unless you have a client meeting. Thank you.

W   전 직원께 알려드립니다. 이전에 말씀드렸듯 오늘은 연례 소방 훈련을 하는 날입니다. 지금 하고 있는 일을 멈추어 주십시오. 전화를 마무리하고 작업을 저장하시기 바랍니다. 훈련은 약 2시간 정도 소요될 예정이니, 오시기 전에 컴퓨터 전원을 꺼주시기 바랍니다. 첫 세션은 원래 12시로 예정되었으나, 진행자가 교통 체증으로 늦어지고 있습니다. 따라서 전체 일정이 12시 10분으로 변경되었으며, 나머지 훈련을 일정대로 진행하기 위해 휴식 시간을 줄이도록 하겠습니다. 전 직원은 고객과 회의를 하지 않는 한, 두 시간 훈련에 모두 참석해야 합니다. 감사합니다.

98. (B)

What is the announcement mainly about?
(A) To announce a break time
(B) To ask the employees to attend the fire drill

(C) To ask the employees to vacate the building
(D) To inform the employees about the lecture

주로 무엇에 대한 발표인가?
(A) 휴식 시간을 알리는 것
(B) 직원들에게 소방 훈련에 참석하라고 요청하는 것
(C) 직원들에게 빌딩을 비우라고 요청하는 것
(D) 직원들에게 강의에 대해 알리는 것

99. (B)

What does the speaker say employees should do before coming to the drill?
(A) Make the call to the clients
(B) Turn off the computers
(C) Clean the office space
(D) Wear a safety hat

화자가 직원들이 소방 훈련에 오기 전에 해야 한다고 말하는 것은?
(A) 고객에게 전화하기
(B) 컴퓨터 전원 끄기
(C) 사무실 청소하기
(D) 안전 모자 쓰기

100. (D)

What time will fire prevention start?
(A) 12:00
(B) 12:35
(C) 12:55
(D) 13:25

화재 예방 세션은 몇 시에 시작하나?
(A) 12:00
(B) 12:35
(C) 12:55
(D) 13:25